复旦卓越·汽车系列

AUTOMOBILE ACCIDENT
ANALYSIS AND IDENTIFICATION

汽车事故分析处理与鉴定

唐阳山 郑利民 张丽萍 主编

复旦大学出版社

内容提要

本书系统地介绍了汽车事故基本概念和再现分析方法、事故现场勘查、事故责任认定与处理、事故鉴定基础与相关法律、事故鉴定标准与方法、非典型汽车事故分析方法等理论知识,并给出了事故处理和事故鉴定的大量案例分析。

本书结合党的二十大精神,按照"实施人才强国战略"的要求,融合专业特点进行编写。在编写中充分体现新时代中国特色社会主义建设伟大事业的人才培养要求和科教兴国战略,致力于培养德才兼备的高素质人才,引领遵纪守法、敬业奉献、服务人民的精神。

本书可作为高等院校交通运输、汽车服务工程、交通工程及汽车相关专业的本科生教材和研究生辅助教材,也可供交通事故分析与鉴定的专业人员参考。

前　言

随着人类文明和科学技术的发展，人们的衣食住行的质量也越来越高。单从出行这方面来说，一些先进的交通工具逐渐走上历史舞台，新能源汽车被越来越多的人们接受和使用，无人驾驶汽车也得到了许多人的青睐，在可预见的未来，人们的出行方式会更加丰富，出行会更加方便、快捷和舒适。

但是，人们在享受科技带来的出行便捷和快乐体验的同时，一个古老而永恒的问题却一直存在，那就是道路交通安全问题。甚至，随着出行的增加、机动化程度的提高、交通工具的更新换代以及信息传播方面的进步，道路交通安全问题越发显得突出。

世界卫生组织（WHO）2018年《全球道路安全现状报告》指出，道路交通事故死亡人数继续攀升，每年约有135万人死亡，超过5000万人受伤，这意味着全球平均每天约有3700人死于道路交通事故，平均每24秒就有1人因交通事故死亡。道路交通伤害是5至29岁儿童和年轻人的主要杀手，交通事故已经成为全球第八大死因。世界卫生组织最新的《世界健康统计2022》中显示，2019年道路交通事故死亡率为0.167‰，相较于2000年的0.191‰虽有明显下降，但是，按照目前世界人口大约78亿估算，全球每年大约有130万人死于道路交通事故。尽管世界各国不断加强道路安全治理力度，会进一步降低道路事故死亡率，但是世界未来总人口仍在持续增长，全球道路交通事故死亡总数仍然较大。

我国政府长期以来高度重视道路交通安全问题，致力于改善我国的道路交通安全状况。特别是近10年来，国家通过立法、教育和道路基础设施建设等系统性措施，使我国道路交通事故发生次数和死亡人数显著下降，已远远低于2000—2006年间的历史高峰点，事故死亡率也逐年下降并逐渐稳定在一个较低的水平。国家统计局统计公报显示，我国道路交通事故万车死亡人数从2010年的约3.2人逐年下降到2021年的1.57人，下降总幅度约为51%。2020年年底，我国公路里程已达519.81万千米，高速公路里程达16.1万千米，部分省区的高速公路密度已超过一般发达国家水平。国家提出并贯彻新发展理念，推进高质量发展，在交通基础设施建设方面取得重大成就，已建成世界最大高速公路网。

党和政府坚持以人民为中心的发展理念，坚持生命至上的原则，经过长期努力奋斗，在道路交通安全治理方面已经取得令世界瞩目的成就。近年来我国道路交通事故率在不断下降，总体的道路交通安全形势越来越好。但是由于我国汽车拥有量的不断快速增长和人们出行的显著增加，导致我国的道路交通事故次数和死亡人数的绝对数量仍然不低。统计数据表明，近年来我国道路交通事故死亡人数相较于 2000—2010 年期间大幅减少，但仍然在 5 万人左右。从全球范围来看，道路交通安全问题是一个永恒的课题，人类需要长期不懈地坚持开展道路交通安全研究。

新时代 10 年里，党和政府领导全国各族人民经过持续奋斗，实现了全面小康社会这个中华民族的千年梦想，人民生活全方位改善，正在向全面建设社会主义现代化强国、实现第二个百年奋斗目标迈进。道路交通事故的发生将带来人民的生命和财产损失，也会给社会带来诸多问题。研究道路交通事故的分析处理与鉴定相关的理论方法、法律法规和标准规范，科学、严谨、依法公正地处理道路交通事故，使道路交通事故给人们和社会带来的危害降到最低，是道路交通管理部门、人民法院以及司法鉴定等相关行业的职责和使命，是落实和贯彻习近平新时代中国特色社会主义思想的要求，是坚持中国特色社会主义制度的要求，是法治中国建设的要求，是坚持科教兴国和人才强国战略的要求。本书旨在贯彻党的二十大精神，融入新时代中国特色社会主义思想和核心价值观，坚持守正创新、公平正义、以人为本、依法遵规等理念，面向建设社会主义现代化国家的人才培养目标。在系统地介绍交通事故涉及的基本概念、事故再现分析方法、事故现场勘查、事故责任认定与处理、事故司法鉴定等基本理论与知识的基础上，通过对《中华人民共和国道路交通安全法》《中华人民共和国民法典》《司法鉴定程序通则》《道路交通事故现场图绘制》(GA 49—2014)《道路交通事故车辆速度鉴定》(GB/T 33195—2016) 等法律法规与技术标准的解析，为读者系统掌握和运用汽车事故分析、处理与鉴定的相关知识、法律和技术标准提供了参考。

全书共分 12 章，第 1 章为概述；第 2 章介绍了事故概念和分类，并从人、车、路的特性介绍了事故成因；第 3 章介绍了事故统计分析和成因分析方法；第 4 章介绍了汽车典型事故的再现分析理论和方法；第 5 章介绍了交通事故现场勘查的基本知识，特别介绍了现场图制作相关的标准和要求；第 6 章介绍了交通事故处理程序和责任认定相关的原则、方法、法律和法规；第 7 章介绍了汽车事故模拟软件开发的原理和示例；第 8 章介绍了交通事故鉴定的法律法规和行业规范；第 9 章介绍了汽车事故车速鉴定的标准和鉴定方法；第 10 章介绍了基于视频的汽车事故鉴定标准和方法；第 11 章介绍了非典型汽车事故的分析与鉴定案例；第 12 章介绍了 AI 技术在交通事故处理与鉴定中的应用。

在本书的编写过程中，作者查阅了大量的国内外资料，借鉴了相关领域许多专家和学者的著作和成果，引用了很多法律法规与国家和行业标准。本书能够完成，离不开本领域的有关专家学者和所列参考文献作者(但不限于)的贡献。

在本书的编写过程中，辽宁正大司法鉴定中心为作者提供了宝贵的调研和实践机会，书中很多事故鉴定案例来源于从中心收集的实际案例的改编。感谢辽宁正大司法鉴定中心的刘宝录和金玲玲同志的大力支持和帮助。

本书是辽宁工业大学的立项教材，教材的编写得到了辽宁工业大学全面的支持。全书由辽宁工业大学唐阳山教授主持编写和统稿，唐阳山编写第 1 章、第 11 章，郑利民编写第 6 章、第 10 章，张丽萍编写第 7 章、第 9 章，辽宁铁道职业技术学院的邱林副教授编写第 2 章、第 12 章，辽宁正大司法鉴定中心的金玲玲编写第 8 章，陈昕编写第 12 章，王殿超编写第 5 章，魏丹编写第 3 章，张忠洋和徐兆华编写第 4 章。白艳参加了本书的部分组稿、编辑和校稿工作。

本书在收集素材和实践调研时，研究生刘万华、赵丽丽参与了部分工作，并参加了部分素材整理、材料加工工作。研究生朱娜、王宇涵、甘甜、李志伟、孟度金、华仲让等参与了一些文字编辑工作。

本书面向的主要读者对象为学习交通事故分析、处理与鉴定有关课程和知识的相关专业的高年级本科生或研究生。本书不具有法律效力,在进行交通事故处理与鉴定实践工作时,应以国家颁布的有关法律、法规、规定、标准和规范为准。

由于作者理论水平有限,实践经验不足,收集的数据和资料也有一定的局限,书中定会存在一些错误和不当之处,诚恳希望各位专家和读者批评指正,也希望得到各位读者的理解和支持。

目　　录

第1章　概述 (001)
　§1.1　交通事故分析与鉴定的意义 (001)
　§1.2　交通安全发展状况 (003)
　§1.3　交通事故研究的内容 (008)
　§1.4　本书学习引导 (012)

第2章　交通事故分析基础 (013)
　§2.1　交通事故概念和分类 (013)
　§2.2　车辆特性 (020)
　§2.3　道路特性 (030)
　§2.4　驾驶员和行人交通特性 (034)
　§2.5　法律法规及标准规范 (043)
　思考与习题 (044)

第3章　交通事故成因分析 (045)
　§3.1　交通事故成因统计分析 (045)
　§3.2　人机工程学的运用 (047)
　§3.3　交通事故统计分析方法 (050)
　思考与习题 (052)

第4章　典型交通事故分析方法 (053)
　§4.1　交通事故力学分析理论 (053)
　§4.2　汽车正面碰撞事故分析方法 (064)

§4.3　汽车追尾碰撞事故分析方法 ……………………………………………（080）
§4.4　二轮车事故分析方法 …………………………………………………（089）
§4.5　行人事故分析方法 ……………………………………………………（107）
§4.6　不确定性和法理分析 …………………………………………………（120）
思考与习题 ………………………………………………………………………（123）

第5章　交通事故现场勘查与相关检验 …………………………………………（125）
§5.1　交通事故现场分类及特性 ……………………………………………（125）
§5.2　交通事故现场勘查程序和方法 ………………………………………（127）
§5.3　事故车辆、人员和痕迹检验 …………………………………………（132）
§5.4　交通肇事逃逸事故的现场勘查 ………………………………………（135）
§5.5　交通事故现场图制作 …………………………………………………（137）
思考与习题 ………………………………………………………………………（156）

第6章　交通事故责任认定与处理 ………………………………………………（158）
§6.1　交通事故处理程序 ……………………………………………………（158）
§6.2　责任认定法理思想 ……………………………………………………（160）
§6.3　交通事故损害赔偿 ……………………………………………………（166）
§6.4　交通事故肇事处罚和处理 ……………………………………………（178）
§6.5　交通肇事逃逸案件的侦查处理 ………………………………………（184）
§6.6　责任认定案例分析 ……………………………………………………（187）
思考与习题 ………………………………………………………………………（196）

第7章　交通事故模拟再现技术 …………………………………………………（197）
§7.1　交通事故再现软件 PC_CRASH ………………………………………（197）
§7.2　交通事故分析软件设计开发 …………………………………………（203）
思考与习题 ………………………………………………………………………（211）

第8章　交通事故司法鉴定概论 …………………………………………………（212）
§8.1　《司法鉴定程序通则》及解读 …………………………………………（213）
§8.2　司法鉴定条例与司法鉴定行业管理 …………………………………（220）
§8.3　交通事故司法鉴定范围和种类 ………………………………………（225）
§8.4　司法鉴定意见书样例及格式规范 ……………………………………（235）
思考与习题 ………………………………………………………………………（239）

第 9 章　交通事故车速技术鉴定 ·· (240)
§9.1　车速技术鉴定标准解析 ·· (240)
§9.2　标准的车速鉴定计算方法 ·· (244)
§9.3　典型案例鉴定分析 ·· (249)
思考与习题 ·· (291)

第 10 章　交通事故视频鉴定方法及应用 ·· (293)
§10.1　基于视频的车速技术鉴定标准 ·· (293)
§10.2　视频鉴定方法的原理解析 ··· (298)
§10.3　车速视频鉴定案例分析 ·· (301)
思考与习题 ·· (305)

第 11 章　非典型汽车事故鉴定方法与案例分析 ·· (307)
§11.1　汽车二维碰撞事故鉴定分析方法 ·· (307)
§11.2　单车事故鉴定分析方法 ·· (316)
§11.3　案例分析 ·· (319)
思考与习题 ·· (326)

第 12 章　AI 技术在事故分析鉴定中的应用 ·· (327)
§12.1　AI 技术发展 ·· (327)
§12.2　AI 技术在事故鉴定中的应用 ··· (328)
§12.3　AI 技术在侦破交通肇事逃逸案中的运用 ··· (333)

参考文献 ·· (337)

第1章 概述

导语 道路交通事故的发生不仅带来了人员伤亡、车辆损坏和设施破坏等直接损失,也会造成交通拥堵中断、精神伤害、家庭和社会影响等严重后果。因此,发生了交通事故,对于交通事故管理相关部门及车辆保险相关企业来说,需要准确并尽快地分析和处理这些事故,及时给受害者以公平合理的交代,尽量减小各种影响。而科学合理、公平公正的交通事故处理和鉴定也是所有当事人及参与者所共同期盼的。随着社会经济的发展,我国道路交通机动化程度日益提高,交通安全问题仍然是人们关切的主要社会问题。因此,研究准确、公正地进行交通事故分析处理与鉴定具有非常重要的现实意义。道路交通事故归根结底是人、车、路、环境等多方面因素失去平衡所造成的,在动态交通环境下,潜在的危险演变为最终的交通事故,本质上是由于某种因素的突然变化导致车辆或交通参与者被迫采取行为改变,而这种改变打破了原有的有序状态,产生了无序或失控的状态,交通事故随即发生了。透过现象看本质,交通事故分析与鉴定就是要通过事故现场勘查,收集事故发生过程中产生或变化的痕迹物证等,运用科学的分析方法,按照正确的规范标准,通过专业的事故鉴定技术,再现事故的某种状态或事故的全貌,基于科学分析和专业鉴定意见,给出公正合理的处理。

思政要点 社会主义制度优越性,热爱祖国,生命安全,遵守交通法规

§1.1 交通事故分析与鉴定的意义

1.1.1 交通事故分析

事故的发生有其偶然性,也有其内在必然性。伴随着汽车的诞生,不可避免地会产生一定的道路交通事故。1769年,一名法国工程师尼古拉斯·古诺将一台蒸汽机装在一辆木制三轮车上,用来牵引大炮,这是第一辆蒸汽汽车。古诺后来又制造了第二辆汽车,在进行汽

车行驶试验时,撞到了墙上,这是世界上发生的第一起机动车事故。

1889年在美国纽约,发生了第一起道路交通死亡事故。据1998年日内瓦发布的《世界灾难报告》,100余年来因道路交通事故死亡约3 000万人,每年大约有30万人死于道路交通事故。根据世界卫生组织2015年发布的《全球道路安全现状报告》,全球大约有125万人死于道路交通事故,2018年发布的报告中,这一数据达到了135万人。据最新数据,2019年全球道路伤害的10万人死亡率为16.7,估计有130万人死于道路交通事故。

从宏观角度讲,只要有道路交通,只要有道路上行驶的车辆,就不可避免地会发生一定数量的交通事故,但是可以通过道路设施的增加和完善、交通管理措施、法律约束和教育等手段降低事故发生的数量。

在20世纪末和21世纪初,我国由于机动车数量增加较快,而道路设施建设及交通管理发展相对较缓,导致交通事故数量较高,引起了党和国家的高度重视。2004年,《中华人民共和国道路交通安全法》颁布实施,此后的十几年,我国的道路及设施建设发展迅速,交通管理及有关部门加大了交通安全综合治理,加强执法和交通安全教育双管齐下;同时,国民的安全意识和交通素质也不断提高,统计数据显示,我国的道路交通安全水平显著提高,交通事故数量和伤亡数量都显著下降。对于拥有14亿人口、人均道路面积很小的国家来说,能在较短时间内取得这样的成果,充分体现了中国特色社会主义制度的优越性。

在一定的时空范围内,交通事故存在一定的共性。通过对大量的交通事故案例的调查、统计、分析,可以揭示交通事故发生的规律,得出趋势性的结论,总结事故发生的原因,这种工作就是交通事故统计分析。交通事故统计分析也可以对现在采取的政策和安全措施进行分析,以便进行有效的改进工作。

从微观角度讲,每一起交通事故都有其发生的诱因,诱因可能不止一个,但是只要消除或克服主要诱因,就有可能避免事故的发生,或者减轻事故的严重程度。所以,作为交通参与者,无论我们是驾驶人还是骑车人,是行人还是乘车人,都有责任从自身做起,遵守法律法规和交通规则,尊重自己和他人,尊重生命,严格规范自己的交通行为,提高安全意识,这样就有可能避免事故,或者减少事故损失。

每起交通事故均有其特殊性,在交通事故共性规律的指导下,通过对具体事故的勘查和分析,运用数学、力学、工程学的基本方法,进行事故再现,找到事故发生的具体原因,还原事故发生的过程,这是交通事故个案分析的工作。

交通事故分析包括上述的统计分析和个案分析。

1.1.2 交通事故鉴定

交通事故发生了,必将带来一些人员伤亡或者财产损失等后果,甚至产生较大的社会影响。为了更加准确而公正地处理交通事故,我国实行了道路交通事故第三方司法鉴定制度。当案件比较复杂、涉及人员伤亡或者当事人有较大分歧的交通事故发生时,可委托司法鉴定部门,由专门的司法鉴定人员依据国家和行业标准,利用所掌握的专门知识进行专门鉴定,并出具鉴定意见书,作为交通事故处理或司法诉讼程序中的依据或证据,这就是道路交通事故鉴定工作。

交通事故鉴定是公安机关交通管理部门或者人民法院,为了解决交通事故案件中某些专门性事项,委托具备鉴定资质的鉴定机构,由具有资质的专门鉴定人员,按照鉴定要求,进行调查、分析和判断,提供鉴定意见书。

交通事故常见的鉴定有:法医类鉴定、物证类鉴定、车辆类鉴定、道路鉴定、事故成因鉴定和财产损失评估等。交通事故鉴定属于个案分析。

交通事故分析的作用一方面是为决策提供依据,另一方面是为实践工作提供理论指导。

交通事故统计分析工作可以为交通安全法律法规、相关方针政策的制定提供参考,也可以为具体的道路交通安全改善方案的制定提供依据,还可以为安全教育、救援、救治和车辆改进等工作提供思路。通过交通事故统计分析,还可以为丰富和改进事故个案分析方法和技术提供一定的理论指导。

交通事故个案分析主要是要揭示一起事故的发生原因,再现事故的发生过程,分析和判断事故当事人的责任,为事故处理提供依据。事故个案分析也可能是研究特定事故发生的特性,探索改进事故个案分析的方法。由专门机构和专门鉴定人员进行的个案分析即事故鉴定,直接为交通事故处理或交通事故司法诉讼案件提供证据,是交通事故公平公正处理的重要保障之一。

交通事故鉴定必须遵循依法、科学、客观和公正的基本原则。鉴定的目的主要是根据委托事项,通过专业的鉴定手段,以及规范完整的文件,向事故处理人员、法官、律师及当事人阐释发生的交通事故的全貌或某些细节,必要时需要出庭解释,为交通事故处理、诉讼和保险理赔提供科学的依据。一般地,鉴定内容主要有:

道路交通事故的发生形态;碰撞接触部位;碰撞的方向;地面碰撞接触点;碰撞车速;行驶车速;碰撞发生前事故车的运动状况;驾驶人的属性;驾驶人的操作行为;事故是否可以避免;制动开始点及驾驶员的反应是否及时;车辆制动系统性能是否合格;车辆发动机、制动系统故障的原因;车辆故障与事故之间的因果关系;车辆发生火灾的原因;交通信号灯状态;乘车人身体及运动状态;乘车人伤害的原因;事故与受伤之间的因果关系;碰撞的先后顺序等。

1.1.3 交通事故处理

交通事故处理一般是由专门进行交通事故处理的部门和人员、交通事故鉴定人员或从事交通事故研究的人所进行的工作。当交通事故处理部门接到事故报案后,要尽快赶赴交通事故现场,进行现场询问、勘测、记录以及救援、疏通等工作,并对案件进行分析与相应的处理。如果案情比较清楚,则可以现场进行责任认定和简易处理;如果案情复杂,则需要进一步分析与调解。当交通事故处理部门的意见不能使事故当事者均认可,或者事故原因和责任的认定涉及一些需要专门鉴定的事项时,交通事故鉴定人员一般需要进行事故车辆的检验,很多时候还需要进行事故的现场勘查,以补充或核实事故现场信息。

§1.2 交通安全发展状况

交通事故的发生与交通参与者的行为、道路条件、车辆状况等都有一定的关系。纵观从新中国成立到现在70多年的道路交通事故发展变化情况,随着社会经济和交通运输的发展,我国道路交通事故数量总体是逐步增多的,其间也经历了几个不同变化阶段。虽然汽车保有量和交通运输量增长较快,但是国家综合实力的不断增强,法制的不断完善,国民素质的不断提高,使得近年来交通安全水平总体基本趋于稳定——尽管数量仍然偏高。对于我国道路交通安全状况的统计分析,有助于正确认识道路交通事故的发展,积极评价我国在道路交通安全方面所开展的非凡工作,提高人们的交通安全意识和法律意识,使交通事故处理与鉴定从业人员增加社会责任感,提高职业道德规范,正确对待交通事故处理与鉴定工作中面临的各种问题。

1.2.1 交通事故常用统计标准

为了反映交通事故总体的数量特征,评价道路交通安全总体水平,分析道路交通安全发展趋势,需要建立相应的统计分析指标。交通事故常用的宏观统计指标是事故次数、死亡人数、受伤人数、直接财产损失、死亡率等,一般都用绝对指标。

此外,更深入的统计分析还可以使用相对指标、平均指标和动态指标等。

(1) 绝对指标是用来反映事故总体规模和水平的绝对数量,如交通事故数、受伤人数、死亡人数以及直接经济损失。其中,直接经济损失是指因交通事故造成人身伤亡善后处理支出的费用和毁坏财产的价值。

(2) 相对指标是通过事故总体中有关指标进行对比得到的,如亿车公里死亡率(受伤率)、万车死亡率等。其中,万车死亡率是表示在一定时间和空间范围内,按机动车拥有量所平均的交通事故死亡人数的一种相对指标,即平均每万辆机动车(不包括自行车)折算的年交通事故死亡人数。亿车公里死亡率是指每1亿车公里发生的交通事故死亡人数。亿车公里受伤率是指每1亿车公里发生的交通事故受伤人数。

(3) 平均指标是说明事故总体一般水平的统计指标,通常用以表明某地或某一时段内交通事故的总体水平。

(4) 动态指标是指交通事故现象随时间变化的规律,可分为动态绝对值、动态相对数以及动态平均数。

1.2.2 我国交通事故的发展与趋势

自新中国成立以来,我国的交通事故数量基本是随着国民经济的发展而逐步上升,并受当时的社会经济状况的影响而发生很大的波动,中间经过几个高峰期。每年的全国交通事故死亡人数,在20世纪50~60年代为几百至几千人;70年代增加至1万~2万人;80年代中期,事故死亡人数急剧上升,后期有一定下降;90年代以后,随着国家深化改革开放,国家总体经济实力不断增强,汽车工业和交通运输业迅速发展,汽车等机动车辆保有量急剧增加(图1-1),拥有驾驶证的人数激增,交通事故死亡人数又急剧增长。进入21世纪,连续3年,全国每年道路交通事故死亡人数已超过10万人,这也是新中国成立70多年来,我国道路交通事故死亡人数最高的一段时期。党和国家高度重视道路交通安全这一社会问题,从法律法规制定、道路基础设施建设、安全治理工程、安全教育等各方面采取各种有力措施。从2004年起,道路交通事故数量和死亡人数不断下降,2009—2018年,连续10年道路交通事故死亡人数低于7万人,2019年下降到5万余人,特别是万车死亡率下降到2以下,这一指标已基本达到世界发达国家水平。近年来,我国的道路交通安全状况基本稳定在这一水平,对于14亿人口的发展中国家来说,这是一项了不起的成就,充分展示了中国特色社会主义制度的优越性。1980 年以来,我国道路交通事故统计见表 1-1。

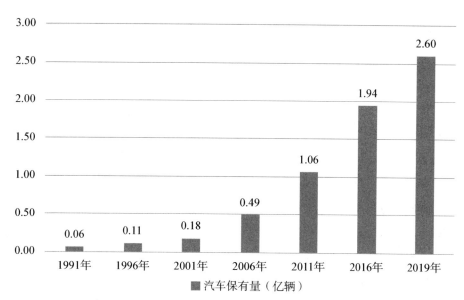

图 1-1　1991—2019 年我国汽车保有量增长趋势

表 1-1　1980 年以来我国道路交通事故统计

年份	事故次数（次）	死亡人数（人）	受伤人数（人）	直接财产损失（万元）	万车死亡率（人/万车）	10 万人口死亡率（人/10 万人）
1980	116 692	21 818	80 824	4 960.29	104.47	2.21
1981	114 679	22 499	79 546	5 083.74	95.85	2.25
1982	103 777	22 164	71 385	4 859.48	85.32	2.81
1983	107 758	23 944	73 957	5 835.84	84.35	2.33
1984	118 886	25 251	79 865	7 336.39	42.99	2.43
1985	202 394	40 906	136 829	15 867.64	62.39	3.89
1986	295 136	50 063	185 785	24 018.00	61.12	4.70
1987	298 147	54 439	187 399	27 938.94	50.37	4.94
1988	276 071	54 814	170 598	30 861.37	46.05	5.00
1989	258 030	50 441	159 002	33 598.45	38.26	4.54
1990	250 297	49 271	155 072	36 354.81	30.38	4.31
1991	264 817	53 292	162 019	42 835.97	32.15	4.60
1992	228 278	58 729	144 264	64 482.96	30.19	5.00
1993	242 343	63 508	142 251	99 907.01	27.27	5.36
1994	253 537	66 362	148 817	133 382.72	24.26	5.54
1995	271 843	71 494	159 308	152 267.00	22.48	5.90

续表

年份	事故次数（次）	死亡人数（人）	受伤人数（人）	直接财产损失（万元）	万车死亡率（人/万车）	10万人口死亡率（人/10万人）
1996	287 685	73 655	174 447	171 769.00	20.41	6.02
1997	304 217	73 861	190 128	184 616.00	17.50	5.97
1998	346 129	78 067	222 721	192 951.00	17.30	6.25
1999	412 860	83 529	286 080	212 401.00	15.45	6.82
2000	616 974	93 493	418 721	266 900.00	15.60	7.27
2001	754 919	105 930	546 485	308 787.26	15.46	8.51
2002	773 137	109 381	652 074	332 438.11	13.71	8.79
2003	667 507	104 372	494 174	337 000.00	10.80	8.08
2004	567 753	99 217	457 810	239 141.01	9.93	8.24
2005	450 254	98 738	469 911	188 401.17	7.57	7.60
2006	378 781	89 455	431 139	148 956.04	6.16	6.84
2007	327 209	81 649	380 442	119 878.40	5.10	6.21
2008	265 204	73 484	304 919	100 972.16	4.33	5.56
2009	238 351	67 759	275 125	91 436.83	3.63	5.10
2010	219 521	65 225	254 075	92 633.53	3.15	4.89
2011	210 812	62 387	237 421	107 873.35	2.78	4.65
2012	204 196	59 997	224 327	117 489.60	2.50	4.45
2013	198 394	58 539	213 724	103 896.64	2.34	4.32
2014	196 812	58 523	211 882	107 542.93	2.22	4.28
2015	187 781	58 022	199 880	103 691.66	2.08	4.22
2016	212 846	63 093	226 430	120 759.92	2.14	4.56
2017	203 049	63 772	209 654	121 311.35	2.06	4.59
2018	244 937	63 194	258 532	138 455.9	1.93	4.50
2019	200 114	52 388	275 125	134 617.9	1.80	3.70

1.2.3 国外交通事故的发展与现状

世界上一些经济发达国家在20世纪70年代初期以前，随着汽车保有量的增加，交通事故也相应增多，到20世纪70年代初，交通事故数达到高峰。20世纪70年代初以来，由于机动化水平增长速度下降，同时各国采取了各种交通安全对策，包括交通法规的完善、安全教育、驾驶技术的改善、道路和车辆优化设计等，因此道路交通事故死亡人数呈下降趋势，但是受伤人数持续增加。例如在日本,1970年死于车祸的人数达到1.6万人,伤于车祸的人数有近100万人,死、伤人数总和达到全国人口的1%。日本当局高度重视,采取了一些有效的治理措施,到了2014年,尽管汽车保有量也增加了3倍多,按车辆统计的交通事故死亡率却由每万辆车9人下降为每万辆车0.53人。总体上,在发达国家,由于机动化水平基本趋于稳定,交通事故死亡率基本也趋于相对稳定的状况。

从2010年到2019年,一些欧美国家的车祸死亡人数有所下降,但是下降幅度并不大。有一些国家的道路交通死亡人数近年来甚至有上升势头。表1-2中是一些国家道路交通事故死亡情况。

表1-2 一些国家道路交通事故死亡指标统计

国家	2019年死亡人数(人)	2018年死亡人数(人)	死亡变化率(%)
澳大利亚	1189	1136	4.7
奥地利	416	409	1.7
比利时	646	604	7.0
智利	1973	1955	0.9
捷克	617	658	−6.2
丹麦	199	171	16.4
芬兰	209	239	−12.6
法国	3239	3248	−0.3
德国	3046	3275	−7.0
希腊	696	700	−0.6
匈牙利	603	629	−4.1
冰岛	6	18	−66.7
爱尔兰	141	140	0.7
以色列	355	316	12.3
意大利	3173	3334	−4.8
日本	3920	4166	−5.9
韩国	3349	3781	−11.4
荷兰	661	678	−2.5
新西兰	352	378	−6.9
葡萄牙	621	675	−8.0
塞尔维亚	534	546	−2.2
斯洛文尼亚	102	91	12.1
西班牙	1755	1806	−2.8
瑞典	221	324	−31.8

续表

国家	2019年死亡人数(人)	2018年死亡人数(人)	死亡变化率(%)
瑞士	187	233	−19.7
英国	1 748	1 784	−2.0
美国	36 120	36 560	−1.2
摩洛哥	3 384	3 736	−9.4
南非	12 503	12 921	−3.2
乌拉圭	422	528	−20.1

注：表中数据根据2020国际运输论坛(International Transport Forum 2020)发布的《道路安全年报》(ROAD SAFETY ANNUAL REPORT)整理

从表1-2可以发现，尽管有些发达国家的道路交通事故死亡人数较低，有一定的下降趋势，但是也有一些发达国家的道路交通事故死亡人数是较高的，例如美国，还有一些国家的事故死亡人数有一定的上升。这一方面说明，发达国家的道路交通安全问题仍然存在；另一方面也启示我们，道路交通安全问题是一个长期客观存在的社会问题，需要我们持之以恒地重视和认真对待。当然，当前交通事故严重的国家仍集中在非洲、南美洲及亚洲一些发展中国家，未来，这些地区的一些经济落后国家，随着机动化交通运输的发展，将会出现那些已经完成和正在完成机动化的国家早期出现的交通安全问题，全世界道路交通安全问题仍然严峻。

因此，无论是发展中国家还是发达国家，在面临的机动化发展中，保证汽车行驶安全一直是人们追求的根本目标。而发展中国家的道路交通安全形势更加严峻，交通安全工作任重道远。令人欣喜的是，我国在这方面的工作已经取得了明显成效。

§1.3 交通事故研究的内容

道路交通安全一直以来就是一个备受社会关注的问题，它不仅是交通管理部门、司法部门、交通事故鉴定行业、车辆保险行业、医疗救护单位等面对的实践工作，也是各种科学研究机构、大学及其他相关单位十分关注的科学研究领域。研究机构开展了交通事故各种研究工作，为交通事故实践工作提供坚实的理论基础和方法指导；反过来，实践工作也为开展事故研究提供了必要的、充分的实际案例和基础数据，进一步推动了事故研究工作。二者相辅相成，互相促进。本节结合事故研究的内容和事故鉴定分析的要求，介绍一下事故分析与鉴定涉及的一般内容和理念。

1.3.1 交通事故研究

交通事故研究的任务是通过已有的交通事故数据去研究交通事故的机理和原因，探讨降低交通事故后果的法律、工程技术、医学等措施，从中总结经验，建立理论体系，创新解决方法，从而为完善相关法规和标准、改善道路交通安全、提高救护水平及改进车辆设计等提供依据。主要包括以下几个方面：

一、交通事故调查统计分析

通过对交通事故案例的调查和统计,研究交通事故的影响因素、发生原因及各种统计特性,发现和总结各类交通事故的共性规律。交通事故调查与统计分析方面的研究工作,一般由政府部门独立开展、科研机构独立开展或合作开展等。

二、事故再现研究

交通事故再现研究主要是通过研究特定类型的事故,揭示事故的发生原因和发生过程,从工程技术、心理学等角度给出合理解释。事故再现研究主要基于事故案例进行研究,有时也需要进行事故模拟实验,借助计算机模型技术进行事故模拟可以大大降低事故研究的成本。

三、事故伤害研究

交通事故发生可能伴随着一定的人员受伤甚至死亡,医疗救治和生命保护部门及相关研究机构有专门的针对性研究项目,研究人员伤害机理和特性以及死亡致因,探索减轻伤亡和有效救治的措施,事故再现研究者也会研究通过人员伤害寻找事故再现的方法。

四、法律、标准和教育方面的研究

研究交通事故总体状况,预测分析交通安全发展趋势,研究相关法规和安全教育工作的完善,评估和改进相关标准规范。

五、心理学方面的研究

包括研究驾驶员特性和行人特性,研究事故中涉及的精神伤害、心理疾病以及事故后的心理治疗和精神康复等。心理学方面的研究也包括通过人机功效学来研究事故再现分析的手段。

可见,交通事故研究涉及工程技术、医学、心理学、法学、教育等多个学科,研究领域和内容也很广泛,而交通事故调查与统计、交通事故再现、交通事故伤害是道路交通事故研究的主要方向。交通事故研究涉及的学科和主要内容如图1-2所示。

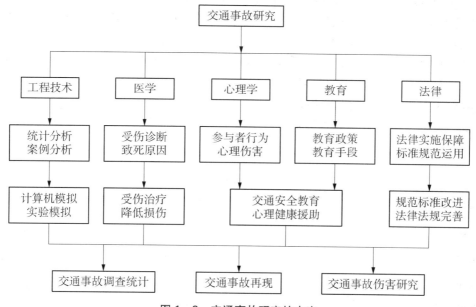

图1-2 交通事故研究的内容

1.3.2 交通事故调查与统计

交通事故调查与统计的目的是总结交通事故,利用统计方法整理和加工交通事故数据。道路交通事故的统计评价可以揭示交通事故的重点,从而做到有的放矢,并且确定碰撞事故中乘员受伤与事故严重程度的相互关系。对于不同的机构和不同研究目的,事故调查的项目也不同。

一、政府行政部门统计

政府行政部门所进行的事故统计是为了政府决策(如交通设施建设等)提供依据。这些统计结果来源于公安交通管理部门的交通事故调查报告。交通警察的交通事故现场调查数据,一般用于解释交通事故原因和进行交通事故责任划分与处理,但也是政府决策所依赖的数据。一般地,可以利用交通警察掌握的第一手事故调查资料,根据特定决策目的和统计需求,直接生成相应的交通事故数据表格。也可以对事故数据进行一定的计算和处理,得到所需的反映交通安全状况和水平的指标。

二、统计局的交通事故数据

国家对交通事故实行分级统计上报制度,统计部门汇总全国或者地区的交通事故数据后,定期以一定形式发布统计结果。国家统计部门统计的交通事故数据一般比较宏观,但也可以为交通事故研究提供一定的帮助。

三、机动车保险公司的调查研究

保险公司为了自身企业利益,需要掌握交通事故发生的数据和损害赔偿数据,会对交通事故做一定范围内的调查与统计,这种调查统计数据偏重于事故的原因、伤害程度和经济损失赔偿等方面,对于研究保险立法、保险合同条款、事故发生原因、损害规律都有一定的价值。

四、交通事故的跨学科研究

这种研究性、地区性的多学科大规模交通事故调查是全面深入地研究交通事故深层原因、改善地区交通安全形势的重要手段。它通过大量数据,全面地考虑与交通事故相关的各种工程技术、医学和心理学因素的影响。大型汽车制造厂家、保险机构、政府主管部门、科研院所以及其他独立机构根据自身的研究目的,也都有其一定范围内比较详细的交通事故调查数据。这种调查成本高,需要时间长,组织难度高。

五、交通事故调查的数据采集和应用

不同机构对交通事故的调查结果有不同的用途和目的,表1-3列出了交通事故调查的采集和应用。

表1-3 交通事故调查的采集和应用

交通事故数据采集	目的和直接应用	间接应用	调查时间
交通警察	交通事故责任	交通事故统计	立即
急救机构	救护措施、档案	救护统计	立即/总结
医院、法医	病例档案	医院统计	立即/总结
医疗鉴定	伤害鉴定	救护事业	

续表

交通事故数据采集	目的和直接应用	间接应用	调查时间
保险机构	损失标准	保险研究	总结
交通事故鉴定机构	交通事故再现、汽车损失评估	鉴定	立即/总结
汽车制造商	交通事故研究、汽车主动和被动安全设施的检验和改进	设计、制造规范	立即/总结
高校、研究机构	交通事故研究、交通事故后果避免和降低	事故鉴定	立即/总结
交通监督、宣传	交通安全宣传和教育		立即/总结

1.3.3 交通事故再现

交通事故再现的核心目的是研究一起交通事故的类型、基本属性、特点及发生原因,并从时间和空间上明确交通事故的变化过程,给出明确结论或总结规律。

为了对交通事故车辆等的运动过程进行再现,需要位移、地点、速度、方向、反应时间、车辆变形等数据,有时候还需要路面条件、天气状况、人员伤害情况等数据。事故再现所需数据有的可测,有的需要选取或由实验确定。

交通事故再现和交通事故分析的关系是特殊与一般的关系。事故再现研究也是实际事故分析与案例鉴定的理论基础,事故研究会不断丰富和改进事故鉴定分析的方法。

1.3.4 交通事故伤害分析

交通事故伤害分析的任务是对导致相似伤害和损失的事故原因进行分析研究,包括分析事故总体中人员伤害的统计结果、事故中人员伤害与车辆运动的关系以及事故中人员伤害在事故鉴定中的应用。

1.3.5 交通事故鉴定

实际上,无论是进行交通事故的科学研究工作,还是进行交通事故分析与鉴定的实践工作,交通事故调查与统计、事故再现、交通事故伤害都是主要的内容和着眼点,只是侧重点和目标不同而已。例如,事故再现研究主要着眼于事故再现方法和事故鉴定手段,而实践工作者则着眼于运用合理的再现方法及相应标准,正确分析及准确鉴定具体案件,形成专门的鉴定意见。

从交通事故鉴定与分析的实践工作者的角度来说,交通事故处理人员除了要熟悉交通事故现场勘查和分析、事故鉴定等相关的理论知识和方法外,也需要掌握一定的交通事故研究的方法,开展一定的交通事故研究工作,至少要对交通事故研究领域的发展状况和进展成果有一定的了解。要想完成好实际交通事故的分析或事故鉴定的工作,不仅需要掌握相关的工程技术、心理学等知识,充分利用事故研究的最新成果,还要熟悉相关法律、法规和技术标准。

§1.4 本书学习引导

1.4.1 参考书籍

在国内，稍早时期，有很多交通事故研究方面的专家和学者出版和发表了不少教材和专著，推动了交通事故分析与鉴定领域科学研究与实践工作的发展。近几年来，国内在汽车事故分析与鉴定领域公开发表的教材或专著也有不少，以下几部教材或专著是较新出版的，可以为学习本书提供参考和帮助。

许洪国，刘宏飞的《道路交通事故分析与处理》（第3版），人民交通出版社出版。

薛大维的《汽车事故分析与鉴定》，机械工业出版社出版。

冯浩，潘少猷的《道路交通事故痕迹物证鉴定概论》，科学出版社出版。

鲁植雄，迟英姿，岳永恒等的《汽车事故鉴定学》，机械工业出版社出版。

1.4.2 学习思路和方式

理论学习为基础（头四章），案例分析作为理论学习检验的途径。

标准学习为基础，目标是掌握典型事故案件的鉴定方法。

现场图绘制和鉴定意见的撰写是实践能力培养的两个重要方向。

要理论联系实际案例、标准规范与理论方法相互对照，从正面碰撞、追尾碰撞的掌握到复杂些的行人事故和二轮车事故，遵循从简单到复杂，从例题和习题再到简单鉴定案例，最后到复杂鉴定案例的学习过程。

要在学习过程中深刻领会交通事故处理与鉴定中的思政理念和观点，逐步培养科学严谨、公平正义、以人为本、帮扶弱者的正义理念和精神。

❓ 思考题

1. 我国的道路交通事故状况经历了哪些变化阶段？

2. 为什么我国这样一个人口大国能够把交通事故死亡人数从原来的一直上升趋势控制到近10年的基本稳定状况，且显著低于历史高峰数量？

3. 查找资料，观看交通事故视频，认真领会遵守交通法规、珍惜生命的重要性。

第 2 章
交通事故分析基础

导语 道路交通系统是由参与交通的人、车辆和交通环境这3个要素组成的相互关联又相互影响的复杂系统。高效、安全、舒适是系统的整体目标。而每一个参与交通的人、车辆及相关的道路环境均为一个子系统。汽车驾驶员在行驶过程中必须随时掌握车辆、道路及交通变化特性，不断做出正确的判断与反应，操纵方向，控制行车速度，以适应该系统的动态运行过程。人、车、路的协调配合是实现交通安全的重要保证，一旦这个人机系统在道路上运行时，各个要素之间的相互作用发生变化而导致相互配合出现问题，就有可能产生危险甚至造成交通事故的发生，事故的发生与这些要素的特性有着直接的关系。因此，了解和熟悉人、车、路的特性，对于分析事故的机理和发生原因是非常必要的。

关键词 交通事故类型，车辆的交通特性，人的交通特性，路的交通特性

思政要点 民族自豪感，系统观，以人为本，遵守法规

§2.1 交通事故概念和分类

2.1.1 交通事故的定义

交通事故是指车辆在道路上因过错或者意外造成人身伤亡或者财产损失的事件。车辆包括机动车和非机动车，机动车中有各类汽车、摩托车和拖拉机等，非机动车中有畜力车和自行车等。道路是指公路、街道、胡同、里巷、广场、停车场等供公众通行的地方。与道路成为一体的桥梁、隧道、轮渡设施以及作业道路用的电梯等全部包含在"道路"中，作为道路附属设施。构成交通事故应当具备下列要素：

（1）必须是由车辆造成的。车辆包括机动车和非机动车，没有车辆就不能构成交通事故。

（2）是在道路上发生的。

(3) 在运动中发生。是指车辆在行驶或停放过程中发生的事件,若车辆处于完全停止状态,行人主动去碰撞车辆或在乘车人上下车的过程中发生的挤、摔、伤亡的事故,则不属于交通事故。

(4) 有事态发生。是指有碰撞、碾压、刮擦、翻车、坠车、爆炸、失火等其中的一种现象发生。

(5) 造成事态的原因是人为的。

(6) 必须有损害后果。损害后果不仅指直接的损害后果,而且还指物质损失,包括人身伤亡和财产损失。

(7) 当事人心理状态是过失或有其他意外因素。

2.1.2 交通事故分类

对交通事故进行分类,目的在于分析、研究、处理和预防交通事故,同时也便于通过统计,从各个角度寻找事故原因和制定事故预防对策。交通事故分析的角度和方法不同,对交通事故的分类也不同。

一、按交通事故的对象分类

发生交通事故的对象之一是车辆,包括机动车和非机动车。一般来说,除了单车事故和多车碰撞事故,交通事故涉及的对象有两个,根据另一个对象的不同可以分为机动车之间事故、车辆对行人的事故、机动车对自行车的事故、车辆单独事故、车辆与固定物及车辆撞动物等事故以及铁路道口事故等。

1. 机动车之间事故

机动车之间发生的事故主要包括正面碰撞、追尾碰撞、侧面碰撞以及刮擦碰撞等,图2-1至2-4为几种典型的汽车间碰撞事故类型。机动车间事故还可以分为汽车与汽车、汽车与摩托车事故等。

2. 车辆对行人的事故

车辆对行人的事故是车辆在行驶中或停车过程中碰撞、刮擦或者碾压行人的事故。比较典型的车辆碰撞行人的事故是机动车碰撞、刮擦或者碾压行人的事故,这里的机动车包括汽车和摩托车等。图2-5所示为汽车撞倒了斑马线上行走的行人,也是一种比较典型的行人事故。

图2-1 正面碰撞事故

图2-2 追尾碰撞事故

图 2-3 侧面碰撞事故

图 2-4 刮擦碰撞事故

图 2-5 车辆与行人碰撞

普通自行车碰撞或刮擦行人的事故虽然也经常发生，但是一般都比较轻微，大部分不涉及人员伤亡，一般都可自行处理。电动自行车[这里指的是符合《电动自行车安全技术规范》(GB 17761—2018)，属于非机动车的二轮电动车]造成的行人事故也不少，但严重程度相对没有汽车或摩托车造成的高，当然在车速较快时，碰撞行人也会造成重伤甚至死亡。而属于机动车性质的"电动自行车"[这里指的是符合《机动车运行安全技术条件》(GB 7258—2017)里对机动车的界定，不符合 GB 17761—2018 里对电动自行车的要求的二轮电动车]，一般车速更快，造成的伤亡也更严重。

所以，当发生这类事故时，车辆机非属性的鉴定及车速鉴定十分必要。应强调的是，行人相对于车辆属于弱势交通者，我们在事故分析与处理中要遵循保护交通弱者的原则，例如，要考虑车辆是否及时发现了行人，是否礼让了行人，碰撞或刮擦时是否采取了必要的减损措施等。

3. 车辆对自行车的事故

车辆对自行车的事故主要是指机动车与自行车之间的碰撞和刮擦事故。自行车包括普通自行车及电动自行车。这类事故有车辆碰撞自行车侧面事故、自行车碰撞车辆侧面事故、车辆追尾自行车事故、迎面碰撞事故以及侧面刮擦事故等。图 2-6 为汽车追尾碰撞自行车事故，图 2-7 为二轮车碰撞汽车侧面事故。

图2-6 车辆追尾自行车事故　　　　图2-7 二轮车碰撞汽车侧面事故

机动车对于自行车是交通强者，在行车时需要贯彻保护交通弱者、礼让弱者的精神。在事故分析与处理时，要特别关注机动车是否超速，是否及时发现了自行车，是否采取了一定的避险或减损的措施等。

虽然普通自行车之间也会发生交通事故，但一般损伤较轻或只涉及少量的财产损失，很多时候不需要交通管理部门处理就可以自行协调解决。

但如果是电动自行车，由于车速一般较快，因此需要区别对待。随着越来越多的人认同绿色交通理念，道路上的电动自行车越来越多，电动自行车之间的事故也开始上升。正如前面所述，当发生这类事故且比较严重时，一般需要鉴定车辆属性和是否超速。如果属于机动车，则应按照机动车性质进行责任认定和处理，不再属于弱势交通者，这同样适用于汽车碰撞属于机动车的"电动自行车"事故。

4. 车辆单独事故

车辆单独事故主要是指翻车事故以及坠入桥下、山沟或江河等的事故，翻车或者坠车事故有时也会伴随着起火和爆炸现象。汽车单车事故有时也会演变为其他形态的事故，如碰撞树木等。图2-8为一起汽车翻车事故，图2-9为一起坠沟事故。

图2-8 汽车翻车事故

图 2-9 汽车坠落河沟事故

虽然交通事故可能伴随着起火或者爆炸现象,但是起火和爆炸并不一定属于交通事故。车辆在道路上行驶或停车过程中,没有外界原因导致起火和爆炸的事故很少,如果是由汽车自燃导致的,则不属于交通事故,没有投保自燃险的,保险公司也不会理赔处理;如果是由其他先发事故现象造成的,例如翻车等导致的起火爆炸,则一般归为导致起火或爆炸的第一形态事故,例如归为翻车或坠车事故。

有时候单独的车辆事故还会连带产生一些二次事故,如碰撞人行道的行人或建筑物,翻车后再坠入河中或山沟,坠落后撞击树木等。

车辆单独事故虽然包括机动车单独事故和非机动车单独事故,但是除了车速较快的电动自行车外,由于普通自行车速度较慢,操作难度低,意外因素少,因此即使发生单独事故,后果也较轻微,交通事故分析与处理中一般很少涉及。非机动车由于一般没有保险,因此也不在保险理赔范畴。

5. 车辆与固定物碰撞事故

车辆与固定物碰撞事故是指车辆与道路上的结构物、灯杆、电线杆、交通标志杆、广告牌杆、建筑物、工程作业结构物以及路旁的树木等相撞的事故,这类事故一般是指机动车事故。图 2-10 为汽车碰撞树木的单车事故。车辆与固定物之间的碰撞事故可能产生连带的其他形态和类型的事故,如产生后续的碰撞车辆、行人、自行车等事故,它也可能是由其他类型的事故导致的,例如,汽车与汽车碰撞后导致车辆碰撞路边树木等,汽车翻车后撞到灯杆等固定物。

图 2-10 汽车撞路边树木

6. 铁路道口事故

铁路道口事故是指车辆或行人在铁路道口与火车之间发生的事故,一般是碰撞或碾压形态的事故。这类事故相对比较复杂,涉及面较大,社会影响一般也比较大,要妥善处理。

二、按违反交通规则的对象分类

根据交通事故的主要责任方涉及的车种和人员,可分为机动车事故、非机动车事故和行人事故 3 种。

1. 机动车事故

机动车事故是指机动车负主要责任的交通事故,包括机动车单独、机动车与机动车、机动车与摩托车、机动车与自行车、机动车与行人以及机动车与火车 6 种情况。

2. 非机动车事故

非机动车事故主要指自行车事故,是指因骑自行车人的过失或违反交通规则所造成的交通事故,包括自行车单独、自行车与机动车、自行车与自行车、自行车与其他非机动车、自行车与行人以及自行车或其他非机动车与火车 7 种情况。

3. 行人事故

行人事故是指由于行人过失或违反交通规则而发生的交通事故,包括行人负主要责任的机动车和非机动车压死或撞死行人的事故,也包括火车在铁路道口撞死、撞伤人的事故。

三、按事故后果分类

(1) 根据人身伤亡或者财产损失的程度或数额,交通事故被划分为轻微事故、一般事故、重大事故和特大事故。交通事故管理部门在事故统计和处理中长期使用这种分类标准,如表 2-1 所示。但是,随着社会经济的发展,这种划分事故等级的缺点越来越明显。例如:等级划分中财产损失数额标准过低,未能体现事故损失的发展变化,人员伤亡数量的界定过于僵化等。

表 2-1 交通事故按伤亡或财产损失的等级划分

轻微事故	一次造成轻伤 1~2 人,或者财产损失机动车事故不足 1000 元,非机动车事故不足 200 元的事故
一般事故	一次造成重伤 1~2 人,或者轻伤 3 人以上,或者财产损失不足 3 万元的事故
重大事故	一次造成死亡 1~2 人,或者重伤 3 人以上 10 人以下,或者财产损失 3 万元以上不足 6 万元的事故
特大事故	一次造成死亡 3 人以上,或者重伤 11 人以上,或者死亡 1 人,同时重伤 8 人以上,或者死亡 2 人,同时重伤 5 人以上,或者财产损失 6 万元以上的事故

(2) 按照国家统计局批准的交通事故统计标准的规定,统计交通事故时按照死亡事故、重伤事故、轻伤事故和财产损失事故分为 4 类,财产损失较少、没有明显受伤或只有低于轻伤标准的受伤,按轻微事故处理,但不做统计。具体分类见表 2-2。

表 2-2 国家统计局批准的交通事故等级划分

死亡事故	因道路交通事故而当场死亡和受伤后 7 天内救治无效死亡的
重伤	使人肢体残废或者毁人容貌的;使人丧失听觉、视觉或者其他器官功能的;以及其他对人身健康有重大伤害的。具体人体损伤程度的确定,应按《人体损伤程度鉴定标准》执行
轻伤	表皮挫裂、皮下溢血、轻度脑震荡等情况,具体按《人体损伤程度鉴定标准》执行
财产损失	交通事故造成的车辆、财产直接损失折款,不含现场抢救(险)、人身伤亡善后处理的费用,也不含停工、停产、停业等所造成的财产间接损失

这种分类相比于上一种等级划分方法,明显可操作性更强,便于减轻统计工作的负担,克服了传统划分标准不能反映社会经济发展变化的影响,体现了国家在事故统计工作中的求真务实作风和与时俱进的发展观念,有助于增强人们的安全意识,起到一种潜移默化的安全教育作用,充分体现了尊重生命、以人为本的思想精神。

（3）在交通事故处理中,死亡不以事故发生后 7 天内死亡为限;重伤、轻伤同样按上述统计标准;财产损失还应包括现场抢救(险)、人身伤亡善后处理的费用,但不包括停工、停产、停业等所造成的财产间接损失。

（4）在日本,交通事故根据事故后果分为死亡事故、重伤(Ⅰ、Ⅱ类)事故、轻伤事故和物损事故。死亡事故是指交通事故发生后 24 小时内死亡的事故;Ⅰ类重伤事故是指交通事故负伤后治疗期在 90 天以上者;Ⅱ类重伤事故是指交通事故负伤后治疗期在 30 天以上者。

四、按事故原因分类

任何交通事故的发生都是有原因的,交通事故的原因可以分为主观原因和客观原因。

1. 主观原因造成的事故

主观原因造成的事故,是指造成交通事故的是当事人本身内在的因素,如主观过失或有意违法,主要表现为违反法规、疏忽大意和操作不当等。

违反法规是指:当事人由于主观方面的原因,不按交通法规的规定行驶或行走,致使正常的道路交通秩序混乱发生交通事故。如酒后驾车、毒驾、无证驾驶、超速行驶、争道抢行、故意不让行、违法超车、违法超载、非机动车走快车道、行人不走人行道等原因造成的交通事故。

疏忽大意是指:当事人由于心理或生理方面的原因,没有正确地观察和判断外界事物而造成的失误。如心情烦躁、身体疲劳等都会造成精力分散,反应迟钝,表现出瞭望不周,采取措施不当或不及时;也有的当事人仅凭主观想象判断事物,或过高地估计自己的技术,过分自信,引起驾驶行为不当而造成事故。

操作不当是指:驾车人技术生疏、经验不足,对车辆和道路的情况不熟悉,遇有突发情况时惊慌失措,引起操作错误。如有的驾驶员在制动时误将加速踏板当成制动踏板踩下;有的骑自行车人在遇到紧急情况时不知停车等而造成交通事故。

2. 客观原因造成的事故

客观原因造成的事故,是指车辆、环境、道路方面的不利因素引发的交通事故。客观原因在某些情况下易诱发交通事故,特别是道路和气候方面的因素。对于道路和环境方面的因素,目前还没有很好的调查和测试手段,因此,在事故分析中有时会忽视这些因素。这需要引起人们的重视。

任何一起交通事故都有促成事故发生的主要情节和造成事故损害后果的主要原因。据统计和分析,绝大多数交通事故是由当事人的主观原因造成的,而客观原因所占的比例相对较少。

五、按主要责任者或当事人过错行为分类

交通事故的发生一般是由事故主要责任者的过错或过失行为造成的,即使是由意外原因导致的交通事故,第一当事人在事故发生前和发生过程中也可能存在一定的过失,按照这种过失行为进行分类,可以分为观察错误、判断错误以及操作错误。

1. 观察错误

观察错误是指当事人心理或生理方面的原因所致,即对外界环境的客观情况没有正确

的观察,或由道路条件不良、交通标志标线不清以及交会路口冲突区太大等引起的观察错误。

2. 判断错误

判断错误包括对对方车辆的行动、对道路的形状和线形、对对方车辆的速度以及自己车辆与对方车辆的距离判断有误,或过分相信自己的技术以至于对所驾驶车辆的性能和速度估计判断有误。交通事态判断过程常发生在极短的时间内(一般为 0.1 s)。根据有关统计数据,由判断错误而引起的交通事故占 30%~35%。

3. 操作错误

操作错误主要指技术不熟练,特别是新领证驾驶员,由于对车辆和道路不甚熟悉,因此在遇到紧急情况时就不能应付自如,容易出现慌乱,发生操作错误而引起交通事故。此外,由于车辆本身机械故障(如制动、转向失灵),更易导致驾驶员的操作错误。

六、按事故发生地点分类

交通事故发生地点一般有多种分类方法。按照道路类型可分为公路和城市道路;按道路交通量分为 5 个等级,即高速公路和一、二、三、四级公路;按道路行政等级划分为国道(G)、省道(S)、县道(X)、乡道(Y)及专用公路(Z)。

其他分类方法还有:按伤亡人员职业类型分类;按肇事者所属行业分类;按发生事故时的天气分类;按发生事故时的地形条件、道路线形、路面类型、路面通行条件、道路横断面位置、路口路段、道路物理隔离、路侧防护设施、交通控制方式、照明条件、能见度条件、交通方式等分类;按肇事驾驶员所持驾驶证种类、驾龄分类。

§2.2 车辆特性

车辆是道路交通的主要元素。当车辆发生碰撞时,车速、乘员所在的位置、车辆的质量、乘员是否系安全带、车辆是否装备安全气囊等诸多因素都会对乘员的伤害程度造成影响。随着汽车的逐步普及,人们对于汽车安全性也给予了高度的重视。汽车的结构特点和各安全技术的采用,对于行驶安全是非常重要的。了解和掌握车辆行驶的原理和主要性能,对于事故再现分析十分关键。

2.2.1 汽车行驶方程

驾驶汽车出行的目的,是操纵汽车沿着行驶路线,安全、准确、快捷地运动。为此人们需要掌握沿汽车行驶方向作用于汽车的各种力,即驱动力与行驶阻力。根据这些力的关系,建立汽车行驶方程式,就可估算汽车的最大车速、加速度(加速距离)、最大爬坡度以及纵横方向稳定性等。

汽车行驶方程式为

$$F_\mathrm{t} = \sum F \tag{2-1}$$

式中:F_t——汽车驱动力,单位为 N;

$\sum F$——汽车行驶阻力之和。

汽车驱动力 F_t，是由发动机曲轴输出的转矩经传动系传至驱动轮上而作用于路面后，地面对驱动轮施加的轮缘切向力。行驶阻力 $\sum F$ 包括滚动阻力 F_f、空气阻力 F_w、加速阻力 F_j 和坡度阻力 F_i。

车辆在直线道路上变速行驶时，根据车辆受力分析的动静法，作用在车辆上的全部外力和惯性力组成平衡力系。把曲轴飞轮传动系齿轮、车轮等旋转质量换算为平移质量，则整车可简化为平移运动，推动它前进的力与各种阻力相平衡，即车辆行驶方程式可改写为

$$F_t = F_f + F_w + F_i + F_j \tag{2-2}$$

不管车辆是等速还是变速行驶，也不管是否上下坡，方程式(2-2)总是成立的。

2.2.2 汽车驱动力

汽车发动机产生的转矩，经传动系传至驱动轮上。此时，作用于驱动轮上的转矩 M_t 产生对地面的圆周力 F_0，以及地面对驱动轮的反作用力 F_t（方向与 F_0 相反）。这个驱动汽车前进的外力，如图 2-11 所示，就称为汽车驱动力，单位为 N。其计算式为

$$F_t = \frac{M_t}{r} \tag{2-3}$$

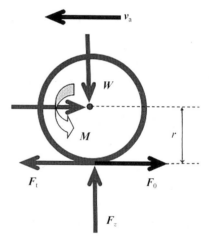

图 2-11 汽车驱动力

式中：M_t——作用于驱动轮轮缘上的转矩，单位为 N·m；

r——车轮滚动半径，单位为 m。

车轮处于空载状态时的半径称为自由半径。当汽车受静止载荷时，车轮中心至轮胎与道路接触面间的距离称为静力半径。由于径向载荷的作用，轮胎会发生显著变形，因此静力半径总是小于自由半径。汽车行驶过程中车轮中心与道路接触面间的距离称为动力半径，习惯上称为滚动半径。通常，滚动半径介于静力半径和自由半径之间。车速越高，滚动半径越接近于自由半径。

如以车轮转动圈数与实际车轮滚动距离之间的关系换算，则可求得车轮的滚动半径 r_r（单位：m）为

$$r_r = \frac{s}{2\pi n_w} \tag{2-4}$$

式中：n_w——车轮转动的圈数；

s——在转动 n_w 圈时车轮滚动过的距离。

2.2.3 汽车行驶阻力

汽车在水平道路上等速行驶时，必须克服来自地面的滚动阻力及空气阻力。当汽车上坡行驶时，还必须克服重力沿坡道的分力（称为坡度阻力）。汽车加速行驶时需要克服的惯

性力称为加速阻力。

一、滚动阻力

在平坦路面行驶的汽车轮胎上会产生滚动阻力。形成滚动阻力的原因，是由于轮胎与路面的接触（如产生切向和法向的相互作用力）以及相应的轮胎和支承路面的变形。当弹性轮胎在硬路面上（混凝土、沥青路）滚动时，轮胎的变形是产生滚动阻力的主要因素。

滚动阻力的大小，用车轮的负荷和滚动阻力系数表示为

$$F_f = fG \tag{2-5}$$

式中：G——车轮负荷或重力或地面法向力，$G = mg$；

f——滚动阻力系数。

汽车在凹凸不平的路面上行驶时，力作用于轮胎的垂直、切向和侧向的3个方向上。因此，轮胎变形引起的附加摩擦力，使滚动阻力增大。在砂地和泥泞松软地面上，轮胎使路面发生变形，留下车辙印，与铺装的硬路面相比，其滚动阻力增大很多。在潮湿路面上，存在车轮附加阻力"涉水阻力"。

在干燥路面上，汽车在低速范围内行驶时，速度增加而摩擦系数几乎无变化。在潮湿路面上，附着系数则随着速度增加而急剧变小。高速时，轮胎与路面间的积水不能被及时排出，水的阻力会使车轮产生上浮现象，严重时会产生"水滑"现象。在这种情况下，轮胎与路面间会失去附着能力，使汽车无法被控制。

汽车转弯行驶时，在离心力的作用下，汽车会受到向外甩的离心惯性力的作用。与此相对应，在轮胎接地部位上便会产生向心力，高速急转时轮胎会产生地面侧滑痕迹，甚至会发生侧滑或者侧翻。

当驾驶人操纵转向盘时，轮胎偏转方向与汽车前进方向不完全一致，弹性车轮就会出现侧偏现象。轮胎偏转方向与汽车行进方向的夹角，称为侧偏角。严重侧偏时，汽车轮胎会发生侧滑。

二、空气阻力

汽车行驶时，车身会受到空气的作用力。这个作用力在行驶方向上的分力，称为空气阻力。空气阻力可分为压力阻力与摩擦阻力两部分。作用在汽车外形表面上的法向压力的合力在行驶方向的分力，称为压力阻力；摩擦阻力是由空气的黏性在车身表面产生的切向力的合力在行驶方向的分力。压力阻力又可分为形状阻力、干扰阻力、内循环阻力和诱导阻力等。汽车空气阻力 F_w 的数值可表示为

$$F_w = \frac{1}{2} C_D A \rho v_r^2 \tag{2-6}$$

式中：C_D——空气阻力系数；

ρ——空气密度，一般取 $\rho = 1.2258 \text{ kg/m}^3$；

A——迎风面积，即汽车行驶方向的投影面积，单位为 m^2；

v_r——相对速度，单位为 m/s。

在无风时，v_r 即汽车行驶速度。逆风行驶时 $v_r = v - v_w$，其中 v 为车速，v_w 为风速；在顺风时，$v_r = v + v_w$。一般情况下，当风向与汽车行驶方向成某角度时，v_r 应当是风向与车

纵轴线方向的矢量和。

三、坡度阻力

当汽车上坡行驶时,汽车重力沿坡道的分力表现为汽车坡度阻力 F_i,即

$$F_i = G\sin\alpha \tag{2-7}$$

道路坡度是用坡高与底长之比来表示的,即 $i = h/s = \tan\alpha$。当坡度较小时,可以近似表示为

$$\sin\alpha \approx \tan\alpha = i$$

$$F_i = G\sin\alpha \approx G\tan\alpha = mgi \tag{2-8}$$

式中:α——道路坡度角。

四、加速阻力

汽车在加速行驶时,需要克服因质量引起的惯性力。惯性力的方向与加速度方向相反,构成了加速阻力 F_j。汽车质量分为平移质量和旋转质量两部分。加速时不仅平移质量产生惯性力,旋转质量也要产生惯性力偶矩,其方向与加速旋转方向相反。为了便于计算,一般把旋转质量的惯性力偶矩转化为平移质量的惯性力,并以 δ 作为转换系数。因而,汽车加速时加速阻力 F_j 为

$$F_j = \delta \frac{G}{g} \frac{\mathrm{d}v}{\mathrm{d}t} \tag{2-9}$$

汽车在行驶时可能同时受到驱动力和上述阻力的作用。图 2-12 为汽车在上坡行驶时的总体受力情况。

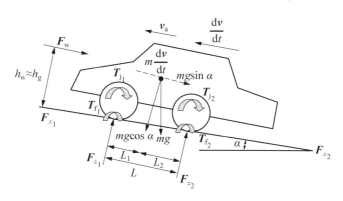

图 2-12 汽车加速上坡受力图

其中:h_g——汽车质心高;h_w——风压中心高;T_{f_1},T_{f_2}——作用在前、后轮上的滚动阻力偶矩;T_{j_1},T_{j_2}——作用在前、后轮上的惯性阻力偶矩;$\sum T_j = T_{j_1} + T_{j_2}$;$F_{z_1}$,$F_{z_2}$——作用在前、后轮上的地面法向反作用力;$F_{x_1}$,$F_{x_2}$——作用在前、后轮上的地面切向反作用力(或摩擦力);L——汽车轴距;L_1,L_2——汽车质心至前、后轴之距离。

若将作用在汽车上的各力对前、后轮与道路接触面中心取力矩,则得出

$$\begin{cases} F_{z_1} = \dfrac{1}{L}(GL_2\cos\alpha - Gh_g\sin\alpha - \dfrac{Gh_g}{g}\dfrac{dv}{dt} - \sum T_j - F_w h_w) \\ F_{z_2} = \dfrac{1}{L}(GL_1\cos\alpha + Gh_g\sin\alpha + \dfrac{Gh_g}{g}\dfrac{dv}{dt} + \sum T_j + F_w h_w) \end{cases} \qquad (2-10)$$

若不计滚动阻力偶矩 T_j、空气阻力 F_w 的影响，且设 $\dfrac{dv}{dt}=0$，则式(2-10)可改写为

$$\begin{cases} F_{z_1} = \dfrac{GL_2\cos\alpha - Gh_g\sin\alpha}{L} \\ F_{z_2} = \dfrac{GL_1\cos\alpha + Gh_g\sin\alpha}{L} \end{cases} \qquad (2-11)$$

2.2.4 车辆行驶驱动与附着条件

一、车辆行驶驱动条件

根据车辆行驶方程式(2-2)，要使车辆从静止起动，或者在行驶中不减速，必须满足

$$F_t \geqslant F_f + F_w + F_i \qquad (2-12)$$

式(2-12)称为汽车行驶的驱动条件。它表明，驱动力必须不小于滚动阻力、空气阻力及坡道阻力 3 项之和，车辆才能起动并加速，或者保持等速行驶。驱动条件是车辆行驶的必要条件，不是充分条件。因为轮胎和路面不一定能提供根据发动机转矩可提供的驱动力 F_t，所以还要满足附着条件。

二、车辆行驶驱动和附着条件

为了满足式(2-12)，可采取加大驱动力 F_t 或者仅加大发动机输出转矩 M_e。实际上，加大驱动力 F_t 有时会受路面附着条件的限制。如图 2-13 所示。

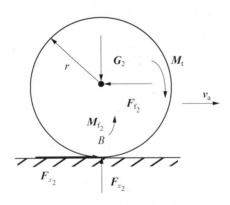

图 2-13 附着条件约束

路面给轮胎的切向反作用力 F_{x_2} 为

$$F_{x_2} \leqslant F_{\varphi_2} = \varphi F_{z_2} \qquad (2-13)$$

对轮心 O_2 取矩,可得平衡方程式为

$$\sum M_{O_2} = F_{x_2}r + M_{f_2} - M_t = 0$$

所以有

$$F_{x_2} = \frac{M_t}{r} - \frac{M_{f_2}}{r} = F_t - F_{f_2}$$

$$F_t - F_{f_2} \leqslant \varphi F_{z_2}$$

$$F_t \leqslant \varphi F_{z_2} + f F_{z_2} = (\varphi + f) F_{z_2}$$

或者

$$F_t \leqslant F_{\varphi_2} + F_{f_2} \tag{2-14}$$

式(2-14)称为附着条件。若忽略滚动阻力,则式(2-14)可改写为

$$F_t \leqslant F_{\varphi_2} = \varphi F_{z_2} \tag{2-15}$$

根据式(2-15)和式(2-12),汽车的驱动和附着条件为

$$F_f + F_w + F_i \leqslant F_t \leqslant \varphi F_{z_2} \tag{2-16}$$

式(2-16)就是车辆行驶所要满足的必要与充分条件,称为汽车的驱动和附着条件。对于全轮驱动的汽车,式(2-15)中的 F_{z_2} 由 F_z 取代。

显然,要增加驱动力,必须提高 φ 和驱动轴地面反力 F_{z_2}。整车前、后轴受到的路面法向反力分别为

$$\begin{cases} F_{z_1} = \dfrac{1}{L}\left[G\cos\alpha(L_2 - fr) - Gh_g\sin\alpha - F_w h_w - \left(\dfrac{G}{g}\dfrac{dv}{dt}h_g + \sum M\right)\right] \\ F_{z_2} = \dfrac{1}{L}\left[G\cos\alpha(L_1 + fr) + Gh_g\sin\alpha + F_w h_w + \left(\dfrac{G}{g}\dfrac{dv}{dt}h_g + \sum M\right)\right] \end{cases} \tag{2-17}$$

将式(2-17)的两式进行比较可知,第一项是由重力分配的轴重,其余 4 项分别对应滚动阻力、坡度阻力、空气阻力及惯性阻力。这 4 项阻力在两个公式中符号相反,它们使路面对前轴的法向反力减少,对后轴的法向反力增加,这种重量转移使附着条件得到提高,正好满足车辆上坡时或加速时对增加驱动力的需要。这就是后轴驱动的优点,也是绝大多数商用汽车采用后轴驱动的主要理由。在近似分析中,可以忽略比较小的滚动阻力和空气阻力,并令加速度为零,得到正常上坡行驶时的前、后轴法向反力分别为

$$\begin{cases} F_{z_1} = \dfrac{1}{L}(GL_2\cos\alpha - Gh_g\sin\alpha) \\ F_{z_2} = \dfrac{1}{L}(GL_1\cos\alpha + Gh_g\sin\alpha) \end{cases} \tag{2-18}$$

2.2.5 车辆横向临界稳定性

车辆在转弯时,由于侧向力 $\boldsymbol{F}_y$ 和离心力 $\boldsymbol{F}_g$ 的存在,可能出现侧翻和侧滑两种失稳情

况。汽车侧翻是指汽车在行驶过程中绕其纵轴线转动 90°或更大角度,以致车身与地面相接触的一种侧向危险运动。

侧翻的影响因素主要包括汽车结构、驾驶人操作和道路条件等。侧翻形式有曲线运动引起的侧翻和绊倒侧翻。汽车在道路(包括侧向坡道)上行驶时,由于汽车侧向加速度超过限值,因此使汽车内侧车轮的垂直反力为零,从而引起侧翻。汽车行驶发生侧向滑移时,与障碍物侧向撞击而被"绊倒"。

一、侧翻的临界速度

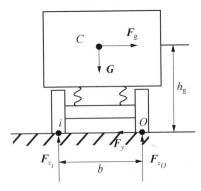

图 2-14 路面外侧无超高转弯

图 2-14 为车辆在水平横断面上的示意图。假设整车重量为 G,质心高度为 h_g,左右轮距为 b,并假定路面有足够的横向附着力 F_y,保证不产生侧滑。当车辆直线行驶时,左右车轮各承受一半的重量。

车辆在转弯时,离心力 F_g 与横向附着力 F_y 组成倾覆力矩,引起内侧车轮所承受的重量向外侧车轮转移。当离心力增大时,内侧车轮脱离路面,便出现侧翻。假设内侧车轮刚要脱离路面的临界状态时,临界车速为 v_h。利用内轮反力 $F_i=0$ 的条件,对外轮着地点 O 建立力矩方程

$$\sum m_O = G\left(\frac{b}{2}\right) - F_g h_g = 0$$

$$F_g = \frac{G\left(\frac{b}{2}\right)}{h_g} \tag{2-19}$$

离心力为

$$F_g = ma_y = \left(\frac{G}{g}\right)\left(\frac{v_h^2}{R}\right)$$

比较得到

$$\frac{G}{g}\frac{v_h^2}{R} = \frac{b}{2h_g}G$$

所以

$$v_h = \sqrt{\frac{b}{2h_g}gR} \tag{2-20}$$

这就是车辆转弯时将要出现侧翻的临界速度。随着离心力的增大,内轮地面法向反作用力 F_{z_i} 逐渐减小。当 F_{z_i} 减小到零时,汽车在侧倾平面内不能保持平衡,从而开始侧翻。汽车开始侧翻时所受的侧向加速度,称为侧翻阈值。汽车侧翻阈值列在表 2-3 中。

表 2-3　典型汽车侧翻阈值

车辆类型	质心高度(cm)	轮距(cm)	侧翻阈值(g)
跑车	46~51	127~154	1.2~1.7
微型轿车	51~58	127~154	1.1~1.5
豪华轿车	51~61	154~165	1.2~1.6
轻型客货车	76~89	165~178	0.9~1.1
客货两用车	76~102	165~178	0.8~1.1
中型货车	114~140	165~190	0.6~0.8
重型货车	154~216	178~183	0.4~0.6

二、侧滑的临界速度

当车辆的质心较低或者横向附着系数比较小时，曲线行驶车辆将产生侧滑，而不是翻倒。假设刚要侧滑时车辆的临界速度为 v_φ。车辆侧滑的临界条件是侧向力 F_y 达到最大值（侧向附着力），即

$$F_y = (F_i + F_O)\varphi$$

由路面法向平衡条件可知，$G = F_i + F_O$

由路面切向平衡条件得到离心力

$$F_g = F_y = G\varphi \tag{2-21}$$

而离心力与车速的关系为

$$F_g = ma_n = \left(\frac{G}{g}\right)\left(\frac{v_\varphi^2}{R}\right)$$

比较得到

$$\left(\frac{G}{g}\right)\left(\frac{v_\varphi^2}{R}\right) = G\varphi$$

所以

$$v_\varphi = \sqrt{gR\varphi} \tag{2-22}$$

这就是车辆转弯时将要出现侧滑的临界速度。

将式(2-20)与式(2-22)进行比较可知

$$当 \frac{bh_g}{2} < \varphi \text{ 时}, v_h < v_\varphi, 车辆先侧翻 \tag{2-23}$$

$$当 \frac{bh_g}{2} > \varphi \text{ 时}, v_h > v_\varphi, 车辆先侧滑 \tag{2-24}$$

三、路面外侧超高时的临界速度

为了提高车辆在弯道上行驶的侧向稳定性，城间公路总是把弯道上的横断面做成由外

侧向内侧倾斜,称为外侧超高。

假设内倾角为 β,则

$$\tan\beta = i_y \tag{2-25}$$

称为超高的横向坡度。

当路面存在横向坡度时,以路面切向为 y 坐标,法向为 z 坐标,水平向外的离心力 F_g 和铅垂的重力 G 都可沿 y,z 方向分解为两个分力(图 2-15)。

1. 侧翻的临界条件

根据侧翻的临界条件,内侧车轮路面反力 $F_i = 0$,对外侧轮胎接地点建立力矩方程

$$\sum m_O = \frac{Gb}{2}\cos\beta + Gh_g\sin\beta - F_g h_g\cos\beta + F_g \frac{b}{2}\sin\beta = 0$$

移项并除以 $\cos\beta$ 得到

$$F_g\left(h_g - \frac{b}{2}\tan\beta\right) = G\left(\frac{b}{2} + h_g\tan\beta\right)$$

整理上式,得

$$F_g = \frac{b + 2h_g i_y}{2h_g - b i_y} G$$

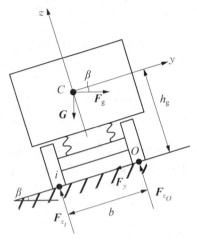

图 2-15 路面外侧有超高转弯

并比较

$$F_g = \left(\frac{G}{g}\right)\left(\frac{v_h^2}{R}\right)$$

得到车辆侧翻的临界速度为

$$v_h = \sqrt{\frac{b + 2h_g i_y}{2h_g - b i_y} gR} \tag{2-26}$$

比较式(2-26)与式(2-20),由于有外侧超高横坡 i_y,因此临界速度增加,车辆的行驶稳定性提高。

2. 侧滑的临界速度

根据侧滑的临界条件,有

$$F_y = (F_i + F_O)\varphi \tag{2-27}$$

路面法向和切向平衡方程为

$$\sum F_z = F_i + F_O - G\cos\beta - F_g\sin\beta = 0$$

$$F_i + F_O = G\cos\beta + F_g\sin\beta$$

$$F_y = F_g\cos\beta - G\sin\beta$$

代入式(2-27)得到

$$F_g\cos\beta - G\sin\beta = (G\cos\beta + F_g\sin\beta)\varphi$$

整理得到

$$F_g(\cos\beta - \varphi\sin\beta) = G(\varphi\cos\beta + \sin\beta)$$

$$F_g = \left[\frac{(\varphi + \tan\beta)}{(1 - \varphi\tan\beta)}\right]G$$

并比较

$$F_g = \left(\frac{G}{g}\right)\left(\frac{v_\varphi^2}{R}\right)$$

从而得出侧滑时的临界速度为

$$v_\varphi = \sqrt{\frac{\varphi + i_y}{1 - \varphi i_y}gR} \tag{2-28}$$

比较(2-28)与式(2-22)可见,超高横坡 i_y 的存在使汽车临界速度增加,车辆行驶稳定性提高。

同样,通过比较式(2-26)和式(2-28),得到先侧翻还是先侧滑的条件,其结果与式(2-24)完全一样。

例如,某内外轮距为 $b=1.4\,\mathrm{m}$、质心高为 $h_g=0.55\,\mathrm{m}$ 的汽车在一弯道上行驶,此弯道半径为 $R=600\,\mathrm{m}$,路面横向外侧超高坡度 $i_y=6\%$,路面横向附着系数 $\varphi=0.6$。求侧翻和侧滑临界速度并比较。

根据式(2-26),侧翻临界速度为

$$\begin{aligned}v_h &= \sqrt{\frac{b + 2h_g i_y}{2h_g - b i_y}gR}\\ &= \sqrt{\frac{1.4 + 2\times 0.55\times 0.06}{2\times 0.55 - 1.4\times 0.06}\times 9.8\times 600}\\ &= 92.1(\mathrm{m/s}) = 332(\mathrm{km/h})\end{aligned}$$

根据式(2-28),侧滑临界速度为

$$\begin{aligned}v_\varphi &= \sqrt{\frac{\varphi + i_y}{1 - \varphi i_y}gR}\\ &= \sqrt{\frac{0.6 + 0.06}{1 - 0.6\times 0.06}\times 9.8\times 600}\\ &= 63.4(\mathrm{m/s}) = 228(\mathrm{km/h})\end{aligned}$$

比较结果 $v_\varphi < v_h$,车辆先出现侧滑。但实际车速达不到那么高,所以两种危险都不会出现。

§2.3 道路特性

道路交通环境是"人、车、路"系统的载体,是保证交通系统正常运行的基础,是实现交通安全的基本保障。道路交通环境主要包括道路条件、交通环境、交通管理设施和气候条件等几个方面。

2.3.1 道路条件

我国幅员辽阔,地理条件和经济发展差异很大,因此道路交通条件复杂。高速公路、一级公路、二级公路、乡村公路以及城市道路等组成了整个道路网。不同等级、不同地域(高原、平原、山区)、不同路面结构的道路对交通安全的影响方式和程度都不一样。

交通事故统计分析揭示了人为因素对道路系统设计的重要性。有将近44%的死亡事故是由驾驶人失误造成的。但驾驶人感知错误、反应迟缓、决策失误问题往往与驾驶人在行车过程中的能力与需求的不协调有关。从驾驶人的角度去考虑道路的设计,有利于提升交通安全水平。虽然积累了很多道路设计实践经验,也形成了不少设计规范,但在考虑使用者行为特性方面,依然还存在以下不足:

(1) 还没有对道路使用者行为特性进行充分评估的经验或成形的方法。
(2) 使用的数据老旧,不能代表当前环境下驾驶人的行为特性。
(3) 关于驾驶人感知和行为的模型还过于简单。
(4) 一些道路设计对道路使用者的能力及其局限性的考虑欠缺。
(5) 对当前的车辆特征、道路特征、路侧环境、交通控制或交通运行特性的变化缺乏考虑。
(6) 未能反映某些道路使用者的特殊需要,例如老年驾驶人、视障行人、行动不便的行人、重型货车驾驶人和低速替代运输设备的使用者。
(7) 未充分解决与重要道路使用者特征相关的需求冲突。
(8) 未解决道路设计、特征参数组合设计对道路使用者行为和安全的影响。

一、道路线形

道路线形是道路的骨架,它控制着整条道路的路线、桥涵交叉口等构造物的规模和投资,对车辆行驶的安全和通行能力起着决定性作用。道路线形是指用三轴正投影方法来表征路中心线的几何形状而得到的一条三维空间曲线,简称路线。道路线形要素的构成不合理以及线形组合的不协调,对道路交通安全有重要的影响。常用线形分为平面线形、纵断面线形和横断面线形。

1. 平面路线

平面路线是指道路中线在水平面上的投影形状,主要包括直线、圆曲线和缓和曲线3种线形(图2-16)。

过长的直线段,易使驾驶员因景观单调而产生疲劳,注意力不集中,反应迟缓,一旦有突发情况出现,就会因措手不及而肇事。另外,驾驶员在长直路段爱开快车,致使车辆在接近弯道时速度仍较快,若驾驶员处理不当,往往导致倾覆或其他类型的交通事故。路面线形弯

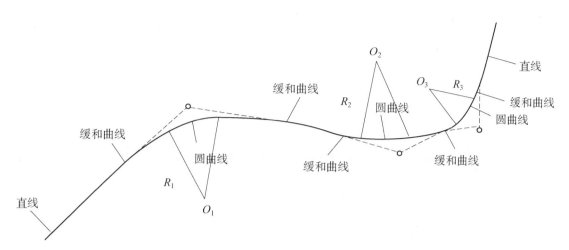

图 2-16 平面曲线的组成

道过多且转弯半径过小也容易发生事故。

2. 纵断面线形

道路纵断面线形是指道路中线在垂直水平面方向上的投影,它反映道路竖向的走向、高程、纵坡的大小,即道路起伏情况。包括道路纵坡和竖曲线。

纵断面线形影响交通安全的因素有坡度、坡长和竖曲线半径(车辆从上坡到下坡所经过的曲线的半径)。采用较小的纵坡和大半径的竖曲线,能同时为驾驶员提供良好的视距及超车机会,有利于行车安全。而在坡道太陡、太长或连续坡道太多的路段,都容易发生交通事故。

3. 道路横断面

横断面线形是指沿道路宽度方向,垂直于道路中心线的断面。公路与城市道路横断面的组成有所不同。公路横断面的主要组成有:车行道、路肩、边沟、边坡、绿化带、分隔带、挡土墙等。图 2-17 为高速公路复合式断面形式示意图,其中左图为双向一体式,右图为双向分离式。一级公路与高速公路类似,一般要有标准的硬路肩和软路肩。二、三、四级一般不设置硬路肩,但二级公路有时需要在局部设置加宽的硬路肩。城市道路有单幅路、双幅路、三幅路和四幅路等多种形式,其横断面的组成一般包括车行道、人行道、路缘石、绿化带、分隔带等。不同路幅的城市道路的横断面形式有所差别,在一些特殊的路段和道路环境,可能还包括挡墙或护栏等其他结构物。图 2-18 为城市四幅路道路的典型断面形式示意图。其他形式的横断面结构组成可参见《公路路线设计规范》(JTG D20—2017)。道路横断面把不同性质的交通工具和行人分隔开来,有利于交通安全。

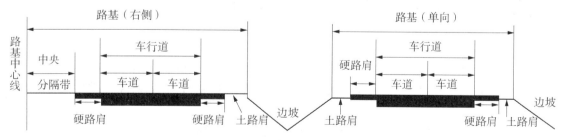

图 2-17 道路纵断面线形

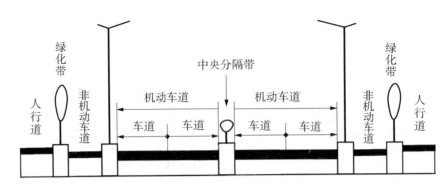

图 2-18　城市道路横断面典型形式（四幅路）

二、路面质量

路面质量主要指路面的平整度、粗糙度、路面强度等。

路面平整度对交通安全和减少车辆的故障率影响很大，因此，它是评价路面质量的重要指标。凹凸不平的路面使车辆颠簸振动，行车阻力加大，汽车的行驶系、传动系的部件容易损坏，乘坐舒适性降低，对于运输的货物而言则容易损坏。最主要的是增加了驾驶员操控车辆的难度，容易发生交通事故。

路面的粗糙度主要影响车辆在路面上的附着力，一般用车轮与路面之间的附着系数来表示。水泥和砂石路面上的附着系数就比沥青路面的附着系数小，在相同的载重量下，轮胎在水泥和砂石路面上发生侧滑的可能性就大，在相同的制动力下制动距离也长，不利于行车安全。

2.3.2　交通环境

我国道路交通环境复杂，许多城市和城镇道路都处于混合交通状态，机动车（货车、轿车、拖拉机、三轮农用车、摩托车等）、自行车、行人混行，对交通安全极为不利，交通事故频发。对于机动车驾驶员而言，掌握交通环境的特点，才能保证在复杂的交通环境中安全行车。

一、自行车交通

在我国的交通结构中，自行车占有很高的比例。自行车在整个交通系统中不容忽视，它对汽车交通影响主要有以下几个方面：

（1）自行车运行时的蛇形路线。其运动路线实际宽度超过1m，并且其蛇形运动路线具有不确定性。

（2）自行车在交叉口与汽车争道、抢行、闯红灯等现象。

（3）自行车在风、雨、雪天气中对交通安全影响更大。

二、行人交通

（1）一般情况下行人的运动空间比较小，但是行人交通的变化没有规律，很难判断行人什么时候分离、掉头、超越、停止和速度变化。因此在混合交通中，行人经常发生安全事故，尤其是老人和儿童。

（2）交叉路口的行人交通管理困难。在没有分隔护栏的情况下，行人对汽车交通影响更大。

2.3.3 交通管理设施

道路交通管理设施包括交通信号、交通标志、交通标线、交通分隔栏(墩、带)、交通岗亭等,还有高速公路、收费道路(桥梁、隧道、高架等)的监控系统、防冲护栏。这些交通管理设施都通过文字或符号对汽车交通进行导向、管制、警告、指示、禁令,给汽车交通系统提供交通信息情报。这些道路管理设施的通用性、色彩、符号、形状、设置方法、使用材料等对汽车交通安全都有影响。道路交通标志和标线是引导道路使用者有秩序地使用道路,以促进道路交通安全、提高道路运行效率的基础设施,用于告知道路使用者道路通行权利,明示道路交通禁止、限制、遵行状况,告示道路状况和交通状况等信息。道路交通标志标线对规范交通参与者的行为,保障通行安全具有重要作用。道路交通标志标线由道路交通标志和道路交通标线组成。国家标准(GB 5768)对道路交通标志标线做出了详细的规定。

一、道路交通标志

道路交通标志分为主标志和辅助标志两大类。辅助标志是附设在主标志下,起辅助说明作用的标志。主标志包括警告标志、禁令标志、指示标志、指路标志、旅游区标志、道路施工安全标志 6 类:

(1) 警告标志:警告车辆、行人注意危险地点的标志。
(2) 禁令标志:禁止或限制车辆、行人交通行为的标志。
(3) 指示标志:指示车辆行人行进的标志。
(4) 指路标志:传递道路方向、地点、距离信息的标志。
(5) 旅游区标志:提供旅游景点方向、距离的标志。
(6) 道路施工安全标志:通告道路施工区通行的标志。

二、道路交通标线

道路交通标线是由标划于路面上的各种线条、箭头、文字、立面标记、突起路标和轮廓标等所构成的交通安全设施。它的作用是管制和引导交通。可以与标志配合使用,也可单独使用。

(1) 道路交通标线按设置方式可分为纵向标线、横向标线和其他标线 3 类,如表 2-4 所示。

表 2-4 按设置方式分类

纵向标线	沿道路行车方向设置的标线
横向标线	与道路行车方向成角度设置的标线
其他标线	字符标记或其他形式标线

(2) 道路交通标线按功能可分为指示标线、禁止标线和警告标线 3 类,如表 2-5 所示。

表 2-5 按功能分类

指示标线	指示车行道、行车方向、路面边缘、人行道等设施的标线
禁止标线	告示道路交通的遵行禁止、限制等特殊规定,车辆驾驶人及行人须严格遵守的标线
警告标线	促使车辆驾驶人及行人了解道路上的特殊情况,提高警觉,准备防范应变措施的标线

（3）道路交通标线按形态可分为线条、字符标记、突起路标和路边界轮廓标4类，如表2-6所示。

表2-6 按形态分类

线条	标划于路面、缘石或立面上的实线或虚线
字符标记	标划于路面上的文字、数字及各种图形符号
突起路标	安装于路面上用于标示车道分界、边缘、分合流、弯道、危险路段、路宽变化、路面障碍物位置的反光或不反光体
路边界轮廓标	安装于道路两侧，用以指示道路的方向、车行道边界轮廓的反光柱（或片）

2.3.4 气候条件

雨天、雾天、严寒、大风等不良气候条件都会对汽车交通安全运行带来巨大影响，会影响道路的视距、视野、路面附着系数等。

雨天对驾驶员行车安全的影响主要有3个方面：一是制动距离及制动特性；二是驾驶员的视线；三是道路上其他交通参与者的行为。雨天路面附着系数低，制动距离长而且容易侧滑，驾驶员的视线不好，加上行人及非机动车在雨天急于赶路的心理，很容易发生车辆与行人及非机动车之间的交通事故。雾天由于能见度很低，最容易发生追尾事故；寒冷的天气车辆容易因路面结冰而使制动距离加长、车辆失控而发生交通事故；大风天气车辆高速稳定性降低，容易跑偏或侧翻。总之，针对不同的天气，驾驶员要做好不同的准备，以降低事故发生率，提高行车安全。

不良气候条件对交通安全的影响主要体现在以下几个方面：

（1）降低车辆和道路之间的附着力，极易导致车辆侧滑失控和制动距离增加，从而发生追尾；

（2）降低能见度的天气，导致驾驶人产生危险误判，感知反应时间变长；

（3）改变了汽车的受力状态，使车辆受的侧向力增大，造成行车过程中的侧向失去平衡，导致侧翻；

（4）对驾驶人心理的不良影响，造成驾驶人感知反应滞后或操作失误。

§2.4 驾驶员和行人交通特性

人是交通运输过程中起决定性作用的要素，是交通事故后果的承受方，也是交通安全管理的主体。人全方面影响着交通运输系统的安全状态，也是交通运输系统安全设计的基础。人对交通安全的影响主要来自两个方面，即人的能力及其差异、人的行为及其差异。在参与交通的过程中，人的能力是人的行为基础，如感知判断决策能力是驾驶人驾驶行为的基础，但人的行为不仅取决于人的能力，还与人的心理状态、性格特征有密切关系，与交通安全密切相关的人包括驾驶人和行人。车辆在道路上行驶时，驾驶人的感知判断、反应与操作等对交通安全有着决定性的作用，行人的交通特性也会对交通事故的发生产生重大影响。

2.4.1 驾驶员的感觉特性

一、视觉特性

眼睛是驾驶员在汽车行驶过程中最重要的功能器官,驾驶员的视觉能获得80%的交通环境信息。因此驾驶员的视觉对交通安全至关重要。驾驶员的视觉机能主要体现在以下几个方面。

1. 视力

视力是指眼睛分辨两物点间最小距离的能力。视力可分为静视力、动视力和夜间视力。

(1) 静视力。即静止时的视力。我国规定:申请大型客车、牵引车、城市公交车、中型客车、大型货车、无轨电车或者有轨电车准驾车型的,两眼裸视力或者矫正视力达到对数视力表5.0以上。申请其他准驾车型的,两眼裸视力或者矫正视力达到对数视力表4.9以上。

(2) 动视力。即驾驶员在汽车行驶中的视力。动视力随着车辆行驶速度的变化而变化,车速越高,视力越下降。驾驶员的动视力与年龄有一定的关系,年龄越大,动视力降低的幅度也越大。

(3) 夜间视力。视力与环境明暗程度有关,夜间视力下降。夜间视力也随着年龄的增大而降低,随着速度增加而大幅度下降。眼睛在夜间分辨颜色的能力也很弱。表2-7为驾驶员在夜间对目标的辨认距离。

表2-7 夜间驾驶员辨认距离

衣物的颜色	白	黑	乳白	红	灰	绿
能发现某种颜色的距离(m)	82.5	42.8	76.6	67.8	66.3	67.6
能确认是某种物体的距离(m)	42.9	18.8	32.1	47.2	36.4	36.4
能断定其移动方向的距离(m)	19.0	9.6	13.2	24.0	17.0	17.8

2. 色彩视觉

对交通安全另一个有重要意义的视觉概念叫色彩。根据色彩的心理和生理效果,红色刺激性最强,易见性高,使人产生兴奋、警觉;黄色反射光强度大,明亮,易唤起人们注意;绿色光柔和,给人以平静安全感。

3. 视野

两眼注视某一目标,注视点两侧可以看到的范围叫双眼视野。与汽车行驶过程关系最大的是水平视野。将头部与眼球固定,同时能看到的左右范围称为静视野;若将头部固定,眼球自由移动,同时能看到的左右范围称为动视野。视野与行车速度有关,随着车速增大,视野明显变窄,见表2-8。

表2-8 驾驶员视野与行车速度的对应关系

行车速度(km/h)	注视点在汽车前方(m)	视野(°)
40	183	90~100
72	366	60~80
105	610	40

4．视觉暗适应和明适应

从亮处到暗处，由于视觉的惯性，视力恢复需要时间，称眼睛的这种特性为暗适应；同理，由暗处到亮处，视力恢复也需要时间，这种特性叫亮适应。暗适应比亮适应所需要的时间长。汽车行驶过程若处于明暗急剧变化的道路上，由于视觉不能立即适应，极易造成交通事故。

二、听觉与其他感觉特性

听觉是驾驶员在行驶过程中获取外界信息的主要通道。驾驶员可以凭借车辆行驶系、传动系、制动系、发动机等不同的声音差异来判别车辆技术状态好坏，从而避免发生安全事故。其他感觉主要是指嗅觉和触觉。通过鼻和手脚器官，驾驶员可以随时获得车内和车外环境的某些变化。

2.4.2 汽车的制动过程与驾驶员反应特性

一、汽车的制动过程

汽车在行驶中常会遇到一些意外情况，迫使车辆改变原来的运动状态，以适应新的环境条件。为了保证汽车行驶安全，就需要采取制动。驾驶员接收到制动信号后踩下制动踏板，直至停车。制动过程可以分为几个阶段，如图2-19所示。它表示制动过程中制动减速度

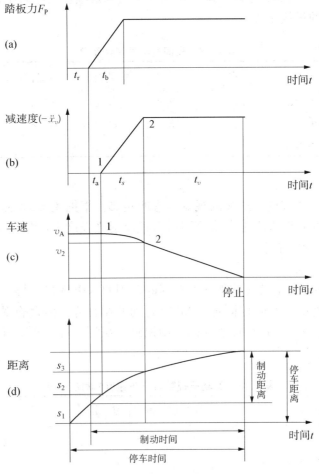

图2-19 汽车制动过程示意图

和制动时间之间的关系。

1. 制动时间

驾驶员反应时间 t_r 是指从驾驶员识别障碍到把脚力 F_P 加到制动踏板上所经历的时间，包括驾驶员发现、识别障碍并做出决定把脚从加速踏板换到制动踏板上，以及消除制动踏板的间隙所需要的时间，如图 2-19(a) 所示。

操纵力增长时间 t_b 是指脚力 F_P 由零上升到最大值所需要的时间，如图 2-19(a) 所示。

制动滞后时间 t_a 是指从施加操纵力到出现制动力（减速度 $-\ddot{x}_v$）的时间，其中包括消除各种间隙的时间以及制动摩擦片完全贴靠在制动鼓上需要的时间，如图 2-19(b) 所示。液压制动系的滞后时间为 0.03～0.05 s，气压制动系的滞后时间为 0.5～0.6 s。

如果忽略驱动部件的制动作用，则在 $t_r + t_a$ 时间内，车速将保持不变，等于初速度 v_A，因而这段时间内车辆驶过的距离相对较长，如图 2-19(d) 所示。

减速度增长时间 t_s，在此期间减速度增长到它的最大值。t_s 要比 t_b 长一些。液压制动系减速度增长时间为 0.15～0.20 s，气压式制动系减速度增长时间为 0.4～1.0 s。

在持续制动时间 t_v 内，脚踏制动踏板力假定是个常数，减速度 $\ddot{x}_v$ 也不变。

将图 2-19(b) 给出的减速度瞬态过程进行积分，即得到速度和距离的瞬态过程，如图 2-19(c)、(d) 所示。

表 2-9 给出了轿车制动过程中的 t_r、t_a 和 t_s 的数值。从图中曲线值可见，$t_r + t_a$ 的大小与驾驶员是否需要移动视线有关。需要移动视线（例如看见前方车辆的制动灯光）时，$t_r + t_a$ 要长一些。

表 2-9 驾驶员反应时间 t_r 以及汽车制动系滞后时间 t_a 和汽车减速度增长时间 t_s

$t_r + t_a$ (s)	无须移动视线	必须移动视线
50%数值（平均值）	0.6	0.9
99%数值（仅有1%的驾驶员超出）	1.1	1.4
t_a (s)	≈0.04	
t_s (s)	0.2	

2. 制动距离

由图 2-19(d) 可见，制动距离由下列部分组成：

(1) $t_r + t_a$ 时间内驶过的距离 s_1，为

$$s_1 = v_A(t_r + t_a) \tag{2-29}$$

(2) t_s 时间内驶过的距离 s_2。

从图 2-19(b) 得到，加速度 $\ddot{x} = \dfrac{\ddot{x}_v}{t_s} t$（这里 $\ddot{x}_v$ 取负值）。速度 v 和位移 s_2 分别为

$$v = v_A + \int \frac{\ddot{x}_v}{t_s} t \, dt = v_A + \frac{\ddot{x}_v}{2 t_s} t^2 \tag{2-30}$$

$$s_2 = \int_0^{t_s} v \, dt = v_A t_s + \frac{\ddot{x}_v}{6} t_s^2 \tag{2-31}$$

(3) t_v 时间内驶过的距离 s_3。

这段时间里 $\ddot{x} = \ddot{x}_v =$ 常数，所以速度 v 为

$$v = v_2 + \ddot{x}_v \int dt = v_2 + \ddot{x}_v t \tag{2-32}$$

式中：v_2 是这段时间的初始速度，也就是前一段时间的末速度。

由式(2-30)，得

$$v_2 = v_A + \frac{\ddot{x}_v}{2} t_s$$

把 v_2 代入式(2-32)，并考虑到在 t_v 时间内的末速度为零，可求出

$$t_v = \frac{v_2}{-\ddot{x}_v} = \frac{v_A}{-\ddot{x}_v} - \frac{t_s}{2}$$

于是有

$$s_3 = \int_0^{t_v} v \, dt = -\frac{v_2^2}{2\ddot{x}_v} = -\frac{1}{2\ddot{x}_v}\left(v_A^2 + \frac{\ddot{x}_v^2}{4} \cdot t_s^2 + v_A \ddot{x}_v t_s\right) \tag{2-33}$$

由式(2-29)、式(2-31)和式(2-33)，得到制动距离 s 为

$$s = s_1 + s_2 + s_3 = v_A\left(t_r + t_a + \frac{t_s}{2}\right) - \frac{v_A^2}{2\ddot{x}_v} + \frac{\ddot{x}_v}{24} t_s^2 \tag{2-34}$$

在正常情况下，式(2-34)中的第三项可忽略，即有

$$s = v_A\left(t_r + t_a + \frac{t_s}{2}\right) + \frac{v_A^2}{2(-\ddot{x}_v)} \tag{2-35}$$

采用式(2-35)可把制动过程简化为两个时间阶段，即 $t_r + t_a + \frac{t_s}{2}$ 和 $\frac{t_s}{2} + t_v$。在第一个阶段末，减速度由零阶跃为 $\ddot{x}_v$，参见图 2-20。式(2-35)常用于制定制动法规，法规中不含驾驶员在反应时间 t_r 内行驶的距离。

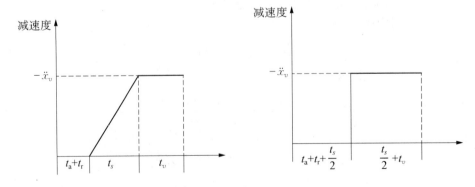

图 2-20　汽车制动过程的简化

二、驾驶员的反应时间

反应时间包括感觉、思考、判断、操作四部分时间之和。反应有简单反应和复杂反应之分。简单反应是指某一动作对单一信息的反应,此时驾驶员注意力不为另外的目标所占据。表 2-10 为简单反应时间。

表 2-10 简单反应时间

操作方式	平均时间(s)
按喇叭,手的起始位置在喇叭按盖上	0.38
按喇叭,手的起始位置在方向盘上	0.56
踩制动,右脚的起始位置在制动踏板上	0.39
踏制动,右脚的起始位置在压下的加速器上	0.59

复杂反应是面对几种信息(刺激)的某一种信息(刺激)做出反应。在操纵汽车行驶时,驾驶员要同时观察车内外各种信息:车辆、行人、道路状况、交通标志、车内仪表、娱乐设施(CD、DVD)等。面对复杂的刺激信息,驾驶员应做出正确的反应并付诸多方面的动作,其反应时间长短取决于信息的复杂程度和驾驶员的素质。对于制动反应时间,如图 2-21 所示,一般为 0.5~1.55 s。若包括制动生效的时间,则为 2~3 s。美国各州公路工作者协会曾建议,在确定安全停车距离时,反应时间用 2.5 s。

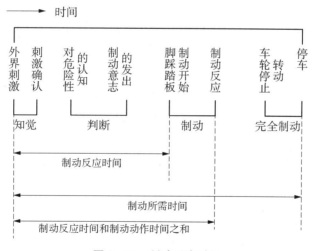

图 2-21 制动反应时间

要使遇到危险或障碍时驾驶员的反应时间缩短,最好能事先预知道路路面前方的情况。提前做好准备,可减少驾驶员的反应时间。

2.4.3 驾驶员的心理特性和生理特性

一、驾驶员的心理特性

驾驶员的心理特性即心理素质,是指驾驶员在交通系统中人的认知与行为特性,是驾驶员感觉、知觉、思维、判断能力和情感、性格、品德的总的表现。

1. 心理特性内涵

(1) 驾驶员的认知和意识水平。包括观察力、注意力、记忆力和思维力,反应在交通行为中的分析、综合、判断、推理能力。它与驾驶员的智力品质密切相关。

(2) 反应速度、技巧熟练程度。表现在驾驶员的驾驶技术、操作技能和信息处理能力、应变能力。

(3) 社会责任感、职业道德修养。这是保障交通运输正常运行、人民生命财产安全的基本素质。

(4) 情感和意志、毅力。驾驶员应有良好的心境和稳定的情绪,具有自觉克服困难的精神和品质。

(5) 气质和性格特征。即驾驶员的心理活动和操作行为表现的关于坚强性、灵活性和敏捷性特征和谦虚、诚实、理智方面的特征。

2. 驾驶员应具备的综合心理素质

驾驶员必须有良好的思想素质,有高度的社会责任感和良好的职业道德,驾驶技术娴熟,交通意识完善,文明礼貌、冷静敏捷,具有迅速果断的反应能力和准确的判断能力,严格遵守交通规则。

二、驾驶员的生理特性

生理特性是一项基础性特征,与先天性遗传密切相关,生理特性直接影响到驾驶员的感觉功能(视觉和听觉)和反应能力。

驾驶员身体条件是生理特性反应的基础,驾驶员的健康状况和体力及体质条件通过生理特性反映出来。生理特性也与人体生物节律有关,人体生物节律处于高潮时,人的行为也处于最佳状态,可能体力旺盛,情绪激昂,反应敏捷;反之,可能体力衰弱,情绪低落,反应迟钝。

长时间处于车速较高或复杂道路环境下的紧张工作状态易导致驾驶员生理机能(包括心理机能)的失调与衰弱,这就是驾驶疲劳。

1. 驾驶疲劳分类

(1) 肌肉疲劳。开车过程中人的脉搏和心律增高,肌肉活动增加了氧气的消耗。操纵力越大,肌肉与人体的疲劳越严重。姿势不正确或一定姿势保持时间过久,血液流动就会不畅,使人感到酸痛与疲劳。

(2) 精神疲劳。人们因为驾驶过程精力高度集中,经过一段时间后精神意识下降、感官降低,血压和心律变化。这些反应越强烈,频率越高,则越疲劳。

(3) 脊椎疲劳。驾驶过程中由于长时间弯腰适应驾驶操作导致腰部酸痛,即为脊椎疲劳反应。

2. 驾驶疲劳成因

(1) 连续驾驶时间过长。一个健康驾驶员,一天连续 8 小时驾驶,也会暂时性疲劳,需要 10 多个小时的休息恢复。如果连续数天的行车,势必导致积累性疲劳。

(2) 复杂的道路交通环境。道路狭窄,地形起伏,人群熙攘的市区道路,弯曲的盘山公路,高低不平的颠簸,都会使驾驶员处于精神高度紧张的状态,容易产生疲劳。

(3) 气候的骤然变化。如季节交换,气温差异,阴雨绵绵,狂风暴雨,寒冷酷暑。

(4) 驾驶员本身睡眠不足等生活原因。

3. 疲劳驾驶危害

(1) 感官功能下降。有资料研究测定,工作一天后的疲劳导致对信号灯反应时间滞后,如表 2-11 所示。

表 2-11 疲劳前、后对红色信号灯反应时间

年龄(岁)	疲劳后反应时间(s)
16~22	0.6~0.63
22~45	0.53~0.82
45~60	0.64~0.89

(2) 疲劳从感觉器官对刺激反应变迟缓,到判断、操作失误,从注意力不集中到行车瞌睡,最终使"人、车、路"系统处于失控状态。由于疲劳而导致发生事故的过程,如图 2-22 所示。

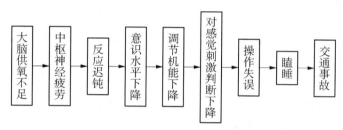

图 2-22 疲劳导致交通事故的过程示意图

2.4.4 行人的交通行为特性

一、行人交通基本特性

与机动车、非机动车相比,行人在交通参与者中是交通弱者。行人是交通参与者中最为复杂的因素,由于性别、年龄的不同,反应速度、动作灵活性等表现差异大,行人行走方式和速度也存在差异。

1. 路线选择特性

行人行走时,对行走路线和路面的要求,称为行人行走的选择特性。在一般情况下,行人总愿意在宽阔、平坦笔直、视野良好的道路上行走,而不愿意在应急、弯曲、坑洼、障碍物较多的道路上行走。

2. 视觉特性

行人行走时,由于视网膜的光照生理反应作用,引起视野和视敏的变化现象,称为行人行走的视觉特性。这种特性不仅与行人本身的生理机能有关,而且与行走速度、道路照明度、外界物体的能见度等因素有关。

3. 反应特性

行人行走时,受外界因素的刺激而产生的反应,称为行人行走的反应特征。行人的反应

时间除与外界刺激源性质等因素有关外,还与年龄、性别、天气等因素有关。

4. 生理特性

行人行走时,借助人体各部位器官所得到的各种信息和感觉的敏感程度,称为行人行走的生理特性。人的生理特性是影响人正常行走的主要因素,了解行人行走的生理特性,掌握人体部位功能不全或患病行人的行走特点,对安全行车十分必要。

5. 心理特性

行人行走时,在不同的外界条件下,所产生的行为特征状态及内在规律,称为行人行走的心理特性。心理特性与生理特性、视觉特性都有着密切的联系,而且心理特性还明显受到年龄、性别、行人行走空间位置及道路上运动体的影响。

行人除了以上一些基本特性外,还可能存在如下一些交通行为:

(1) 行人决定是否开始横穿道路的主要依据是自己与驶近的汽车间的距离、对汽车速度的估计。

(2) 行人结伴而行时,在从众心理支配下,往往互相依赖,忽视交通安全。

(3) 多数行人在横过道路时,有时只注意右方交通,而忽视左方交通。

(4) 行人自由度大,行走速度与车辆行驶速度差距很大,在行人捷径心理的支配下,往往会忽然闯入汽车行驶空间。

(5) 部分行人对机动车性能不了解,过度相信驾驶人对机动车的控制能力,对机动车行驶的速度和停车距离估计存在较大偏差。

(6) 行人对行车视野盲区缺乏足够认识,有时意识不到:由于光照视野盲区、驾驶人注意等因素的影响,行人所处区域不易被机动车驾驶人发现。

二、行人不安全行为的产生原因

行人不安全行为产生的原因很多,从心理学角度,把行人不安全行为产生的原因从主客观方面归结为有意的和无意的不安全行为。

1. 行人有意的不安全行为产生的原因

(1) 存在侥幸或急功近利心理,急于通过街道而冒险。认为机动车不敢撞人,从而忽略了安全的重要性;有些行人明知不对,但常常为了图省力、赶时间,就随意抄近路穿行。

(2) 非理性从众心理,因为看到他人违章没有造成事故或没受罚而放纵自己的行为。行人往往认为法不责众,随行的人像一道屏障,在心理上产生一种盲目的安全感,不避让机动车或与机动车抢行。

(3) 过于自负、逞强的不良心态。认为自己灵活快速,可以避免风险而抢行。

2. 行人无意的不安全行为产生的原因

(1) 机动车驾驶人的影响。行人事故的最大隐患来自行人与机动车的冲突。在交叉口,驾驶人往往无法很好地照顾到行人的通行权。驾驶人的性格也会影响行人的安全,鲁莽的驾驶人都比较大胆,驾驶过程中很少考虑行人的情况,这同样增加了行人的危险。

(2) 道路设计的影响。道路设计主要考虑车辆的行驶,缺乏人行横道与行人过街设施,或者人行横道太窄不足以满足要求,都会造成行人的安全隐患。

(3) 天气、环境的影响。在寒冷的冬天(气温很冷,下雪、结冰),行人的行走变得困难和危险,还会让行人忽视道路上的车辆危险。

(4) 社会因素。行人的交通行为经常受到其他行人行为的影响。影响行人速度的因素有行人的密度和规模。与行人单独行走相比,当行人密度很大或者成对行走时,速度会降低。

§2.5 法律法规及标准规范

在道路交通安全中常见的法律法规有《中华人民共和国民法典》《中华人民共和国道路交通安全法》《中华人民共和国道路交通安全法实施条例》《中华人民共和国保险法》《刑法》等。

《中华人民共和国道路交通安全法》是为了维护道路交通秩序,预防和减少交通事故,保护人身安全,保护公民、法人和其他组织的财产安全及其他合法权益,提高通行效率而制定的。2003年10月28日第十届全国人民代表大会常务委员会第五次会议通过。

2021年4月29日发布第八十一号主席令:《全国人民代表大会常务委员会关于修改〈中华人民共和国道路交通安全法〉等八部法律的决定》已由中华人民共和国第十三届全国人民代表大会常务委员会第二十八次会议于2021年4月29日通过,现予公布,自公布之日起施行。

《刑法》第一百三十三条规定:违反交通运输管理法规,因而发生重大事故,致人重伤、死亡或者使公私财产遭受重大损失的,处三年以下有期徒刑或者拘役;交通运输肇事后逃逸或者有其他特别恶劣情节的,处三年以上七年以下有期徒刑;因逃逸致人死亡的,处七年以上有期徒刑。在道路上驾驶的机动车,有下列情形之一的,处拘役,并处罚金:(一)追逐竞驶,情节恶劣的;(二)醉酒驾驶机动车的;(三)从事校车业务或者旅客运输,严重超过额定乘员载客,或者严重超过规定时速行驶的;(四)违反危险化学品安全管理规定运输危险化学品,危及公共安全的。交通事故检验鉴定的规定有很多,例如《交通事故车辆安全技术检验鉴定》《机动车运行安全技术条件》《汽油机助力自行车》《电动自行车安全技术规范》等在二轮车机非属性鉴定中都可能用到。

《机动车运行安全技术条件》(GB 7258—2017)是2018年1月1日实施的一项中华人民共和国国家标准,归口于中华人民共和国公安部。它规定了机动车的整车及主要总成、安全防护装置等有关运行安全的基本技术要求,以及消防车、救护车、工程救险车和警车及残疾人专用汽车的附加要求。适用于在中国道路上行驶的所有机动车,但不适用于有轨电车及并非为在道路上行驶和使用而设计和制造、主要用于封闭道路和场所作业施工的轮式专用机械车。《机动车运行安全技术条件》是中国机动车国家安全技术标准的重要组成部分。

《电动自行车安全技术规范》(GB 17761—2018)是2019年4月15日实施的一项中国国家标准,归口于工业和信息化部。它规定了电动自行车的整车安全、机械安全、电气安全、防火性能、阻燃性能、无线电骚扰特性和使用说明书的主要技术要求及相应的试验方法。该标准适用于电动自行车。

与汽车事故分析、处理与鉴定有关的法律和规范还包括:

中华人民共和国司法部令第132号《司法鉴定程序通则》;

GA/T 1087—2013《道路交通事故痕迹鉴定》;

GA/T 41—2019《道路交通事故现场痕迹物证勘查》;

GB/T 33195—2016《道路交通事故车辆速度鉴定》；

GA/T 1133—2014《基于视频图像的车辆行驶速度技术鉴定》。

以上法规和标准会在后续章节里进行部分介绍和解读，在此不再赘述。

❓ 思考与习题

1. 论述交通事故的定义与分类。
2. 论述汽车行驶的阻力及产生的原因。
3. 道路交通环境包括哪几个方面？
4. 论述行人的交通行为基本特性。

第 3 章 交通事故成因分析

导语 发生了交通事故,从交通管理和车辆保险实践角度来说,需要尽快对交通事故进行现场勘查和事故分析,从而对事故进行正确处理。当事故比较复杂时,事故分析工作需要在现场处理后进行进一步的案件分析,甚至需要借助专门的司法鉴定。无论发生什么样的事故,对事故的发生原因和可能过程的判断分析都是必要的,特别是事故发生的主要原因或者决定原因的确定,是进行责任划分和事故处理的主要依据。而交通事故个案分析的各种方法,往往来源于大量的科学实验数据或交通事故数据的统计分析,同时事故成因的统计分析结论也为个案成因分析指明了一定的方向,因此交通事故统计分析对于交通事故个案分析与鉴定具有科学和实践意义。在介绍事故再现分析理论方法之前,首先介绍一下交通事故统计方面的一般知识。

关键词 交通事故成因,统计分析,个案分析,人机工程学

思政要点 辩证统一,和谐社会,尊重他人

§3.1 交通事故成因统计分析

从统计学的角度,可把交通事故看成由于错觉而引起的行车遭遇的概率现象。在交通事故的总次数中,汽车单独事故约占 7%,约 93% 的交通事故都是由行车遭遇引起的。

3.1.1 错觉与遭遇

行车遭遇是指汽车在道路上行驶时与其他车辆、行人之间所发生的交通遭遇。行驶中汽车超越其他车辆或被其他车辆超越为超越遭遇,两车在路上相会为会车遭遇,同时进入交叉路口的不同方向为交错遭遇,躲避行人为避让遭遇,等等。汽车每出行一次,因时间、地点、条件和目的的不同,可能有百次、千次乃至上万次的各种遭遇。

根据日本统计资料,职员单是上下班驾驶轿车,每辆车平均每天有 100 次行车遭遇。我

国生产型和公共服务型车辆占有很大比例,加上混合交通流中的自行车和行人,所以每天每辆车的行车遭遇次数远超过工业发达国家的私人轿车的行车遭遇次数。假设每辆车每天平均有 100 次遭遇,2017 年的统计资料表明,全国有 30 986 万辆机动车,出车率按 70% 计算,为 21 690 万辆,扣除种种原因,一年按 300 天计算,21 690 万辆车乘以 300 天,再乘以行车遭遇 100 次,就等于有 65 070 亿次行车遭遇。当然,这 65 070 亿次行车遭遇中的绝大多数,由于相互之间或双方中的一方的正确观察、判断和采取措施,或由于交通法规、交通管理的指导而安全通过。但也有不少由于出现错觉、判断不准确、操作失误而发生交通事故。当然有错觉的行车遭遇也并非一定会发生交通事故,因为有的在碰撞前的瞬间得以改正,从而避免了交通事故的发生。

错觉是一种错误的知觉。驾驶员认识错误、判断不准确、操作失误都表现为一种错觉的心理状态。如交通事故的驾驶员在笔录时常说"没有想到……""没有觉察到……""没有注意到……"等,都是错觉的反应。

假设在每 10 万次行车遭遇中,出现一次可能发生事故的错觉,则在全国一年 65 070 亿次的遭遇中,就有可能出现 65.1 万次事故。当然这 65.1 万次事故包括那些未被列入统计范围的轻微事故。多少次交通事故中会有一次死亡事故也不是绝对的,只能从已发生的交通事故中的死亡事故实际数据中伴随以其他条件的变化,运用科学的方法进行探讨和运算。

预测交通事故和死亡人数的因素和方法很多。从统计学的观点,交通事故次数表达式为

$$W = MP \tag{3-1}$$

式中:

W——交通事故次数;

M——可能诱发成交通事故的行车遭遇数;

P——这些遭遇中能形成事故的概率。

错觉是一种人类不可能完全避免的自然现象。汽车行车遭遇中的错觉常会引起交通事故,付出血的代价。交通错觉是事关人身伤亡的大事,这就必然成为人们重视的问题。

3.1.2 行车错觉

驾驶员行车速度不仅受驾驶技术的影响,而且受身体、心理、年龄、环境等诸多因素的影响,在行车中往往会产生各种各样的错觉。交通统计中的错觉主要有距离错觉、速度错觉、坡度错觉、宽度错觉、颜色错觉、光线错觉和时间错觉等。这些错觉与错看不同。错觉是即使注意了往往也难以避免的人类知觉特性。因此,驾驶员应了解这些特性,并在行车中预防因错觉带来的危险。

一、距离错觉

对于路上各种类型的车辆,驾驶员有时会对对向车长、会车距离及跟车距离产生错觉。例如,同样的距离,白天看起来近,而在夜间及昏暗的环境感觉远;前面是大车时感觉距离近,前面是小车时感觉距离远;路上参照物多时感觉距离近,参照物少时感觉距离远。

二、速度错觉

速度错觉主要表现为速度感钝化。驾驶员一般根据所观察景物移动作参照物来估计车

速,景物移动的多少和丰富程度会导致对车速的不同判断。例如,在市区道路上对车速易于高估,而在旷野道路上易于低估;在加速时易于将低速高估,在超车时会延长超车距离;在减速时易于将车速低估,以致转弯、会车时因车速过快而发生危险;长时间以某一速度行驶后会对该速度产生适应,对其余速度易于错估,特别是误将高速低估。机动车从郊区驶进城区易发生追尾撞车事故,就是这个原因。

三、坡度错觉

在距离很长的坡道上下坡,会产生好像在平路上行驶的感觉。在下长坡接近坡底、坡度变得较小时,车辆实际上还在下坡行驶,驾驶员却有汽车变成上坡行驶的感觉。这时,若误认为是在上坡行驶而加大节气门开度,车速就会更快。在上坡途中坡度变缓时,驾驶员却有汽车下坡行驶的感觉。这时,驾驶员若误认为汽车是在下坡行驶而减小节气门开度,易使车辆发生溜坡现象。

四、宽度错觉

夜间在两侧植有行道树的公路上行驶时,两旁树木的反光会使驾驶员产生一种车辆在狭窄的通道里行驶的感觉。当路两侧树木变矮或消失后,驾驶员又会误以为汽车驶出窄道而加大节气门开度使汽车增速。驾驶员在高速超车过程中会感觉到道路比较窄;转弯时也会误以为道路明显变窄而误操作。当汽车通过正在施工的路段时,本来道路是从中间平分的,但驾驶员会感觉施工的一侧宽、自己行车的一侧窄等现象。

五、颜色错觉

在市区等交通情况复杂的路段,周围景物五颜六色、多姿多彩,相互交错、涌动变幻,容易分散驾驶员的注意力。特别是在夜间行车时,驾驶员容易将路口红绿灯误当成霓虹灯,或把停驶车辆的尾灯当成正在行驶车辆的尾灯。另外,汽车外表颜色还会引起驾驶员视觉上远近的差异。如浅色调使车辆显得大些,感觉近些;深色调使车辆显得小些,感觉远些。夏季驾驶员戴墨镜时,易将涂色物体"滤"掉而产生错觉。

六、光线错觉

阳光、物体反光、夜间远光灯的强光都会使驾驶员的视觉暂时难以适应,形成光线错觉。如阳光下路旁树木交替变换的阴影、原野积雪等,易使人发生眩目现象;进出隧道时,肉眼暂时不能适应,都会形成错觉。

七、时间错觉

驾驶员心情愉快时,感觉时间过得快;心情烦躁时,感觉时间过得慢。另外,驾驶员在任务紧急、急于赶路时,也会产生抢时间的想法,认为时间过得特别快,以至于盲目开快车。

§3.2　人机工程学的运用

3.2.1　驾驶系统与人机工程

人机工程学寻求通过"机器"(实际上是它所处于工作场所的一切方面)适应操作者能力的要求,使工作效率、安全性、舒适性等达到最佳状态。通过人与机器以这种方式联系起来,从而建立人和机器两者之间的关系。人们通过感觉器官接收机器的信息,并以某种方式做出反应,就能通过各种控制设备改变机器的运行状态。例如,驾驶员期望汽车按预定路线安全行驶,驾驶员与汽车之间就需要建立这样一种关系:当汽车偏离预定的路线时,驾驶员通过视觉或听觉器官接收汽车偏离路线的信息,然后才能做出判断。驾驶员通过控制转向盘来校正汽车,以保持预定的行驶路线。驾驶员又会接收到校正后的汽车行驶方向信息,重新做出反应。这个过程不断地反复进行,直至汽车行程终结为止。

驾驶员是"人、车、路"系统的主体。驾驶员在系统中始终处于主导的位置。汽车行驶过程(见图3-1)就是驾驶员通过感觉器官(眼、耳、鼻、手、脚五部分)完成视觉、听觉、嗅觉、触觉功能,不断获取来自道路交通环境的信息(信号、标志、道面、气候以及相关车流情况)以及自身车辆的信息(仪表、声音、振动等),完成分析判断、进行决策操纵的过程。一辆技术状况良好的汽车能否发挥其运输功能和作用,关键在于驾驶员能否正确驾驶。

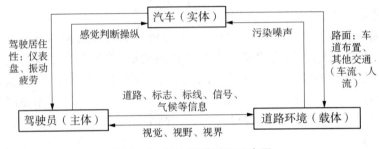

图3-1 汽车行驶过程示意图

图3-1是汽车行驶过程中由驾驶员、汽车和道路交通环境组成的回路系统示意图。

汽车是"人、车、路"系统中的运动实体。它的构造、功能和各项性能对行驶过程的安全与效率具有重要意义。汽车行驶过程最密切的特性主要有:汽车的类型及其设计尺寸,汽车的构造及驾驶操作系统,包括不同汽车的发动机选型、底盘、车身、电气设备以及传动系、行驶系、操纵系、制动系的结构设置,还有驾驶室空间及舒适性、仪表信号装置的视认性和驾驶视野等。汽车行驶的基本性能,包括动力性能、制动性能、操纵稳定性、平顺性、燃油经济性等。

道路交通环境是"人、车、路"系统中的载体,是保证汽车正常行驶过程的基础。其组成包括:道路设施,即道路网络系统,道路路面结构,道路的平、纵、横几何设计特征;交通环境,如自行车交通、行人交通、有轨交通、沿途的交通管理设施(标志、标线、信号等)以及沿线的土地开发程度、建筑、绿化、广告乃至气候变化等。

人机工程学的任务就在于维持和加强人-机闭环系统的运行,设法增加信息的传递速度。例如,用风窗玻璃或易于识别的道路信息及标志,或使控制器的操作更为有效,改变控制器位置及大小等。

随着科学技术的进步,机器越来越复杂,而有能力操作高度复杂机器的人毕竟有限。即使操作者经过严格的培训,其适应机器的能力也是有一定限度的。因此,操作者不能适应机器的矛盾日益突出,常因人-机匹配不当而出现各种事故。

在道路交通领域,交通参与者处于由人-车-路组成的动态复杂大系统中。车辆、道路条件直接与人有关。随着车辆数量迅速增加和车速的提高,存在着人与高速行驶的车辆及道路不适应的问题。这种不适应常表现为交通事故的发生。

3.2.2 人机工程与事故发生

事故发生的原因,在很大程度上取决于操作者的行为、车辆特性和环境条件等。按人机工程学的观点,交通事故发生一般是由于环境对驾驶员的要求超出了其负荷能力,这里的环境是广义的,包括道路条件和车辆技术状况。当操作者和环境要求不一致时可能会发生交通事故,这种关系如图3-2所示。

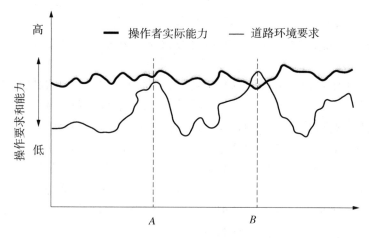

图3-2 驾驶员行为与环境要求

在图3-2中,下曲线表示在各个瞬间由环境产生变化比的要求。例如,驾驶员在驾驶车辆行驶时,客观环境要求其反应敏捷、技术熟练、协调一致,包括转弯、变速、制动等操作,以使车辆正常、安全地在道路上按预定的路线行驶。上曲线表示操作者(驾驶员)的能力随时间的变化。在图3-2中点A时刻,环境对驾驶员的要求高,可能是一个老年行人正在横穿道路,车辆必须避让他,这时有潜在的危险。此时由于驾驶员的能力比较正常,且操作能力可以应付这种复杂路况,因此可能不会发生交通事故。如果驾驶员操作能力明显下降,例如精神分散,则将非常危险,很有可能产生事故。在点B,由于危险路况等原因使环境对驾驶员的要求进一步提高,此时驾驶员的能力降低明显,可能是其注意力没有集中在驾驶车辆上,或者是太疲劳,已远不能满足瞬间交通环境的要求,这时就不可避免地会发生交通事故。

交通事故的成因可能是多方面的,从人机工程学角度看,主要是人车系统与道路之间相互作用出现不同于正常的事件或现象,这些事件一旦出现以下几个方面的明显特征,将可能转变为交通事故。具体来说,这些事件的特性主要表现为以下三个方面。

一、可预见性低

驾驶员驾驶车辆行驶在熟悉的道路中,在比较习惯的交通环境中行车,发生危险状况的概率相对较低。当行驶在不熟悉的道路上,或者行车的交通环境发生变化,例如车辆突然增多或者突然减少,突然下雨或出现大雾天气时,驾驶员对于行车道路、交通流状况、道路周围环境、天气变化以及其他干扰因素等某一方面或者几个方面的变化缺乏足够的预见,因此对于驾驶车辆的危险及可能来临的地点和时间,乃至可能碰上什么危险状况以及需要采取什么防范和避险措施，均具有较大的盲目性，缺乏充分的信息支撑基于预测的避险措施。

二、可避免性低

如果道路条件很差，即使驾驶员熟悉道路，交通状况、天气、周围环境、横向干扰等方面也比较正常，驾驶员也处于习惯的驾驶节奏和状态中，但是仍然容易发生危险状况；由于道路条件限制（如狭窄的山路），一旦发生险情，事故的可避免性较低。假如还突然发生恶劣天气等现象，事故的发生往往不可避免。

三、过失性高

驾驶员由于自身心理和精神状态，或者由于疲劳驾驶，即使在熟悉的环境下，在比较安全的行车条件下，由于缺乏安全意识、麻痹大意，或突然降低意识，就很容易出现过错或过失，此时，就会在危险可预见性较高、危险可比性较高的条件下出现比较危险的状况，甚至发生交通事故。

以上这三个方面的因素，出现任意一个，就会增加发生事故的可能性。如果有两个或三个因素同时或交错发生，那么就有很大概率会发生交通事故。我们可以根据这三个方面的因素，建立一个评价机制，以三方面因素出现的比重高低来评估驾驶员行车的安全度。

据此可以认为，交通事故是人对交通环境缺乏可预见性、难以避免及其无意识等因素综合效应作用的结果。由于交通事故难以预见，并且不经常发生，它的发生具有随机性、突发性、偶然性，很少能直接地进行观察研究，因此，交通事故多半是通过交通事故报告进行研究。另外的办法是对"小事故"或者"模拟事故"进行观察，但这些办法的缺点是可靠性差，因为这些都不是对真实发生的交通事故的直接观察。

§3.3 交通事故统计分析方法

3.3.1 统计分析与个案分析的关系

交通事故的统计分析可以通过大量的案件对某一种事故成因或集中事故原因进行总结归纳，得到其中的规律，例如，可以通过统计分析得到如下一些规律：

由机械故障原因导致的事故的比例，以及机械故障在引发交通事故中的因素的重要程度多大。

驾驶员的反应时间的特性对于事故发生的作用，在人为因素引起的事故中的统计比例多大。

人为造成的事故的比例，主要人为因素有哪些。

统计道路交叉口发生事故的频率，进而分析交通冲突对事故的影响，在分析个案时需要考虑车流合流、冲突和分流可能造成的因素，从而排除主观因素。

根据夜间事故的统计特性，分析由驾驶员视觉引起的事故比例，为夜间事故个案分析提供一种可能。

所以，通过统计分析，可以帮助我们初步确定某个案件的可能原因都有哪些，并根据统计经验，优先考虑那些主要原因。当然，不能完全依赖统计分析的结论，特别是要考虑案件的发生条件和场景是否具有一般性。交通事故的发生具有很大的随机性，地点的变化、发生时间和季节的不同,都会影响事故发生的原因。

统计分析对于事故个案的分析与鉴定具有指导和方向引导的作用,而个案的分析结果反过来还可以作为统计分析的数据来源,从而使二者形成一个闭环的相互关系。做好个案的分析与鉴定可使统计分析更加准确和更具一般性,而统计分析又为个案分析与鉴定工作提供了更好的经验和指导。

3.3.2 交通事故统计分析方法

交通事故统计分析的方法有很多,这里简要介绍一些常用的统计分析方法。

一、基本统计方法

所谓基本统计方法,是指把能够收集到的道路交通事故基本数据简单地罗列出来,一般不进行分析计算或者进行简单的统计分析,例如把交通事故的时间、地点、驾驶员、行人、死亡人数、受伤人数、财产损失、事故原因等数据呈列出来,或者进一步简单地统计出总数等最常用的指标。

二、统计表格法

统计表格法一般是指借助统计分析软件或工具,例如 Excel 和 SPSS 软件,将事故基本数据制作成表格,并对基本数据进行各类统计分析,以交通事故基本数据为基础,以统计分析表格直观地展示统计分析指标和结果,使交通事故的一般统计特性一目了然。

三、分类法

分类法是数据整理和分析的一种常用方法。将交通事故数据按照某种或某些数据类型进行分类整理,并按类统计分析,在分类统计分析的基础上进行汇总分析。这既是一种交通事故数据统计分析的方法,同时也是一种事故分析方法,通过分类和分析,可以发现事故发生的原因、特点等内在规律。分类统计也可以结合统计表格、统计软件以及其他事故分析方法进行。

四、柱状图和条形图法

柱状图和条形图都是用来比较一组数据的大小、高低等特性的不同。在交通事故统计分析中,柱状图和条形图特别适合用来分析不同地区、地点、道路、人员、周期性时间、事故原因等数量及差别。其中,条形图适合分析分类项目较多、名目比较复杂的场合。

五、直方图法

直方图是一种常用的分析数据分布状况的统计方法。在交通事故统计分析中,它比较适合用来分析交通事故在某一连续性参数下的分布数量,例如,统计某一地区某一时段内发生的交通事故在不同的财产损失范围内的数量和频率。直方图可以分析数据的分布中心和范围。

六、坐标图法

坐标图法也称为折线图法,就是把需要统计的数量指标作为纵坐标,例如交通事故次数、死亡人数、受伤数量、财产损失等,而把连续性时间参数(如年月日等)作为横坐标。一般把发展变化的各个数量指标的坐标连成折线,能够更好地表现交通事故发展变化的趋势。

七、排列图法

排列图法又称为帕雷托法或主次因素分析法。在供应链管理中,它又被称为 ABC 法。在交通事故统计分析中,排列图法通常用来统计分析交通事故发生原因的跨度性分布,从而总结某一区域或道路(地点)、某一时间跨度内交通事故发生的主要原因、次主要原因、次要原因。所谓的排列图,就是在归纳交通事故发生的各种原因基础上,在坐标图上,按照各种原因对应的事故数量的大小,从大到小、从左到右依次用矩形图标画出来,其中矩形框的高对应该原因的事故次数(或频数),然后依次将各原因的事故次数(或频数)依次累加,在坐标图上将累加得到的累积次数(或频数)坐标点依次连接起来,就构成了排列图。

然后根据一定的累积频率分类标准将各类原因划分为几大类。例如划分为三类,其中累积频率在80%以下,即横坐标轴位于累积频率80%坐标点之前的原因,归为A类,即主要原因;80%~90%范围内的原因归为B类,即次主要原因;其余的为C类,即次要原因。要注意的是,无论是划分的大类数量,还是分档标准,都是相对灵活的,并且最初的原因归纳对于排列图分析十分重要。图3-3为一排列图。用排列图分析事故的原因,可以是这种单纵轴的形式,也可在图上作出事故次数的纵轴,即双纵轴排列图。

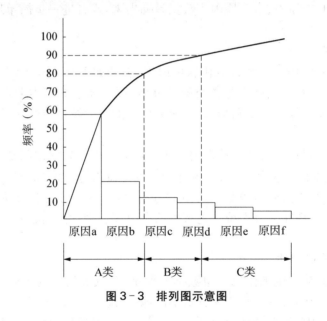

图3-3 排列图示意图

除了上述常用的事故统计分析方法之外,也可以采用饼图、故障树法、枝状图、事故现场分析图等方法进行事故的统计分析。这些方法也经常被用于交通事故个案的分析。

❓ 思考与习题

1. 交通事故发生是由驾驶员的哪些错觉导致的?
2. 人机工程学的主要思想是什么?
3. 统计分析与个案分析是什么关系?
4. 总结一下事故发生都可能有哪些原因。

第 4 章
典型交通事故分析方法

导语 汽车事故个案分析是交通事故处理人员、车辆保险现场勘查人员在处理交通事故过程中回避不了的一项工作内容。交通事故处理人员接报案后赶赴事故现场进行事故调查,即使是轻微事故,处理人员也要在调查基础上,根据自己的专业知识和经验,对事故发生的过程和原因有一个分析判断的过程,这是一种最常见的事故分析方式。当案情稍微复杂时,处理人员除了对事故进行现场分析外,一般需要进一步对事故进行技术分析。若调解时当事人针对某事项有异议,就需要借助司法鉴定机构进行司法鉴定,或在诉讼时委托鉴定机构进行司法鉴定,司法鉴定人员依据的是事故分析专业理论知识和相关标准。对于车辆保险人员,特别是现场勘查员,也需要具备一定的事故分析专业知识,以便判断认定责任是否侵害本公司的利益或判断是否有保险诈骗行为。事故分析有其独立的理论体系,针对每种事故类型,都有特定的分析方法。本章在介绍事故力学理论的基础上,重点结合实例,介绍各种典型事故的分析方法。

关键词 汽车事故力学,正面事故分析,追尾事故分析,二轮车事故分析,行人事故分析

思政要点 精益求精,科学严谨,钻研精神,以人为本

§4.1 交通事故力学分析理论

4.1.1 刚体运动理论

一、刚体运动学

汽车碰撞前和碰撞后两个阶段的运动可简化成刚体的平面运动。刚体的位置可通过刚体上两个不同点的坐标,或者刚体上一个点的坐标和角度(也就是极坐标)的形式来描述。

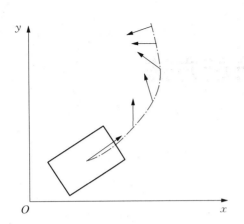

图 4-1 刚体质心运动轨迹

刚体的运动轨迹由其随时间依次运动的质心的位置形成,如图 4-1 所示。所以,汽车事故中车辆的运动轨迹一般用车辆的质心的运动轨迹来描述。

二、公共极点 M 的确定

刚体转动中心 M 是由欧拉定理定义的。平面运动刚体位置的任何变化都可以围绕一个定轴的转动来实现;该轴垂直于运动平面,该定轴与运动平面的交点被称为公共极点 M。

刚体上任何点的转动是一致的,具有同一个转动中心和相同的转动速度,在相同的时间里转过大小相同的角度,这是刚体运动的基本特性。汽车被简化为刚体,有助于更简洁地描述汽车整体的平面运动,并根据汽车上的一点,例如质心,来描述汽车车轮等部位的运动。一个刚体上任意两个不同的点 A 和 B 或者其连线 AB,就足以描述一个刚体的平面运动。M 就是刚体的公共极点,是在一小段时间内的转动中心。

如果在一段时间内刚体运动存在公共极点为 M,则 M 必位于某一点 A 在 Δt 间隔位移连线 A_1A_2 的垂线上。同理,M 必定也在线段 B_1B_2 的垂线上,于是点 M 就是在线段 A_1A_2 和 B_1B_2 两条中垂线的交点上。如图 4-2 所示。

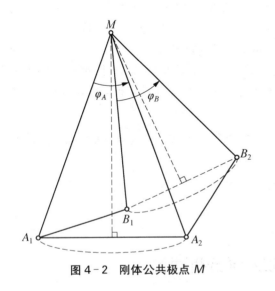

图 4-2　刚体公共极点 M　　　　图 4-3　瞬时极点

点 M 在 B_1B_2 和 A_1A_2 垂线的交点上,也位于 A,B 两点运动轨迹的法线上。在某时刻 t_i,A,B 两点运动轨迹法线的交点亦被称为瞬时极点 M_i,如图 4-3 所示。

公共极点 M 的确定有助于分析交通事故中车辆在一段时间内的平面运动,根据一段时间内的两个(或以上)的轮胎轨迹,或者汽车车身上任意两个特征部位(点)的运动轨迹,就可确定车辆的平面运动。有时候需要确定的问题是某一特殊时刻车辆的转动中心、转弯半径或者车辆某一特征部位(点)的位置或状态,这就需要首先确定该时刻汽车的瞬时转动中心,也就是瞬时极点。它可以通过某时刻两个轮胎的轨迹位置的法线方向的交点来确定,如图4-3所示的 M_i,可以看作此时汽车(虚框)的转弯中心。

三、刚体运动分解

刚体的运动一般由其转动和平动描述,如图4-4所示。在刚体上任意点 P 的无限小移动为

$$d\boldsymbol{r} = d\boldsymbol{r}_0 + d\boldsymbol{\varphi} \times \overrightarrow{OP} \tag{4-1}$$

其中的 $\boldsymbol{r}_0$ 表示任意参考点 O 的运动位移,$\boldsymbol{\varphi}$ 表示刚体的转角,$\boldsymbol{r}$ 表示点 P 的运动位移,$\overrightarrow{OP}$ 表示点 P 与参考点 O 的距离,对(4-1)求导,得

$$\boldsymbol{v} = \boldsymbol{v}_0 + \boldsymbol{\omega} \times \overrightarrow{OP} \tag{4-2}$$

式(4-2)说明,刚体的运动状态可完全由任意参考点 O 的速度 $\boldsymbol{v}_0$ 和刚体的角速度 $\boldsymbol{\omega}$ 描述,$\boldsymbol{\omega}$ 与参考点的选取无关。如图4-4,刚体的运动相当于先整体平移到虚框位置,再绕着参考点转动。

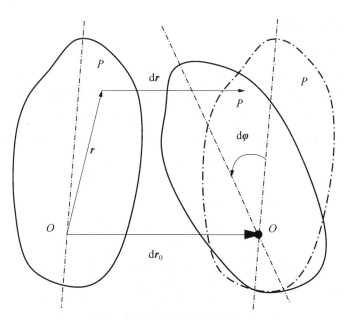

图4-4 刚体运动(平移和转动)

如图4-5,在进行交通事故车辆运动分析时,选取车辆的质心作为参考点,此时,设质心 C 的速度为 $\boldsymbol{v}_c$,车辆任意一点 P(例如轮胎接地点)距离质心的距离为 $\boldsymbol{r}$,则点 P 的运动方程为

$$\boldsymbol{v} = \boldsymbol{v}_c + \boldsymbol{\omega} \times \boldsymbol{r} \tag{4-3}$$

注意,上式是矢量方程,其中的第二项为转动角速度和相对质心的矢径 $\boldsymbol{r}$ 的外积,方向为分别垂直于矢径 $\boldsymbol{r}$(即 $\overrightarrow{CP}$)和角速度矢量 $\boldsymbol{\omega}$(垂直于转动平面,符合右手定则),且与转动方向一致。

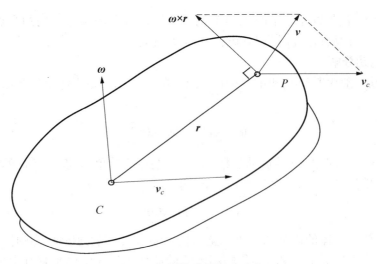

图 4-5 刚体平面运动速度

4.1.2 依据的相关定理

一、汽车碰撞受力

汽车作为刚体,其运动状态的改变是由受力决定的。汽车事故中相互碰撞的两车之间存在瞬间增大又瞬间消失的碰撞力,碰撞力一般是巨大的,持续时间较短。这种碰撞力是碰撞体之间的作用力和反作用力。路面滑动摩擦力也是改变汽车碰撞前后运动状态的重要作用力,它与地面支撑和重力有关。图 4-6 为汽车碰撞中存在的主要力的种类。图 4-7 为两

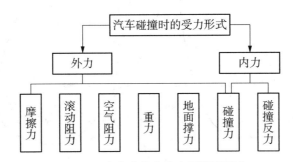

图 4-6 汽车事故中的主要类型受力

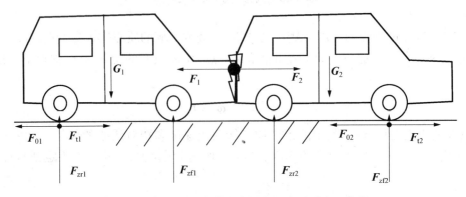

图 4-7 汽车碰撞事故中车辆主要类型受力示意图

辆汽车碰撞时的受力示意图。

二、质心定理

对物体的微小质量元素 dm，根据牛顿第二定律，可得质量、加速度和力的关系，积分后，即

$$\int \mathrm{d}m \frac{\mathrm{d}^2}{\mathrm{d}t^2}\boldsymbol{r}(t) = \int \mathrm{d}\boldsymbol{F} \qquad (4-4)$$

由式(4-4)左边可导出

$$\int \mathrm{d}m \frac{\mathrm{d}^2}{\mathrm{d}t^2}\boldsymbol{r}(t) = \frac{\mathrm{d}^2}{\mathrm{d}t^2}\int \boldsymbol{r}(t)\mathrm{d}m$$

$$\frac{\mathrm{d}}{\mathrm{d}t}\left(\int \boldsymbol{r}\,\mathrm{d}m\right) = \frac{\mathrm{d}}{\mathrm{d}t}(\boldsymbol{r}_s m) \qquad (4-5)$$

$$\int \mathrm{d}\boldsymbol{F} = \boldsymbol{F} \qquad (4-6)$$

下面将其以常用的冲量形式描述，即

$$\frac{\mathrm{d}}{\mathrm{d}t}\left(\int \boldsymbol{v}\,\mathrm{d}m\right) = \frac{\mathrm{d}\boldsymbol{I}}{\mathrm{d}t} = \boldsymbol{F} \qquad (4-7)$$

$\boldsymbol{r}_s$ 是质心的位移矢量，则有质心定理

$$\frac{\mathrm{d}^2}{\mathrm{d}t^2}(\boldsymbol{r}_s m) = \frac{\mathrm{d}}{\mathrm{d}t}(m\boldsymbol{v}_s) = m\boldsymbol{a}_s = \boldsymbol{F} \qquad (4-8)$$

式(4-8)说明，一个物体的质心是如此运动的，就如同全部外力作用在其质心上。所以，一个物体的运动可当作质点运动（即质心的运动）来描述。

式(4-7)的另一种表述其实就是动量定理，一个物体或质点系的动量变化量等于冲量。

三、角动量定理

将式(4-7)乘以外力臂长 $\boldsymbol{r} = \boldsymbol{r}(t)$，就可得出对整个物体的积分为

$$\frac{\mathrm{d}}{\mathrm{d}t}\int \boldsymbol{r} \times \mathrm{d}m\boldsymbol{v} = \int \boldsymbol{r} \times \mathrm{d}\boldsymbol{F} \qquad (4-9)$$

上式中左边积分式为物体上所有质点的角动量之和，根据质心定理，这个角动量之和即为物体的角动量，用 $\boldsymbol{T}$ 表示角动量，即有：

$$\int \boldsymbol{r} \times \mathrm{d}m\boldsymbol{v} = \boldsymbol{T}$$

式(4-9)右边为物体所受合外力的力矩和，用 $\boldsymbol{M}(O)$ 表示外力矩之和，即

$$\int \boldsymbol{r} \times \mathrm{d}\boldsymbol{F} = \boldsymbol{M}(O)$$

忽略剪切应力等影响，根据式(4-9)可以得到

$$M(O) = \frac{d}{dt}T \tag{4-10}$$

式(4-10)表明,作用在物体上的全部外力矩之和等于物体的角动量对时间的导数即变化率,此为角动量定理。

角动量也叫动量矩,动量矩就是动量与力臂的乘积,因此角动量定理也叫动量矩定理。需要指出的是,动量矩(角动量)定理不仅适用于转动中心固定的情况,也适用于选取任一点作为参考点的情况。很多时候,选取运动物体的质心作为转动参考点非常便于分析和求解。

角动量等于转动惯量与角速度矢量的乘积。由于转动惯量是物体转动特性的参数,它与时间变化没有关系,因此,对角动量的导数其实就是对角速度求导,角速度求导得到角加速度,用 ϕ 表示,于是式(4-10)也可以写成如下形式:

$$M(O) = J\frac{d\omega}{dt} = J\phi \tag{4-11}$$

在实际应用中,式(4-10)或(4-11)通常进行离散化处理,写成离散方程

$$M(O) \cdot \Delta t = T_2 - T_1 = J(\omega_2 - \omega_1) \tag{4-12}$$

式(4-12)的左边其实就是物体所受外力在离散时间内的累积与力臂乘积的和,前者即为各外力在 Δt 时间内对物体的冲量。引入冲量矩 L,上式左边即为物体所受的合冲量矩,即

$$L = T_2 - T_1 = J(\omega_2 - \omega_1) \tag{4-13}$$

其中, $L = M \cdot \Delta t = \sum P \times r$, r 为冲量臂,即各冲力的力臂。

当汽车与汽车碰撞事故发生时,每辆车都会在瞬间受到对方巨大的碰撞力作用,并且两车所受的碰撞力互为相反力,作用时间一样,方向相反,大小相等。

当考虑其中一辆车时,在碰撞瞬间,由于碰撞力较大,其他外力(如地面摩擦力)相对较小,因此如果忽略其他外力,那么碰撞时车辆只受到碰撞力的作用,利用上述的动量矩定理就可以有效地分析车辆在碰撞过程中发生的平面运动。

如图4-8所示,两辆汽车发生了直角侧面碰撞,由于被撞汽车(车2,即 C_2)被碰撞在车头部分,碰撞力未经过车辆质心,因此被撞车会发生带有一定旋转的平面运动。根据图中参数和式(4-13),可建立如下的动量矩方程:

$$P \cdot a = J_{C_2}(\omega'_2 - \omega_2) \tag{4-14}$$

其中, a ——车2所受的碰撞力 F 与质心 C_2 的垂距。

P ——车2所受的碰撞力的冲量。

J_{C_2} ——车2以质心 C_2 为参考点的转动惯量。

ω_2 , ω'_2 ——车2在碰撞过程中先后任意两个时刻的转动角速度;一般在汽车事故分析中,主要分析碰撞接触瞬间和分离瞬间两个时刻, ω_2 , ω'_2 通常用来表示碰撞前后车辆的角速度。

有时,为了求解方便和特定的分析目的,将碰撞冲量按照建立的 xOy 坐标系的 x , y 两个方向进行投影,于是有:

$$\boldsymbol{P}_x \cdot r_y + \boldsymbol{P}_y \cdot r_x = J_{C_2}(\boldsymbol{\omega}_2 - \boldsymbol{\omega}'_2) \qquad (4-15)$$

其中，$\boldsymbol{P}_x$，$\boldsymbol{P}_y$——车 2 所受的碰撞力冲量 $\boldsymbol{P}$ 在 x，y 方向的投影；

r_x，r_y——矢径 $\overrightarrow{C_2M}$（C_2 为车 2 的质心，M 为两车碰撞中心）在 x，y 方向的投影，即 $\boldsymbol{P}_y$，$\boldsymbol{P}_x$ 的冲量臂（碰撞力 $\boldsymbol{F}$ 在 x，y 方向分力矩的力臂）。

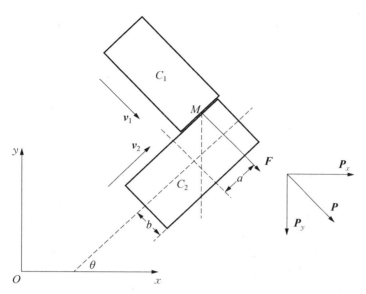

图 4-8　两车碰撞时单车动量矩定理分析示例图

根据图 4-8 的几何关系，很容易得到

$$r_x = a\cos\theta - b\sin\theta, \quad r_y = a\sin\theta + b\cos\theta$$

需要特别指出的是，采用式（4-14）还是式（4-15），主要考虑分析求解的目的和车辆碰撞形态的不同这两方面因素。

之所以采用冲量来分解动量矩方程，主要是因为冲量在具体分析和解决事故车辆运动状态时，往往可以根据动量定理，将冲量求解问题转化为动量变化量求解问题，避免了求解碰撞力困难、碰撞过大而敏感太强、精度不高等问题。当然有些特殊问题，如果能够比较准确地确定冲力（例如用高精度测力传感器），就可以采用下面这种离散化方式：

$$\boldsymbol{F} \cdot r \cdot \Delta t = J(\boldsymbol{\omega}' - \boldsymbol{\omega}) \qquad (4-16)$$

式中，$\boldsymbol{F}$，r，Δt 分别代表冲力、力臂、考察时间（如碰撞过程时间）；J 为转动惯量（J_O 或 J_C）。

对于图 4-8 情况中的车 2，上述离散方程为

$$\boldsymbol{F} \cdot a \cdot \Delta t = J_{C_2}(\boldsymbol{\omega}' - \boldsymbol{\omega})$$

以上结合图 4-8 对汽车事故中被碰撞车辆应用角动量定理进行了分析，对于另一辆车也同样适用。另外，对于车 2 的讨论，均以质心作为平面运动参考点，实际上，固定点或汽车上任何一点都可作为参考点，对分析结果没有影响，只是计算过程和计算量有一定差别。

从以上讨论中不难发现,角动量的计算以及角动量定理的应用,都离不开转动惯量参数的确定。对于有某一参考点 O 的转动惯量,一般计算方法为

$$J_O = \int r^2 \mathrm{d}m \tag{4-17}$$

四、平面刚体运动方程

根据质心定理、角动量定理,可以建立平面刚体的运动方程如下:

$$\begin{cases} m\ddot{x}_C = \sum F_{xi} & (x\ \text{方向外力}) \\ m\ddot{y}_C = \sum F_{yi} & (y\ \text{方向外力}) \\ J_C \dot{\varphi} = J_C \ddot{\varphi} = \sum M_{Ci} & (\text{相对点}\ C\ \text{的力矩}) \end{cases} \tag{4-18}$$

式中,转动角度为 φ,转动角加速度为 $\dot{\varphi}$。

4.1.3 遵循的基本原理

动量守恒定律和能量守恒定律以及角动量守恒定律一起成为现代物理学中的三大基本守恒定律。最初它们是牛顿定律的推论,但后来发现它们的适用范围远远广于牛顿定律,是比牛顿定律更基础的物理规律,是时空性质的反映。其中,动量守恒定律由空间平移不变性推出,能量守恒定律由时间平移不变性推出,而角动量守恒定律则由空间的旋转对称性推出。在进行汽车碰撞事故的车速估计时,通常要在碰撞前过程和碰撞后过程中运用能量守恒原理,而运用动量守恒定律和动量矩守恒原理可以解决碰撞阶段的复杂问题。

一、动量守恒定律

动量守恒定律可以用于以下情形:

(1) 系统不受外力或系统所受的外力的合力为零。

(2) 系统所受外力的合力虽不为零,但比系统内力小得多。

(3) 系统所受外力的合力虽不为零,但在某个方向上的分力为零,则在该方向上系统的总动量保持不变,即在该方向上动量守恒。

(4) 在某些实际问题中,一个系统所受外力之和不为零,内力也不是远大于外力,但外力在某个方向上的投影为零,那么在该方向上也满足动量守恒的条件。

动量守恒定律可用于车辆碰撞作用期间的车速变化计算。碰撞是指物体间相互作用时间极短,而相互作用力很大的现象。在碰撞过程中,系统内物体相互作用的内力一般远大于外力,故碰撞中的动量守恒。按碰撞前后物体的动量是否在一条直线区分,碰撞可分为正碰和斜碰。按碰撞过程中动能的损失情况区分,碰撞可分为 3 种:

(1) 完全弹性碰撞。碰撞前后系统的总动能不变,即如果一个系统不受外力或所受外力的矢量和为零,那么这个系统的总动量保持不变。动量守恒定律关系式为

$$m_1 \boldsymbol{v}_1 + m_2 \boldsymbol{v}_2 = m_1 \boldsymbol{v}'_1 + m_2 \boldsymbol{v}'_2 \tag{4-19}$$

式中:m_1,m_2——碰撞体 1,2 的质量,单位为 kg;

$\boldsymbol{v}_1$,$\boldsymbol{v}_2$——碰撞体 1,2 碰撞前瞬间的速度,单位为 m/s;

$\boldsymbol{v}'_1$,$\boldsymbol{v}'_2$——碰撞体 1,2 碰撞后瞬间的速度,单位为 m/s。

（2）完全非弹性碰撞。该碰撞中动能的损失最大，对两个物体组成的系统满足

$$m_1\boldsymbol{v}_1 + m_2\boldsymbol{v}_2 = (m_1 + m_2)\boldsymbol{v}$$

（3）非弹性碰撞。碰撞后动能有一定的损失，损失比介于前二者之间。

二、动量矩守恒定律

根据动量矩定理推论，当合外力矩为零时，其动量矩保持不变，这就是动量矩守恒定律，即当 $\boldsymbol{M}=\boldsymbol{0}$ 时，$J\boldsymbol{\omega}=$ 恒矢量。当作用在定轴转动刚体上所有力对转轴之矩的代数和为零时，根据动量矩定理式，刚体在运动过程中动量矩保持不变。

如果一个系统不受外力或所受全部外力对某定点或定轴的力矩始终等于零，那么这个系统的动量矩保持不变。动量矩守恒定律关系式为

$$J_1\boldsymbol{\omega}_1 + J_2\boldsymbol{\omega}_2 = J_1\boldsymbol{\omega}_1' + J_2\boldsymbol{\omega}_2' \tag{4-20}$$

式中：J_1, J_2——物体系对象 1，2 的转动惯量，单位为 $kg \cdot m^2$；
$\boldsymbol{\omega}_1, \boldsymbol{\omega}_2$——物体系对象 1，2 碰撞前瞬间的角速度，单位为 rad/s；
$\boldsymbol{\omega}_1', \boldsymbol{\omega}_2'$——物体系对象 1，2 碰撞后瞬间的角速度，单位为 rad/s。

对于汽车碰撞事故，在应用上式时，碰撞对象分别代表两辆车。在汽车发生偏心或斜碰撞时，汽车在路面上做带有旋转的平面运动，事故分析变得更加复杂，此时可采用动量矩守恒定律建立车辆在碰撞前后的角速度关系，从而帮助求解汽车二维碰撞事故。

三、能量守恒原理

能量转化和守恒规律普遍存在于各种相互作用的系统中。能量总是在各个系统或物体间、各种能量形式间相互转化。以汽车碰撞事故的碰撞后过程为例，车辆碰撞后达到分离速度，具有一定的动能，在路面滑动摩擦力或者滚动摩擦力（一般忽略空气阻力）的作用下，最后停车，其间消耗了全部动能，而这部分动能被全部消耗于克服阻力做功，也就是满足功能原理。事故车辆在某一阶段的功能原理方程为

$$E_E - E_B = \frac{1}{2}mv_E^2 - \frac{1}{2}mv_B^2 = W_{B-E} = mg\varphi L \tag{4-21}$$

式中：E_E, E_B——车辆在某一阶段结束和开始时的动能，单位为 $kg \cdot m^2/s^2$；
v_E, v_B——车辆在结束和开始时刻的速度，单位为 m/s；
W_{B-E}——车辆在这个过程中做的功；
m, L——车辆的质量（单位：kg）和两个时刻内的运动距离（单位：m）；
φ, g——路面滑动摩擦系数（或滚阻系数）、重力加速度（$9.81 N/s^2$）。

当分析汽车碰撞后的过程时，由于汽车最终停车，因此方程简化为

$$\frac{1}{2}mv_0^2 = mg\varphi L$$

该式经常被用来计算汽车碰撞后的滑移初始速度 v_0，即

$$v_0 = \sqrt{2g\varphi L} \tag{4-22}$$

当然，在计算车辆碰撞后滑移速度时还要考虑路面坡度和状况、轮胎磨损情况、天气情况以及滑移痕迹等问题。汽车在碰撞前阶段也可以运用功能原理去分析制动和行驶车速，

与碰撞后阶段分析类似。

汽车在碰撞阶段同样遵循能量守恒定律,只是能量的表现形式不同。碰撞中,车辆损失的动能会转化为碰撞中的变形能量损失,也就是变形能等于碰撞前后动能的损失,这在后面将会介绍。

四、车辆动力学原理

车辆动力学可用于车辆碰撞脱离后运动过程的车速变化分析,也可以用于碰撞前的车辆运动分析。根据车辆动力学理论,可以建立能够在时域内分析包括车辆平移、横摆、侧倾等运动状态的车体动力学分析模型,以及能够进行车轮与地面之间相互作用的动态解析的轮胎模型。这可以为汽车事故中的车辆运动模拟分析提供更完整的理论基础。

4.1.4 汽车碰撞模型简化

汽车碰撞事故中单辆车可以看作刚体和质点,从而进行整体和局部的运动轨迹分析,可以依据动量守恒定律等基本原理进行碰撞系的分析,这是假设汽车是刚体和质点系并忽略了外力。汽车碰撞事故是相当复杂的现象,由于各种因素的共同影响,实际碰撞过程可能变化多端。

即使相对变化不是太复杂的碰撞前和碰撞后车辆的运动状态,也与特定路面的附着性能、路面类型、车速大小有关,可能也存在旋转、跳跃、翻车等复杂现象。所以,即使做了上述一些假设,有上述一些原理的运用,要想精确预测和解析事故车辆的运动过程和状态,仍是一项艰巨的任务。因此,有必要对实际事故过程进行一定的简化,建立比较理想化的汽车碰撞模型。

以汽车追尾碰撞类型为例,介绍一下汽车碰撞模型的理想化一般处理方式。如图 4-9 所示,图中给出了汽车追尾碰撞实际过程的车速 v、碰撞力 F 和位移 s 的变化曲线。在简化处理下,给出了简化后的汽车车速、受力的位移曲线。该例是车 1 追尾碰撞车 2,两辆车在整个事故过程中先后经历了碰撞前、碰撞中和碰撞后 3 个阶段。为了比较,确定 5 个位置和时间状态点作为考察点,分别为:事故开始点 B(碰撞前的制动开始点),碰撞接触点 C(碰撞过程开始点),碰撞深入作用点 D(碰撞中某时刻),碰撞分离点 F(碰撞作用消失时刻),最终停车位置和时刻点 E。图中车速、碰撞力和位移坐标系各有 4 条曲线,分别为:追尾车车 1 的实际曲线、被追尾车车 2 的实际曲线、追尾车的简化曲线、被追尾车的简化曲线。

从图 4-9 中的车辆在碰撞过程的碰撞力(F_1,F_2)、车速(v_1,v_2)和位移(s_1,s_2)的比较,可以看到,区别主要存在碰撞中这一阶段。从实践应用角度来看,过多地考虑一些次要因素和不确定因素的变化,不仅不利于事故分析实践工作的有效开展,也会为确定性求解带来不确定的结果。因此,对于汽车碰撞过程,结合图 4-9,可以看到,一般假设碰撞力瞬间达到很大,大到可以忽略摩擦力等外力,并假设碰撞瞬间完成而位移变化微小等。总的来说,汽车碰撞模型一般做了如下的假设和简化处理:

(1) 汽车的质量全部分布在质点,汽车可以作为质点,汽车的整体运动可以看作汽车质心的运动。

(2) 汽车整体的受力,可以假定为全部作用在质心的力。

(3) 汽车被看作刚体,汽车上任何点的运动按照刚体运动处理。

(4) 汽车在整个事故过程会发生变形,变形导致的汽车尺寸(如轴距)的变化,在遵守前

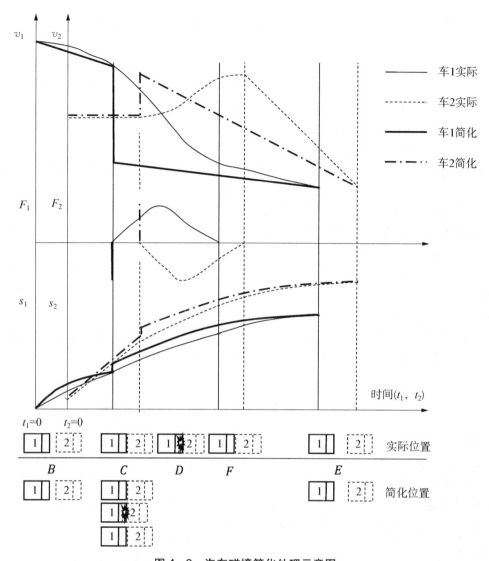

图 4-9 汽车碰撞简化处理示意图

3 条假设时的影响一般忽略不计。例如,碰撞会导致汽车轴距和轮距变化,在运用刚体理论分析轮胎速度时,一般仍按照原来的轴距、轮距参数进行计算;再比如,汽车变形可能会导致汽车轮胎的尺寸变化,但是在计算包含轮胎半径参数的物理量时,仍然按照未变形的尺寸进行。但是要特别注意,有时候必须考虑变形的影响,例如,可以利用摩托车的变形确定轴距变化量,通过轴距变化量确定车速的变化。

(5) 汽车在碰撞过程中,假设其运动学结构特征不发生改变。这意味着,即使车辆发生了变形、破损甚至解体,但是在进行事故分析时,仍然按照车辆原有的结构及特性来处理。例如质量分布中心、轴距和轮距等结构参数均假设不变,仍然作为碰撞前的刚体运动处理。

(6) 汽车实际碰撞是一个过程,一般时间较短,多在 0.1~0.2 s(也有的碰撞过程持续时间较长),一般地,假设碰撞在瞬间完成。这意味着碰撞力瞬间增大,如图 4-9 中 F_1,F_2 曲线坐标系里的两条竖直线段表示的那样。用抽象的语言表述为:时间 $t \to 0$,$F \to \infty$。

（7）同样地，汽车碰撞瞬间完成，意味着车速瞬间从碰撞前车速跳变到碰撞后车速，如图中速度曲线的两条折线形曲线。

（8）碰撞时间极短，意味着位移变化很小，所以假设汽车在碰撞中位置不发生改变。这一点对于汽车的再现分析意义很大，在这种简化处理后，汽车的位置改变由三个阶段被简化为碰撞前的运动和碰撞后的运动两个阶段，不仅使计算更加简便，简化了很多复杂的运动分析，而且使运用碰撞理论分析碰撞前后的车速具有了实际意义。因为这往往依赖于碰撞后的运动距离，如果碰撞后分离的位置不是碰撞接触点，而是某个实际存在的位置，那么准确确定汽车滑移开始点将是一个必须解决的实践问题。事实上，很多交通事故在缺乏视频数据或其他充分数据时，很难确定这个分离点。

（9）除翻车、坠车、翻滚等几种特殊形态事故外，有特殊的简化处理和分析方法，一般汽车碰撞事故中的车辆在碰撞前后均假设在路面内运动，忽略可能存在的跳跃、腾空等离地行为。

（10）在进行事故车辆的受力分析时，一般不考虑空气阻力的影响，除非在车速特别高的时候。

（11）在进行事故车辆的运动分析时，一般不考虑汽车的侧倾、俯仰等运动。

（12）汽车碰撞一般分为一维碰撞和二维碰撞。对于一维碰撞，一般假设汽车没有旋转运动，接下来要介绍的正面碰撞和追尾碰撞就属于这种类型。

§4.2　汽车正面碰撞事故分析方法

汽车正面碰撞事故是汽车间的事故类型之一，是指汽车迎面碰撞的事故。理论上，正面碰撞事故的两车碰撞时运动方向在同一条直线上，碰撞角度为零。事实上，除了人为控制的实验，现实交通环境里不存在理论上那种严格的正面碰撞。所以在实践上，迎面碰撞的两车，碰撞部位在车头的大部分，且当碰撞角度较小时，就可以按照正面碰撞类型并以一维碰撞形态处理。

遵循上节所介绍的基本原理，对交通事故可以进行定性和定量的分析。但实际发生的交通事故不仅复杂多变，而且可供使用的数据也不一定全面。因此，除了这些基本理论外，有时候还需要借助其他一些假定和模型，才能比较准确地给出分析结果。

对于汽车碰撞事故，除了普遍适用的动量守恒原理和功能原理等基本准则之外，根据其他条件和准则，有多种事故分析求解方法，其中常用的有 3 种：基于恢复系数的方法、基于等效碰撞模型（有效碰撞速度模型）的方法和基于车辆变形能量计算的分析方法。

本节基于正面碰撞事故类型，分别对 3 种方法进行介绍，重点介绍等效碰撞模型方法。

4.2.1　基于恢复系数的方法

一、恢复系数

汽车碰撞事故是一种碰撞现象。碰撞是一种发生时间较短、作用力较强的相互冲突现象。一对碰撞体在碰撞过程中，必然会伴随着能量和动量交换。碰撞有不同的形式，不同形

式的碰撞动量和能量交换特性表现也不同。一般地，可以用恢复系数（也叫碰撞数）来表示这种不同碰撞形式和特性。其定义为

$$e = \frac{v_2 - v_1}{v_{10} - v_{20}} \tag{4-23}$$

式中：v_{10}，v_{20}——碰撞物体 1，2 在碰撞前瞬间的速度（正碰时 v_{20} 为负值）；
v_1，v_2——碰撞物体 1，2 在碰撞后瞬间的速度。

碰撞分为弹性碰撞、塑性碰撞和弹塑性碰撞。弹性碰撞 $e=1$，塑性碰撞 $e=0$。弹塑性碰撞 $0<e<1$，也称为非弹性碰撞。对于汽车间碰撞，上式中的速度即为两车碰撞前后的速度。

二、碰撞基本规律

虽然汽车是具有一定尺寸的物体，但如果假设碰撞过程中汽车的总体形状对质量分布影响不大，则可以使用质点的动量原理。汽车在正面碰撞时，若忽略其外力的影响，根据动量守恒的原理，有：

$$m_1 v_{10} + m_2 v_{20} = m_1 v_1 + m_2 v_2 \tag{4-24}$$

式中：m_1，m_2——事故车 1，2 的质量（包括乘员和货物质量），单位为 kg；
v_{10}，v_{20}——事故车 1，2 碰撞前瞬间的速度，单位为 m/s；
v_1，v_2——事故车 1，2 碰撞后瞬间的速度，单位为 m/s。

假如恢复系数和碰撞后速度可以确定，联立方程(4-23)和(4-24)即可求解两车碰撞速度。下面介绍一下具体方法和步骤。

三、求解碰撞速度和行驶速度的方法

对式(4-23)适当变形，得

$$v_{10} - v_{20} = -\frac{1}{e}(v_1 - v_2) \tag{4-25}$$

恢复系数的大小与碰撞体材料、碰撞接触方式和碰撞速度大小都有一定的关系，可以通过对汽车事故数据和汽车碰撞实验数据进行总结，根据积累的经验数据或经验公式加以确定，有些文献资料还介绍了确定恢复系数的经验模型。对于二维碰撞事故，还可以根据黏着滑移假定，定义碰撞面切向和法向恢复系数并建立二者的关系。

汽车碰撞后瞬间的速度可以根据式(4-22)进行推算，即

$$v_1 = \sqrt{2g\varphi_1 L_1 k_1} \tag{4-26}$$

$$v_2 = \sqrt{2g\varphi_2 L_2 k_2} \tag{4-27}$$

这里区别于式(4-22)的是增加了 k_1 和 k_2 两个参数，这两个参数叫作恢复系数修正系数（修正值），k_1 和 k_2 分别代表两车各自的修正系数。增加这两个参数，主要是考虑到汽车在滑移时车轮的制动或拖滑不均衡，有时不是全轮制动或拖滑状态。从事故现场勘查角度来看，当路面留下的痕迹较轻（非 ABS 车辆）或有较长不连续时，要考虑是否为非全轮制动状态。附着系数修正系数除了与制动系统有关外，还与发动机的布置形式、驱动形式有一定的关系。当发动机前置前驱的轿车只有前轮制动时，修正系数可取 0.6~0.7，只有后轮制动

时可取 0.2～0.3。式(4-26)和(4-27)中其他参数的含义为：

φ_1, φ_2——车 1 和车 2 滑移时的纵向附着系数；

L_1, L_2——车 1 和车 2 碰撞后的滑移距离，单位为 m。

有了已知的两车碰撞后瞬间速度和恢复系数值，方程(4-24)和(4-25)[或(4-23)]就只有两车碰撞前瞬间速度两个未知数，解方程即可求解两车碰撞前瞬间车速。

对于汽车行驶速度的分析，这里讨论两种情况：

(1) 假如有确切的事故现场证据证明汽车在碰撞前没有制动减速，则上面求解的汽车碰撞前瞬间速度即为汽车行驶速度。

(2) 有明确的汽车碰撞前制动证据，但没有汽车碰撞前制动距离的数据，也没有证据证明开始制动的位置，则汽车的行驶速度要高于上式计算的碰撞速度，只能寻找其他方法确定行驶速度的确切值。

已知车 1 或车 2 的碰撞前制动减速距离，可以按照如下方法计算车 1 或车 2 的行驶速度：

$$v_1 = \sqrt{2g\varphi_1 k_1 s_1 + v_{10}^2} + \frac{g\varphi_1 t_{s_1}}{2} \tag{4-28}$$

$$v_2 = \sqrt{2g\varphi_2 k_2 s_2 + v_{20}^2} + \frac{g\varphi_2 t_{s_2}}{2} \tag{4-29}$$

式中：v_1, v_2——1，2 两车的行驶速度，单位为 m/s；

s_1, s_2——1，2 两车碰撞接触点前的制动减速距离，单位为 m；

t_{s_1}, t_{s_2}——1，2 两车的制动协调时间（制动力增长时间），单位为 s。

这种基于恢复系数的分析方法是车速估计的一种基本方法，也适用于所有类型的汽车碰撞事故。但是由于该方法严重依赖恢复系数值，而恢复系数值与多种因素有关，因此准确值的确定比较困难——即使运用计算机模拟技术。初始的恢复系数值的确定以及其变化方向对模拟计算的收敛速度也至关重要。

当然，有些特殊情况可以采取近似处理以便更有效地解决实践问题。当碰撞的严重程度很高时，碰撞近似为塑性碰撞，恢复系数较小，可以取较小的值或近似按照塑性碰撞处理，即令恢复系数近似等于 0。这种处理方式简化了碰撞后阶段的分析过程。当有人员重大伤亡的事故发生时可以这样近似处理。

4.2.2 基于等效碰撞模型的方法

一、共同速度和等效碰撞速度

假想两辆质量一样的汽车，均以 50 km/h 的车速迎面行驶发生正面碰撞，造成了车辆损坏；再用同型车仍以 50 km/h 的速度去撞障碍壁，虽然感觉前一种情况碰撞更严重，但实际上两种情况的车损却是接近的（忽略障碍壁和对车碰撞的反弹差异）。这说明，相对速度达到 100 km/h 的两车碰撞，相当于以其一半的速度撞击刚性壁，这就是等效碰撞速度的概念。如图 4-10，此时两车碰撞相当于在接触点"存在"一个隐形的固定墙壁，两辆车分别独自去碰撞"障碍壁"。

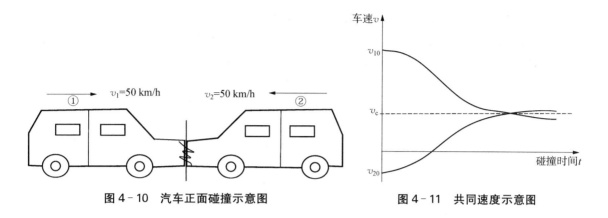

图 4-10 汽车正面碰撞示意图　　　　图 4-11 共同速度示意图

如果 1,2 两车不是同型车,两车碰撞时速度分别为 v_{10} 和 v_{20},则在碰撞后,动量较大的车辆的速度减小(例如 $m_1 > m_2$,$|v_{10}| > |v_{20}|$),另一辆车的速度先减慢后变向,与前者方向相同,并不断增大,在某一时刻两车变为相同的速度为 v_c,称为共同速度,如图 4-11 所示。

此时,根据动量守恒定律,有

$$m_1 v_{10} + m_2 v_{20} = (m_1 + m_2) v_c \qquad (4-30)$$

$$v_c = \frac{m_1 v_{10} + m_2 v_{20}}{m_1 + m_2}$$

式中:m_1,m_2——1,2 两车的质量,单位为 kg;
v_{10},v_{20}——1,2 两车的碰撞接触瞬间速度,单位为 m/s;
v_c——1,2 两车碰撞过程达到同速时的速度,即共同速度,单位为 m/s。
车 1 相对共同速度的速度变化量为

$$v_{e1} = v_{10} - v_c = \frac{m_2}{m_1 + m_2}(v_{10} - v_{20}) \qquad (4-31)$$

车 2 相对共同速度的速度变化量为

$$v_{e2} = v_c - v_{20} = \frac{m_1}{m_1 + m_2}(v_{10} - v_{20}) \qquad (4-32)$$

v_{e1} 和 v_{e2} 被称为有效碰撞速度,它反映了汽车碰撞的真实作用,汽车碰撞的实际相互作用大小和受损程度与有效碰撞速度有关。要注意,上式的相对速度变化量写成 $v_{e2} = v_c - v_{20}$,而不是 $v_{e2} = v_c + v_{20}$,是因为这里的相对速度和速度并不是标量,而是带有方向的,当两车行驶方向相反时,如果以车 1 运动为正方向,则车 2 的速度要加上负号;而在建立有效碰撞速度与变形的关系时,需要确保有效碰撞速度是正值。

二、等效碰撞速度模型

公式(4-31)和(4-32)给出了有效碰撞速度与汽车碰撞前速度的一种确定性的关系,如果能够确定出有效碰撞速度的值,就可以建立车辆碰撞前速度的又一个方程,从而可以求解碰撞车速。

有效碰撞速度反映了汽车之间的碰撞与碰撞障碍壁之间的某种等价关系,与碰撞严重程度有直接的关系。显然,有效碰撞速度越大,相当于碰撞障碍壁的汽车速度越大,碰撞损伤就越严重。而恢复系数也是反映碰撞特性的参数,恢复系数越小,塑性碰撞成分越多,碰撞越剧烈。因此,有人自然就想到了建立二者的某种关系。如图 4-12 所示,研究者通过碰撞实验数据及事故数据分析了二者的关系,并建立了如下的拟合模型:

$$e = 0.574\exp(-0.0396v_e) \tag{4-33}$$

式中:v_e——有效碰撞速度,单位为 km/h。

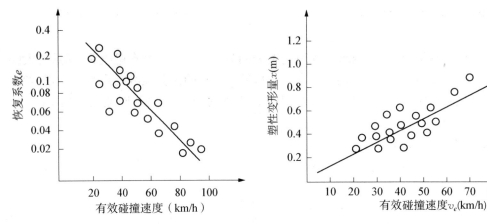

图 4-12 轿车有效碰撞速度与恢复系数的关系

图 4-13 正面碰撞轿车有效碰撞速度和车体塑性变形量的关系

显然,可以通过恢复系数确定有效碰撞速度,从而建立一个关于碰撞前车速的新的方程。然而,恢复系数确定比较困难的技术问题仍然没有解决,这种思路并没有突破第一种方法的局限。

上面说到有效碰撞速度越高,碰撞越激烈,除了可能造成人员严重伤亡之外,车辆的塑性变形损伤也会更加严重。所以,可以通过塑性变形的大小来建立有效碰撞速度与其的关系。研究者们对轿车正面碰撞进行了较多的实验研究,发现车身塑性变形量与有效碰撞速度有一定线性关系,如图 4-13 所示。

图 4-13 所示的这种有效碰撞速度和变形量的关系,是研究者在特定时间对特定车辆的实验和事故数据的研究,根据这种研究,可以建立二者的拟合关系为

$$v_e = 105.3x \tag{4-34}$$

式中:x——塑性变形量,单位为 m;
v_e——有效碰撞速度,单位为 km/h。

式(4-34)建立了有效碰撞速度和塑性变形量的关系,车体塑性变形量用变形部位的凹陷深度来表示。只要能够测量出事故车辆的变形量,就可以利用变形经验公式(4-34)求出有效碰撞速度。显然,这种方法是容易实现的。

确定车辆的塑性变形量是计算有效碰撞速度的关键。如果车辆损毁变形发生在整个车

头或者车尾,即如图 4-14 中(a)图示意的情形,此时用最小变形和最大变形的平均值作为等效变形值;如果汽车变形损毁部分只是车头或者车尾的一部分,即如图 4-14 中(b)图示意的情形,此时通过两侧变形深度的平均值乘以变形宽度的比例进行计算。具体计算公式为式(4-35)和式(4-36)。

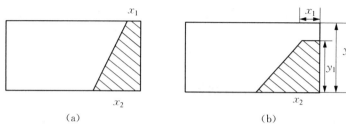

图 4-14　塑性变形量的计算方法

$$x = \frac{x_1 + x_2}{2} \quad (4-35)$$

$$x = \frac{y_1}{y_0} \frac{x_1 + x_2}{2} \quad (4-36)$$

三、车速分析方法与步骤

测定了车损变形,根据变形计算有效碰撞速度,如果再能够确定出两车碰撞后的瞬间速度,联立式(4-24)和(4-31)或(4-32)就可求解两车碰撞前的速度。

两车碰撞后的剩余动能,要由轮胎和路面的摩擦做功来消耗,根据功能原理去计算碰撞后的速度,这和第一种方法是一样的,参见式(4-26)和(4-27)。

求解出碰撞前车速后,如同第一种方法所介绍的那样,可根据汽车碰撞前是否制动以及制动距离去推算车辆的行驶速度。图 4-15 是推算汽车正面碰撞事故中车辆速度的流程图。

具体可按以下步骤进行分析。第一步,根据事故现场车轮的痕迹、散落物的痕迹求出车辆分离时速度的大小,由式(4-26)和式(4-27)可求得,如果是完全塑性碰撞,则求出碰撞后的共同速度;第二步,测量计算出车辆碰撞过程的塑性变形量的大小;第三步,由式(4-34)求出有效碰撞速度;第四步,由动量守恒定律及有效碰撞速度,求出车辆碰撞时的速度;第五步,如车辆在碰撞前有制动痕迹,还可以进一步求出车辆制动前的初速度大小。这种基于等效碰撞模型(有效碰撞速度模型)的分析方法,是一种比较实用的方

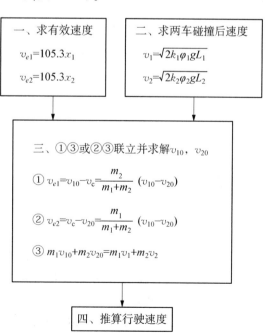

图 4-15　推算正面碰撞前速度的流程图

法,并且是符合相关标准规范的计算方法。其中第三步是本方法的关键一步。

这样,在汽车正面碰撞的事故现场,只要能准确测量出汽车变形量和碰撞后的汽车滑移距离,就可容易地计算出碰撞前瞬间的两车速度。这种计算方法也基本适用于计算轻型载货汽车或中型客车的碰撞速度。要注意,式(4-34)有一定的适用条件,即车速范围和车辆型号,大货车和大挂车要注意合理应用。

汽车碰撞中塑性变形与汽车碰撞速度、碰撞形式、结构刚度都有关系,除了正面碰撞,国内外许多专家对其他类型的汽车碰撞也做了很多实验研究,并给出了一些经验公式,这也为其他类汽车碰撞事故的分析提供了有效的方法。

4.2.3 基于车辆变形能量计算的分析方法

一、原理和思路

前面已经介绍了两种车速计算分析的方法,对于正面碰撞事故的分析,实践中一般采用第二种方法。作为补充,下面介绍一种通过计算车辆变形能量来推算汽车碰撞速度的方法。

恢复系数公式(4-23)可以改写成如下形式:

$$v_2 = v_1 + e(v_{10} - v_{20}) \tag{4-37}$$

$$v_1 = v_2 - e(v_{10} - v_{20}) \tag{4-38}$$

根据式(4-24)的动量守恒方程,可以得到

$$m_1 v_1 = m_1 v_{10} + m_2 v_{20} - m_2 v_2 \tag{4-39}$$

$$m_2 v_2 = m_1 v_{10} + m_2 v_{20} - m_1 v_1 \tag{4-40}$$

把式(4-37)代入式(4-39),有

$$m_1 v_1 = m_1 v_{10} + m_2 v_{20} - m_2 v_1 - m_2 e(v_{10} - v_{20})$$

$$(m_1 + m_2) v_1 = m_1 v_{10} + m_2 v_{20} - m_2 v_{10} + m_2 v_{10} - m_2 e(v_{10} - v_{20})$$

$$= (m_1 + m_2) v_{10} - m_2 (1 + e)(v_{10} - v_{20})$$

那么

$$v_1 = v_{10} - \frac{m_2}{m_1 + m_2}(1 + e)(v_{10} - v_{20}) \tag{4-41}$$

同理,将式(4-38)代入式(4-40),有

$$v_2 = v_{20} + \frac{m_1}{m_1 + m_2}(1 + e)(v_{10} - v_{20}) \tag{4-42}$$

上面两式说明,车辆碰撞后的速度取决于两车的相对速度 $v_{10} - v_{20}$、两车的质量比及恢复系数。由此很容易得出,车辆碰撞前后速度变化量的比值与它们的质量成反比。质量越大的车辆,速度变化量越少。

式(4-41)和(4-42)是用碰撞前的速度表示碰撞后的速度。在非弹性碰撞中,碰撞前两车具有的总动能为

$$E_0 = \frac{1}{2}m_1 v_{10}^2 + \frac{1}{2}m_2 v_{20}^2 \tag{4-43}$$

碰撞后的总动能为

$$E = \frac{1}{2}m_1 v_1^2 + \frac{1}{2}m_2 v_2^2 \tag{4-44}$$

碰撞中的能量损失 ΔE 是碰撞前后总动能之差,即

$$\Delta E = E - E_0$$

$$\begin{aligned}
E - E_0 &= \left(\frac{1}{2}m_1 v_{10}^2 + \frac{1}{2}m_2 v_{20}^2\right) - \left(\frac{1}{2}m_1 v_1^2 + \frac{1}{2}m_2 v_2^2\right) \\
&= \frac{1}{2}m_1 v_{10}^2 + \frac{1}{2}m_2 v_{20}^2 - \frac{1}{2}m_1 \left[v_{10} - \frac{m_2}{m_1 + m_2}(1+e)(v_{10} - v_{20})\right]^2 - \\
&\quad \frac{1}{2}m_2 \left[v_{20} - \frac{m_1}{m_1 + m_2}(1+e)(v_{10} - v_{20})\right]^2 \\
&= \frac{1}{2}m_1 v_{10}^2 + \frac{1}{2}m_2 v_{20}^2 - \frac{1}{2}m_1 v_{10}^2 + \frac{1}{2}m_1 2 v_{10} \frac{m_2}{m_1 + m_2}(1+e)(v_{10} - v_{20}) - \\
&\quad \frac{1}{2}m_1 \left[\frac{m_2}{m_1 + m_2}(1+e)(v_{10} - v_{20})\right]^2 - \frac{1}{2}m_2 v_{20}^2 + \frac{1}{2}m_2 2 v_{20} \cdot \\
&\quad \frac{m_1}{m_1 + m_2}(1+e)(v_{10} - v_{20}) - \frac{1}{2}m_2 \left[\frac{m_1}{m_1 + m_2}(1+e)(v_{10} - v_{20})\right]^2 \\
&= \frac{m_1 m_2}{m_1 + m_2}(1+e)(v_{10} - v_{20})^2 - \frac{1}{2}\left[\frac{m_1 m_2}{m_1 + m_2}(1+e)(v_{10} - v_{20})\right]^2 \left(\frac{1}{m_1} + \frac{1}{m_2}\right) \\
&= \frac{m_1 m_2}{m_1 + m_2}(1+e)(v_{10} - v_{20})^2 - \frac{1}{2}\left(\frac{m_1 m_2}{m_1 + m_2}\right)^2 \frac{m_1 + m_2}{m_1 m_2}(1+e)^2 (v_{10} - v_{20})^2 \\
&= \frac{m_1 m_2}{m_1 + m_2}(v_{10} - v_{20})^2 \left[(1+e) - \frac{1}{2}(1+e)^2\right] \\
&= \frac{1}{2}\frac{m_1 m_2}{(m_1 + m_2)}(1-e)^2 (v_{10} - v_{20})^2
\end{aligned}$$

整理得

$$\Delta E = \frac{1}{2}\frac{m_1 m_2}{(m_1 + m_2)}(1-e)^2 (v_{10} - v_{20})^2 \tag{4-45}$$

对于塑性碰撞,$e=0$,上式变为

$$\Delta E = \frac{1}{2}\frac{m_1 m_2}{(m_1 + m_2)}(v_{10} - v_{20})^2 \tag{4-46}$$

只要能够测定能量损失,联立式(4-24)和(4-46)就可求解碰撞前车速。一般来说,当汽车碰撞事故造成了人员严重受伤或死亡时,可以近似当作塑性碰撞处理,或者确定一个较小的恢复系数值。从式(4-45)也可以看到,很小的恢复系数值对计算结果影响不大。

如果恢复系数较大,则可以结合第一种方法,将能量守恒原理、恢复系数以及动量守恒

定律综合运用,即联合(4-23),(4-24),(4-45)三式进行求解。

二、变形能计算方法

基于变形能计算的这种车速分析方法的关键是估计能量损失。下面介绍一种变形能估算的方法。在实际交通事故中,汽车质量越轻,碰撞损坏就越严重,乘员的伤亡也越大。碰撞能量的吸收与质量的平方成反比。设两辆汽车碰撞时吸收的能量分别为 E_1,E_2,变形量分别为 x_1,x_2,则有近似关系:

$$\frac{x_1}{x_2} = \frac{\sqrt{E_1}}{\sqrt{E_2}} = \frac{m_2}{m_1} \tag{4-47}$$

所以,碰撞时若 A 车质量是 B 车质量的 2 倍,则 B 车吸收的能量为 A 车的 4 倍,A 车的变形量是 B 车的 1/2。

图 4-16 是将车辆对墙壁正面碰撞等效为刚性体的力学模型示意图,把汽车等效为一个质量为 m 的刚体,汽车碰撞墙壁的弹塑性变化等效为具有刚度系数 k 的弹簧体。

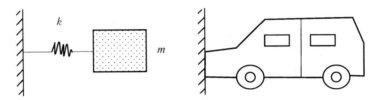

图 4-16 汽车对墙壁正面碰撞的等效力学模型

根据刚性体弹性定律,物体受弹性力 F 的作用和弹簧的位移 x 的关系为

$$F = -kx \tag{4-48}$$

其中,等效模型的 F 为汽车碰撞力,弹簧刚度系数 k 代表了单位碰撞力作用下产生的位移大小,等效模型的位移 x 代表汽车碰撞墙壁的塑性变形。负号表示碰撞力 F 与位移 x 的方向相反,即汽车的塑性变形是有方向的。定义刚度系数与质量的比值为 c,汽车的加速度为 a,则有

$$c = \frac{k}{m} \tag{4-49}$$

$$a = -\frac{kx}{m} = -cx \tag{4-50}$$

类似地,汽车 A 与汽车 B 正面碰撞,可以等价为对墙壁的碰撞,其力学模型如图 4-17 所示。

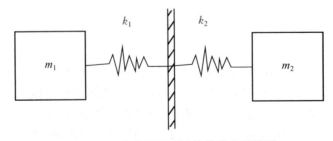

图 4-17 汽车正面碰撞的等效力学模型

等效模型将两车等效为质量为 m_1 和 m_2、刚度系数为 k_1 和 k_2 的刚性体分别撞击墙壁，根据弹簧的串联特性，此时有效的弹簧刚度系数为

$$k = \frac{k_1 k_2}{k_1 + k_2} \tag{4-51}$$

一般认为，汽车特定部位（如汽车车头）单位质量的车体刚度系数即 c 值是与车种无关的近似固定值，主要与材料有关，而材料在一定时期内相对稳定（有文献认为大约为 $41g/m$，$g = 9.81 \text{ m/s}^2$）。

因为 $k_1 = m_1 c$，$k_2 = m_2 c$，所以汽车碰撞体的等效刚度系数为

$$k = c \frac{m_1 m_2}{m_1 + m_2} \tag{4-52}$$

故碰撞时由于塑性变形而损失的能量为

$$\int_0^X F\,dx = \int_0^X kx\,dx = \frac{1}{2} k X^2 = \frac{1}{2} c \frac{m_1 m_2}{m_1 + m_2} X^2 \tag{4-53}$$

X 为两车的位移差，即两车变形量的代数差。对于正面碰撞，设 A 车变形为正，则 $X = x_1 - x_2 = x_1 + |x_2|$。

三、车速分析流程

式(4-53)给出了一种计算变形能的方法。测量确定两车变形量，根据碰撞形式，求总变形量，确定刚度系数或 c 值，然后按照上式计算变形能，再联立方程(4-24)和(4-46)或(4-45)即可求解碰撞车速。这里以正面碰撞事故且为塑性碰撞为例，给出能量法的基本流程，如图4-18所示。

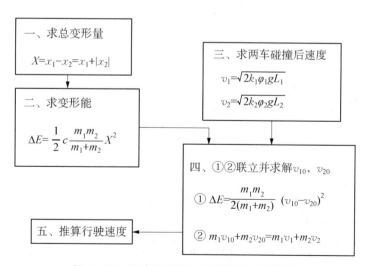

图 4-18　汽车正面碰撞的能量法求解流程

能量法提供了又一种解决问题的途径。由于能量损失的计算需要估计汽车的变形，能够反映碰撞的严重程度与车速的关系，因此这点和第二种方法类似。但它依赖于汽车单位质量刚度系数，这个参数被假定为不变，其准确测量和确定也有一定难度，研究其他估算变

形能的方法是能量法改进的方向。

4.2.4 其他方法

当汽车碰撞事故发生人员重大伤亡时,车辆的碰撞可以认为是塑性碰撞,此时 $e \approx 0$。令式(4-46)和式(4-53)两种能量损失计算的能量损失相等,得

$$\frac{1}{2}\frac{m_1 m_2}{m_1+m_2}cX^2 = \frac{1}{2}\frac{m_1 m_2}{m_1+m_2}(v_{10}-v_{20})^2$$

$$X = \frac{v_{10}-v_{20}}{\sqrt{c}} \tag{4-54}$$

根据式(4-47),A 车和 B 车的变形量分别为

$$x_1 = \frac{m_2}{m_1+m_2}\frac{v_{10}-v_{20}}{\sqrt{c}} \tag{4-55}$$

$$|x_2| = \frac{m_1}{m_1+m_2}\frac{v_{10}-v_{20}}{\sqrt{c}} \tag{4-56}$$

式(4-54),(4-55)和(4-56)为汽车碰撞车速分析提供了另一个思路,即通过变形与相对速度的关系来求解碰撞车速。该方法作为能量法的一种变化,仍需要确定准单位质量刚度系数。

变形和能量损失归根结底还是碰撞力作用的结果,如果能够确定碰撞力的变化规律,估计碰撞力的大小,就可以利用汽车动力学理论分析整个碰撞过程的运动。有学者研究了轿车(质量为 1 390 kg)对墙壁碰撞时的变形量与碰撞力的关系,如图 4-19 所示。

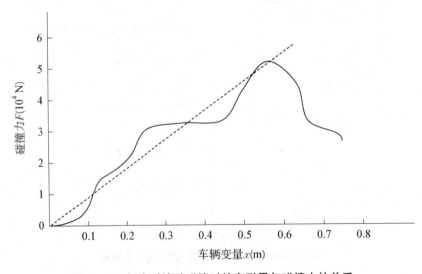

图 4-19 轿车对墙壁碰撞时的变形量与碰撞力的关系

由图 4-19 可知,在汽车变形不超过 0.6 m 范围内,式(4-48)假定的线性关系是近似成立的。当变形量较大时,二者已是明显的非线性关系。根据图 4-18 线性拟合的 $F(x)$ 方

程为

$$F = 10g \cdot x \tag{4-57}$$

式中：x ——塑性变形量，单位为 m；

F ——碰撞力，单位为 kN。

根据式(4-55)，(4-56)及(4-57)，A，B 两车吸收的能量为

$$E_1 = \int_0^{x_1} F \mathrm{d}x = \int_0^{x_1} 10^4 gx \, \mathrm{d}x = \frac{1}{2} \times 9.81 \times 10^4 \times \frac{(v_{10}-v_{20})^2}{c} \left(\frac{m_2}{m_1+m_2}\right)^2 \tag{4-58}$$

$$E_2 = \int_0^{x_2} F \mathrm{d}x = \int_0^{x_2} 10^4 gx \, \mathrm{d}x = \frac{1}{2} \times 9.81 \times 10^4 \times \frac{(v_{10}-v_{20})^2}{c} \left(\frac{m_1}{m_1+m_2}\right)^2 \tag{4-59}$$

上式给出了估测能量损失的又一种方法，即通过碰撞力的解析式来进行能量估计。但是这里把碰撞力作为变形的线性变化量的近似处理实际上存在较大的误差，而且在变形较大时这种线性关系几乎是不可能的。需要指出的是，碰撞力一般是相当大的，通过实验测定碰撞力存在精度控制的技术难度；另外，如果这种关系不是式(4-57)那样的线性关系，通过积分求解能量损失也会更复杂。

所以，式(4-57)，(4-58)及(4-59)只是提供了一种估测碰撞力和能量损失的思路，还难以具体应用到交通事故分析与鉴定实践中。

4.2.5 例题

例题 1

A，B 两轿车正面碰撞，沿 A 车的前进方向滑移，两车均采取了制动措施，A 车全轮制动，B 车只有前轮制动，道路平坦，路面良好，天气干燥。经现场勘测，碰撞点前 A 车的制动印痕长 6 m，碰撞后 A 车滑移距离 4 m，碰撞后 B 车滑移距离 5 m。车辆检验发现 A 车变形 0.3 m，B 车变形 0.4 m。A，B 两车质量分别为 1 800 kg 和 1 200 kg，道路限速为 70 km/h。试解答以下问题：

(1) 求 A，B 两车的碰撞后速度。

(2) 求 A，B 两车的有效碰撞速度。

(3) 利用 A 车变形求两车碰撞前瞬间的速度。

(4) 利用 B 车变形求两车碰撞前瞬间的速度。

(5) 假设制动协调时间为 0.2 s，分析 A 车是否超速行驶。

解答：

(1) 根据撞后滑移距离，利用式(4-28)和(4-29)计算 A，B 两车的碰撞后速度。路面纵滑附着系数取值 0.6，其中，对于 A 车，$\varphi_1 = 0.6$，$L_1 = 4$，$k_1 = 1$，对于 B 车，$\varphi_2 = 0.6$，$L_2 = 5$，$k_2 = 0.6$，$s_1 = 6$。

$$\begin{aligned} v_1 &= \sqrt{2g\varphi_1 L_1 k_1} \\ &= \sqrt{2 \times 9.8 \times 0.6 \times 4.0 \times 1.0} \\ &\approx 6.86 (\mathrm{m/s})(24.7 \mathrm{\ km/h}) \end{aligned}$$

$$v_2 = \sqrt{2g\varphi_2 L_2 k_2}$$
$$= \sqrt{2 \times 9.8 \times 0.6 \times 5.0 \times 0.6}$$
$$\approx 5.94 (\text{m/s})(21.4 \text{ km/h})$$

(2) 根据式(4-34)计算两车有效碰撞速度,其中,$x_1 = 0.3$,$x_2 = 0.4$。

$$v_{e1} = 105.3 x_1 = 105.3 \times 0.3 \approx 31.6 (\text{km/h})(8.8 \text{ m/s})$$
$$v_{e2} = 105.3 x_2 = 105.3 \times 0.4 \approx 42.1 (\text{km/h})(11.7 \text{ m/s})$$

(3) 根据图4-15的第三步,建立由式(4-24)与(4-31)组成的方程组并求解:

$$v_{e1} = \frac{m_2}{m_1 + m_2}(v_{10} - v_{20})$$
$$m_1 v_{10} + m_2 v_{20} = m_1 v_1 + m_2 v_2$$

代入数据:

$$31.6 = \frac{1\,200}{1\,800 + 1\,200}(v_{10} - v_{20})$$
$$1\,800 v_{10} + 1\,200 v_{20} = 1\,800 \times 24.7 + 1\,200 \times 21.4$$

求得

$$v_{10} \approx 55 (\text{km/h}), \quad v_{20} \approx -24 (\text{km/h})$$

负号表示B车速度与A车方向相反。

(4) 按照步骤(3),根据B车的有效速度以及动量平衡进行求解,即

$$v_{e2} = \frac{m_1}{m_1 + m_2}(v_{10} - v_{20})$$
$$m_1 v_{10} + m_2 v_{20} = m_1 v_1 + m_2 v_2$$

代入数据:

$$42.1 = \frac{1\,800}{1\,800 + 1\,200}(v_{10} - v_{20})$$
$$1\,800 v_{10} + 1\,200 v_{20} = 1\,800 \times 24.7 + 1\,200 \times 21.4$$

求得

$$v_{10} \approx 51.5 (\text{km/h})$$
$$v_{20} \approx -18.7 (\text{km/h})$$

(5) A车的碰撞速度为(取平均值)$v_{10} = (51.5 + 55)/2 \approx 53.3 (\text{km/h})$,由A车的制动印痕长度和碰撞速度,以及制动协调时间$t = 0.2$ s,根据式(4-28)求得A车行驶速度为

$$v_A = \frac{1}{2} g\varphi_1 t + \sqrt{2\varphi_1 g s_1 + v_{10}^2}$$
$$= \frac{1}{2} \times 9.8 \times 0.6 \times 0.2 + \sqrt{2 \times 0.6 \times 9.8 \times 6 + (53.3/3.6)^2}$$
$$\approx 17.6 (\text{m/s})(63.4 \text{ km/h})$$

而限速为 70 km/h,因此没有超速行驶。

该例题给出了两车的变形,故可通过两次联立方程组求解两组数值,可以确定车速的一个范围,也可以求取平均速度,注意车速的变化范围不能过大,一般在 3～5 km/h 内。在实际事故分析与鉴定中,通常勘测比较容易测量的车辆的变形,一般不需要进行两次求解。对于变形量较大或者较小的车辆的变形,变形测量误差相对更大,且往往超出了式(4-34)的适用范围。因为变形过大,特别是撞击变形达到 A 柱位置时,车辆的变形特性与车辆前部发动机罩的变形特性有明显差异;变形过小时,往往是由碰撞对象的不对等性导致的,如轿车碰撞大挂车,此时大挂车的变形一般很小,不仅测量难度大,而且变形特性基本不符合式(4-34)的实验结果。

本例中,还通过制动协调时间估计了行驶车速。在实践中,协调时间较短,这段时间内的速度变化较小,往往忽略制动协调时间。在本例中,可以用制动速度(约为 61.3 km/h)近似作为行驶车速。

例题 2

20××年××月××日 19 时,A 车(轿车)由东向西行驶至××镇×××村路段时,适遇 B 车由西向东行驶至此,A 车前部与 B 车前部接触碰撞,碰撞后 A 车头西尾东停止在事故现场的最终位置,B 车头西尾东翻倒在事故现场的最终位置,如图 4-20 所示。

图 4-20 交通事故现场实况

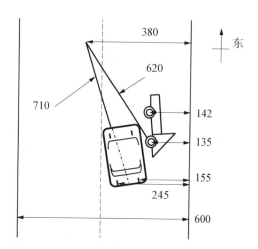

图 4-21 交通事故现场示意图(单位:cm)

分析:根据现场勘查及车辆检验得到,A 车前部与 B 车前部接触碰撞,属于正面碰撞。碰撞后 A 车在制动状态下减速行驶,减速行驶距离 $s_1 = 7.1$ m,但滑移痕迹不连续,可视为非全轮制动情况,B 车滑动距离 $s_2 = 6.2$ m,A 车前部变形 35 cm,A 车整备质量加驾乘人员重量约 $m_1 = 1249$ kg,B 车整备质量加驾驶员重量约 $m_2 = 470$ kg。分析认为,A 车与 B 车接触碰撞相互作用后一起沿着 A 车行驶方向共同运动,在最终停车位置前分开。事故现场示意如图 4-21 所示。

根据以上分析,可忽略共同运动过程中两车的相互作用,利用功能原理求解碰撞后的共同速度,同时考虑两车滑移做功前的车速相等,即

$$v_1=\sqrt{2g\varphi_1 ks_1}$$

$$v_2=\sqrt{2g\varphi_2 ks_2}$$

$$v_1=v_2$$

根据勘测所获取的已知数据,并结合沥青路面情况及附着系数调整 k 的取值范围,同时考虑上述约束条件,综合以上因素,确定 A 车路面附着系数取 0.65,路面附着系数修正系数取 0.7,B 车滑动摩擦系数取 0.52。

计算过程如下:

首先,根据能量守恒可以求解两车碰撞后的速度,即

$$\begin{aligned}v_1&=\sqrt{2g\varphi_1 L_1 k}\\&=\sqrt{2\times 9.8\times 0.6\times 7.1\times 0.65}\\&\approx 8(\text{m/s})\\&=28.8(\text{km/h})\end{aligned}$$

$$\begin{aligned}v_2&=\sqrt{2g\varphi_2 L_2 k}\\&=\sqrt{2\times 9.8\times 0.52\times 6.2\times 1}\\&\approx 7.95(\text{m/s})\\&\approx 28.6(\text{km/h})\end{aligned}$$

根据两车做功计算共同速度:

$$\frac{1}{2}(m_1+m_2)v_c^2=\frac{1}{2}m_1 v_1^2+\frac{1}{2}m_2 v_2^2$$

$$\begin{aligned}v_c&=\sqrt{\frac{m_1 v_1^2+m_2 v_2^2}{m_1+m_2}}\\&=\sqrt{\frac{1\,249\times 28.8^2+470\times 28.6^2}{1\,249+470}}\\&\approx 28.8(\text{km/h})\end{aligned}$$

共同速度也可以通过前面估计的两车车速计算平均值作为近似值。然后利用 A 车的变形计算有效碰撞速度,即

$$v_{e1}=105.3x=105.3\times 0.15\approx 15.8(\text{km/h})$$

A 车的碰撞前速度为

$$v_{10}=v_{e1}+v_c=15.79+28.8\approx 44.6(\text{km/h})$$

根据动量守恒,可求解 B 车的碰撞速度:

$$\begin{aligned}v_{20}&=\frac{m_1 v_{10}-(m_1+m_2)v_c}{m_2}\\&=\frac{1\,249\times 44.6-1\,719\times 28.8}{470}\\&\approx 13(\text{km/h})\end{aligned}$$

该案例由于缺乏碰撞前的制动痕迹等勘查数据,因此无法用例1的方法推算行驶车速。

例题3

20××年××月××日晚上,驾驶员××在醉酒情况下驾驶小型轿车(简称A车)沿××国道由北向南行驶,因越过道路中心双黄线驶入左侧车道逆行,与由南向北行驶的一辆货车(简称B车)发生碰撞,造成交通事故。

事故发生时天气晴朗。该道路为沥青铺装,路面平直,中央无物理隔离,道路中心画有双黄实线,道路南北走向,视线良好,机动车道每条宽度为3.75 m,标志、标线清楚。根据事故现场勘查及现场图(如图4-22所示)可知,B车在现场留下比较明显的制动拖印 $L_2 = 20$ m,路面留下A车挫划印记长 $L_1 = 16.4$ m。轿车右前部被压在大货车左前部之下。

车辆检验发现,A车损坏部位主要在右前部,B车损坏部位主要在前部偏左部位,结合现场两车停止时的方位和接触状态,据此判断碰撞接触部位是A车前部和B车前部,基本属于正面碰撞形态。经测量,A车前保险杠的最大凹陷深度约为110 cm。B车总质量约为55.8 t,A车质量为1 325 kg。A车和B车的制动器正常。求碰撞前A,B两车的速度。

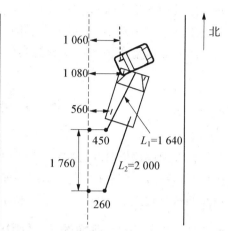

图4-22 交通事故现场示意图(单位:cm)

分析:这是一起较为典型的正面碰撞交通事故。由于B车质量将近A车质量的45倍,因此从有效碰撞速度与质量比关系来看,A车的有效碰撞速度较大,这些因素直接导致A车的伤害程度惨烈。基于两者质量相差较大,可以近似认为在A车和B车碰撞瞬间,B车的运动状态不因碰撞而改变。在分析两车碰撞前的速度时可以不用动量守恒定律,直接从制动痕迹以及塑性变形深度来计算速度。轿车A被压在大货车B的下面,且路面有A车的挫划痕迹,可以判断碰撞后两车一起滑移运动,距离为 $L_1 = 16.4$ m。

根据事故已知条件和现场图,B车质量远大于A车,故此例不适合用动量守恒原理分析。可以忽略A车对B车的阻挡,直接根据制动距离计算行驶速度。现场留下了B车20 m长的拖印,可以计算出B车碰撞前的行驶速度:

$$v_B = 3.6 \times \sqrt{2g\varphi L_2 k} = 3.6 \times \sqrt{2 \times 9.8 \times 0.6 \times 20 \times 1} \approx 55.2 (\text{km/h})$$

根据A车挫划印记,可以求出碰撞后A车的速度(也就是两车的共同速度):

$$v_c = \sqrt{2g\varphi L_1 k} = 3.6 \times \sqrt{2 \times 9.8 \times 0.6 \times 16.4 \times 1} \approx 50 (\text{km/h})$$

A车的最大凹陷深度为1.1 m,根据经验公式(4-34),可求得A车的有效碰撞速度:

$$v_{eA} = 105.3x = 105.3 \times 1.1 \approx 115.8 (\text{km/h})$$

根据碰撞前速度、有效碰撞速度及共同速度之间的关系,可知A车碰撞前的速度为

$$v_A = v_c - v_{eA} = 50 - 115.8 \approx -66 (\text{km/h})$$

这里的负号表示行驶方向与 B 车的方向相反。在实际鉴定中,可以直接按照绝对值进行计算,即

$$v_A = v_e - v_c = 115.8 - 50 \approx 66 (\text{km/h})$$

由于两车质量相差极大,因此在分析车辆碰撞前的速度时没有运用动量守恒定律。当两车质量相差不大时,是否采用该方法需要视具体情况具体分析,一般需要用到动量守恒定律去求解。在本例中,应用了变形经验公式,但是要注意,经验公式是基于实验数据得来的,而较高有效碰撞车速的实验数据是较少的。

§4.3 汽车追尾碰撞事故分析方法

汽车追尾碰撞事故,是指汽车碰撞同一车道正前方同向行驶车辆的现象。大部分追尾碰撞可近似看成一维碰撞,汽车追尾碰撞事故是汽车与汽车碰撞事故中发生频率较高的事故,占汽车与汽车碰撞事故的 30% 左右,特别是城市道路的信号灯路口及高速公路上较为常见。

4.3.1 发生追尾碰撞的主要原因

一、跟车距离过近

《中华人民共和国道路交通安全法》第四十三条规定:"同车道行驶的机动车,后车应当与前车保持足以采取紧急制动措施的安全距离。"

安全距离,是指前车突然停车而后车随之制动,能保证不碰撞的跟随车辆前后之间必要的距离。前后两车在行驶时,若后车跟车距离小于安全距离,则极易引发追尾交通事故。

二、驾驶员注意力不集中

后方汽车与前方汽车的间距较短,前方汽车因某些原因减速或停车时,后方驾驶人精力不集中,例如打电话、发短信、抽烟或酒后驾驶、疲劳驾驶等,因此未及时采取减速或换道措施而造成追尾碰撞交通事故。这种类型追尾现象往往发生在车队行驶行进中、前车遇红灯停车、前方道路出现修路或其他异常状况、前车停车上下客等过程中。

三、车速过快

在高速公路上,若行车速度过快,会导致驾驶员在遇到紧急情况时,来不及做出快速及时的反应,容易造成追尾事故。在开放公路和城市道路上,由于车速过快,当前方车辆遇到行人或车辆横穿时,紧急制动会造成后车追尾。

四、停车不当

在快速路特别是高速公路上,车辆违法停车或临时性停车容易造成后车产生判断错误,从而造成躲避不当,形成近似追尾的碰撞。在夜间行车时,路上停车尤其危险。

4.3.2 汽车尾撞的特点

追尾碰撞又称尾撞。它同正面碰撞一样,也是一维碰撞。前面对于正面碰撞事故的动量守恒原理、恢复系数、有效碰撞速度、共同速度等概念和原理,同样适用于追尾碰撞事故的分析。

相对于正面碰撞事故,尾撞有如下特点:

(1) 被碰撞车认知的时间一般很晚,对于部分驾驶技术不熟练的驾驶员来说,很多时候还没意识到被撞时,碰撞已经发生了,所以经常是未采取回避的措施,不像正面碰撞那样,大部分情形都是在碰撞发生前发现了危险而采取了一定躲避措施。因此,追尾碰撞中斜碰撞少,碰撞现象与正面碰撞相比更接近一维碰撞事故。

(2) 因为驾驶员一般未意识到危险,所以通常没有采取制动措施,故在分析追尾碰撞事故时,如果不是在路面留下明显的制动痕迹或证据,一般按照滚动运动处理。当然有两种情形必须注意:一是追尾后两车一起运动,后车压住了前车,后车有制动,此时一般认为两车一起做滑移运动;二是被追尾车被撞坏了后轮,后轮无法滚动,此时可把前车看成不完全滑移状态。

(3) 恢复系数比正面碰撞少得多。追尾碰撞时两车变形也十分明显。对于一般轿车来说,车辆前部装有发动机等硬件设备,其刚性比较大,而车辆后部为空壳后备厢,相比之下刚性比较小,又缺少弹性材料,其回弹系数比正面碰撞时小得多,所以,追尾车辆前部的塑性变形量一般小于被追尾车辆后备箱的塑性变形量(如图4-23所示)。通过比较图中两车的变形,可以明显发现被追尾的小轿车的变形量更大。

(a) 追尾车(后车)　　　　　　　　(b) 被追尾车(前车)

图4-23　汽车追尾碰撞前后车损坏比较

图4-24是正面碰撞与追尾碰撞恢复系数的对比。根据正面碰撞的理论知识,有效碰

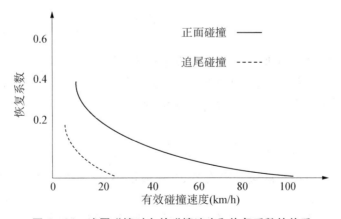

图4-24　追尾碰撞时有效碰撞速度和恢复系数的关系

撞速度越大，碰撞越激烈，恢复系数越小。图 4-24 中当追尾碰撞的有效碰撞速度在 20 km/h 以上时，恢复系数几乎为零。所以，很多时候追尾碰撞被认为是一种塑性碰撞——特别是当碰撞车速较大或车辆变形量较严重，或者有人员伤亡的事故发生时。

4.3.3 追尾碰撞车辆速度

追尾碰撞的力学关系，除两碰撞车的速度方向相同外，其他的和正面碰撞相同。由图 4-24 可知，当追尾事故有效碰撞速度超过 20 km/h 时，恢复系数接近于零，故碰撞是相当激烈的，特别是有乘员伤亡的事故，一般都作为塑性碰撞处理。在这种情况下，碰撞后两车成一体运动，具有一个共同的速度，属于黏着碰撞，在达到共同速度时相互作用消失（这里是指忽略在一起运动过程中由于路面影响或者其他物体作用导致的二次碰撞）。此时两车可以看成一个整体，共同速度下的动能将由两车的后续滑动或滚动做功消耗掉。因此可以通过能量守恒或功能原理分析和求解共同速度，并建立共同速度与碰撞前车速之间的动量平衡方程。

如前所述，一般假设追尾碰撞的恢复系数近似为 0，所以碰撞过程结束时两车具有共同的速度。另外，碰撞车驾驶员在发现有追尾碰撞发生的可能时一般都会采取紧急制动措施，可通过路面上留下的制动印迹或其他证据推断。而被追尾车因为一般未采取制动，所以只有滚动做功。碰撞后两车的运动能量，由碰撞车的轮胎和地面的滑动摩擦做功及前车滚阻做功来消耗。这里分几种情况讨论。

一、两车碰撞达到共同速度后分开，忽略滚动阻力做功

此时，根据功能原理，被追尾车滚动做功被忽略（尤其当被追尾车质量较小时），有

$$\frac{1}{2}(m_1+m_2)v_c^2 = m_1 g \varphi_1 k_1 L_1 \tag{4-60}$$

式中：m_1，m_2——碰撞车和被追尾车质量，单位为 kg；
φ_1——碰撞车的轮胎与路面的纵滑附着系数；
L_1——碰撞车碰撞后的滑移距离，单位为 m；
k_1——碰撞车附着系数的修正值（附着系数修正系数）；
v_c——碰撞后两车的共同速度，单位为 m/s。

由式（4-60）得

$$v_c = \sqrt{\frac{2m_1 g \varphi_1 k_1 L_1}{m_1+m_2}} \tag{4-61}$$

二、两车碰撞达到共同速度后分开，考虑前车滚动做功

此时，根据功能原理，共同速度时的总动能被碰撞车的滑动做功和被追尾车的滚动做功消耗掉。当前车质量较大时，应该考虑前车滚动做功的影响，故

$$\frac{1}{2}(m_1+m_2)v_c^2 = m_1 g \varphi_1 k_1 L_1 + m_2 f_2 g L_2 \tag{4-62}$$

式中：f_2——被碰撞车的滚动阻力系数，一般很小，可根据路面、车辆查阅鉴定标准中的附表；
L_2——与碰撞车分开后，被碰撞车的滚动行驶距离，单位为 m。

由式(4-62),得

$$v_c = \sqrt{\frac{2m_1 g\varphi_1 k_1 L_1 + 2m_2 f_2 g L_2}{m_1 + m_2}} \qquad (4-63)$$

三、两车碰撞后,不分开一起运动到停车

这种类型比较复杂,分多种情况,需要根据具体问题具体分析。

第一种情况是两车瞬间完成相互碰撞作用达到共同速度后,虽然是一起运动,但是在运动过程中没有明显的相互作用,也就是伴随式运动。一般在路面平坦、无其他车辆或障碍物阻挡,并且车辆无旋转运动、按照原来的行驶方向前进的情况下,可以按照这种情形处理。要仔细勘查,排除路面是否有明显的挫痕和旋转痕迹以及车辆是否有多处不规则损伤(判断车辆是否在运动过程中有二次碰撞)。对于这种情况,可根据实际情况考虑是否忽略滚动做功,选用式(4-61)和(4-63)之一进行共同速度推算。

第二种情况是碾压式共同运动,一般发生在大车追尾碰撞小车的事故中,通常碾压碰撞相互作用时间较长,不能按照伴随运动处理。此时可以把两车看成一个整体,即看成一个质量为 $m_1 + m_2$ 的车辆滑移运动做功,但是由于大车卡着小车,会增加滑动摩擦,小车被大车碾压也会增加运动阻力,因此在确定滑动摩擦系数或者附着系数修正值时应比正常取值高,即采用下式建立功能平衡方程:

$$\frac{1}{2}(m_1 + m_2)v_c^2 = (m_1 + m_2)g\varphi' k' L \qquad (4-64)$$

此时 $L = L_1 = L_2$。要注意 $\varphi' k'$ 的取值,如果后车是完全制动状态,则通过取高于 φ_1 的 φ' 值来增加碾压导致的滑动做功;如果后车是非全轮制动状态,则通过调高 k' 值来达到目的。

必须注意另一种情形,即被碾压的小汽车损毁程度较小,未见有小汽车的车体部件因弯折变形等接触刮擦路面,路面没有明显的被追尾车形成的擦痕、挫痕或划痕,前车也没有轮胎损坏状况,这时,就不能按照式(4-64)进行计算。这种情况可以忽略共同运动过程中的相互作用,按照伴随运动处理,但不能选择式(4-61),这是因为受到碾压的小汽车的滚动做功大大增加,故需利用式(4-63)推算共同速度,并且要增加滚动阻力系数,或者通过分析后车质量在前车上的载荷分配来增加做功的重力成分。

第三种情况是前车被后车抬起,一起运动到停车。这种情况可以看成两车一起滑移运动,也就是根据式(4-64)推算共同速度,但是无须考虑调整 $\varphi' k'$ 的取值,用碰撞车的正常参数进行计算。

第四种情况是钻撞,一般发生在小汽车追尾大挂车的情形。这种情况一般由于大货车没有意识到有小汽车钻撞,或者意识得有一定延迟,因此被撞的大车可能正常行驶一段距离后制动,此时情况比较复杂,需要确定制动开始点,然后分阶段进行分析。在实际事故鉴定分析时,由于两车质量相差较大,因此完全可以忽略后车的碰撞作用以及小车的做功,而根据大车的制动距离确定行驶车速,小车的碰撞车速可以根据车损变形数据用单车碰撞公式进行近似推算。由于此类事故较少,因此在此不再进一步讨论。

不仅钻撞事故可以忽略碰撞作用和做功,事实上,上述这几种情况的事故,只要两车的质量相差很大,就可以考虑忽略碰撞作用对大车的影响,先根据制动痕迹推算大车的车速,然后再利用有效碰撞速度的概念和特定的碰撞经验公式,结合小车的变形参数进行碰撞车

速的推算。

四、两车碰撞后分开运动,且前车后轮被撞坏

前车后轮被撞坏,意味着后轮无法滚动,但是由于前车没有制动,前轮仍处于滚动方式,因此此时的前车相当于只有后轮"制动"的状态。根据能量守恒原理,共同速度下的总动能被两车的滑移做功所消耗,所以有

$$\frac{1}{2}(m_1+m_2)v_c^2 = m_1 g\varphi_1 k_1 L_1 + m_2 g\varphi_2 k_2 L_2 \tag{4-65}$$

五、其他情况

其他情况包括:前车有制动;后车没有制动;两车碰撞后一起运动一段距离,然后分开继续运动,最后停车。这些情况的组合可形成不同的复杂情况。前车如果制动,那么前车的做功就必须用后车制动时同样的做功计算方法。后车没有制动、前车有制动的事故非常少见。如果两车都没有制动,则一般很难通过能量守恒原理来求解,只能寻找其他方法,例如视频鉴定的方法,这在后面第10章将会介绍。

求解共同速度的目的是为了计算和分析事故车辆的碰撞速度或行驶速度,因此必须建立共同速度与碰撞前速度的某种关系,才能使上述通过功能原理求解的共同速度得到利用。根据动量守恒定律,共同速度瞬间的总动量等于碰撞前两车动量之和,所以

$$(m_1+m_2)v_c = m_1 v_{10} + m_2 v_{20} \tag{4-66}$$

只有一个关于碰撞前速度的方程还无法求解两车的车速,根据正面碰撞事故的分析方法,可以通过追尾碰撞实验数据和事故数据建立车损变形与碰撞速度的关系,从而确立一个追尾碰撞事故的分析方法。

假设追尾碰撞事故的两车是同型车,由于碰撞作用力大小相同,因此碰撞车的减速度等于被碰撞车的加速度。根据牛顿定律,如果不是同型车,则加速度与质量成反比。碰撞车前部变形很小而被碰撞车后部有较大的变形,因此,可以认为追尾碰撞事故在碰撞瞬间过程的动能损失主要被前车的尾部变形吸收了,根据式(4-53)的碰撞前后动能变化和被追尾车的变形计算方法,可得

$$\frac{m_1 m_2}{2(m_1+m_2)}(1-e^2)(v_{10}-v_{20})^2 = m_2 a_2 x_2 \tag{4-67}$$

式中:a_2——被碰撞车的加速度,单位为 m/s²;

x_2——被碰撞车的车体最大变形量,单位为 m;

$m_2 a_2$——塑性变形时的反作用力,其值取决于有效碰撞速度。

需要说明的是,式(4-67)的右端计算变形功利用的是力和位移(变形),但采用的是非积分形式,这里假定碰撞过程中有一个平均的碰撞力和加速度,主要是为了后面推理公式的方便。实际上,在计算变形功或变形能时,需要考虑碰撞力的变化,也就是需要采用积分进行计算。

在塑性碰撞中恢复系数 $e=0$,则由式(4-67)得

$$\frac{m_1 m_2}{2(m_1+m_2)}(v_{10}-v_{20})^2 = m_2 a_2 x_2 \tag{4-68}$$

由式(4-32)，被碰撞车的有效碰撞速度为

$$v_{e2} = \frac{m_1}{m_1 + m_2}(v_{10} - v_{20}) \tag{4-69}$$

根据式(4-68)，(4-69)可得

$$v_{e2}^2 = \frac{2m_1}{m_1 + m_2} a_2 x_2 \tag{4-70}$$

当碰撞的两车车型相同或质量相等时，有

$$v_{e2}^2 = a_2 x_2 \tag{4-71}$$

根据牛顿定律与胡克定律，加速度 a_2 与碰撞力成正比，碰撞力与变形成正比，因此加速度与变形存在线性关系，即

$$v_{e2}^2 = a_2 x_2 = \frac{F}{m_2} x_2 = \frac{k}{m} x_2^2 \tag{4-72}$$

所以，被追尾车的有效碰撞速度 v_{e2} 与其变形量 x_2 在理论上存在一定的线性关系。人们对汽车追尾碰撞实验和追尾事故的数据的研究证明了这种近似线性关系。v_{e2} 与 x_2 的关系如图 4-25 所示。

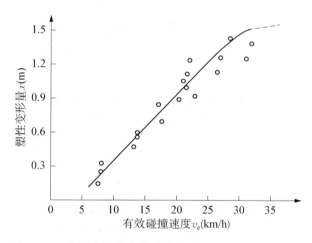

图 4-25 追尾事故的有效碰撞速度和塑性变形量的关系

有关研究表明，当有效碰撞速度 $v_{e2} < 32 \text{ km/h}$ 时，表达式为

$$v_{e2} = 17.9 x_2 + 4.6 \tag{4-73}$$

当速度较高时，因车尾后部空腔已被压扁，变形触及刚性很强的后轴或 C 柱部分，故有效碰撞速度即使增加，变形也不再明显增加，如图 4-25 中的虚线段所示，此时式(4-73)失效。

若两车的质量不同，则根据式(4-70)，采用等价变形量 $x_2' = \frac{2m_1}{m_1 + m_2} x_2$ 代替式(4-73)中的 x_2 即可。图 4-26 是汽车追尾事故碰撞速度推算的流程图。

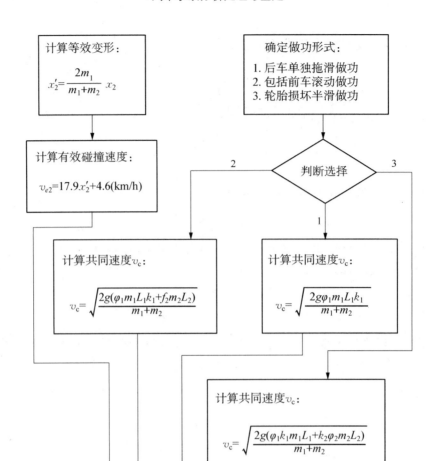

图 4-26 尾撞碰撞速度推算的流程图

流程图里只考虑了前述 5 种情形的"一""二""四",未考虑"三""五"两种较为复杂的情形。GB/T 33195—2016《道路交通事故车辆速度鉴定》技术标准里只给出了前两种情形的计算方法。

4.3.4 例题

例题 1

质量为 2 000 kg 的轿车 1,追尾撞上了质量为 1 500 kg 的轿车 2。车 1 的驾驶员紧急制动,全轮制动。根据勘查,车 1 在碰撞点前的制动印痕长为 10 m,在碰撞点后的滑移距离为 8 m;车 2 没有制动,但碰撞时后轮损坏不能滚动,碰撞后与车 1 瞬间分开后滑移 14 m 停车,车 2 尾部全宽变形,左右两侧变形深度分别为 0.6 m 和 0.4 m。道路平坦,干燥沥青路面,天气良好,道路限速 70 km/h。道路附着系数取 0.6,后轮拖滑时附着系数修正系数 k 取 0.5。问:

(1) 车 2 的实际变形量和等价变形量分别是多少?
(2) 车 2 的有效碰撞速度是多少?
(3) 两车的共同速度是多少?
(4) 两车的碰撞速度分别是多少?
(5) 车 1 的行驶速度是多少? 是否超速行驶?

根据图 4-26,事故类型属于第 3 种情况,即轮胎损坏,前车半滑状态。根据推算流程,解答如下:

已知

$m_1 = 2000$, $L_1 = 8$, $k_1 = 1$, $\varphi_1 = 0.6$, $m_2 = 1500$, $L_2 = 14$, $k_2 = 0.5$, $\varphi_2 = 0.6$

(1) 车 2 的实际变形量和等价变形量:

车 2 的实际变形量为

$$x_2 = \frac{0.6 + 0.4}{2} = 0.5 \text{(m)}$$

等价变形量为

$$x'_2 = \frac{2m_1}{m_1 + m_2} x_2 = \frac{2 \times 2000}{2000 + 1500} \times 0.5 \approx 0.571 \text{(m)}$$

(2) 车 2 的有效碰撞速度为

$$v_{e2} = 17.9 x'_2 + 4.6 = 17.9 \times 0.571 + 4.6 \approx 14.8 \text{(km/h)}$$

(3) 两车的共同速度为

$$v_c = \sqrt{\frac{2g(m_1 \varphi_1 L_1 k_1 + m_2 \varphi_2 L_2 k_2)}{m_1 + m_2}}$$

$$= \sqrt{\frac{2 \times 9.8 \times (2000 \times 0.6 \times 8.0 \times 1.0 + 1500 \times 0.6 \times 14 \times 0.5)}{2000 + 1500}}$$

$$\approx 9.4 \text{(m/s)} (33.9 \text{ km/h})$$

(4) 两车的碰撞速度为

$$\frac{m_1}{m_1 + m_2}(v_{10} - v_{20}) = v_{e2}$$

$$m_1 v_{10} + m_2 v_{20} = (m_1 + m_2) v_c$$

代入数据:

$$14.8 = \frac{2000}{2000 + 1500}(v_{10} - v_{20})$$

$$2000 v_{10} + 1500 v_{20} = 3500 \times 33.9$$

解得

$$v_{10} = 45.0 \text{(km/h)}$$
$$v_{20} = 19.1 \text{(km/h)}$$

(5) 根据车 1 的制动印痕长 10 m 和碰撞速度，知车 1 的行驶速度为

$$v_1 = \sqrt{2\varphi_1 g s_1 + v_{10}^2} = \sqrt{2 \times 0.6 \times 9.8 \times 10 + (45/3.6)^2}$$
$$\approx 16.5 \text{(m/s)}(59.4 \text{ km/h})$$

而限速为 70 km/h，因此没有超速行驶。

例题 2

20××年××月××日××时××分许，在××路与××街交叉路口，××××××号大货车(简称 A 车)与××××××号轿车(简称 B 车)相撞，发生道路交通事故。B 车由北向南行驶至交叉口停止在路口时，适逢 A 车由北向南行驶至此，A 车前部偏左侧与 B 车后部相撞。碰撞后 A 车头南尾北停止在事故现场，B 车停止在左前方。

分析：根据现场勘查，在停车线附近有明显的挫痕，可判断为碰撞点，在 A 车驶来的道路上有明显的制动痕迹，可判断 A 车在事故前完全制动减速行驶，距离碰撞点 $s_1 = 16.5$ m，碰撞点距离 A 车停车位置约 $L_1 = 6$ m；B 车碰撞后减速行驶距离 $L_2 = 35.4$ m，未见明显轮胎痕迹，也未见轮胎损坏，分析认为 B 车没有制动。B 车后部车损约 $x_2 = 0.68$ m。A 车沥青路面纵滑附着系数取 $\varphi_1 = 0.55$，修正系数 $k_1 = 1$。B 车沥青路面滚动阻力系数取 $f_2 = 0.02$。A 车整备质量加驾驶员重量约 13 270 kg，B 车整备质量加驾驶员重量约 1 340 kg。求两车车速。

该事故为 A 车前部(偏左)碰撞 B 车后部，可近似以追尾碰撞事故处理。碰撞发生时，B 车可能处于停车状态，碰撞后滚动做功。A 车碰撞前有制动，碰撞点后的运动以拖滑运动处理。根据图 4-26 的流程，属于第 2 种情形。建立方程组如下：

$$\frac{m_1}{m_1 + m_2}(v_{10} - v_{20}) = v_{e2}$$
$$m_1 v_{10} + m_2 v_{20} = (m_1 + m_2) v_c$$

其中：

$$v_c = \sqrt{\frac{2g(m_1 \varphi_1 L_1 k_1 + f_2 m_2 L_2)}{m_1 + m_2}}$$
$$= \sqrt{\frac{2 \times 9.8 \times (13\,270 \times 0.55 \times 6 + 0.02 \times 1\,340 \times 35.4)}{13\,270 + 1\,340}}$$
$$\approx 7.75 \text{(m/s)}(27.9 \text{ km/h})$$

$$v_{e2} = 17.9 \times \frac{2m_1 x}{m_1 + m_2} + 4.6$$
$$= 17.9 \times \frac{2 \times 13\,270 \times 0.68}{14\,610} + 4.6$$
$$\approx 26.7 \text{(km/h)}$$

解方程组，或者根据 B 车的有效碰撞速度和共同速度推算 B 车的碰撞前速度，即

$$v_{20} = v_c - v_{e2} = 27.9 - 26.7 = 1.2 (\text{km/h})$$

$$v_{10} = \frac{(m_1 + m_2)v_{e2}}{m_1} + v_{20}$$

$$= \frac{14\,610}{13\,270} \times 26.7 + 1.2$$

$$\approx 30.6 (\text{km/h})$$

本例中，B车的碰撞速度很小。实际上，碰撞发生在交叉路口停车线处，事故发生时信号灯为红灯，监控视频也显示B车是停车等候状态。因此，B车的碰撞速度可以认为是0，求解A车的碰撞速度可以在假定B车碰撞时是静止状态的前提下进行分析。此时，利用方程组的两个方程均可以求解出A车的碰撞速度，也就是分别利用有效碰撞速度和共同速度求解，即

$$v_{10} = \frac{(m_1 + m_2)v_{e2}}{m_1}$$

$$= \frac{14\,610}{13\,270} \times 26.7$$

$$\approx 29.4 (\text{km/h})$$

或

$$v_{10} = \frac{(m_1 + m_2)v_c}{m_1}$$

$$= \frac{14\,610}{13\,270} \times 27.9$$

$$\approx 30.7 (\text{km/h})$$

本例中，几种方法计算的A车的碰撞速度也比较接近。

另外，由于有证据证明被追尾车碰撞前是静止状态，本例中的车速推算实际上只是针对A车的车速，同时A车的质量远远大于B车的质量，因此A车的车速可以利用制动印记直接推算，即假设B车对A车的减速没有作用，那么有

$$v'_{10} = \sqrt{2g\varphi_1 k_1 L_1} = \sqrt{2 \times 9.8 \times 0.55 \times 6 \times 1} \approx 29 (\text{km/h})$$

以上几种处理是针对几种假设条件下的讨论，在实际进行事故分析时要根据具体情况具体分析，灵活运用。在推算出A车的碰撞速度后，根据碰撞前的制动距离，计算A车的行驶速度为

$$v_A = \sqrt{v_{10}^2 + 2g\varphi_1 k_1 s_1 \times 3.6^2} = \sqrt{30.6^2 + 2 \times 9.8 \times 0.55 \times 1 \times 16.5 \times 3.6^2} \approx 57 (\text{km/h})$$

§4.4　二轮车事故分析方法

二轮车也称两轮车，包括摩托车、电动自行车和普通自行车。目前道路上行驶的二轮车

中电动自行车占了很大一部分,并且电动自行车的保有量有逐年上升的趋势。随着电动自行车的大量使用,涉及电动自行车的交通事故比例逐年上升,骑车人及二轮车乘员因交通事故伤亡人数也逐年增加。二轮车交通事故方式有二轮车单方交通事故、二轮车之间相互碰撞事故、汽车与二轮车之间的碰撞事故、二轮车与行人碰撞事故;根据二轮车的3种形式,又可以进一步细分为摩托车事故、自行车事故、电动自行车事故。本节只讨论汽车与二轮车的事故。

4.4.1 汽车-二轮车碰撞交通事故的特征

由于汽车与二轮车属于不同路权的使用者,并且在实际交通运行中,存在各种不同的运动方式,因此汽车与二轮车的碰撞形态也存在不同形式。根据汽车与二轮车碰撞瞬间的接触部位不同和方向不同,碰撞形态可以分为4种情形,每种情形中二轮车及其驾驶人碰撞后运动姿态都有一定规律。

一、二轮车碰撞汽车侧面

此类事故一般发生在交叉路口,其中一方违反交通信号或让行规则,二轮车迎头碰撞前方行驶的汽车侧面;或者发生在路段上二轮车横穿的时候,如图4-27所示。

汽车侧面在受到二轮车撞击时,侧门等部位明显变形凹陷,二轮车的前后轮轴距减小。碰撞后汽车和二轮车的运动形态主要取决于双方的初速度和质量。当二轮车速度比较小时,二轮车和驾驶人在汽车被撞击侧面附近倒地;当二轮车速度较大时,二轮车驾驶员由于惯性作用,有可能从汽车车顶翻到另一侧,二轮车跌落的位置距离汽车也会更远。因为二轮车质量和速度一般较小,所以碰撞一般不会导致汽车在行进方向上发生侧向偏移,特别是当二轮车碰撞质量较大的大客车或者货车时。当二轮车质量和速度都很大,而汽车质量又较小时,汽车就会发生侧向滑移。这种二轮车事故,多数是二轮车不注意观望,急于横穿或者提前通过交叉口造成的。

图4-27 二轮车碰撞汽车侧面

图4-28 汽车与二轮车质心侧面碰撞

二、汽车与二轮车侧面碰撞

此类形态交通事故常见于两种情形:一是发生在交叉路口,其中一方违反交通信号或让行规则,汽车迎头碰撞前方的二轮车;二是在路段上,汽车与二轮车在同向行驶过程中,二轮车突然转弯或掉头,汽车避让不及,导致撞向二轮车的侧面,如图4-28所示。

与第一种情况不同的是，汽车碰撞二轮车的侧面事故，一般是由汽车抢行或者二轮车突然变向造成的。对于汽车碰撞二轮车侧面的交通事故，二轮车及驾驶人的运动形态以及事故现场状态，与汽车的碰撞速度、二轮车的速度、接触部位、二轮车质心位置、两车的高度以及采取的避险措施都有一定的关系。二轮车在汽车碰撞下还有可能发生翻车及旋转现象，因此此类形态碰撞事故较为复杂，一般需要进一步划分成不同的接触部位分别进行分析。

三、汽车侧面与二轮车的侧面碰撞

这类形态的交通事故虽然比较常见，但是一般危害不太大。此类形态交通事故一般是汽车与二轮车同向或逆向行驶，汽车换道、超车或者要靠路边停车时，与非机动车道上行驶的二轮车发生的事故，也可能是二轮车占用机动车道，或者是双方车辆为了躲避某种危险。有时候，机动车或者非机动车驾驶人路怒时开斗气车也会造成这种刮碰事故。图4-29所示为汽车与二轮车侧面发生刮擦的情形。

在汽车侧面与二轮车的侧面碰撞交通事故中，碰撞力一般较小，汽车侧面会留下刮擦痕迹，二轮车可能受到刮碰后倒地。有时候，车辆接触部位会留下对方车辆的车漆等物质。在二轮车刮碰后翻倒时，一般会伴随二轮车驾驶人或者乘员的倒地和受伤。

图4-29 汽车侧面与二轮车的侧面刮碰

图4-30 汽车与二轮车追尾碰撞

四、汽车与二轮车追尾碰撞

在这类形态的二轮车事故中，一般一方车辆有侵占路权的行为。原因主要有3种：一是因为前方二轮车突然制动，后方汽车跟车距离过近，来不及制动而发生追尾碰撞；二是后方汽车驾驶员注意力不集中，未发现前方有二轮车直接发生碰撞；三是二轮车突然变道或者车辆为了躲避造成事故。汽车与二轮车追尾碰撞事故如图4-30所示。

在汽车与二轮车的碰撞事故中，二轮车驾驶员由于缺少保护设备，因此在交通事故中容易受到伤害，严重时会造成脑颅出血及内脏器官损伤，甚至危及生命。二轮车事故的驾驶人和乘人属于交通弱者。由于二轮车在行驶时多表现为动作多变，因此机动车驾驶员在行车时要特别注意二轮车的出现和变化行为，尽可能减少这类事故或减小对二轮车的伤害。

4.4.2 汽车与二轮车碰撞车速计算

汽车与二轮车之间的碰撞或刮擦事故，比汽车与汽车之间的碰撞事故复杂得多。由于二轮车的车速和质量一般较小,因此在运用动量守恒定律时需要满足一定的条件,如汽车发生侧向滑移或者汽车的速度和质量不是很大等。当两车质量相差较大时,运用动量平衡原理求解的效果也不理想。当发生事故的二轮车是质量较大的摩托车或者汽车是质量较小的轿车时,运用动量平衡原理求解效果更好。二轮车事故在实际鉴定分析时,往往要综合利用汽车的制动痕迹、骑车人抛距、二轮车滑移距离和位置、汽车与二轮车的侧偏行驶方向、骑车人或乘人的散落物、汽车散落物以及汽车的塑性变形量等,来确定碰撞点、接触方位和计算车速大小。

下面分别介绍二轮车碰撞汽车侧面、汽车碰撞二轮车侧面、汽车追尾碰撞二轮车几种典型的二轮车事故类型。由于二轮车与汽车侧面刮碰事故大部分不会造成人员伤亡,一般只涉及轻伤和车损,这类事故的原因分析和责任认定处理相对简单,因此这里不讨论这类事故。

二轮车碰撞汽车侧面的事故类型,由于汽车和二轮车的质量和动量大小的不同,会出现汽车发生侧向偏移和不发生明显侧向偏移两种情况。当发生侧向偏移时,可以使用动量平衡的方法进行分析;而不发生偏移时,无法运用动量守恒定律。这里分别介绍这两种情况。

一、二轮车碰撞汽车侧面且汽车有侧向运动

运用动量守恒定律分析求解二轮车事故的前提是两车之间必须发生明显的动量交换。对于二轮车碰撞汽车侧面类型的事故,只有当汽车存在侧向位移时才可以运用该方法。当二轮车碰撞前动量较大,去碰撞质量相对较轻的小型或微型汽车时,汽车会发生明显的侧向滑移运动,并且假设汽车侧向滑移基本保持平动状态。此时,二轮车和骑车人的运动和位置一般有两种典型情况:

(1) 二轮车和骑车人跌落在汽车靠近二轮车的一侧,并且距离汽车以及相互之间的静止位置较近。如图4-31所示。这种情况一般二轮车的车速不太快。

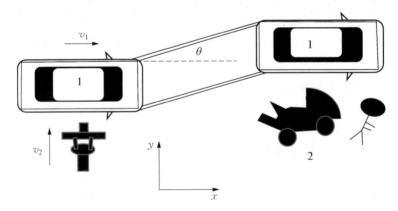

图4-31 二轮车碰撞汽车侧面情形之一(汽车有侧滑,二轮车和骑车人在一侧)

(2) 骑车人越过汽车,跌落在另一侧,即二轮车和骑车人分别位于汽车两侧。

首先介绍第一种情况。如图4-31建立 xOy 坐标系,设汽车为车1、二轮车为车2,汽车的质量为 m_1,二轮车的质量为 m_2,二轮车驾驶人的质量为 m_p,汽车碰撞后的滑移距离为 L_1,汽车与路面间附着系数为 φ_1,附着系数修正值为 k,汽车和二轮车碰撞瞬间速度分别

为 v_1 和 v_2，碰撞后分离瞬间速度分别为 v'_1 和 v'_2，汽车侧向偏移角为 θ。

(1) 根据汽车的滑移距离，可求出汽车分离瞬间速度：

$$v'_1 = \sqrt{2g\varphi_1 k L_1} \tag{4-74}$$

(2) 碰撞前后在 x 和 y 方向动量守恒，分别列出动量守恒方程：

$$m_1 v_1 = m_1 v'_{1x} = m_1 \sqrt{2g\varphi_1 k L_1}\cos\theta \tag{4-75}$$

$$(m_2 + m_p)v_2 = (m_1 + m_2 + m_p)v'_{1y} = (m_1 + m_2 + m_p)\sqrt{2g\varphi_1 k L_1}\sin\theta \tag{4-76}$$

上式中，v'_{1x} 和 v'_{1y} 分别表示汽车碰撞后速度 v'_1 的 x,y 分量。建立动量平衡时，假设了二轮车对汽车纵向行驶的动量和速度没有影响。根据式(4-75),(4-76)可分别计算汽车与二轮车碰撞前速度为

$$v_1 = \sqrt{2g\varphi_1 k L_1}\cos\theta \tag{4-77}$$

$$v_2 = \left(1 + \frac{m_1}{m_2 + m_p}\right)\sqrt{2g\varphi_1 k L_1}\sin\theta \tag{4-78}$$

上面的分析忽略了二轮车对汽车在 x 轴方向上的运动的影响。如果考虑 x 轴方向二轮车与汽车的动量交换，则可以建立如下平衡方程，为了便于和式(4-77)进行比较，设汽车的碰撞速为 v：

$$m_1 v = (m_1 + m_2 + m_p)v'_{1x} = (m_1 + m_2 + m_p)\sqrt{2g\varphi_1 k L_1}\cos\theta \tag{4-79}$$

根据上式，结合式(4-77)，有

$$v = \frac{m_1 + m_2 + m_p}{m_1}\sqrt{2g\varphi_1 k L_1}\cos\theta = \left(1 + \frac{m_2 + m_p}{m_1}\right)v_1 \tag{4-80}$$

由于二轮车和骑车人的质量比汽车质量小得多，一般摩托车加上骑车人的质量大约不到普通轿车质量的 1/10，相差一个数量级，电动自行车或者普通自行车的质量更小，因此由上式计算的 v 和由式(4-77)计算的 v_1 差别并不大。二轮车事故一般发生在城市道路和开放公路，汽车的车速一般不会超过 80 km/h。假设汽车碰撞前的速度是 50 km/h，则由两种方式计算的碰撞车速 v 和 v_1 相差不到 5 km/h。这还是在假设碰撞后二轮车及骑车人的横向漂移(x 轴方向)速度与汽车相同的情形下进行的。考虑到汽车质量可能远远大于二轮车质量，同时，碰撞后二轮车与骑车人的横向漂移速度也会小于汽车速度，交换的动量会很小，所以式(4-77)忽略纵向的动量交换在实践上是合理的。

对于二轮车碰撞汽车侧面类型的事故，第二种情况是骑车人飞跃汽车跌落在另一侧，如图 4-32 所示。

对于图 4-32 的情形，一般是由二轮车车速较快、汽车车身不高、二轮车骑车人重心较高等原因导致，并且骑车人没有受到车把等其他物体的较多束缚。此时，可以假设骑车人的运动是单独的，也就是只考虑二轮车和汽车之间的相互作用，忽略骑车人对于汽车和二轮车动量变化的影响。所以，对于第二种情形，不考虑骑车人的因素，在式(4-76)和(4-78)中去掉骑车人的质量，得到二轮车的速度为

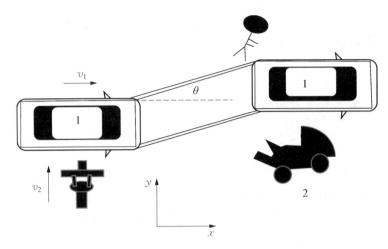

图 4-32 二轮车碰撞汽车侧面情形之二（骑车人落到另一侧）

$$v_2 = \left(1 + \frac{m_1}{m_2}\right)\sqrt{2g\varphi_1 k L_1} \sin\theta \qquad (4-81)$$

需要强调的是，运用式(4-77)，(4-78)和(4-81)时还要注意：

(1) 在碰撞过程中汽车的侧滑是由二轮车碰撞引起的，地面上的车轮有明显转折现象，侧滑不是由汽车驾驶员采取主动转向引起的，要对路面痕迹加以勘查和判断。

(2) 式(4-77)，(4-78)适用的情况是二轮车及骑车人都在汽车一侧，没有骑车人飞跃汽车现象，且停留位置比较近。式(4-81)适用的情况是二轮车和骑车人落在汽车两侧，有越过汽车车顶现象。在事故分析处理中，要勘查和记录二轮车和骑车人的位置，并判断骑车人是否有飞跃汽车车顶的情况。

(3) 二轮车一般是指摩托车或者质量较大、速度较快的电动自行车。在国家推荐标准《道路交通事故车辆速度鉴定》技术标准(GB/T 33195—2016)中，此计算方法的车辆就是汽车与摩托车。但是在实际交通事故鉴定分析与处理中，对于自行车碰撞汽车侧面的事故，在汽车质量不是很大、有一定侧向偏移时，也可以采用上述方法。

二、二轮车碰撞汽车侧面且汽车无明显侧向运动

当汽车的质量比较大，或者二轮车的速度不太大时，虽然汽车的侧面受到二轮车迎面碰撞，但汽车的行驶方向没有明显的变化，也就是偏斜角 θ 很小，如图 4-33 所示。

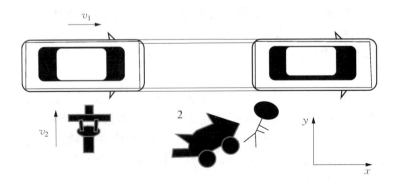

图 4-33 二轮车碰撞汽车侧面情形之三（汽车没有侧向滑移）

对于此种情形，汽车的速度可以通过其滑移距离进行计算，即

$$v_1 = \sqrt{2g\varphi_1 k L_1} \tag{4-82}$$

这就好像汽车根本就没有碰撞到二轮车或者骑车人，而是单纯地制动减速到最后停车，可以直接根据能量守恒利用滑移做功推算碰撞车速，换句话说，汽车在与二轮车碰撞前后的速度是一样的。

对于二轮车碰撞前的速度，因为汽车没有偏移，所以无法像前两种情况那样建立动量平衡方程。如何对这类事故的二轮车碰撞速度进行求解呢？国外的研究者做了大量的模拟实验，选取质量为 90～218 kg 不等的特定型号摩托车，与一定质量的特定小轿车（质量为 1950 kg）做碰撞实验。从实验中发现，当速度不是很大时，碰撞造成摩托车前叉向后弯曲变形，而发动机没有受损伤。通过对反复实验积累的数据的数学拟合分析，得到了前后轴距的减小量与摩托车碰撞速度有如下关系式：

$$v_2 = 150D + 12 \tag{4-83}$$

其中：v_2——摩托车碰撞速度，单位为 km/h；

D——摩托车轴距缩短量，即由于前叉弯曲变形引起的前后轴距的减小值，单位为 m。

如果轴距缩短量的单位是 cm（车辆检验测量时习惯用此长度单位），则式（4-83）为 $v_2 = 1.50D + 12$。

显然在式（4-83）中，摩托车的碰撞速度只与摩托车的轴距缩短量有关，而与汽车及摩托车的质量无关。但是根据有效碰撞速度与质量之间的关系，汽车质量越大，摩托车质量越小，摩托车的变形就越大。经验公式是根据特定质量的车辆碰撞实验数据得来的，在实际交通事故中，汽车及摩托车质量与上述实验车辆质量会有不同，因此需要根据质量与变形的反比关系对经验公式进行推广。

设发生事故的汽车质量为 m_1，摩托车及其驾乘人员的共同质量为 m_2，摩托车轴距减少量为 D，已知碰撞实验所用的汽车质量为 1950 kg。假设实际事故中摩托车碰撞汽车的速度为 v_2，同时假设摩托车以 v_2' 的速度去碰撞质量为 1950 kg 的实验汽车，然后比较两次碰撞的速度。

根据有效碰撞速度以及变形量与质量的关系，可知摩托车碰撞事故车辆的有效碰撞速度为

$$v_{e2} = \frac{m_1}{m_1 + m_2} v_2$$

同理，该摩托车碰撞实验汽车的有效碰撞速度为

$$v_{e2}' = \frac{1950}{m_2 + 1950} v_2'$$

两次碰撞的摩托车轴距缩短量假设都是 D，则有效碰撞速度是一样的，即

$$\frac{1950}{m_2 + 1950} v_2' = \frac{m_1}{m_1 + m_2} v_2$$

所以，两次碰撞的摩托车速度的关系为

$$v_2 = \frac{1+m_2/m_1}{1+m_2/1\,950}v_2'$$

根据经验公式(4-83)，$v_2' = 150D + 12$，所以，真实事故中摩托车的碰撞速度为

$$v_2 = \frac{1+m_2/m_1}{1+m_2/1\,950}(150D + 12) \tag{4-84}$$

对于摩托车碰撞汽车侧面的事故，如果汽车没有侧向滑移，则需要通过现场勘查获取汽车制动滑移距离，根据式(4-82)确定汽车行驶速度；然后根据测量得到的摩托车轴距缩短量，利用式(4-84)计算摩托车碰撞速度。式(4-84)适合于摩托车，但对于自行车特别是电动自行车也基本适用。

现在再来讨论一下第一种情况。如果摩托车有轴距缩短量 D，则可以利用式(4-84)计算得到的速度作为摩托车碰撞汽车的有效碰撞速度，也就是将此式的计算结果看成摩托车碰撞"相对静止"的汽车侧面。而实际事故中汽车发生了侧滑，根据有效碰撞速度与摩托车实际碰撞速度的关系，有

$$v_2 = v_{e2} + v_c = \frac{1+m_2/m_1}{1+m_2/1\,950}(150D + 12) + v_{1y}$$

即摩托车的碰撞速度可以按下式计算：

$$v_2 = \frac{1+m_2/m_1}{1+m_2/1\,950}(150D + 12) + \sqrt{2g\varphi_1 k L_1} \tag{4-85}$$

公式(4-85)可以作为图4-31和图4-32两种情形中摩托车速度计算的一种检验方法，当侧滑角难以确定或者不准确时也可以作为一种替代的车速计算方法，或者作为约束条件，通过附着系数、侧滑角等参数的优化提高计算精度。

三、汽车与二轮车侧面碰撞

此情形碰撞汽车为碰撞车，碰撞部位为汽车的头部，汽车碰撞二轮车的侧面部位，碰撞力作用点为二轮车的质心附近位置，二轮车及其驾驶员被碰撞后直接被加速到接近碰撞时的汽车速度。当汽车达到较大的速度碰撞二轮车后，由于骑车人质心高于二轮车坐垫，因此被撞后人车分离，骑车人一般会被抛向空中，做类似于平抛的运动，然后落地，在地面做滑滚运动后停止。二轮车一般会侧翻在地面上向前滑移，滑移痕迹起点在碰撞点前方附近，如图4-34所示。如果汽车驾驶人采取制动措施，则会在地面上留下车轮痕迹。可以根据汽车、二轮车以及汽车和人的路面痕迹和抛距等信息分析碰撞接触点以及碰撞车速。具体步骤如下：

（1）计算二轮车驾驶人的抛出速度。

根据骑车人平抛运动规律和地面滑滚运动特性，设人被抛出的速度为 v_p，抛出高度为 h。根据自由落体运动时间和距离的关系，人在空中的飞行时间 $t = \sqrt{2h/g}$，那么人在空中飞行的距离 x_1 为

$$x_1 = v_p t = v_p \sqrt{\frac{2h}{g}} \tag{4-86}$$

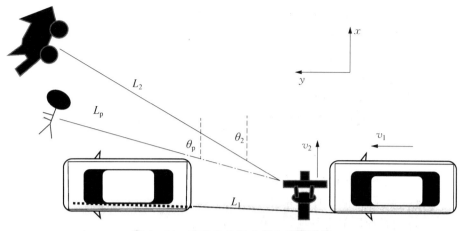

图 4-34 汽车与二轮车质心侧面碰撞

设人在地面的滑滚系数为 μ_p，则人落地后在地面滑行的距离 x_2 为

$$x_2 = \frac{v_p^2}{2\mu_p g} \tag{4-87}$$

根据式(4-86)，如果能够直接通过现场勘查或视频数据确定骑车人的第一落地点，则可以直接根据飞行距离计算抛出速度，即

$$v_p = x_1 \sqrt{\frac{g}{2h}} \tag{4-88}$$

如果无法确定第一落地点，则由于飞行距离和滑滚距离的和即为人的总抛距 L_p，因此将式(4-86)和式(4-87)进行合并，得

$$L_p = x_1 + x_2 = \frac{v_p^2}{2\mu_p g} + v_p \sqrt{\frac{2h}{g}}$$

这是一个关于抛出速度 v_p 的一元二次方程，很容易得到 v_p 的正解为

$$v_p = \mu_p \sqrt{2g} \left(\sqrt{h + \frac{L_p}{\mu_p}} - \sqrt{h} \right) \tag{4-89}$$

式中：v_p ——骑车人被抛出瞬间的速度，单位为 m/s。

μ_p ——骑车人与地面的摩擦系数。

g ——重力加速度，取 9.81 m/s²。

h ——碰撞时骑车人的质心高度，单位为 m。碰撞时骑车人的质心高度一般会小于人站立时的质心高度，可以近似取为二轮车坐垫的高度。

L_p ——骑车人的抛距，即从碰撞点到停止位置的距离，单位为 m。

(2) 计算汽车的碰撞分离速度。

利用功能原理，根据汽车在碰撞后的滑移距离可以求出汽车碰撞分离瞬间速度大小为

$$v_1' = \sqrt{2g\varphi_1 k_1 L_1} \tag{4-90}$$

式中：v_1'——汽车碰撞分离瞬间速度，单位为 m/s；
φ_1——汽车的滑动附着系数；
k_1——汽车的附着系数修正值；
L_1——汽车碰撞后的滑移距离，单位为 m。

（3）计算二轮车碰撞后速度。

同理，根据二轮车碰撞的滑移距离可以求出二轮车倒地瞬间的速度大小为

$$v_2' = \sqrt{2g\mu_2 L_2} \tag{4-91}$$

式中：v_2'——二轮车碰撞后的速度，单位为 m/s；
μ_2——二轮车与路面间的摩擦系数；
L_2——二轮车碰撞后的滑移距离，单位为 m。

（4）求解二轮车碰撞瞬间速度。

根据动量守恒定律，在 x 方向建立碰撞前后动量平衡方程，即

$$(m_2 + m_p)v_2 = m_p v_p \cos(\theta_p) + m_2 v_2' \cos(\theta_2) \tag{4-92}$$

由式（4-89），（4-91），（4-92）可得二轮车碰撞瞬间速度为

$$v_2 = \frac{m_p \cos(\theta_p)\mu_p\sqrt{2g}\left(\sqrt{h + \dfrac{L_p}{\mu_p}} - \sqrt{h}\right) + m_2 \cos(\theta_2)\sqrt{2g\mu_2 L_2}}{m_2 + m_p} \tag{4-93}$$

式中：v_2——二轮车碰撞瞬间速度，单位为 km/h；
m_2, m_p——二轮车质量和骑车人质量（包括载客重量），单位为 kg。
θ_2, θ_p——二轮车、骑车人碰撞后的抛出方向与二轮车初始速度方向（x 轴方向）的夹角（参见图 4-34）。

（5）根据 y 方向动量守恒，建立动量平衡方程：

$$m_1 v_1 = m_p v_p \sin(\theta_p) + m_2 v_2' \sin(\theta_2) + m_1 v_1' \tag{4-94}$$

由式（4-89），（4-91），（4-94）可得汽车碰撞瞬间速度为

$$v_1 = \frac{m_p \sin(\theta_p)\mu_p\sqrt{2g}\left(\sqrt{h + \dfrac{L_p}{\mu_p}} - \sqrt{h}\right)}{m_1} + \frac{m_2}{m_1}\sin(\theta_2)\sqrt{2g\mu_2 L_2} + \sqrt{2g\varphi_1 L_1 k_1} \tag{4-95}$$

式中：v_1——汽车碰撞瞬间的速度，单位为 km/h；
m_1——汽车的质量，单位为 kg。

式（4-93）和（4-95）给出了图 4-34 所示的事故形态的车速推算的一般方法，这是二轮车侧面事故类型中的典型形态。这种形态事故假设汽车碰撞前后没有偏移，或者偏移很小被忽略，行进方向基本不变；二轮车及其驾乘人员沿着行进方向的斜前方被抛出、滑移到停止。下面讨论几种特殊情况：

（1）碰撞双方质量相差较大。如果二轮车和骑车人的质量与汽车质量相比很小，则可

以忽略二轮车或者骑车人对汽车纵向行驶的车速的影响,此时汽车碰撞了一个动量较小的横向运动对象,可想象为汽车在没有受到任何撞击条件下制动停车。汽车车速按照制动滑移距离计算,即

$$v_1 = \sqrt{2g\varphi_1 L_1 k_1} \tag{4-96}$$

实际上,因为二轮车或骑车人一般质量较小,而且二轮车的车速通常低于汽车速度,所以式(4-95)前两项相较于第三项一般也小得多。因此,当二轮车或者骑车人的动量较小时,可以考虑忽略第一项或者第二项,或者是两项全部忽略,这也就是(4-96)的形式。

(2) 汽车有一定的偏移。如果汽车碰撞后有一定的偏移,当汽车的动量不是特别大时,由于偏移角度较小,因此一般忽略偏移的影响,按照式(4-93)和(4-95)分别计算二轮车和汽车速度。如果汽车的动量很大,此时在建立 x 方向动量平衡时要考虑汽车的动量分量,但 y 方向的动量平衡方程不用改变。

另外,当汽车动量远大于二轮车动量时,近似于黏着碰撞,碰撞分离瞬间二轮车和人体在 y 方向速度是较为接近的,与汽车的碰撞速度也接近,即

$$v_1 = \sqrt{2g\varphi_1 L_1 k_1} \approx \sin(\theta_1)\sqrt{2g\mu_2 L_2} \approx \sin(\theta_p)\sqrt{2g}\left(\sqrt{h+\frac{L_p}{\mu_p}}-\sqrt{h}\right) \tag{4-97}$$

结合式(4-95),(4-96),(4-97),可以采用如下的方式估算汽车碰撞速度:

$$v_1 = \left(1+\frac{m_p+m_2}{m_1}\right)\sqrt{2g\varphi_1 L_1 k_1} \tag{4-98}$$

这可以在一定程度上提高计算精度。式(4-97)也可以作为约束方程,通过调整偏角 θ_p, θ_2 以及重心高度 h 等有一定误差范围的参数,优化计算汽车与二轮车的碰撞速度。

(3) 在利用上述公式计算时,如果碰撞点靠近二轮车的车头或车尾部分,碰撞后二轮车发生旋转,则计算的精度会下降。当有汽车滑移痕迹时,利用式(4-96)计算汽车碰撞速度。

(4) 当汽车与二轮车发生刮擦碰撞时,双方动量交换很小,可通过二轮车或人体的抛距计算碰撞分离瞬间速度,将分离速度沿二轮车碰撞前速度方向分解,如图4-33所示,将二轮车抛出速度的 x 轴方向的分速度近似作为碰撞瞬间二轮车的速度。若现场有汽车的轮胎痕迹,则仍然利用式(4-96)计算汽车速度。

考虑到汽车碰撞二轮车时,骑车人由于救治原因可能提前被移除现场,导致骑车人的位置具有不确定性;另外,骑车人如果脱离二轮车较早,则与汽车之间的相互碰撞影响较小,这时在分析事故时可以不考虑骑车人的作用。当骑车人和二轮车的静止位置距离较近时,可以将二轮车和骑车人看成等效"二轮车",用二轮车的位移作为等效车的滑移距离,按照汽车与等效车的碰撞进行分析。根据动量平衡原理,设等效车质量为 $m_e = m_2 + m_p$,x 方向的动量平衡方程为

$$m_e v_2 = m_e v_2' \cos(\theta_2)$$

即

$$v_2 = v_2' \cos(\theta_2) = \sqrt{2g\mu_2 L_2}\cos(\theta_2) \tag{4-99}$$

y 方向的动量平衡方程为

$$m_1 v_1 = m_e v_2' \sin(\theta_2) + m_1 v_1'$$

即

$$v_1 = \frac{m_e}{m_1} \sin(\theta_2) \sqrt{2g\mu_2 L_2} + \sqrt{2g\varphi_1 L_1 k_1} \qquad (4-100)$$

要特别注意的是，汽车碰撞二轮车的侧面，如果汽车碰撞后发生了明显的偏移，则在根据上述方法进行再现分析时，要考虑汽车的偏转。例如当利用式(4-96)简化方法时，用公式计算的速度在汽车行驶方向的分解作为汽车碰撞前速度的近似值，即

$$v_1 \approx \sqrt{2g\varphi_1 L_1 k_1} \cos(\theta_1) \qquad (4-101)$$

θ_1 为汽车碰撞后的偏移角。这种近似处理适合于汽车碰撞二轮车的车头或车尾等较复杂情况。

四、汽车与二轮车的追尾碰撞事故

如图 4-35 所示，汽车行进中头部碰撞前方的二轮车，一般是碰撞二轮车的尾部。这类事故在碰撞前，汽车驾驶员一般会提前发现危险而采取制动措施，二轮车骑车人往往不能及时发现后方来车，没有任何防备措施。

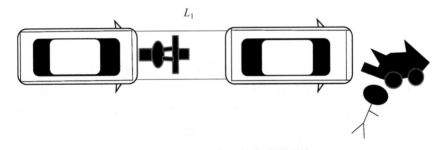

图 4-35 汽车与二轮车追尾碰撞

(1) 由于汽车速度大于二轮车速度，因此如果碰撞的汽车是大中型车辆，而被碰撞车是质量较小的自行车，则汽车行驶状态不会因为碰撞而发生明显的变化，此时类似于汽车碰撞二轮车侧面的情况(1)，忽略动量交换，直接根据汽车制动后的滑移距离计算汽车碰撞速度，和式(4-96)是一样的。为了便于说明后面的内容，重写公式如下：

$$v_1 = \sqrt{2g\varphi_1 L_1 k_1} \qquad (4-102)$$

式中：v_1——汽车碰撞瞬间速度，单位为 m/s；

φ_1, k_1——汽车制动滑移摩擦系数及修正系数；

L_1——汽车碰撞二轮车后滑移距离。

此时，二轮车的碰撞前速度如果不借助视频分析等方法是很难推算的。如果是普通自行车，则可以凭经验进行大致的判断，自行车的速度一般在 5~12 km/h 范围内。

(2) 如果没有汽车制动痕迹，也没有证据证明汽车在明确的地点采取了制动措施，则可

以通过骑车人的抛出速度或者二轮车的滑移速度进行估算,即利用式(4-89)或(4-91)计算出骑车人的抛出速度或二轮车的滑移速度,作为汽车碰撞速度的近似值。需要注意的是,如果碰撞后二轮车或者骑车人落点距离汽车行驶方向横向距离较大,或者地面有明显的二轮车旋转痕迹,则这种方法的计算误差偏大。

在实践中,通过勘查骑车人的抛距或二轮车的滑抛距离推算汽车碰撞速度,一般要满足以下条件:

① 汽车车速较快,质量较大。从现场勘查的角度,一般汽车停在离碰撞点较远的位置,且二轮车以及骑车人损伤严重。

② 骑车人跌落到发动机罩上,且有飞行滑滚运动,或者骑车人直接抛飞出去。一般路面会留下一些血迹散落痕迹、发动机罩有明显窝形破损等,二轮车与汽车有较充分的接触,一般可以通过两车接触部分的检验和比对进行分析和判断。

③ 平头车追尾二轮车更适合用此法推算。如果是平头车碰撞二轮车,则用抛距的方法比较实用。

④ 汽车未减速,甚至是加速行驶时,更适合用抛距和二轮车滑移进行估算。

(3) 如果是质量较轻的小型或微型轿车碰撞质量较大的二轮摩托车,碰撞时要考虑双方的动量变化。由于汽车速度大于二轮车速度,在碰撞分离之前,汽车一直推着二轮车及骑车人前行,因此整个碰撞过程可以近似为塑性碰撞,故根据动量守恒可得

$$m_1 v_1 + (m_2 + m_p) v_2 = (m_1 + m_2 + m_p) v_1' \tag{4-103}$$

式中:m_1,m_2,m_p——分别指汽车质量、二轮车质量、骑车人质量,单位为 kg;

v_1,v_1'——汽车碰撞瞬间速度、碰撞后分离前瞬间速度,单位为 m/s。

v_2——二轮车行驶速度,单位为 m/s。

上式中的碰撞后分离速度要利用碰撞点后汽车滑移距离进行计算,即利用基本做功公式(4-102)。不同的是,之前直接求解的是碰撞前速度,实际是假设碰撞前后的速度是一样的,而这里要计算的是碰撞后速度。求解碰撞后速度,代入式(4-103),得

$$v_1 = \frac{m_1 + m_2 + m_p}{m_1} \sqrt{2g\varphi_1 k_1 L_1} - \frac{m_2 + m_p}{m_1} v_2 \tag{4-104}$$

如果已知或能够确定二轮车的碰撞前速度,则通过上式即可计算汽车碰撞速度。同样地,如果确定了汽车碰撞速度,则可以利用式(4-104)估算二轮车的速度。

因为二轮车被追尾时速度一般较低,所以在实践中,确定二轮车较低的车速对于事故责任认定意义并不大,而且在缺乏视频等其他资料时,单独确定二轮车的速度并不容易。此外,二轮车的总质量通常比汽车要小很多,所以,式(4-104)中的第二项通常可以忽略掉,即简化为

$$v_1 = \frac{m_1 + m_2 + m_p}{m_1} \sqrt{2g\varphi_1 k_1 L_1} \tag{4-105}$$

当质量较大的大中型车与质量较小的二轮车碰撞时,式(4-102)和(4-105)的计算结果相差不大。当碰撞速度在 $50 \sim 100 \, \text{km/h}$ 范围内,且汽车质量是二轮车与骑车人总质量的 10 倍左右时,用式(4-102)的计算结果会比用式(4-105)的计算结果少大约 $5 \sim 10 \, \text{km/h}$;

当车速在 50 km/h 以内时,相差不到 5 km/h;随着质量的增大,差别还会进一步减小。

当已知二轮车行驶速度,例如二轮车行驶速度为 20 km/h 时,二轮车总质量(包括人)如果是汽车质量的 1/10,则用式(4-105)计算的结果会比用式(4-104)计算的结果大不到 2 km/h,差别还是比较小的。这说明,无论是从技术角度,还是从精度保证角度来说,式(4-105)在实践中都是比较实用的。

(4) 当质量较轻的汽车碰撞质量较大的二轮摩托车时,如果考虑碰撞后二轮车和骑车人的速度有所不同,则完整的动量平衡方程为

$$m_1 v_1 + (m_2 + m_p) v_2 = m_1 v_1' + m_2 v_2' + m_p v_p \quad (4-106)$$

式中:v_2',v_p ——分别指二轮车、骑车人碰撞后的分离速度,单位为 m/s,分别利用式 (4-91) 或 (4-89) 计算。

与(3)中的讨论类似,二轮车的碰撞前速度如果可以确定,则可利用式(4-106)推算汽车的碰撞速度;如果确定了汽车的碰撞速度,则可据此估算二轮车的速度。

同样地,类似于式(4-105)的简化原理,式(4-106)可以简化为

$$v_1 = \frac{m_1 v_1' + m_2 v_2' + m_p v_p}{m_1} - \frac{m_2 + m_p}{m_1} v_2 \approx \frac{m_1 v_1' + m_2 v_2' + m_p v_p}{m_1} \quad (4-107)$$

汽车追尾碰撞二轮车,由于人体自身的塑性特性较强,可认为骑车人和车辆是塑性作用关系,因此 $v_p \approx v_1'$;二轮车车速 v_2' 一般略大于 v_1',但由于车辆的质量比较小,因此将 v_2' 近似作为 v_1' 处理的误差不大,这样近似处理后,式(4-107)就变成了式(4-105)的形式。

虽然上述分了几种情况进行讨论,但是在实践上,尾撞型二轮车事故一般只需确定汽车的行驶速度;同时考虑到二轮车、骑行者运动的复杂性以及抛距等勘测的不确定性,在实际事故鉴定分析中,通常直接利用式(4-102)或(4-105)进行汽车碰撞速度的推算。

需要注意的是,虽然尾撞型事故假设汽车和二轮车均没有发生偏移,但在实际事故中都会发生一定的侧向运动,当汽车的偏移不是很明显时,都可以按照上述方法进行分析。当汽车或二轮车碰撞后存在比较大的偏移时,在利用上述公式时需要考虑偏移角度和速度的偏移量。

4.4.3 例题

例题 1

一辆质量为 150 kg 的摩托车行驶中碰撞了质量为 1 450 kg 的行驶汽车的右侧面,碰撞后,汽车向左前方滑移了 12.8 m,偏离初始行驶方向角度 $\theta=8°$,摩托车和骑车人跌落在汽车右侧。设汽车纵向滑移系数为 0.6,汽车只有前轮制动,附着系数修正值取 0.7,摩托车骑车人的质量为 65 kg(事故示意图可参考图 4-31)。试估计:(1)汽车的碰撞速度;(2)汽车和摩托车的行驶速度。

解答:本例事故属于二轮车碰撞汽车侧面类型,且属于这类事故中的第一种形态,汽车有侧移且二轮车和骑车人跌落在一侧。设汽车为车 1,二轮车为车 2,以汽车和二轮车初始运动方向为 x,y 轴建立坐标系,分别建立 x,y 方向的动量平衡方程:

$$m_1 v_1 = m_1 \sqrt{2g\varphi_1 k L_1} \cos\theta$$

$$(m_2 + m_p) v_2 = (m_1 + m_2 + m_p) \sqrt{2g\varphi_1 k L_1} \sin\theta$$

由以上两式分别得到

$$v_1 = \sqrt{2g\varphi_1 k L_1} \cos\theta$$

$$v_2 = \left(1 + \frac{m_1}{m_2 + m_p}\right)\sqrt{2g\varphi_1 k L_1} \sin\theta$$

其中 $m_1 = 1450\,\text{kg}$，$m_2 = 150\,\text{kg}$，$m_p = 65\,\text{kg}$，$\varphi_1 = 0.6$，$k = 0.7$，$\theta = 8°$，$g = 9.81\,\text{m/s}^2$，$L_1 = 12.8\,\text{m}$，代入参数计算得 $v_1 \approx 37\,\text{km/h}$，$v_2 \approx 40\,\text{km/h}$。

汽车碰撞瞬间速度为 37 km/h，因碰撞点前没有明显的制动痕迹，故认为汽车碰撞前没有制动，碰撞速度即为行驶速度，摩托车行驶速度为 40 km/h。

例题 2

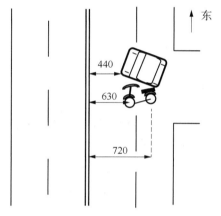

图 4-36 例题 2 事故现场示意图
（单位：cm）

20××年××月××日，一辆摩托车沿×××市××路由西向东行驶至××单位门前路段时，适遇小型普通客车由单位院内出来由南向北进入车道，两车在东行车道内相撞，碰撞后，客车头东北尾西南停止在事故现场的最终位置，摩托车头北尾南翻倒在事故现场的最终位置，见图 4-36。

该事故属于二轮车碰撞汽车侧面的典型类型。客车（设为 A 车）质量为 1 560 kg，电动车（设为 B 车）质量为 55 kg。根据 B 车的检验，轴距改变量 $D = 0.3\,\text{m}$。求两车的行驶速度或碰撞速度。

解答：该事故未提供汽车制动痕迹数据，因此无法根据制动痕迹计算 A 车的碰撞前后速度。也未给出 B 车和骑车人的滑移和抛距参数，汽车也未发现有明显偏移，因此无法利用例题 1 的方法进行计算。但是本例给出了摩托车的轴距缩短量，故可以根据式（4-84）计算摩托车的碰撞速度，即

$$v_2 = \frac{1 + m_2/m_1}{1 + m_2/1\,950}(150D + 12) = \frac{1 + 105/1\,560}{1 + 105/1\,950}(150 \times 0.3 + 12) \approx 57.7\,(\text{km/h})$$

事故现场路面未见 B 车有减速痕迹，故碰撞速度就是 B 车的行驶速度。无法计算 A 车的车速。

实际上，当汽车的质量（本例为 1 560 kg）与碰撞实验的汽车质量（1 950 kg）相差不大时，利用轴距缩短量计算二轮车的碰撞速度可以直接利用式（4-83），结果与式（4-84）相差不大。在本例中，如果按照式（4-83），则计算的车速为

$$v_B = (150D + 12) = 150 \times 0.3 + 12 = 57\,(\text{km/h})$$

和第一次计算的结果仅相差不到 1 km/h。事实上，由于 $\dfrac{1 + m_2/m_1}{1 + m_2/1\,950} \approx 1$，因此 $v_B \approx v_2$。

例题 3

20××年××月××日 6 时 45 分左右，一辆轿车（A 车）沿××市××区人民路由西向东行驶至××街路口东侧 50 m 处路段时，适遇一辆二轮电动车（B 车）由北向南行驶至此，A

车左侧前部与B车右侧前部接触碰撞,碰撞后A车头东尾西停止在事故现场的最终位置,B车翻倒滑行后,头北尾南停止在事故现场的最终位置,具体的事故现场数据参见图4-37的事故现场示意图。

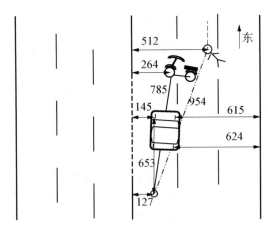

图4-37 例题3交通事故现场示意图(单位:cm)

分析:根据事故勘查材料可知,A车前部偏左侧与B车右侧前部接触碰撞,碰撞致使B车在事故现场遗留划痕,结合两车接触碰撞情况及路面遗留的痕迹,划痕起点处应为两车碰撞地面接点,在中央车道内距离中央分隔线1.27 m,西距A车停止位置右后轮约2.5 m,电动车停止位置距离接触点约7.85 m,接触碰撞后,A车制动减速停车,左前轮距离碰撞接触点约6.53 m,骑车人静止位置距离碰撞点约9.54 m。

二轮车行驶方向为由北向南,汽车由西向东,接触碰撞部位为汽车前部和二轮车右侧,结合二轮车和骑车人的落地点和碰撞接触点,判断该起案件属于汽车碰撞二轮车侧面形态事故。虽然汽车碰撞二轮车侧面的偏前部,二轮车停车时车头车尾颠倒,但是路面没有明显滑转痕迹,判断为碰撞接触中产生的颠倒,并且根据现场图4-37,汽车的右侧前后轮距离道路边缘线分别为6.15 m和6.24 m,相差较小,可认为汽车没有明显的偏移,故此例可运用式(4-93)和(4-95)进行车速推算。

参考GB/T 33195—2016《道路交通事故车辆速度鉴定》的附表B,汽车沥青路面附着系数取0.65,B车沥青路面滑动摩擦系数取0.55,行人滑滚系数取0.52。

B车的行驶方向为由北向南,根据现场图的几何尺寸,首先计算二轮车和骑车人的抛出角度的正、余弦值,以便代入公式中进行二轮车和汽车车速计算,即

$$\cos(\theta_2) = \frac{264-127}{785} \approx 0.175$$

$$\sin(\theta_2) = \sqrt{1-0.175^2} \approx 0.985$$

$$\cos(\theta_p) = \frac{512-127}{954} \approx 0.404$$

$$\sin(\theta_p) = \sqrt{1-0.404^2} \approx 0.915$$

汽车质量为1405+65=1470(kg),二轮车质量为105 kg,骑车人质量取为65 kg。汽车

和二轮车的滑移距离分别为 6.53 m 和 7.85 m，人的抛距为 9.54 m。代入式(4-95)和(4-93)计算，得

$$v_1 = \frac{m_p \sin(\theta_p) \mu_p \sqrt{2g} \left(\sqrt{h + \frac{L_p}{\mu_p}} - \sqrt{h}\right)}{m_1} + \frac{m_2}{m_1} \sin(\theta_2) \sqrt{2g\mu_2 L_2} + \sqrt{2g\varphi_1 L_1 k_1}$$

$$= \frac{65 \times 0.915 \times 0.52\sqrt{2 \times 9.8}\left(\sqrt{0.75 + \frac{9.54}{0.52}} - \sqrt{0.75}\right)}{1\,470} +$$

$$\frac{105}{1\,470} \times 0.985\sqrt{2 \times 9.8 \times 0.55 \times 7.85} + \sqrt{2 \times 9.8 \times 0.65 \times 6.53}$$

$$\approx 0.329 + 0.642 + 9.1 \approx 10(\text{m/s})(36\,\text{km/h})$$

$$v_2 = \frac{m_p \cos(\theta_p) \mu_p \sqrt{2g}\left(\sqrt{h + \frac{L_p}{\mu_p}} - \sqrt{h}\right) + m_2 \cos(\theta_2)\sqrt{2g\mu_2 L_2}}{m_2 + m_p}$$

$$= \frac{65 \times 0.404 \times 0.52\sqrt{2 \times 9.8}\left(\sqrt{0.75 + \frac{9.54}{0.52}} - \sqrt{0.75}\right) + 105 \times 0.175 \times \sqrt{2 \times 9.8 \times 0.55 \times 7.85}}{105 + 65}$$

$$\approx 2.19(\text{m/s})(7.9\,\text{km/h})$$

由于事故现场未遗留制动痕迹，因此可以认为两车碰撞前瞬时速度、行驶速度为同一速度。

例题 4

20××年××月××日 7 时许，在××××大街与××路交汇路段处，小型普通客车（A车）在由西向东行驶时与左转弯的电动二轮车（B车）相撞，发生道路交通事故。事故现场图如图 4-38 所示。

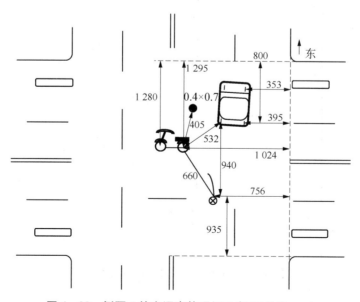

图 4-38　例题 4 的交通事故现场示意图（单位：cm）

分析：判断 A 车在由西向东行驶时，与由南向西转弯的 B 车碰撞，根据事故现场勘查和车辆检验，A 车前部与 B 车左侧前部接触碰撞，碰撞后 A 车减速行驶距离约为 9.4 m，有较小的偏移。分析认为二轮车在与汽车碰撞时，行驶方向近似于南北方向，该起事故属于汽车碰撞二轮车侧面类型。B 车倒地滑移距离约为 6.8 m，B 车滑移偏转角度约为 45°。A 车沥青路面摩擦附着系数取 0.65；B 车倒地滑移摩擦附着系数取 0.55；A 车整备质量加驾驶员重量约为 1520 kg；B 车整备质量 85 kg，骑车人重量约为 65 kg。

该案例由于缺乏骑车人的抛角和抛距数据，根据图 4-37 的尺寸信息也无法确定血迹明确位置，因此本例可以利用式(4-99)和(4-100)进行计算分析。

$$v'_1 = \sqrt{2g\varphi_1 k_1 L_1} = \sqrt{2 \times 9.8 \times 0.65 \times 1 \times 9.4} \approx 10.94 (\text{m/s})(39.4 \text{ km/h})$$

$$v'_2 = \sqrt{2g\mu_2 L_2} = \sqrt{2 \times 9.8 \times 0.55 \times 6.6} \approx 8.44 (\text{m/s})(30.4 \text{ km/h})$$

$$v_2 = v'_2 \cos(\theta_2) \approx 21.5 (\text{km/h})$$

$$v_1 = \frac{m_e}{m_1} \sin(\theta_2) \sqrt{2g\mu_2 L_2} + \sqrt{2g\varphi_1 L_1 k_1}$$

$$= \frac{85+65}{1520} \times 0.707 \times 30.4 + 39.4$$

$$\approx 41.5 (\text{km/h})$$

所以，汽车和电动二轮车的碰撞速度分别为约 42 km/h 和 30 km/h。由于未见碰撞点前的制动痕迹，因此认为汽车的行驶速度也为 42 km/h。

例题 5

20××年××月××日 6 时许，小型普通客车(A 车)在××××街行驶至××学校门前路段时，与某某骑行的自行车(B 车)发生尾撞。事故现场图如图 4-39 所示。

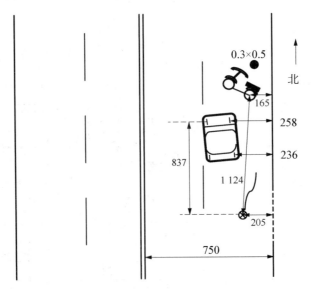

图 4-39　例题 5 的交通事故现场示意图

该事故是一起典型的汽车追尾二轮车的事故,可利用式(4-102)或(4-105)和(4-107)进行计算分析。根据事故所提供的相关数据,汽车质量为 1 650 kg,自行车质量为 15 kg,骑车人质量取为 65 kg。由于现场图及其他勘查材料未给出骑车人的准确位置,因此此例可利用式(4-102)或(4-105)近似计算汽车的碰撞速度。利用二式分别计算如下:

$$v_1 = \sqrt{2g\varphi_1 k_1 L_1} = \sqrt{2 \times 9.8 \times 0.6 \times 1 \times 8.37} \approx 9.9 \text{(m/s)}(35.7 \text{ km/h})$$

$$v_1 = \frac{m_1 + m_2 + m_p}{m_1}\sqrt{2g\varphi_1 k_1 L_1} = \left(1 + \frac{15 + 65}{1\,650}\right) \times 35.7 \approx 37.4 \text{(km/h)}$$

两种方法的计算结果相差不到 2 km/h。在本例中,学校门前道路的实际限速为 30 km/h,因此汽车是超速行驶。另外,由于二车道外侧部分是非机动车行驶空间,汽车有一定的侵占非机动车路权的行为。至于自行车的速度,此案中没有必要进行准确的确定。

§4.5 行人事故分析方法

我国的交通以混合交通为主,行人过街设施不完善,加上汽车驾驶员和行人的文明素质和交通安全意识不强,行人交通事故在整个交通事故中所占比例较大。行人事故的主要类型是汽车碰撞行人事故,或者叫汽车-行人事故。当然还有二轮车碰撞行人、行人碰撞静止的车辆等类型的行人事故,这里主要讨论汽车-行人事故,主要形态是汽车碰撞行人。行人在与车辆发生碰撞的过程中,由于缺少保护措施,因此致伤致死率极高。行人在交通事故中是交通弱者,应该得到更多保护的观念已是共识。在交通事故处理和责任认定中,相关法律和规定也融入了弱者保护的理念。行人事故往往涉及人员伤亡,社会关注度较高,处理稍有不慎,将会成为社会的焦点和公众事件。同时行人事故往往也更复杂,分析和处理难度较高。所以,通过科学的方法再现行人交通事故,确定事故发生过程中车辆和行人的行为,特别是车辆的速度大小、是否侵占路权、是否采取应急避险或减损措施,以及行人在事故发生时的运动状态等问题,对行人事故的公正处理、减小事故造成的社会危害具有非常重要的意义。

4.5.1 汽车碰撞行人事故的过程分析

典型的汽车碰撞行人交通事故的过程一般可分为 3 个阶段,如图 4-40 所示。首先是碰撞接触阶段,行人被加速到接近汽车的速度,身体的某些部位会接触到保险杠、发动机前

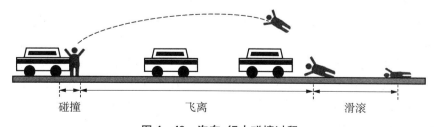

图 4-40 汽车-行人碰撞过程

罩或挡风玻璃。其次是飞离阶段,如果汽车采取了制动措施,那么人体就会飞离车辆;如果汽车没有减速,那么人体就会被车带走,并且可能摔在汽车行驶途中的任何地方,甚至可能落地后被汽车碾压。最后是滑移与滚动阶段,行人被摔到地面上以后,人体滑移或滚动到其停止位置,在此过程中,可能碰到其他的障碍物造成进一步伤害。

一、汽车碰撞行人事故行人的运动状态

汽车与行人发生碰撞后,行人的运动状态与汽车外形、尺寸、行驶速度,行人身材高矮、速度和方向,行人与汽车的接触部位等因素有关。这些因素特别是汽车外形决定了汽车碰撞行人接触部位是在人体质心下方还是上方,导致行人运动状态的不同。

1. 接触部位在行人质心上部

大型客车、货车、面包车等平头车辆在与成年人发生碰撞时,碰撞点直接作用在行人的胸部甚至头部,如图 4-41 所示。图 4-42 是平头车在与行人碰撞时的行人运动过程图。在碰撞力的作用下,人体被迅速加速到车辆的行驶速度,直接被汽车沿行驶方向推向前方,人体质心在空中的运动轨迹接近平抛运动的抛物线。平头车与行人发生碰撞后,行人的运动形态在不同车速情况下基本相似。

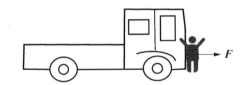

图 4-41 平头车与行人碰撞受力示意图

图 4-42 平头车与行人碰撞过程

在交通事故中,发生碰撞以后,如果驾驶员不采取制动措施或车速过快,那么行人倒地后还会被碾压或推行一段距离,在路面上留下血迹。另外,轿车与儿童发生碰撞时,如果碰撞点在质心上方,则被撞后儿童的运动形态与图 4-42 相似。

2. 接触部位在行人质心下部

在轿车与成年人的碰撞交通事故中,由于轿车前保险杠较低,因此接触部位作用在行人质心下部,大多数汽车碰撞行人交通事故均属于这种形式,如图 4-43 所示。图 4-44、图 4-45 是轿车在全力制动的前提下,以低速行驶和高速行驶与行人发生碰撞时车辆和行人的运动轨迹示意图。

此类碰撞事故一般有以下 3 个过程:①车人接触,行人身体与车碰撞并迅速被加速,身体移向汽车发动机罩、挡风玻璃或 A 柱、车顶;②行人从发动机罩、挡风玻璃或 A 柱上被抛出,身体在空中做翻滚运动,人体质心轨迹接近斜抛物体运动轨迹;③行人落地后与地面再次碰撞,继续向前滑行直到静止。

图 4-43 轿车与行人碰撞受力示意图

图 4-44 轿车低速行驶与行人碰撞并制动

图 4-45 轿车高速行驶与行人碰撞并制动

大量的汽车与行人碰撞交通事故表明,当汽车以较高速度行驶时,如果驾驶员未及时制动,那么人体落地后可能在车子后面(如图 4-46 所示)。

图 4-46 轿车高速行驶与行人碰撞且未制动

二、行人的步行特点

行人步行速度的分布范围较宽,从 0.5 m/s 到 2.16 m/s,主要集中于 1.0 m/s 到 1.3 m/s。步行速度不仅与行人性别、年龄、出行目的有关,而且受到沿街建筑物使用性能的影响:男性的步行速度比女性快,儿童的步行速度随机性大,老年人步行较慢;有目的的出行比无目的的出行步行速度要快;结伴出行比单个行人的步行速度慢。研究成果表明,行人在水平道路上自由步行速度在 0.5~1.5 m/s,平均为 1.3 m/s,我国规范采用 1.0~1.2 m/s。行人过街步行速度比人行道的步行速度快,但两者之间具有类似的特点:男性比女性快,青年人比老年人快。在穿过较宽的车行道时,行人的过街步行速度会发生变化,通常在前半幅怕来车时有疑虑,进入后半幅时,受赶快离开险地的心理支配,速度显然加快。观测研究表明,天桥、地道上行速度慢,而下行速度快,老年人和妇女更加明显。我国观测出的步速和日本的观测值相近,大致为 0.55~0.94 m/s,我国规范采用 0.5~0.8 m/s。

4.5.2 汽车碰撞行人事故的车辆速度分析

在汽车碰撞行人交通事故中,碰撞前与碰撞后由于行人往往会采取避让和保护措施,因此导致不确定因素较多,但在碰撞瞬间及倒地期间,车与人是一个力学作用过程,满足力学的一些基本规律,人体在这一过程类似做抛体运动。由于人体的质量和汽车相比小得多,因此在分析汽车与行人相撞事故时,一般无须运用动量守恒定律,而是直接把人体抛出的速度作为汽车碰撞时的行驶速度。所以,利用抛体运动规律可以分析碰撞时的车辆速度,结合轮胎在路面上留下的痕迹,进一步求出车辆的初始速度。目前理论上分析汽车-行人碰撞事故中的车辆速度主要有 5 种方法:一是抛距模型;二是汽车制动距离模型,或称为痕迹法;三是基于实验的经验模型公式;四是根据人体伤害大致推测碰撞速度;五是根据车辆损坏程度推算碰撞速度。前两种方法是目前实践中采用的主要方法。

一、抛距模型

由于汽车质量相对人体质量大得多,因此在发生碰撞后,碰撞力对汽车的动量影响有时可以忽略不计。在碰撞时,行人在碰撞力的作用下,迅速被加速到车辆的行驶速度。当驾驶人采取制动措施后,汽车和行人分离,人体被抛出的过程可视为抛物体运动过程。

1. 平抛运动模型

在平头车与人体发生碰撞后,人体的重心轨迹类似做平抛运动,如图 4-47 所示。被撞人体运动的距离与碰撞速度之间的关系由抛物方程和直线运动方程确定,假定撞击后人体被抛出时的高度为 h,汽车碰撞速度与人体抛出速度近似相等,即 $v_c \approx v_p$,人体在空中飞越的距离为 x_1,人体落地后在地面滑行的距离为 x_2,碰撞点到人体停止位置的距离为 $X = x_1 + x_2$,人体跌落时间为 t,则人体的空中飞行运动满足

$$h = \frac{1}{2}gt^2, \quad x_1 = v_c t = v_c \sqrt{\frac{2h}{g}} \tag{4-108}$$

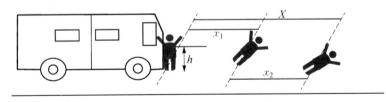

图 4-47 人体平抛模型图

根据以上两式,可得

$$v_c = \frac{x_1}{2h}\sqrt{2gh} \tag{4-109}$$

人体在路面的滑动距离为

$$x_2 = \frac{v_c^2}{2\mu_p g} \tag{4-110}$$

联合式(4-108),(4-110),以及总抛距的关系,得到人体碰撞的方程式为

$$v_c = \mu_p \sqrt{2g} \left(\sqrt{h + \frac{X}{\mu_p}} - \sqrt{h} \right) \tag{4-111}$$

其中,μ_p——人体与地面间的滑滚摩擦系数,可参照 GB/T 33195—2016 中的附表 B.4 进行选取。h_p 一般取汽车与人体主要碰撞力作用点离地面的高度,在实际交通事故中,可以通过量取事故车辆碰撞点距地面高度得到。当碰撞高度不明确时,可以取人体的重心高度计算。X 为人体抛出的距离,即接触点至最终位置的距离,包括纵向距离和横向距离,一般使用直线距离。

假设行人抛出是平抛运动,根据上述分析,汽车碰撞速度有两种计算方法:
(1) 如果能够确定行人在空中飞行后的第一落点,那么用公式(4-109)计算碰撞速度。此时,确定第一落点是必要的前提。
(2) 如果无法确定第一落点,但可以根据行人的静止位置测量抛距,那么采用式(4-111)。

2. 斜抛运动模型

在轿车与人体发生碰撞后,人体的重心轨迹类似做斜抛运动(如图 4-48 所示)。假定撞击后人体被抛出时的高度为 h,人体的抛出速度为 v_p,v_p 与路面夹角即抛射角为 θ,类似地,仍假设人体在空中飞越的距离为 x_1,人体落地后在地面滑行的距离为 x_2,碰撞点到人体停止位置的距离为 $X = x_1 + x_2$,人体跌落时间为 t,则人体抛落运动方程为

$$x_1 = v_p t \cos\theta \tag{4-112}$$

$$x_2 = \frac{v_p^2 \cos^2\theta}{2\mu_p g} \tag{4-113}$$

$$h = -v_p t \sin\theta + \frac{1}{2} g t^2 \tag{4-114}$$

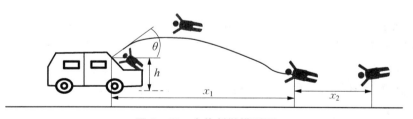

图 4-48 人体斜抛模型图

轿车碰撞行人事故,当人体跌落到风窗玻璃后抛出时,抛出方向近似与风窗玻璃垂直。通过车辆检验可确定这种抛角的大小。高度 h 主要与碰撞点离地面高度及人的体形有关,行人撞击风窗玻璃时往往会留下撞击变形坑,一般可近似取坑洞的中心距地面高度作为抛出高度。如图 4-49 所示。

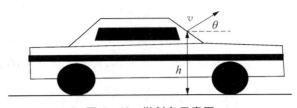

图 4-49　抛射角示意图

斜抛时由于人体抛出速度与汽车行驶方向并不一致，因此用计算的抛出速度近似作为汽车碰撞速度，是有一定的误差存在的，抛出角度越大，误差会越大。

这种情况，计算车速同样有两种方法：

（1）如果能够确定第一落地点，那么可以根据第一落地点的距离进行车速计算。已知第一落地点距离 x_1 和总抛距 X，则 $x_2 = X - x_1$，利用式（4-113）计算碰撞车速。

（2）如果只能测量总抛距，那么将式（4-112）和（4-113）合并并与（4-114）联立进行求解。

在交通事故中，人体飞出后在地面的落地点可以通过血迹、脱落的鞋子等来加以判断。通常事故现场行人静止点会存在明显的血迹，即使在事故勘查之前行人被移走也可以大致确定位置。但是落地点的血迹一般不明显。在行人碰撞事故中，行人的鞋子往往会脱落在事故现场，一般是行人着地后在地面上滑行时鞋子与地面摩擦导致的，鞋子所在位置更接近落地点。

运用抛体模型计算得到的速度，是汽车和行人碰撞瞬间的速度。如果在事故中驾驶员在碰撞前就采取了措施，则要通过制动痕迹进一步求出交通事故车辆的行驶速度。

二、基于制动距离或轮胎痕迹的估算方法

类似于前面介绍的二轮车事故分析方法，忽略行人对汽车车速的影响，可以直接根据汽车制动距离估算汽车碰撞速度。这种方法一般首先判断出汽车是制动状态的，至少在碰撞瞬间汽车是制动状态的，比较可靠的证据是汽车在路面上留下了明显的轮胎拖滑印记。如果在碰撞点前都有制动印记，那么不仅可以推算碰撞车速，还可以准确确定行驶车速。类似于4.4节的式（4-96），为了区别，改写公式如下：

$$v_c = \sqrt{2g\varphi L k} \tag{4-115}$$

式中，v_c，L，φ，k 参数分别代表碰撞行人的汽车的碰撞车速、制动距离（轮胎拖滑痕迹长度）、滑动摩擦系数、修正系数。

由于行人比二轮车的质量还小，因此这种直接根据汽车痕迹长度或者制动距离估算碰撞车速的方法，精度还是较高的。有时候困难在于路面未留下制动印记，无法确定汽车是否为制动状态。如果汽车是滚动形式后停车，那么这种方法是不适用的。另外，如果碰撞点也有确切的痕迹信息，那么可以直接按照总的制动距离估算行驶车速，也就是在上式中代入的痕迹长度包括碰撞点前后两段。

三、基于实验的经验模型公式

鉴于汽车-行人的事故比较复杂，仅靠理论计算是不够的。自 20 世纪 70 年代开始，国内外许多研究者利用假人模型，对汽车-行人碰撞事故做了大量模拟实验，得出了许多经验公式，这里介绍 3 种比较实用、简单的公式。

1. 科林斯模型

1975 年科林斯基于数据和推理，建立了行人抛距 d_t 与汽车碰撞速度的关系模型：

$$d_t = \frac{v_c\sqrt{h_p}}{7.97} + \frac{v_c^2}{254\mu_p} \tag{4-116}$$

该模型描述了一定的碰撞车速下的人体抛距的变化，与人体重心高度、碰撞车速有关，并基于已有数据确定了其中的参数。在已知人体抛距时可以反解该算式，求解碰撞车速。需要注意的是，车速的单位是 km/h。

2. 席勒模型

1983 年席勒提出了人的抛距和碰撞车速的关系：

$$v_c = \frac{\sqrt{2\mu_p g(s-h_p)}}{\cos\varphi - \mu_p \sin\varphi} \tag{4-117}$$

式中：μ_p——人体摩擦系数；

h_p——人体质心高度；

s——人体抛距；

φ——人体的抛射角。

同时，给出了最小碰撞车速的估计方法：

$$v_{cmin} = \frac{\sqrt{2\mu_p g s}}{1+\mu_p^2}$$

3. 人体抛距与车速关系模型

有学者通过模拟实验，研究了汽车-行人事故中行人纵向距的分布范围，总结出了公式及相应图像。

$$s = 0.0178 a v_c + \frac{0.0271 v_c^2}{a} \tag{4-118}$$

公式中 s 为抛距，a 为制动减速度，v_c 为碰撞时的速度。此公式对应的函数图像见图 4-50。

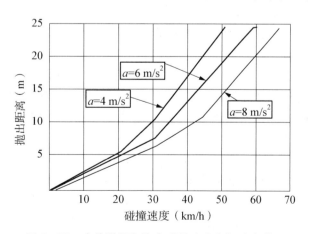

图 4-50 人体抛距与汽车碰撞速度和加速度关系

但是,实验数据都是针对特定车型和使用假人的情况,与实际事故还是会存在一定的差异,而且样本量也不够充分,所以这些模型的适用性是有限的。而实车的志愿者实验又不可取,所以需要分析大量的实际行人事故案例,并利用计算机模拟实验手段,以增加实验样本,建立更实用的抛距模型。实践证明,人体的抛距与车型有一定的关系,这是因为不同车型汽车的前端高度是有差异的,如运动型跑车前端设计得比较矮,而家用轿车居中,SUV 等大型车前端就比较高。汽车碰撞部位的高度与行人身高及碰撞后的运动都有关系,从而影响行人抛距的大小。行人身高和车辆接触端的高度对行人抛飞运动的影响,主要有以下一些规律可循:

(1) 行人身高对运动形态的影响。行人身高较高时,行人被碰后容易倒向发动机罩或风窗玻璃,从而延缓了第一时间的抛飞,行人的抛距会减小,同时由于行人抛飞高度的增加,又使抛距可能增加,抛距的变化由这两方面共同影响。

(2) 车辆前端越高,行人越容易直接飞出,抛出速度会较大。由于抛出点相对较低,因此第一落点较近,而滑滚距离相对较长。如果人体重心很低,则还有可能发生碾压,导致抛距不大。

(3) 除了与车辆碰撞部位的形状和高度以及行人身高有关外,抛距与碰撞速度的关系更大。一般地,碰撞速度越大,抛距越远,特别是落地后的活动距离与碰撞速度的关系更大。当碰撞速度非常大时,行人被一般轿车碰撞后,很可能飞跃车身。由于车速较快且碰撞时间较短,因此行人飞越车身后会被汽车甩在车后较远的地方,此时的抛距会比正常抛飞时的小。

(4) 车身越低,行人身高越高,由于伴随着倒向汽车方向的运动,因此行人总抛距会减小。

四、人体伤害与碰撞速度

在汽车-行人交通事故过程中,人体暴露在一个机械冲击的环境中,在惯性力和接触力的作用下,人体的各部分组织将产生一定的生物力学响应。若生物力学响应使人体组织超过可恢复的限度或导致解剖学组织破坏,或者导致正常生理功能变化或丧失,这时就发生了人体损伤。在总结大量交通事故及实验的基础上,人们发现人体的各部位伤害程度与汽车碰撞时的速度有一定的关系。

1. 人体的耐冲击性与伤害标准

在交通事故中,人所受的大部分伤害都是因人体受到外力冲击所致。人体对外力的冲击有一定的承受能力,但当外力超过一定限度时,人体便会受到伤害。表示人体耐冲击性的物理量,一般采用加(减)速度、负荷、压力及位移(变形量)。特别是加速度,它能准确地表示冲击大小的尺度,测量和数据处理也比较容易,负荷和位移往往用于表达骨折和挫伤的耐冲击性。由于人体各部位的构造、机能不同,因此耐冲击性也各不相同,在交通事故中特别关注的是人体头部、胸部、颈部等部位的伤害标准。

(1) 头部的耐冲击性和伤害标准(HIC)。在汽车-行人交通事故中,轿车-行人碰撞占事故总量的 60%~85%。在此类碰撞所造成的损伤中,行人头部损伤所占比例较高,头部伤害是最重要的伤害形式之一。行人受伤一般发生在行人与汽车碰撞、行人与地面碰撞两个阶段,而且第一次碰撞往往比第二次碰撞力更大、伤害更大(如图 4-51 所示)。

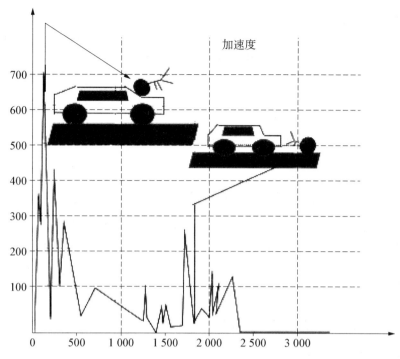

图 4-51 汽车与行人碰撞时人体头部加速度变化

1971年,美国运输部决定采用下述 HIC 计算公式作为头部伤害界限的基准:

$$\text{HIC} = \max\left[(t_1 - t_2)\left(\frac{1}{t_1 - t_2}\int_{t_2}^{t_1} a\,\mathrm{d}t\right)^{2.5}\right] \quad (4-119)$$

式中:a——头部重心三向合成加速度,用重力加速度 g 的倍数表示;

t_1,t_2——碰撞过程中任意两个时刻。

从 HIC 计算方式可以看到,头部伤害与头部受冲击加速度大小有关系,而且与持续的时间有关系。

HIC=1 000 作为头部冲击伤害的安全界限,美国现行法定标准规定:时速为 30 英里(约合 48 km/h)的正面碰撞,其 HIC 值为 1 000。这一安全界限已被美国联邦机动车安全标准(FMVSS)采用,并被作为评价汽车安全措施的依据。据测定,当 HIC 值为 1 000 时,发生恶性头骨骨折的概率相当于 33%。我国的国家标准 GB/T 11551—89《汽车乘员碰撞保护》也将此值作为防止乘员受伤的标准要求。

(2) 颈部的耐冲击性。人体颈部的生理构造很复杂,即使受到轻微冲击,也可能造成伤害而产生严重后果。颈部向前及向后倾斜时的伤害界限为 60°左右,这一研究成果可用来指导汽车座椅靠背及安全枕的设计。

(3) 胸部的耐冲击性。在交通事故中,驾驶员常因胸部与方向盘碰撞而受伤。为减轻事故中驾驶员的伤害,可将汽车的转向管柱做成安全转向管柱,这种转向管柱在受到大于某界限值的压力时,长度会缩短,从而起到保护作用。为了确定界限压力的数值,就需要了解人体胸部的耐冲击特性。美国 20 世纪 70 年代初期的研究结果表明,胸部受到的冲击力如超过 6.4 kN,人体便会受到严重伤害,发生胸骨、肋骨骨折和心肺损伤。因此,可以用此值作为胸部的耐冲击界限。

对于人体其他部位，如腹部、腿部及足部、臀部等，都有相应的伤害界限标准。可以通过研究乘员或行人碰撞后的伤害值来反推汽车的碰撞车速，但是由于这方面的研究还很缺乏，因此这种方法目前还没有得到太多的实际应用，这需要进行大量的事故人员伤害数据的积累和研究。

2. 人体伤害与碰撞速度一般规律

国内外学者研究了碰撞车速与人体损伤特征，见表4-1。有行人伤亡时，碰撞速度一般高于50 km/h。

表4-1 碰撞速度与人体损伤特征

碰撞速度	损伤特征
20～30 km/h	局部受伤，腿部被保险杠、前发动机罩撞击，或倒地后身体局部受擦皮伤
30～40 km/h	人体腿部、腰部、上体局部呈中度或较大损伤，大多不至于死亡
40～50 km/h	重度损伤乃至致命，下肢断裂、腰部重伤、头部重伤为主要特征
50～60 km/h	一般会导致死亡，主要头部严重损伤，直接危及生命

五、车辆损坏程度与碰撞速度关系

人们对大量的汽车-行人事故进行总结分析后发现，汽车的损坏程度和碰撞时的速度有一定规律。发动机罩、前挡风玻璃和A柱是行人头部与车体接触位置中最常见的部位。在短头或平头车辆与行人发生碰撞，或者长头车车速较高时，通常会导致风窗玻璃破损。

风窗玻璃受到头部撞击后产生的裂纹主要有：环形裂纹、放射状裂纹及锥形裂纹。可以根据裂纹半径和凹陷深度来估算车辆的行驶速度范围，还可以根据人体与车辆的碰撞位置判断车辆的行驶速度，见表4-2。

表4-2 碰撞速度与车体损坏特征

碰撞速度	车损特征
20～30 km/h	保险杠凹陷，车前灯破损，发动机罩前部凹陷
30～40 km/h	发动机罩前部、中部凹陷
40～50 km/h	发动机罩中、后部凹陷，挡风玻璃下部呈蜘蛛网状裂纹
60～70 km/h	挡风玻璃中部呈网状裂纹，凹陷区上移，陷深增加
高于80 km/h	挡风玻璃上部呈网状裂纹，车顶蒙皮凹陷深度加大、加深

4.5.3 汽车-行人碰撞交通事故主要参数

汽车-行人碰撞交通事故相对比较复杂，涉及可用的参数较多。很多参数如汽车滑移距离、行人抛距、滑滚系数等都具有一定的不确定性，参数选取对计算结果有较大影响，所以对参数的准确测量和推敲是十分必要的。

一、现场勘查参数

在进行汽车碰撞行人事故的现场勘查时,要重视以下关键参数的收集和提取,复杂的行人事故往往需要仔细比较可用的证据数据,选择准确的数据,使用最可靠、最适合特定案例的方法进行分析。

(1) 车辆碰撞行人的地面接触点。
(2) 车辆停止位置,行人或乘员位置,散落物、行人附属物品等的位置。
(3) 汽车路面痕迹、车体碰撞部位痕迹、风窗玻璃等行人跌撞痕迹、行人衣物或携带物痕迹、血迹、行人在路面的擦痕等痕迹的起点、长度、形态和中心位置。
(4) 汽车自身特性和使用状况、天气和环境状况。
(5) 微量物证如毛发、衣服碎片等的采集,特别是汽车接触部位。
(6) 行人抛距的测量、碰撞点高度的测量、人体的重心高度、汽车制动距离的测量等。

上述证据信息中,接触点的确定在汽车事故中有很重要的意义,大部分的事故分析方法是以能够确定地面接触点作为前提的,在处理交通事故时往往要第一时间判断分析碰撞的接触点。在实践中,接触点判断一般是有一定难度的,对于行人事故更是如此,所以在现场勘查时,要尽可能第一时间收集相关证据来确定地面接触点。

汽车碰撞行人事故接触点的判断可以从行人可能在路面留下的痕迹、汽车散落物、汽车位置和位移等方面进行单独分析或综合判断。

行人被撞时,往往会脱落鞋子,鞋子在地面留下的擦痕起点是碰撞接触点的范围。汽车撞击行人的部位有可能脱落保险杠碎片、大灯碎片、风窗玻璃碎片等,这些散落物会遗落在事故现场碰撞点后一片区域,散落物分布的起始位置通常是接触点的范围。

可以用汽车最终停止位置、汽车制动距离、行人的抛距等参数,通过不同的方法推算的车速的比较,来推算汽车与行人的接触点。如用制动距离方法算出的车速与抛距模型方法算出的车速进行相互比较,当在某个可能的碰撞接触下确定的参数计算的车速结果接近时,可以确定接触点。这种方法其实是一种验证的方法,前提是需要有一个大致的接触点范围,然后去确定更准确的点。这种方法无法单独作为判断接触点的方法,这是因为其前提是假设两种不同方法计算的结果都是准确的。事实上,不同的方法依据的原理不同,不存在必然的相互可验证的逻辑。

二、经验推断参数

(1) 询问笔录。包括对当事人、证人、亲戚朋友的询问,了解事故发生过程中的一些基本情况,比如车辆和行人的出发地和目的地。通过对以上信息的了解,对一些第一接触点难以找到的事故,能起到缩小碰撞点范围的作用。

(2) 视频资料。通过对视频资料的分析,推断抛射高度和抛射角度等。以上参数的证据采集,存在一定不确定性或受人为因素的影响,在事故再现过程中要慎重。

4.5.4 例题

例题1

20××年××月××日××时,在市区道路上行驶的一辆小轿车,由北向南行驶至事故路段时,遇一行人从西向东横过道路,驾驶员发现危险后采取了一定的避让措施,但由于距离太近,汽车车头仍与行人发生了碰撞。碰撞后行人摔倒在汽车发动机舱盖上,后被抛落到

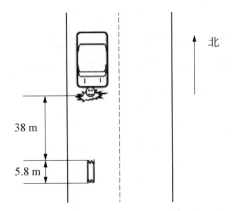

图 4-52 例题 1 的交通事故现场示意图

前方一段距离,抛出高度为 0.85 m。现场散落了一些行人手中的物品,伤者留下的血迹与散落物距离大约 38 m,血迹拖印长度为 5.8 m。事故现场图如图 4-52 所示。求发生事故时汽车的车速。

分析:由于汽车未留下制动痕迹,也无确切的证据证明汽车何时采取了制动,因此不适合通过汽车的轮胎印迹来计算车速。汽车与人体的碰撞属于完全非弹性碰撞,其特点是碰撞后汽车及人体均以同一速度向前运动,所以行人的抛出速度就等于碰撞后汽车的速度。

抛出距离 X,即从碰撞点到行人停止位置的距离,根据现场图,物体散落的起点 A 可认为是碰撞点,而血迹的终点 B 为行人的停止位置,则

$$X = x_1 + x_2 = 38 + 5.8 = 43.8 (\text{m})$$

因为无法确定抛出角度,所以这里按照平抛的抛距模型进行计算,人体滑滚系数取 0.4,抛出高度 0.85 m,则

$$v = \mu_p \sqrt{2g} \left(\sqrt{h + \frac{X}{\mu_p}} - \sqrt{h} \right) = 0.4 \times \sqrt{19.6} \times (\sqrt{0.85 + 43.8/0.4} - \sqrt{0.85})$$
$$\approx 61 (\text{km/h})$$

例题 2

某年某月某日某时,某道路发生一起客车与行人碰撞的交通事故。汽车在现场留下的刹车痕迹长度为 11.3 m,汽车的质量为 2 385 kg,该路段的路面附着系数的参考值为 0.65;人体重心高度为 0.85 m,行人质量为 75 kg,行人从接触点至最终位置为 16.4 m,人体与地面间的摩擦系数为 0.5。现场示意图见图 4-53。根据以上数据试分析碰撞时车辆的行驶速度。

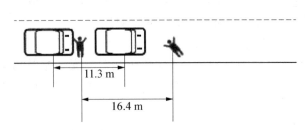

图 4-53 例题 2 交通事故现场图

分析:根据现场采集的相关数据,可以通过抛距模型计算碰撞车速。此例给出了汽车制动痕迹长度,因此也可根据痕迹法进行计算。

方法1:利用抛距模型,

$$v = \mu_p \sqrt{2g} \left(\sqrt{h + \frac{X}{\mu_p}} - \sqrt{h} \right) = 0.5 \times \sqrt{19.6} \times (\sqrt{0.85 + 16.4/0.5} - \sqrt{0.85})$$
$$\approx 38.9 (\text{km/h})$$

方法2:由汽车制动距离求汽车碰撞速度,

$$v = \sqrt{2g\varphi kL} = \sqrt{2 \times 9.8 \times 0.65 \times 11.3 \times 1} \approx 43.2(\text{km/h})$$

利用两种方法所计算的结果存在差异,这是正常现象。两种模型中都有一些不确定性的参数(如附着系数和滑滚系数),此外人体抛出有一定的侧向位移,汽车痕迹法忽略了人体冲撞的影响,而且两种方法的原理也不同,这些都会导致两种方法计算结果出现差异。

上面第二种方法实际上是一种简便的估算方法,结果会偏低。本例中有客车的质量和行人的数据,参照二轮车事故的处理方法,可以考虑将上式结果进行修正,即

$$v_c = \frac{m_1 + m_p}{m_1} \sqrt{2g\varphi kL} = 43.2 \times \frac{2\,385 + 75}{2\,385} \approx 44.6(\text{km/h})$$

例题 3

20××年××月××日,在××路与××大街的视线不良无信号控制的交叉路口,一辆平头汽车与一行人发生碰撞,行人向汽车前方飞出,落地滑滚后静止。经勘测,了解到行人的抛距为14 m,行人重心高度为1 m,汽车在接触点前的制动痕迹长为10 m。行人滑滚系数取0.7,汽车纵向滑移系数取0.6。现场图如图4-54所示。试估计:(1)汽车的碰撞速度;(2)汽车的制动速度。

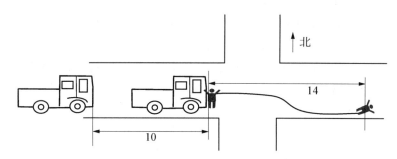

图4-54 例题3交通事故现场示意图(单位:m)

已知行人的滑滚系数μ_p、被撞后的抛距,以及行人的重心高度。在此事故中,汽车与行人相撞时刻速度近乎相同,因此我们可将汽车碰撞速度近似看作行人抛出速度。

$$v_c = \mu_p \sqrt{2g} \left(\sqrt{h + \frac{X}{\mu_p}} - \sqrt{h} \right)$$
$$= 0.7 \times \sqrt{19.6} \times (\sqrt{1 + 14/0.7} - \sqrt{1})$$
$$\approx 11.1(\text{m/s})(40\,\text{km/h})$$

$$v_{行驶} = \sqrt{2g\varphi kL + v_c^2} = \sqrt{2 \times 9.8 \times 0.6 \times 10 + 11.1^2} \approx 15.5(\text{m/s})(55.6\,\text{km/h})$$

§4.6 不确定性和法理分析

事故再现中存在很多的不确定性,事故现场所遗留的痕迹因受外部环境影响,或多或少会消逝,从而导致测量不准确,并由此导致依据相应痕迹计算所得结果的不确定。

事故中的数据按照不确定性可分为 3 类。其一是确定性数据,如车体、人体质量等,相对来说获得准确值的难度不大。其二是不确定测量数据,如行人抛距、车辆制动距离等,这类数据一般需要进行测量获取,难免会出现测量误差;有时候现场数据自身也存在表现形式的不确定性,例如轮胎制动痕迹会出现多条,还可能存在过路车辆留下的痕迹干扰;有的痕迹可能会局部消失,来不及完整地测量,测量人员一般需要根据经验和部分合计进行区间估计。其三是不确定选取数据,主要是车路间摩擦系数等经验性参数,因在过往的痕迹信息采集过程中人们积累了大量的数据及经验,可以根据轮胎、路面和制动情况综合选取,必然存在参数选取的不确定性,当然附着系数也可以用仪器及时在事故现场进行实验测定,这就变成了第二种不确定性参数。

4.6.1 汽车碰撞事故参数不确定性分析

在汽车碰撞事故再现中,使用公式计算时,部分事故参数值由常数确定。这部分参数具有准确值,这就是确定性参数。而另一部分参数具有一定的物理意义,但并不是定值,是具有一定变动范围的,这就是所谓的汽车碰撞事故分析参数的不确定性。

在实际交通事故再现中,许多现场参数不可能是唯一的准确值,而是处于一定的范围。例如,现场制动拖痕长度一般不可能是 8.8 m,而经常处于 8.6~8.9 m 范围内。所以,由此得出的碰撞后速度大小也将位于一个范围内,而不是一个定值。在本节中用参数下标 max 表示相应参数的最大值,而下标 min 表示最小值。

导致这种不确定性的因素主要有:重复测量;具有一定物理意义但无法测量;可通过特殊值大概估计的物理量;公认有限定范围的参数;汽车交通事故发生的环境条件和人为因素造成各参数的不确定性等。

在处理这种不确定性事故参数时,通常使用边界值法和偏差法。

一、边界值法

边界值法是指在处理事故参数时,因一些相互独立的变量的变动导致相关变量具有不确定性,此时只处理相应变量的最大值和最小值两个边界值即可。边界值法是一种处理事故参数不确定性的最简单的方法,也是最常用的方法。

首先必须明确所求参数相关变量的数量,再确定相关变量的变动范围,然后依据变量的上、下限值(最大值、最小值),计算所求参数的可能值。

以依据制动拖痕计算碰撞后的汽车速度为例,说明其处理过程。计算碰撞后车辆速度公式为

$$v_1^2 - v_{1F}^2 = 2\varphi g l, \text{ 或 } v_1 = \sqrt{v_{1F}^2 + 2\varphi g l} \qquad (4-120)$$

式中:v_1——碰撞后分开瞬时车辆的速度,单位为 km/h;

v_{1F} ——碰撞后滑行距离 l 的车速，单位为 km/h；
φ ——车轮地面附着系数；
l ——碰撞后汽车滑行的制动拖痕长度，单位为 m。

在实际交通事故中，通常 $v_{1F}=0$，即碰撞后经过 l 距离的制动才静止，故式(4-120)变为

$$v_1=\sqrt{2\varphi g l} \qquad (4-121)$$

式(4-121)中的重力加速度 g 为常数，而 φ 和 l 均具有不确定性，其取值为 $l_{min} \leqslant l \leqslant l_{max}$，$\varphi_{min} \leqslant \varphi \leqslant \varphi_{max}$，故可得

$$\sqrt{2\varphi_{min} g l_{min}} \leqslant v_1 \leqslant \sqrt{2\varphi_{max} g l_{max}} \qquad (4-122)$$

通过求平均值计算出碰撞后分开瞬间车辆的速度，并写成形如 $v_1 \pm \delta v_1$，其中

$$\delta v_1 = \frac{v_{1max} - v_{1min}}{2}$$

例如，$\varphi_{min}=0.6$，$\varphi_{max}=0.8$；$l_{min}=32.0$ m，$l_{max}=34.0$ m。通过式(4-122)计算可得 19.4 m/s $\leqslant v_1 \leqslant 23.2$ m/s 或 $v_1=21.3 \pm 1.9$ m/s。

虽然这个例子较简单，但不论多么复杂的计算公式，其处理的方法都相同。如果能利用计算机进行处理，就可使工作变得十分容易。但必须注意的是，并不是在求不确定参数的最小值时，其相关的各变量参数均取最小值，而是应根据实际情况进行具体分析。这种方法与下面所述的偏差法都具有相同的局限性。这两种方法均没有考虑参数的统计特性，即所有不确定参数同时达到边界值的概率。边界值分布应运用统计方法，建立在统计数据的基础之上。

二、偏差法

偏差法采用的是误差分析的方法，常用在自然科学和工程学实验中，在此也可借用其理论。假设所求变量 y 与一些具有不确定性，但相互独立的参数 u，v，$\cdots$，w 等相关。

（1）首先考虑线性相关的情况。有函数表达式

$$y = f(u, v, \cdots, w) \qquad (4-123)$$

将式(4-123)按泰勒公式展开，并略去高次项，有

$$\begin{aligned} y &= f(u, v, \cdots, w) \\ &= f(U, V, \cdots, W) + \left(\frac{\partial f}{\partial u}\right) du + \left(\frac{\partial f}{\partial v}\right) dv + \cdots + \left(\frac{\partial f}{\partial w}\right) dw \end{aligned} \qquad (4-124)$$

式中 U，V，$\cdots$，W 对应不确定参数的真值（在工程实际中，通常取其平均值代替），所以

$$dy = \left(\frac{\partial f}{\partial u}\right) du + \left(\frac{\partial f}{\partial v}\right) dv + \cdots + \left(\frac{\partial f}{\partial w}\right) dw$$

由此得出线性关系式为

$$\delta y = \left(\frac{\partial f}{\partial u}\right)_{u,v,\cdots,w} \delta u + \left(\frac{\partial f}{\partial v}\right)_{u,v,\cdots,w} \delta v + \cdots + \left(\frac{\partial f}{\partial w}\right)_{u,v,\cdots,w} \delta w \qquad (4-125)$$

(2) 其次考虑处理的是非线性关系，如

$$y = au^p v^q w^m \tag{4-126}$$

式中 p,q,m 为常数（其他形式进行类似处理即可）。

$$\delta y = p\frac{Y}{U}\delta u + q\frac{Y}{V}\delta v + m\frac{Y}{W} \tag{4-127}$$

式(4-127)中的 δy 同时受 $\frac{Y}{U}$，$\frac{Y}{V}$，$\frac{Y}{W}$ 等比值的影响，即并不是所有的不确定性影响都相同，而是比值大的影响较大。对于式(4-121)的车速计算，此时 $y=v_1$，$u=\varphi$，$v=l$，故其真值（取平均数）为 V，Φ，L。

由此推出关系式为

$$\frac{\delta v_1}{V} = \frac{1}{2}\left(\frac{\delta\varphi}{\Phi} + \frac{\delta l}{L}\right) \tag{4-128}$$

假设其取值与上文边界值法中所取值相同，即

$$\varphi = \frac{\varphi_{\min} + \varphi_{\max}}{2} = 0.7$$

$$l = \frac{l_{\min} + l_{\max}}{2} = 33.0(\mathrm{m})$$

则计算结果为

$$\delta v_1 = 10.64\left(\frac{0.1}{0.7} + \frac{1.0}{33.0}\right) \approx 1.8(\mathrm{m/s})$$

4.6.2 不确定性的法理分析

在处理交通事故再现问题中，这种不确定性计算对于事故分析的结果具有一定的影响。大部分时候，考虑不确定参数的变化范围会改变车速的计算结果，但是可能不会改变是否超速这样的结论；可能会改变碰撞方向的分析结果，但一般不会改变碰撞接触部位、行车方向等结论。当然，有时候较小的车速鉴定结论的变化，还是可能会改变分析结论的性质。

所以这种不确定性的影响有时只是量变，而未发生质变，有时却又发生了质变。对于事故的不确定分析必须谨慎对待。从法律角度讲，任何可能出现歧义或改变案件性质的证据都必须是确定的，交通事故鉴定必须是唯一的结论和明确的定性。从科学意义上讲，交通事故分析当然需要科学严谨地对待，而交通事故毕竟是已经发生的突发和随机性事件，本身存在很复杂的机理和变化，如果没有完整的视频资料或者目击证人的可信可靠的证词的支持，那么理论上确实存在几种相互冲突的情况都有可能发生的情形，每种情形的过程的详细描述并不容易，能不能找到正确的答案与一些不确定因素的处理有着直接的关系。

交通事故案件的不确定性是客观存在的，从公平公正和精益求精的角度来说，要求进行这种边界范围的分析，以给出一个更合理的变动范围，这是承认客观存在的测量误差和参数选择的系统误差，是实事求是的精神体现。但是从法律角度讲，违章的标准是基于标准、规

范或规定的,例如,一条道路规定限速 60 km/h,如果通过不确定分析得到车辆行驶速度是 58~62 km/h,显然,对于事故处理人员是很棘手的一件事情。所以我们要用辩证的观点去对待不确定性分析问题。当然,从科学研究角度或为了实践工作的不断改进,这种研究很有意义。

❓ 思考与习题

1. 一辆轿车碰撞一个行人后制动滑移 10 m 后停车。现场勘查发现在碰撞点前有 5 m 的制动印痕,路面附着系数为 0.6。设汽车制动协调时间为 0.3 s。

求:(1)汽车的碰撞速度;(2)汽车的制动速度;(3)汽车的行驶速度。

2. A,B 两轿车正面碰撞,沿 A 车的前进方向滑移,两车均采取了制动措施,A 车全轮制动,B 车只有前轮制动(B 车为发动机前置、前驱动,附着系数修正值取 0.6),道路平坦,沥青路面良好,天气干燥。经现场勘测,碰撞点前 A 车的制动印痕长 4 m,碰撞点后 A 车滑移距离 5 m,碰撞点后 B 车滑移距离 6 m。车辆检验发现 A 车变形 0.4 m,B 车变形 0.6 m。A,B 两车质量分别为 1 600 kg 和 1 100 kg。限速 80 km/h,附着系数取 0.6。

(1) 求 A,B 两车的碰撞后速度;
(2) 求 A,B 两车的有效碰撞速度;
(3) 利用 A 车有效速度求两车碰撞前瞬间的速度;
(4) 利用 B 车有效速度求两车碰撞前瞬间的速度;
(5) 忽略制动协调时间,计算分析 A 车是否超速行驶。

3. 质量为 1 600 kg 的轿车 A,追尾撞上了质量为 1 300 kg 的 B 车。A 车的驾驶员紧急制动,四轮制动,根据现场勘查,在接触点前轮胎制动印记 7 m,接触点后轮胎印记 8 m,B 车没有制动,但在碰撞时后轮损坏不能滚动,最后停车位置距 A 车停车位置 6 m,B 车尾部变形深度呈楔形,左右两侧变形深度分别为 0.6 m 和 0.4 m。道路平坦,干燥沥青路面,天气良好(提示:附着系数取 0.6)。

(1) 求 B 车的等价变形量;
(2) 求 B 车的有效碰撞速度;
(3) 求两车的共同速度;
(4) 求两车的碰撞速度;
(5) 若限速为 60 km/h,通过计算分析 A 车是否超速。

4. 主路上一辆轿车发现了胡同里出来的自行车后采取制动,但仍然发生了碰撞,碰撞点前汽车留下 7 m 的制动印记,碰撞后汽车滑移 8 m 后停车,自行车被撞后向右前方滑移,偏角为 30°,滑移距离 7.5 m,骑车人落在右前方偏角为 40°,距离撞点 9 m 处。汽车、自行车、骑车人质量分别为 1 200,50,70(kg),骑车人重心高度 1.2 m。设汽车、自行车、骑车人的滑移系数分别为 0.6,0.7,0.8。现场示意图见图 4-55。

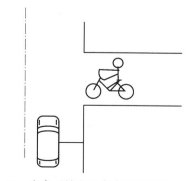

图 4-55 汽车碰撞自行车事故示意图

(1) 推测汽车和自行车碰撞前速度。
(2) 推测汽车的行驶速度。
(3) 假如自行车速度为 12 km/h,如何推测汽车速度?
(4) 假如汽车碰撞的是行人,行人抛距为 12 m,试求汽车碰撞行人时的碰撞速度(行人滑滚系数为 0.6,重心高度 0.9 m)。

第 5 章 交通事故现场勘查与相关检验

导语 交通事故发生后,公安交通警察人员及车辆保险现场处理人员在接到报案后及时赶到事故发生地点,开展事故调查等工作。交通事故现场具有一定的时间和空间特性。事故处理人员要合理确定事故现场的范围,准确对事故现场及事故本身进行定性,判断事故的性质,以便开展进一步的现场勘查工作及相关检验工作。这些都要依赖于对交通事故现场及其特性的正确认识,熟悉现场勘查的程序和方法。交通事故现场勘查与车辆检验等工作是交通事故处理中的重要而基础的一环。

关键词 事故现场特性,现场勘查,车辆检验,痕迹检验,现场图制作,逃逸事故

思政要点 严谨求实,精益求精,尊重事实,遵守规范

§5.1 交通事故现场分类及特性

5.1.1 交通事故现场的分类

交通事故现场是指由发生交通事故的地点,以及一定范围内交通事故涉及的车辆、人员、动物及交通事故过程中出现的各种散落物、痕迹等共同构成的时间和空间整体。

根据交通事故现场的实际情况,通常事故现场被分为三大类,即原始现场、变动现场和再现现场。

一、原始现场

原始现场,是指交通事故发生以后,在现场上的相关车辆和伤亡人员以及有关遗留物、痕迹均保持原始状态,没有被变动和破坏的现场。原始现场能够可靠地为事故原因分析和事故鉴定提供客观依据。

二、变动现场

变动现场,是指事故发生后,由于自然或人为的原因,事故现场原始状态的部分或全部

状态发生了改变。变动现场根据现场变动的原因又分成正常变动现场、伪造现场和逃逸现场3种。

正常变动现场的变动原因通常有以下几种：

（1）为了抢救伤员，移动了现场的车辆和有关物体的位置。

（2）由于现场保护不善，现场痕迹被过往车辆碾压或行人踩踏而模糊或消失。

（3）因下雨雪、刮风、冰雪融化等自然现象的影响，造成路面或物体上遗留的痕迹模糊不清或完全消失。

（4）执行特殊任务的车辆发生事故后，急需继续执行任务而使车辆离开了事发现场。

（5）交通事故造成交通严重拥挤甚至堵塞，需立即排除，从而移动车辆及其他物体。

（6）其他原因。如车辆发生事故后，当事人没有发觉，而离开了现场。

伪造现场是指当事人为了逃避事故责任、毁灭证据或达到嫁祸于人的目的，而故意变动或布置的现场。根据交通事故发生的客观规律和现场的一般特性，可以判断是否伪造现场，伪造现场车辆的位置与路面留下的痕迹存在明显的不一致。

逃逸现场是指当事人为了逃避责任，在事故发生后，故意驾车潜逃而导致现场的不完整。

三、再现现场

再现现场，是指办案人员根据有关证据材料重新布置的现场，表现为恢复现场和布置现场。

恢复现场是根据现场勘查记录等材料，重新恢复现场，供交通事故分析或案件复查使用。需要时，交通事故司法鉴定者也会在交通警察的配合下，恢复事故现场。

布置现场是根据目击证人或当事人的指定，对由于各种原因，已经不存在的原始现场进行重新布置的现场。布置现场一般只用来再次呈现事故现场的情况，不具有勘查的价值。

5.1.2 交通事故现场的特性

一、事故现场的客观性和可变性

任何交通事故，都存在交通事故现场，即使事故当事人为了逃避责任，改变或毁灭交通事故现场，也只能掩盖和改变事故现场的某些现象和状态，现场本来面目仍然客观存在，这就是现场的客观性。但是，交通事故现场的某些现象、状态，会随着时间而灭失。由于人为原因、自然因素的影响，事故现场会发生变化甚至消失，说明事故现场的状态具有可变性。

二、事故现场的外在表象和因果关系的隐蔽性

交通事故在发生时由于车辆和人等对道路、设施以及相互之间的作用，会引起周围环境的变化，如人畜的伤亡，车辆的损坏，物体的形状、位置的变化等。这些变化必然在交通事故现场留下痕迹物证。这些现象明显地显露于外，只要仔细勘查就可以发现，这是事故现场的外露性的表现。但这些能看得见、感觉到的现象，只是事物的外部形态。个别现象只能反映事物的某个侧面，而不能反映事物的整体和本质。交通事故现象之间的因果联系，尤其是交通违法行为与交通事故后果的因果联系，较为复杂，又一时难以查明，构成了因果联系的隐蔽性。很多时候，交通事故处理和鉴定人员就是要透过现象看本质，揭示内在的因果关系。

三、事故现场的整体性和形成的阶段性

交通事故现场是一系列过程演变后的静态表现形式，体现了整个交通事故演变过程的

整体性。交通事故分析的过程必须由终结的静态表现倒推其演变过程,以便再现交通事故的发生和演变情况。

交通事故现场的形成过程一般分成3个阶段,即事故发生前的动态阶段、发生时的变化阶段和发生后的静态阶段。3个阶段在时间和空间上依次衔接,最后形成具有整体性的交通事故现场。交通事故的各个阶段性特点对交通事故现场的整体性产生重要影响。

四、事故现场的共性和特殊性

交通事故是千差万别的,具有复杂性和特殊性,没有一起事故是完全相同的,但是事故也具有某些共性,如一般都有车辆损伤和路面痕迹等。这些相同的事故现场构成要素及其一般的表现形式体现了事故现场的共性。特别是同类交通事故,发生交通事故的方式相似,在现场表现上形成许多相同现象,交通事故处理人员就可将一类事故现场区别于另一类事故现场。但是,每一起具体的交通事故现场,绝对没有完全雷同的可能性。交通事故当事人自身条件的不同,时空条件的差异,决定了同类事故中每起具体交通事故现场的差异,构成了其特殊性。具体交通事故的特殊性,是交通事故处理人员对具体情况具体处理、正确认定的条件和依据。

§5.2 交通事故现场勘查程序和方法

交通事故现场勘查,是指为了正确判明交通事故案件的性质,发现和提取有关证据,证实事故发生的经过。事故处理人员运用科学的方法和现代技术手段,对交通事故现场进行实地调查,以及当场对当事人和有关人员进行调查访问,并将得到的结果客观、完整、准确地记录下来。若不特别指明,事故现场勘查都是指由公安交通部门的事故处理人员在事故现场开展的事故调查工作。当然,车辆保险公司负责出现场的勘查人员也进行了类似的工作,但在勘查的目的、项目和重点以及程序上均有所不同。此外,交通事故鉴定人员在进行事故鉴定时,也要进行车辆检验等工作,虽然不是事故第一现场,但工作内容和方式基本一致,甚至需要进行事故现场勘查。本节主要介绍公安交通部门事故处理人员的现场勘查,并简要介绍车辆保险现场勘查员的勘查程序。

5.2.1 现场勘查的内容和程序

事故现场勘查的一般程序是:接报案,做好报告记录,组织相应人员,立即赶赴事故现场,采取紧急措施,进行现场急救,维护现场秩序,开展调查访问,详细勘查现场,包括测量、记录、绘图、摄影同步进行,有时还要进行现场实验。进行现场分析,确认事故性质,确定是否立案并完成立案登记,复核现场,撤除现场,恢复交通。下面详细介绍以上流程各环节的具体内容和要求。

一、事故报告记录

公安机关交通管理部门接到交通事故报案后,立即做好报案记录。交通事故报案一般有口头、书面和电话报案3种形式。报案人一般是当事人及其委托人、目击人。也有公安交警部门自己发现事故后立案。交通事故报案记录应清楚报案的时间、报案人的自然情况、情况来源、案情介绍(事故的时间、地点、车型、牌号、后果等情况)。在交通事故报案记录中,交通事故发生地点和情况尤为重要,必须确切记录,以便于调动勘查力量,采取适当援救措施。

如果根据报案,事故情况属于重大、特大交通事故的,应当及时向上级公安机关交通管理部门或有关部门报告。

二、组织人员赶赴现场

《道路交通事故处理程序》规定,"公安机关接到交通事故报案后,应立即派员赶赴事故现场,抢救伤者和财产,勘查现场,收集证据,采取措施尽快恢复交通"。

交通事故处理人员及时赶赴现场对事故及时处理、准确处理,以及提高救援、缓解拥堵等都具有十分重要的意义。这里着重强调以下两点:

(1) 准确处理事故。发生交通事故后,交通警察人员可能不是第一时间到达现场的人员,可能是医院救护人员先到达现场,这就可能造成现场的一定变动,而且现场变动也随自然因素影响,更需要减少变动的时间。现场变动会给后期的现场勘查乃至事故分析与责任认定均带来不确定性。

(2) 提高救治。由于救治伤员与保护现场存在一定的矛盾性,并且医护人员及当事人、其他在场的非处理人员缺乏专业知识和经验,担心破坏现场而延误救援工作,因此交通警察尽快到达现场,可组织现场救援,提高救治效率,能够一定程度上减轻伤亡损失。现场勘查人员赶到现场后,如果伤者还在事故现场,则首先要抢救伤者,征用过往车辆,迅速将伤者送往附近医院,进行抢救或治疗。

三、认定和封闭现场

除了开展救援外,要迅速开展现场调查工作,分析和判断事故性质。一旦确定是正常的交通事故,就要进行立案,并进行事故现场认定和保护,进行现场封闭。

如果属于轻微事故,则可对当事人进行现场调解,适用于简易程序处理的建议处理。

如果属于逃逸事故案件,则按照肇事逃逸事故进行立案。

如果不属于交通事故范畴,则不立案,并为当事人指明报案部门或相应的处置方式。

现场封闭可分为局部封闭和全部封闭两种。现场封闭须有专人看护或通过封闭装备进行物理封闭,或者设置警示标志。除事故现场勘查人员外,禁止一切车辆和行人进入事故现场。同时要维护交通秩序,保证事故现场勘查安全,防止发生二次交通事故。

四、现场勘查作业

在完成必要的抢救、现场保护和封闭后,应立即开展事故现场勘查作业。现场勘查作业的内容很多,具有很强的技术性、复杂性和紧迫性。从科学严谨、精益求精的角度来说,要求全面、不遗漏地勘查现场中一切与事故可能有关的车辆、人和事物;但从实践性、紧迫性的角度来说,有丰富经验的事故勘查人员可以更好地抓住重点,相对全面地把所有有价值的信息和证据在较短时间内采集、收集到并记录下来。也就是说,事故现场包含很多数据和痕迹等物证信息,但是所有的信息中会包含一些与事故发生原因、当事人主客观行为没有必然关系的信息。经验丰富的交通事故处理人员按照《交通事故处理程序》的要求和正确的勘查方法,敏锐地抓住重点和有价值的信息,可以节省时间,对有价值的信息进行更加仔细的勘查。这不仅有利于提高勘查效率,也有利于提高勘查的实际效果。但是要特别注意的是,这种有重点的勘查绝不是遗漏一些看似没有价值的物证,恰恰相反,所有的物证都要在第一时间内全面进行拍照摄像等采集,以避免有价值的信息遗漏,造成不可弥补的失误。

现场勘查作业的主要内容包括证据材料发现、搜集、摄影、测量、绘图、车辆检查、道路鉴定、尸体检验,当事人确定、询问和监护,证人询问,还有交通事故发生时间、后果及其他调查和现场复核。

现场勘查作业一般先进行静态勘查,静态勘查是全面而粗略的调查;然后是动态勘查,动态勘查是对重点事项的仔细而深入的调查。需要注意的是,静态勘查和动态勘查可以同时进行。

五、现场实验

在条件允许且有必要的情况下,现场勘查要进行一定的现场实验。例如,现场测试车辆的制动性能、制动距离及道路附着系数等。为了保证实验结果的准确性和可靠性,要求实验时的道路、天气等条件与发生交通事故时基本相同或相近。

六、现场复核

现场复核是为了避免事故现场勘查过程中可能产生的遗漏和差错,是完善事故现场勘查资料的有效手段。现场复核是由现场勘查人员和见证人共同进行的,主要工作如下:

(1) 听取各方面勘查情况的汇报,审核现场图和有关调查材料有无漏洞。

(2) 核查现场勘查组成部分之间的衔接是否有误,痕迹调查人员、现场摄影人员的工作是否完成,各种数据是否一致。

(3) 检查主要痕迹和物证提取的手段、件数及现场拍照的种类和数量。

(4) 组织全体现场勘查人员检查事故现场勘查作业是否全面、周密、细致。如有不足之处,则确定补救措施,并组织落实。

(5) 研究现场有质疑的问题和确定尚需补充调查的问题和方式。

七、解除现场

现场勘查结束后,经现场勘查组织者确定现场无须继续保护时,应清除现场障碍,移走事故现场路面上的车辆、尸体及散落物,最后撤除警戒线。交通管理人员应负责疏导被阻车辆,恢复原来的交通状态。

对需要继续保存以备检查、鉴定的车辆和有关物品的名称、型号、数量以及必须检查鉴定的内容进行详细登记。经现场勘查负责人批准后,由专人予以收存,并及时组织检查鉴定。负责保管的人员,不得擅自动用保管的车辆及其他物品,更不得遗失。

5.2.2 车辆保险勘查内容和程序

一、检查核实保险单

在确认保险车辆的基本信息后,要认真查看保单及相关批单。例如,所保车辆与出险车辆是否一致,当事驾驶员与保单指定驾驶员是否一致,所保车辆的责任免赔系数等相关信息。历史出险记录是保险车辆过去出险情况的记录,有完整的定损清单与损失照片。为了防止道德风险的存在,更好地为优质保户服务,应认真查看出险记录,将以前事故的损失部位、损失金额等信息与当前事故进行对比核查。

二、填写相关信息

勘查员是车损案件第一接触人,对案件掌握第一手资料,对相关信息也是最直接的确认。对于事故类型、是否指定驾驶员、驾驶证号码、车架号等都要逐一核对,认真填写。

三、检查证件及相关证明

首先应对事故车辆的行驶证、驾驶员的驾驶证(图 5-1)进行认真检查,查看是否年审,是否有体检证明。认真查看交强险,核实其真伪,查看事故车辆与所保车辆是否相符。查看当事驾驶员与保单驾驶员是否相符。查看交警所注明的事故状况与报案信息是否相符。

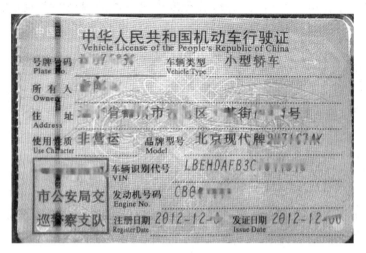

图 5-1 车辆行驶证

四、照片拍摄

按照拍摄要求,依次为左前、右前、左后、右后拍事故现场及事故车外貌(图 5-2)。拍摄局部照片可以按照以下方法:车辆分为车头、车尾、车左侧、车右侧、车底等几个部分,局部照片要清晰,明确拍摄重点。

(a) 左前图　　　　　　　　　　(b) 右前图

(c) 左后图　　　　　　　　　　(d) 右后图

图 5-2 车辆勘查图

五、主车勘查

查验主车行驶证等信息，核对主车车型、车牌号、车架号、发动机号等（图5-3、图5-4）。然后查看受损部位。查看撞击位置，分析撞击力度及车辆损失情况并记录。

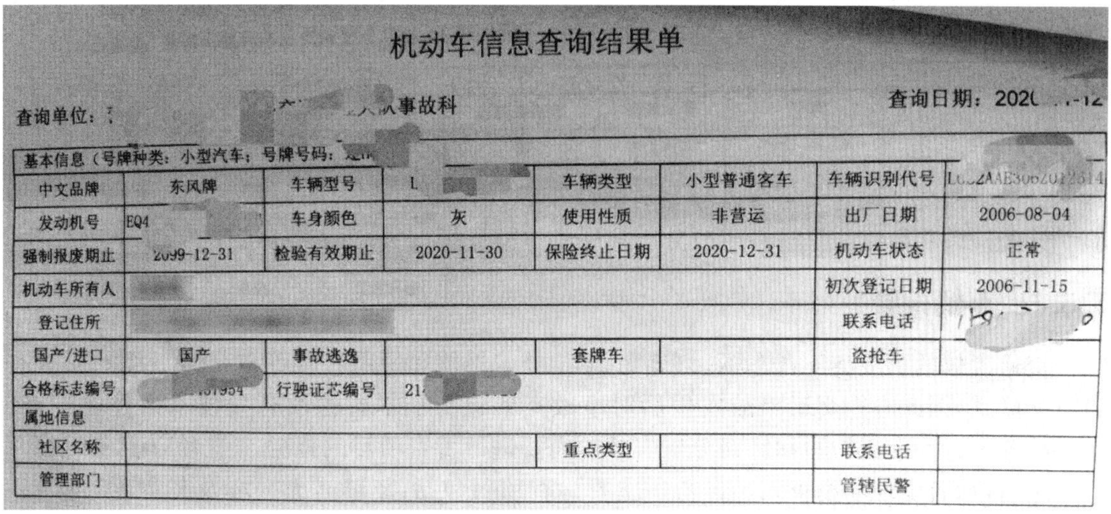

图5-3 机动车信息查询结果单

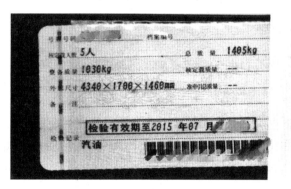

图5-4 车检证

六、三者车的勘查

与主车勘查一样，应仔细查看证件，与受损车辆进行比对，查看痕迹是否相符，查看三者车的保单，确定承保的保险公司及所保险种等，将勘查信息录入案件中。

5.2.3 现场勘查的方法

对交通事故发生地点痕迹清楚、参与事故车辆行驶路线确定的事故现场，可以沿着车辆行驶路线勘查。

对伤亡人员及各种痕迹比较集中、范围不大的现场，可以以肇事车辆或尸体接触方位为中心，由内向外进行勘查。从中心向外勘查的方法适用于现场范围不大，痕迹、物体集中，中心明确的现场。

对伤亡人员及各种痕迹比较分散、范围大的现场，为防止远处痕迹被破坏，可以从周围向中心，由外向内进行勘查。对于较分散的重大伤亡现场，可从交通事故发生起点向终点进行分段调查，或从容易被破坏的位置开始勘查。这种方法适用于潜逃、伪造的现场。

具体勘查应视现场情况而定，有时可以结合几种方法进行。没有哪种勘查方法是必须在某一起事故中使用的，这也取决于勘查人员的经验、技术特点和所拥有的勘查装备。

§5.3 事故车辆、人员和痕迹检验

交通事故现场勘查的重要内容是对事故车辆、伤亡人员以及各种现场痕迹的调查和检验。这些检验项目往往是进行事故分析和发现事故原因的关键证据和依据。

5.3.1 车辆检验

交通事故的形成离不开车辆。车辆的结构技术性能和使用状况等与交通事故的形成有着密切联系，因此应在交通事故发生后对事故车辆进行技术检验及有关技术条件的调查。车辆检验可分为常规检验和针对分析事故的需要进行特定项目的检验。前者应由专门部门人员进行，后者由现场勘查人员进行。主要检查项目包括：车辆有无损坏及其程度，可疑碰撞部位有无附着物，尤其是否附着有人体组织、血迹、毛发、服饰纤维等。

车辆检验项目主要有载货和乘员情况、操纵机构运用情况、安全装置技术状况、车辆结构特征、车辆使用性能、车辆破损情况等。

1. 载货和乘员情况

重点检查乘员人数、乘坐位置，货物种类、质量、外形尺寸、安放位置、捆绑固定情况等。车辆的装载量和方式常使整车的重心位移，成为诱发事故的潜在因素，必要时应对车辆重心进行测定。

2. 操纵机构运用情况

主要检查变速器的挡位、驻车制动器操纵手柄的位置、转向盘自由转角、转向灯开关及其他电器开关的位置、转向轮胎偏转角、转向机构的磨损松脱情况、气压表的指示值等。

3. 安全装置技术状况

重点检查车辆的制动、转向、悬架、轮胎、喇叭、灯光、刮水器、后视镜、防护栏、保险链及其他附属安全设备是否齐全有效，是否合乎国家标准《机动车运行安全技术条件》（GB 7258—2017），对交通事故的形成有无影响。

4. 车辆结构特征

根据案情分析的需要，有时需记录汽车铭牌上的技术规格或汽车后部的型号。若这些缺损，则需记录车辆的外廓尺寸、轮距、轴距、轮胎型号、胎面花纹、最小转弯半径等参数。

5. 车辆使用性能

车辆的加、减速性能可通过现场实验确定。汽车通过弯道而不产生侧滑或侧翻的最高行驶速度，应根据车重和重心位置推算。

6. 车辆破损情况

记录破损部位的名称、位置形态、程度、表面附着物及破损原因等情况。在检查转向拉杆等金属构件断裂时，应注意分析是断裂诱发事故还是事故造成断裂，并保护好断裂面，以

便请专家鉴定。对非金属构件,应注意是自然破裂还是人为破裂。人为的破裂一般会在断裂口处留下锐器切割痕迹。检查车辆灯泡破损情况,应仔细观察灯丝的颜色或断口特征,必要时要用光学显微镜或扫描电子显微镜检查,从灯丝的颜色和断口特征判断车灯被撞破时刻是否正常点亮。

5.3.2 涉案人员的相关检验

检查事故涉案人员的身体状况,主要检查涉案人员是否酒后驾车、是否处于疲劳状态及其疲劳程度、在事故前是否服用过某些药物等。

鉴定事故当事人人体损伤的部位和程度,与事故的性质和原因有一定的联系,根据涉案人员身上的损伤情况,可判断其与车辆的接触部位、接触角度和接触状态。当交通事故造成人员伤亡时,应对其损伤进行检验,查明伤害部位、数目、形态、大小和颜色,损伤类型、特征与致伤物及伤残程度,致命部位及致死原因等,并写出鉴定结论。

5.3.3 痕迹物证的检验

汽车事故中的痕迹是指在车辆、路面、人体等事故现场上的物体表面留下的各种印记,如轮胎制动印记、轮胎在人体衣服上的压印等。痕迹是车辆、人、路面及道路设施之间相互的物理作用产生的,痕迹物证不但能反映出作用对象之间的关系和作用过程,同时还能印证痕迹的形成过程。反过来,根据痕迹的特征可以推断痕迹的形成以及车辆间是如何碰撞的。碰撞事故发生后,相互作用的两个对象都会发生不同程度的变形并可能留下痕迹。

一、汽车碰撞事故现场痕迹

(1) 广义痕迹。广义痕迹是指由于事故而引发现场范围内被破坏的原始状况所反映的形象。广义痕迹根据遗留在事故现场的分布情况、痕迹形态、痕迹之间的相互关系进行调查,因此涉及的范围比较大。广义痕迹形成的原因和过程足以说明事故原因和性质。

(2) 狭义痕迹。狭义痕迹是指碰撞事故中造痕客体作用于承受客体,从而引发两客体同时发生形态变化所留下的反映形象。狭义痕迹具有外部结构形象,即几何形状尺寸大小,可以从承受客体上的痕迹反映造痕客体结构形象。狭义痕迹大都具有同一认定的特性。所以,对狭义痕迹进行的勘验具有重要的证据意义。

(3) 车物结构形象痕迹。车物结构形象痕迹是造痕客体与承受客体在力的作用下发生相互接触形成的。

作用力的大小、方向和角度,决定了痕迹的完整程度和外表结构形象。作用力大,形成的痕迹明显,面积大,凹陷程度深,有立体感。当作用力从垂直方向作用时,形成的痕迹比较完整、真切。而作用角度一定的改变,则会使痕迹特征发生较大变化。

造痕客体与承受客体相比,造痕客体硬度、强度较大,它能把自身的形体特征及分泌物、分离物、附着物遗留在承受客体上,能把承受客体外部结构的物质粘去,破坏其形状特征。承受客体则能够保留造痕客体结构形状特征的痕迹。它具有吸附、渗透、可塑、变形等特点。

(4) 平面痕迹。平面痕迹是指当造痕客体与承受客体相互接触时,承受客体受造痕客体的作用,使表面介质的微粒物增加、减少或色调改变,但客体自身没有发生塑性变形,只呈现出造痕客体接触面的外表结构。平面痕迹只有轮廓而无深度。

当承受客体的硬度大于造痕客体,或者其硬度虽然相等或较小,但造痕客体作用力较小时,不足以造成承受客体变形,两客体表面的黏合力、吸附力使两客体表面分泌物质有所增减。平面痕迹又分为加层痕迹与减层痕迹。

平面加层痕迹的形成,是造痕客体把自身固有的物质或分泌物、附着物遗留在承受客体表面,形成一个附加层。如汽车在硬路面上紧急制动时形成的轮胎印迹。

平面减层痕迹的形成,是在两客体相互接触摩擦过程中,造痕客体将承受客体表面的细微物质带走,在造型客体表面形成一层附着物。如小轿车和中型客车发生刮擦事故时,中型客车表面的油漆附着在小轿车车身上。

(5)立体痕迹。立体痕迹是造痕客体与承受客体发生碰撞事故时,造痕客体施加碰撞力于承受客体上,使之形成了与造痕客体接触面外部形状相对应的有凹凸变化的痕迹。它反映了造痕客体接触面在三维空间的立体形象特征。

立体痕迹形成条件是:造痕客体的硬度大于承受客体,且承受客体具有一定的可塑性,作用力大于承受客体的抗压强度,使承受客体产生变形形成立体痕迹。例如,雪地、松软的土路上的轮胎印痕;人和汽车相撞时,人的头部在汽车的翼子板、机盖上形成的人头形状的印迹。

(6)凹陷痕迹。凹陷痕迹的认定结论应符合的标准:造痕客体的遗留部位具备形成现场痕迹的条件是痕迹与样本的形状、大小、凹凸度应吻合一致,质量好的特征位置、形态、相互关系、方向、角度、数量等要一致,差异点应得到科学的解释。

凹陷痕迹的否定结论应具备的条件:痕迹形状、大小、凹凸度不吻合,缺少质量好的特征,少数特征符合具有偶然性。

线条状痕迹要满足的标准:造痕客体具备形成现场痕迹的条件,稳定可靠的凹凸线特征吻合,刮擦痕迹横断面的凹凸趋势一致,少数特征的差异应得到科学的解释。

(7)静态与动态痕迹。两者的区别在于两客体相互接触时,接触面是否发生了滑移。静态痕迹是指两客体发生碰撞时,由于作用力垂直或接近垂直,接触面各点处于相对静止状态,因此没有平面上的相对移动。例如,汽车迎面撞在树或电杆上,在汽车的保险杠或前部形成的树或电杆的痕迹。

动态痕迹是指两客体发生接触时,由于作用力的方向呈锐角,两客体发生碰撞的同时接触面存在由相对滑移形成的痕迹。当车辆发生同向或相向的刮擦事故及斜角碰撞事故时易形成这类痕迹。动态痕迹的形态主要有凹凸线束表现。

静态痕迹与动态痕迹是相对而言的,两类痕迹通常相互联系在一起,鉴别时应引起注意。

二、痕迹的分别检验法

痕迹的分别检验是对痕迹进行逐个勘测,以发现和确定各自痕迹反映出来的形态、特征和结构等。勘测的正确顺序是:先痕迹后客体。

分别检验的目的是:确定痕迹种类及形成过程,分析形成痕迹的客体条件及接触部位,根据痕迹的性质和结构分析确定痕迹特征,充分利用附着物和遗留物确定造痕部位。

(1)形象痕迹对比法。根据两客体接触部位反映形象痕迹的特征,逐一进行对比鉴别,直接确定接触部位的数据。通过比较检验,分析确定勘测中发现的特征,并查找新的特征。通过对所有特征的对比,确定特征的符合点和差异点,分析确定特征的可靠程度。

(2)特征对比法。利用现场周围建筑物、树木、交通设施、电杆、桥梁等痕迹特征,与车辆损伤部位的痕迹特征进行对比,确定两者特征的形态、位置、大小、方向、角度、间隔及相互关系是否一致。

（3）特征接和法。根据双方肇事车辆痕迹的形态、面积、距地面的高度,借助立体显微镜、痕迹照片进行对比,观察两者线条的粗细、流向、凹凸、形态、分布等特征是否一致。

（4）特征重叠法。利用现场路面或伤亡人员外衣上遗留的轮胎花纹印痕,与提取的轮胎花纹图案进行对比,确定车辆行驶路线及碾轧人体位置。主要用于比较完整、轮廓清晰、没有明显变形的痕迹。

进行对比检验时,应着重于两客体接触部位形象痕迹的特征状态,如边棱直线、曲线、弧线的长短与角度、凹凸结构状态、缺损、卷边的大小、锐利程度、线条的宽窄、深浅、条线间隔、分布等各痕迹间的相互关系。

§5.4 交通肇事逃逸事故的现场勘查

5.4.1 交通肇事逃逸的性质

交通肇事逃逸,是指车辆(包括机动车和非机动车)驾驶员(含骑车人)在因过错造成交通事故后,没有承担应该承担的救治、报案等责任,驾车(骑车)逃离事故现场。交通肇事逃逸使交通事故所引起的民事、刑事、行政责任无法确定,性质十分恶劣,危害很大。

交通肇事逃逸会给案件的处理带来很大的麻烦和困难,也会加重事故的后果。在交通事故中,很多时候伤者身体受了重伤,及时救治就会免于死亡或者受伤程度减轻。如果逃逸,伤者未能得到及时送医救治,那么死亡或者重伤致残的概率将大大增加。因此,我国的相关法律规定,发生交通事故逃逸的,承担事故的全部责任;由于逃逸,可能构成了故意杀人罪或者故意伤害罪,将追究其刑责。

交通肇事逃逸案要耗费警力、时间、物力来侦破。肇事者在驾驶车辆交通肇事后,如果立即停车等候处理,则办案人很容易勘查事故现场,分清事故责任,妥善处理事故的善后事宜。若肇事者逃逸,交通事故现场就会变得不完整,这使现场勘查难以按照正常程序和方法进行,也很难在第一时间勘查收集充分的现场信息,而且给后续的事故处理带来很大困难。交通肇事者逃逸后,由于现场勘查信息不充分,因此必须及时抓获肇事者,以便对事故进行及时处理。但是对于肇事逃逸案件的侦破,需要组织较多力量,耗费很多时间和财力物力。因此,重视对逃逸案件的现场勘查和侦破处理,具有重要意义。本节介绍一下对于肇事逃逸事故的现场勘查,在下一章将继续介绍肇事逃逸案件的侦破处理。

5.4.2 交通肇事逃逸案件的特点

由于交通肇事逃逸案件不同于其他交通事故,也不同于刑事案件,因此有许多明显的特点。

1. 地点较偏僻

从案件发生地点来讲,交通肇事逃逸案件大多发生在城乡公路和大中城市郊区公路。在特大城市和大城市的繁华市区内则很少发生交通肇事逃逸案件。

2. 夜间多见

从案件发生时间来讲,交通肇事逃逸案件大多发生在夜间,特别是晚 10 时至早 5 时之间发生得最多,白天很少发生。

3. 痕迹证据较少

从物证上来讲,交通肇事逃逸案件中车辆碰撞痕迹一般较少,甚至没有。如果肇事车辆留有碰撞痕迹,物证较多、较严重,那么交通肇事逃逸的一般较少。

4. 多属于不正常驾驶

从逃逸原因上来讲,交通肇事逃逸的驾驶员多数属于酒后驾驶、无照驾驶、私事用车,或者是偷开别人的车。正常驾车出行或营运汽车肇事后,驾驶员一般不会逃逸。

5. 单独开车

若目击证人少,交通肇事者往往怀着侥幸心理。当有陪同人员或明显有目击证人时,肇事驾驶员一般不会逃逸。

6. 车辆伪装

逃逸车辆大都会发生一定的破损,为了掩盖肇事真相,逃逸者一般会对损坏车辆进行一定的伪装处理,例如伪造第二碰撞现场,故意将车辆碰撞到墙或建筑物,使车辆出现更多碰撞损伤,弄乱原有的破损之处,或悄悄对车辆进行修复。

公安机关交通管理部门掌握交通肇事逃逸案件的特点后,既可及时破获交通肇事逃逸案件,抓获交通肇事者,依法进行惩处;又可采取相应措施,主动预防交通肇事逃逸案件的发生,加强交通安全宣传教育,提高公民的交通安全防范意识,动员公民防范交道肇事逃逸。只要公民懂法、守法、护法,交通肇事逃逸案件就能不发生或少发生,即使发生了一般也能及时查破。

5.4.3 交通肇事逃逸的现场勘查

像正常的交通事故一样接报案后,第一时间组织警力赶赴现场,先进行现场救援及交通管制等工作,然后要调查案件基本情况,确定是肇事逃逸案件后,首先要保护现场,对现场进行勘查记录,收集及记录相关证人或被害者的信息。

交通肇事后逃逸多发生在傍晚或晚上光线不好的时间段,或者比较偏僻、过往车辆或行人较少的路段,以及受害者神志不清或死亡的情况下。因此,肇事逃逸现场勘查有一定的困难,必须进行认真细致的勘查,从中找到追查逃逸车辆的重要依据。

一、确定现场性质

道路上的伤亡事故不一定都是交通事故。在接到事故报案时,根据《道路交通事故处理程序规定》第十六条,应记录报案方式、时间、报案人的姓名、联系方式;电话报警的,应记录报警电话号码,发生或者发现事故的时间、地点、人员伤亡情况、车辆类型、车辆号牌号码,是否载有危险物品及其种类,是否发生泄漏;涉嫌交通肇事逃逸的,还应当询问并记录肇事车辆的车型、颜色、特征及其逃逸方向、逃逸驾驶员的体貌特征等有关情况。公安机关交通管理部门勘查人员到达现场后,先向在场人员了解情况;根据现场遗留的痕迹、物证和人体的损伤部位及特征,鉴定是否属于交通事故。

二、人体检验

从受伤者的伤口变化情况以及尸体的状态可以判断肇事时间,初步判断案件发生时的周围环境、道路交通状况。检验人体受伤部位以及尸体的表面,检查是否有车辆痕迹,收集相关附着物,分析判断伤亡者的受伤对应的车辆部位和可能的撞击方向等。

三、车辆的检验

如果是汽车与汽车或者二轮车的逃逸事故,则要对留在现场的车辆进行现场勘查或事后的检验,搜集逃逸车辆的痕迹物证。同时,根据留下车辆的碰撞损伤情况,分析判断行驶方向和受撞方位,以判断逃逸车辆的来龙去脉。车辆的检验也包括后续对可疑车辆的检验。

四、痕迹的检验

路面上留下的车辆、人体等痕迹对侦破逃逸案件具有十分关键的作用,痕迹的作用和类型主要有以下几方面:

(1) 从轮胎花纹遗留沟槽痕迹表面的变化判断车辆行驶方向。
(2) 利用轮胎花纹判断车辆的大概类型和吨位。
(3) 现场的油迹、血迹里是否有非现场人员和车辆遗留的。
(4) 周围是否有撞树、电线杆、护栏以及压草等痕迹。
(5) 人体留下的轮胎印记,甚至是肇事者身上的一些物质。

寻找轮胎印迹不要局限在路面上,还应扩大至路肩甚至边坡、边沟。较远的痕迹往往不易消失,而且痕迹清晰明显。现场发现痕迹时要详细记录数量、花纹、宽度以及印迹间的距离,可用于推断肇事车型。从花纹的清晰度可推断轮胎的新旧程度。注意寻找周围的刮擦痕迹,从痕迹的高度、油漆的颜色等,大致判断被车身上哪一位置刮擦,也是推断车型的重要证据。此外,散落的货物、漆片、玻璃碎片等都是鉴定逃逸车辆的重要物证。

肇事逃逸的可能方向可以缩小侦破范围、提高侦破速度。但如果逃逸方向判断错误,也会给侦破工作带来周折。采用先进技术进行痕迹识别、判断逃逸方向和车型很有必要,这将在第 12 章进一步介绍。

五、访问调查

在现场勘查获得证据和推断的基础上,深入现场周围和车辆逃逸方向进行广泛的访问调查。调查道路沿线居民、餐饮服务人员、车辆修理厂的人员、迎面而来的车辆驾驶员和行人等。通过访问调查,发现可疑车辆的相关信息,特别是沿着判断的肇事逃逸方向行驶的车辆的颜色、类型、大小、装载情况、驾乘人员特征以及车牌的部分信息。

§5.5 交通事故现场图制作

5.5.1 现场图分类

交通事故现场图是按照一定的标准规范,用特定的图形符号结合文字描述交通事故现场状况的图。现场图要包含交通事故发生的时间、地点、天气、路面状况、涉及的车辆和人员等基本信息,一般还要包含肇事车辆及伤亡人员的位置和形态、遗留痕迹、散落物体、道路设施、地形与地物等相关信息。绘制现场图是交通事故勘查的重要内容,也是记录交通事故勘查结果的重要形式,同时现场图也是交通事故分析、鉴定与处理的重要依据。

交通事故现场图有多种形式。按照成图过程不同可分为现场记录图、现场实景记录图、现场比例图和现场分析图。按照成图视角不同可分为现场平面图、现场断面图、现场立面图和立体图。现场记录图、现场比例图和现场分析图一般绘制的都是平面图。为了某些特定目的如描述被遮挡的痕迹或结构关系，有时需要绘制断面图或立面图，甚至需要绘制立体图。

一、现场记录图

现场记录图是用图形符号、尺寸和文字记录道路交通事故现场环境、事故形态和有关车辆、人员、物体、痕迹等的位置及相互关系的图。

现场勘查除了进行现场拍照和制作现场勘查记录外，一般要进行现场图的绘制，以便尽可能完整记录事故现场情况。既要及时记录现场情况，又要尽快恢复现场，所以在现场制作的现场图要求快速制作，制作要求适当降低。现场记录图也称为现场草图，它是现场快速记录事故信息的方式，是后期制作现场比例图的依据。绘制现场草图，要对现场中的人、车、物、痕迹、道路状况等有一个总体而较全面的概念，明确关键要素和主要要素。根据图纸大小和现场要表达的要素和空间大小，选用合适的比例，进行现场草图绘制。绘图时应根据具体条件，选择基准点，对现场肇事车辆及主要痕迹进行定位。现场草图虽然不要求图线十分工整，也不要求遵照比例绘图，但是内容必须完整，标注的尺寸数字要准确无误，物体的形状要尽量接近原形，大小要基本符合比例。

还有一种称为现场工作图的现场图形式，它一般是作为现场草图的一种完善和补充，此时它本质上是现场记录图的一种形式。一般是在现场勘查结束后，根据现场草图，在不改变现场草图任何数据的情况下，按标准图例，重新布局图纸，工整地、近似按比例绘制。此外，由于现场工作图近似于比例图，因此对于不需要绘制现场比例图的事故，它还可以代替现场比例图的功能。现场工作图有以下几个特点：

（1）基本明了和准确，满足交通事故分析处理时使用。
（2）和现场草图一起都是办案证据。
（3）比绘制比例图节省警力和时间。
（4）形式比较灵活。

二、现场实景记录图

现场实景记录图是在实景照片上标注尺寸和文字，记录道路交通事故现场环境、事故形态和有关车辆、人员、物体、痕迹等的位置及相互关系的图，一般适用于简易处理事故或者在缺乏快速制作现场记录图时使用。

三、现场比例图

根据现场勘查记录和现场记录图，按规范图形符号和一定比例绘制的道路交通事故现场全部或局部的平面图称为现场比例图。现场比例图是根据现场草图按选定的比例，工整地绘制出来的标准图，要求规格高，一般在特殊的交通事故中作为分析、鉴定的依据。

四、现场分析图

现场分析图是用来表示道路交通事故发生时，车辆、人员、散落物等的运行轨迹、时序及接触或冲突位置的平面图，一般用来作为鉴定分析说明的工具和依据。

五、现场断面图

道路交通事故现场某一横断面、纵断面或水平断面位置上有关车辆、人员、物体、痕迹相互关系的断面图，称为现场断面图。它是用来从某一截面上表达事故要素之间位置和相互关系的一种现场图。

六、现场立面图

现场立面图是道路交通事故现场车辆、物体侧面有关痕迹、物证所在位置的局部视图。它主要是用来表示平面图表达不了的痕迹等特殊要素在立面上的位置和大小等信息。

当以上各种现场图无法描述某些重要的要素位置、形态或与其他物体之间的关系时,必要时需要绘制局部的立体图。现场立体图的形式在实践中并不多见。

5.5.2 现场图制图规范

道路交通事故现场图不仅是交通事故处理的重要证据,也是交通事故分析与鉴定的重要依据,这就要求不仅绘制者自己能看懂,更需要当事人、鉴定者及其他相关人员也能看懂现场图表达的信息,特别是那些没有到过事故现场的人员。所以,必须使现场图的绘制规范化。

绘制现场图主要依据中华人民共和国公共安全行业标准《道路交通事故现场图绘制》(GA 49—2014)。该标准早期版本分别为 GA 49—1993 和 GA 49—2009,目前适用的是 GA 49—2014 版本。

应该指出的是,GA 49—2014 标准里并没有上述提到的现场草图和现场工作图类型,这两种图在分类上都属于现场记录图,而后者在没有绘制现场比例图时可以近似替代其功能。

一、现场图绘制涉及的标准规范

除了《道路交通事故现场图绘制》(GA 49—2014)外,绘制现场图还要注意遵循以下几个标准和规范:

(1) GB/T 11797《道路交通事故现场图形符号》,该标准规定了绘制现场图时车辆、人员、道路设施等现场图要素的图形符号要求。

(2) GB/T 18229《CAD 工程制图规则》,该标准规范了 CAD 工程制图的各种要求。

(3) GB/T 50103《总图制图标准》。

(4) GA 40《道路交通事故案卷文书》,该标准对道路交通事故文书制作提出了规范化要求。

(5) GB/T 50001《房屋建筑制图统一标准》。

二、现场图图纸

1. 图纸规格和材质

图纸规格分为 A 型图、B 型图和 C 型图,幅面均为 A4。其中 C 型图只适用于现场实景记录图,A 型图为竖装格式,B 型图、C 型图为横装格式。

图纸材质采用 70 g 以上白色铜版纸或打印纸、照相纸。

2. 图纸页面布局尺寸

3 种类型的现场图图纸的页边距分别如下:

(1) A 型图用纸天头(上白边)为 20 mm,订口(左白边)为 25 mm;

(2) B 型图用纸天头(上白边)为 25 mm,订口(上白边)为 20 mm;

(3) C 型图用纸天头(上白边)为 25 mm,订口(上白边)为 20 mm。

以上边距尺寸均允许上下浮动 1 mm 的误差。

3 种类型的现场图图纸的图文区尺寸分别如下:

(1) A 型图图文区尺寸为 170 mm×257 mm;

(2) B 型图图文区尺寸为 257 mm×170 mm;

(3) C 型图图文区尺寸为 257 mm×170 mm。

3. 图框线

图框线宽度在 1~1.5 mm 间选择。图内坐标线为浅色实线印制或压制隐格线，计算机制图除外。坐标格尺寸为 2~5 mm，图内上方印制该图的全称。3 种图的示意图分别如图 5-5、图 5-6、图 5-7 所示。

图 5-5 A 型图示意图

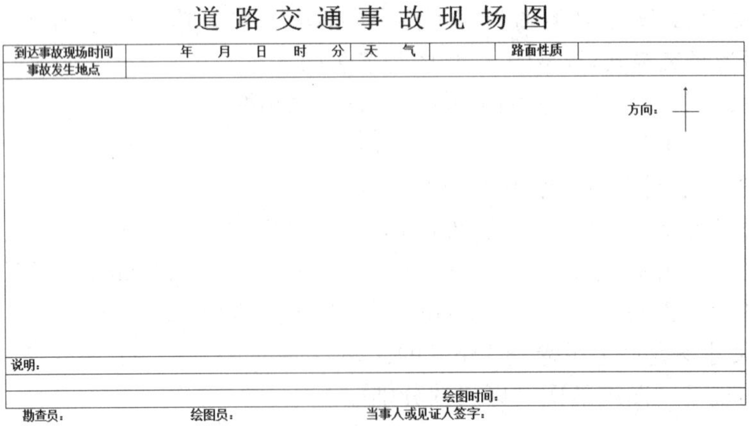

图 5-6 B 型图示意图

图 5-7　C 型图示意图

三、现场图绘制一般要求

（1）适用一般程序处理的道路交通事故应绘制现场记录图或制作现场实景记录图。根据需要选择绘制现场比例图、现场断面图、现场立面图、现场分析图。适用简易程序处理的交通事故，按需绘制现场图。

（2）现场图应全面、客观、准确地表现交通事故现场情况，内容应与交通事故现场勘查笔录、现场照片相互印证和补充。图栏各项内容应填写齐全，数据完整，尺寸准确，标注清楚。用绘图笔或墨水笔绘制、书写，也可使用符合要求的现场图绘制软件绘制。

（3）现场记录图、现场比例图、现场分析图以正投影俯视图形式表示。

（4）现场图格式可根据需要选择使用，绘制较大范围的交通事故现场时，可拼接现场图。

（5）交通事故现场图各类图形符号应按实际方向绘制。

（6）交通事故现场的方向，应按实际情形在现场图右上方用方向标标注，难以判断方向的，可用"→"或"←"直接标注在道路图例内，注明道路走向通往的地名。

（7）现场图定位方法可采用直角坐标定位法、三角定位法、极坐标定位法、综合定位法。

（8）绘制现场图时依据的信息可以是人工采集或设备自动采集的信息。

四、图线规格

绘制现场图使用的图线，要遵照 GA 49—2014、GB/T 50103—2010 和 GB/T 50001 等标准的要求。主要注意以下几点：

（1）绘制事故现场图所用的各种图线的名称、形式、代号、量度及应用要按照 GA 49—2014 标准的规定，如表 5-1 所示。相关详细规定可参阅中华人民共和国公共安全行业标准 GA 49—2014。

表 5-1 现场图的图线形式和用途

图线名称	图线形式及代号	图线量度	一般应用
粗实线	▬▬▬▬▬ A	b	A1 可见轮廓线 A2 图例图形线
细实线	───── B	约 0.3b	B1 尺寸线及尺寸界限 B2 割面线 B3 引出线 B4 说明示意线 B5 规范线,辅助线 B6 较小图例的图形线
波浪线	∼∼∼∼ C	约 0.3b	C1 断裂处的边界线 C2 变形处的边界线
双折线	──⋀── D	约 0.3b	D1 断裂处的边界线
虚线	- - - - - F	约 0.3b	F1 不可见轮廓线 F2 延长线
点画线	-·-·-·- G	约 0.3b	G1 设立的测量基线 G2 对称中心线 G3 轨道线 G4 分界线

（2）图线宽度在 0.25～2.0 mm 间选择，在同一图中同类图形符号的图线应基本一致。

（3）交通事故现场图绘制常用的图线有粗实线、细实线、波浪线、双折线、虚线和点划线。要按照表 5-1 中各种线型的用途正确使用。

《房屋建筑制图统一标准》(GB/T 50001)给出了基本线宽 b 的推荐值，即 1.4，1.0，0.7，0.5 四种规格(mm)。要根据图纸大小、绘图比例及图形复杂程度选择基本线宽 b。图形越复杂，图纸越小，比例就越大，图线的线宽应越小。对于复杂度较高的图形，不同线宽的细线可以统一选择较小的线宽值。

五、图形符号

现场图的图形符号应符合 GB/T 11797 和 GA 49—2014 标准相关规范。GB/T 11797—2005《道路交通事故现场图形符号》规范了各种图形符号，见表 5-2 至表 5-10。要了解更详细的内容可参阅该标准。

表 5-2 机动车的图形符号

序号	名称	图形符号	说明
1	客车平面	▭	大、中、小、微(除轿车越野外)

续表

序号	名称	图形符号	说明
2	客车侧面		大、中、小、微（除轿车越野外）
3	轿车平面		包括越野
4	轿车侧面		包括越野
5	货车平面		包括重型货车、中型货车、轻型货车、低速载货、专项作业车
6	货车侧面		按车头外形选择（平头货车）
7	货车侧面		按车头外形选择（长头货车）
8	牵引车平面		
9	牵引车侧面		
10	挂车平面		含全挂车、半挂车
11	挂车侧面		
12	电车平面		包括有轨电车、无轨电车
13	电车侧面		
14	正三轮机动车平面		包括三轮汽车和三轮摩托车
15	正三轮机动车侧面		

续表

序号	名　称	图形符号	说　明
16	侧三轮摩托车平面	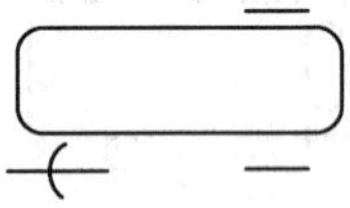	
17	普通二轮摩托车	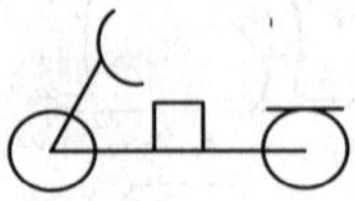	包括轻便摩托车
18	轮式拖拉机平面	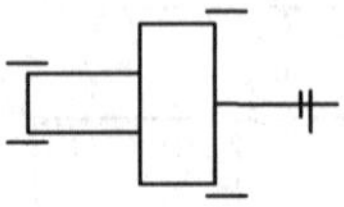	
19	轮式拖拉机侧面	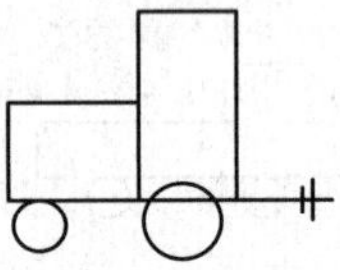	
20	手扶拖拉机平面	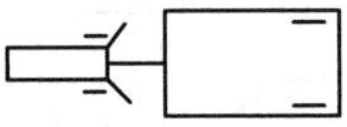	
21	手扶拖拉机侧面	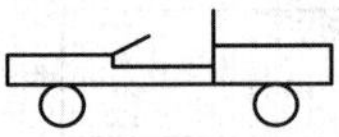	
22	轮式自行机械平面	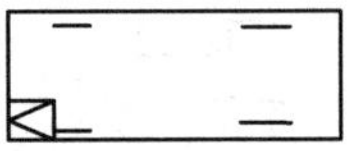	

表 5-3　非机动车的图形符号

序号	名　称	图形符号	说　明
1	自行车		
2	残疾人用车平面	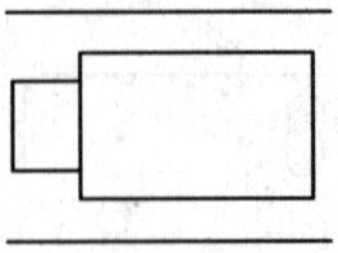	
3	残疾人用车侧面		
4	三轮车	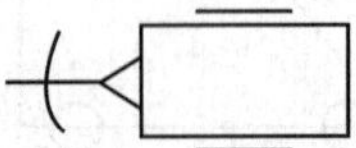	

续表

序号	名称	图形符号	说明
5	人力车	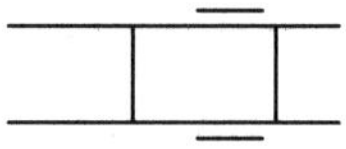	
6	畜力车	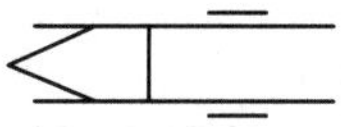	

表 5-4 人体图形符号

序号	名称	图形符号	说明
1	人体		
2	伤体		
3	尸体		

表 5-5 牲畜图形符号

序号	名称	图形符号	说明
1	牲畜	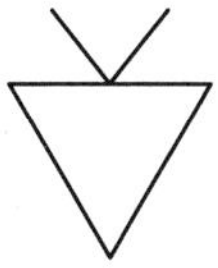	
2	伤畜		
3	死畜		

表 5-6 道路结构和功能物图形符号

序号	名称	图形符号	说明
1	道路		路面类型、路面情况用文字说明,文字内容按 GA 17.4,GA 17.5 的代码名称标注,道路线形按实绘制
2	上坡道		i 为坡度
3	下坡道		i 为坡度
4	人行道		
5	道路交叉口		
6	道路与铁路平交口		
7	施工路段		
8	桥		
9	漫水桥		
10	路肩		
11	涵洞		
12	隧道		

续表

序号	名　称	图形符号	说　明
13	路面凸出部分	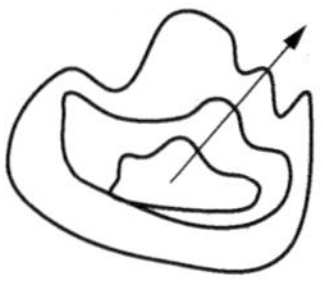	
14	路面凹坑	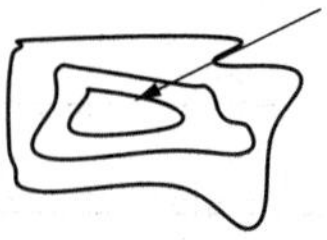	
15	路面积水	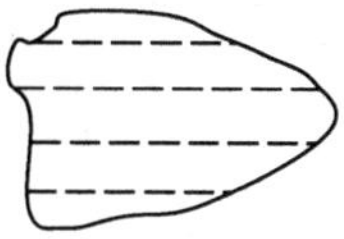	
16	雨水口	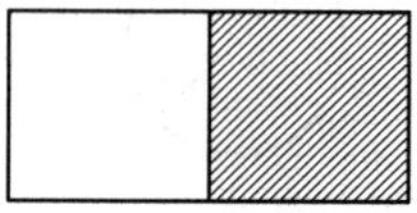	
17	消火栓井	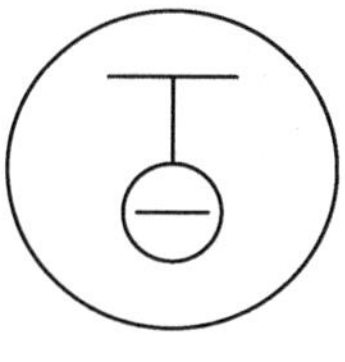	
18	路旁水沟	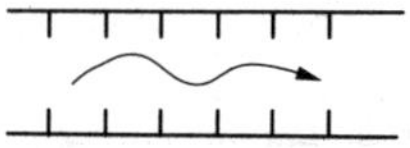	
19	路旁干涸水沟	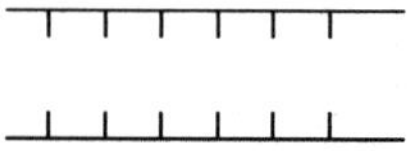	

表 5-7　安全设施图形符号

序号	名　称	图形符号	说　明
1	信号灯		包括车道信号灯、方向指示信号灯。可水平可垂直放置
2	人行横道灯		包括非机动车信号灯,灯色自左向右为红、绿
3	黄闪灯	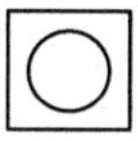	

续表

序号	名称	图形符号	说明
4	计时牌		
5	隔离桩(墩、栏)		
6	隔离带(或花坛)		
7	安全岛		
8	禁令标志		
9	警告标志		
10	指示标志		
11	指路标志		
12	安全镜		
13	汽车停靠站		
14	岗台(亭)		

表 5-8 土地设施和地形物图形符号

序号	名称	图形符号	说明
1	树木侧面	↑	
2	树木平面	△	
3	建筑物		
4	围墙及大门		
5	停车场	P	
6	加油站		
7	电话亭		
8	电杆		
9	路灯		
10	里程碑	K	
11	窨井	井	
12	邮筒		

续表

序号	名　称	图形符号	说　明
13	消防栓		
14	碎石、沙土等堆积物		外形根据现场实际情况绘制
15	高速公路服务区		
16	其他物品		中间填写物品名称

表 5-9　动态痕迹图形符号

序号	名　称	图形符号	说　明
1	轮胎滚印		
2	轮胎拖印	L	L 为拖印长，双胎则为
3	轮胎压印		
4	轮胎侧滑印		
5	挫划印		
6	自行车压印		
7	血迹	血	
8	其他洒落物		画出范围图形，填写名称

第5章 交通事故现场勘查与相关检验

表 5-10 其他图形符号

序号	名 称	图形符号	说 明
1	接触点	⊗	
2	机动车行驶方向	◁──	
3	非机动车行驶方向	◀──	
4	人员运动方向	◀───	
5	方向标	↑	方向箭头指向北方（或标注文字）
6	风向标	⊢X	X 为风力级数

在按照国家标准使用图形符号绘制现场图时,还要注意:
（1）上述图形符号可以单独使用,也可合并使用。
（2）绘制图形符号时要按照标准中的图形符号各部位的近似比例,避免图形符号变形失真。
（3）标志标线按照实际道路情况绘制,并参考《城市道路交通标志和标线设置规范》(GB 50138—2015)和《道路交通标志和标线》(GB 5768—2009)国家标准。
（4）对国家标准没有规定符号的现场事物,可使用自定符号。自定符号要求简单易画,认读明确,没有歧义,并用文字或图例进行必要说明。

六、绘图比例

现场比例图要按照比例进行绘制,现场工作图一般也要求近似按比例绘制。行业标准 GA 49—2014 推荐优先使用比例为 1∶200,即事故要素的现场图上的尺寸与实物尺寸的比例为 1∶200。实际绘图时,要根据事故现场的范围大小以及绘图纸的大小确定合适的绘图比例。一般绘图比例可选 1∶50,1∶100,1∶200,1∶300 和 1∶500 等。对于事故现场立面图和断面图的比例,可参考《总图制图标准》即 GB/T 50103—2010 中断面图和立面图的推荐比例。一般地,同一个事故现场,各类现场图的比例应尽量一致。

并不是所有的绘图要素均需要按比例绘制。一般地,需要按照比例绘制的图形符号主要有:
（1）机动车、非机动车;

(2) 道路结构、隔离带；
(3) 动态痕迹的长度；
(4) 主要要素位置相互关系的图形符号。

人体、牲畜、交通安全设施、痕迹的宽度、地形物、土地设施等其他图形符号可以不按比例绘制，凡是外形尺寸与事故有关的物体，应按比例绘制；形状大小与事故无直接关系的物体，则无须考虑比例。

七、尺寸和文字标注

交通事故现场图就是由各种图形符号、尺寸数据和文字说明共同描述事故现场的。除了绘出现场的地形、车辆等元素外，还须准确、完整、清晰地标注出有关的尺寸数据。交通事故现场数据以图上标注的尺寸数值和文字说明为准，与图形符号选用的比例和准确度无关。尺寸和文字标注应遵守行业标准 GA 49—2014 和 GB/T 50103—2010 的有关规定。主要强调以下几点：

(1) 图形中的尺寸，以厘米（cm）为单位时可不标注计量单位；当采用其他计量单位时，应在说明栏中注明计量单位的名称或符号。

(2) 现场测量的尺寸应只标注一次。当场需要更改时，在原数据上打一横杠，在旁边写上新数据，不可刮擦、涂抹原数据，并在说明栏中注明更改原因，由绘图员和当事人或见证人在说明栏中签名。

(3) 标注文字说明应准确、简练，一般可直接标注在图形符号上方、尺寸线上方或图形符号里，也可引出标注。

(4) 尺寸线用细实线绘制（参见表 5-1 及有关标准），其两端为简明箭头型。在没有位置时也可用圆点或斜线代替。

(5) 尺寸界线用细实线绘制，从被测物体、痕迹的固定点引出，尺寸界线与尺寸线垂直，必要时允许倾斜。

对于各种被测物和图形符号的固定点和固定线，GA 49—2014 有明确的规范，如表 5-11 所示。要了解尺寸、文字和尺寸界线的标注方法和要求的更详细内容，可参阅 GB/T 50103—2010 和 GA 49—2014 两个标准。

表 5-11 固定点与固定线的标注要求

图形符号名称	固定点或固定线
机动车	同侧（侧翻时近地的一侧）前（中）后轴外车轮胎轴心的投影点
仰翻机动车	近地靠近基准线车身的两个角
非机动车	同侧（侧翻是近地的一侧）前、后轴轮胎轴心的投影点
人体	头顶部、足跟部
牲畜	头顶部、尾根部
路面障碍	两头的端点、占路最外端点（即最突出点）的投影点
安全设施	基部中心或边缘线
血迹	中心点

续表

图形符号名称	固定点或固定线
线状痕迹	起点、终点、变化点
基准点物体	向路边一侧最突出点
其他几何图形	中心点

八、各类现场图制作的要求

1. 现场记录图绘制要求

现场记录图以平面图为主,需要表示局部情况时,可加局部放大图,必要时也可绘制立面图或断面图。根据需要选择适当规格图纸,以近似比例进行绘制。现场记录图应在交通事故现场测绘完成。绘制的现场记录图要反映现场全貌。现场范围较大时可使用双折线压缩无关的道路画面。现场记录图绘制完毕后,应在现场进行核对,检查各被测车辆、人员、物体、痕迹等有无遗漏,测量数据是否准确、有无遗漏。

现场记录图一般要绘出以下内容:

(1) 要确定并绘出基准点和基准线。基准点一般选择一个或几个固定物。基准线一般选择一侧路缘或道路标线及其延长线。

(2) 要绘出道路全宽和各车道宽度、路肩宽度及性质。非水泥或沥青道路,要绘出路面总宽、有效宽度、几何中心线位置及路面性质。

(3) 遗留在路面的痕迹及与其相关的物体、痕迹间的关系数据。

(4) 各被测车辆、人员、物体、痕迹等所在位置,距测量基准线尺寸及相互间距离。

(5) 交通事故现场交通标志、标线、交通信号灯的位置和种类。

(6) 交通事故发生所涉及的路口、道路开口相对位置及宽度。

(7) 弯道半径、3‰以上的道路坡度。

2. 现场实景记录图绘制要求

现场实景记录图应根据现场情况采用单张或分段多张的形式记录现场数据。现场实景记录图要选择能够反映现场全貌的实景照片,并绘出或标注出主要事故要素如车辆、人员、痕迹的位置、方向和关键尺寸。

3. 现场比例图绘制要求

现场比例图以现场记录图、现场实景记录图、现场勘查笔录为基础和依据,以现场记录图中的基准点和基准线为基准,使用相应的图形符号,将现场所绘制的图形及数据比较严格地按比例绘制。

要特别注意:现场比例图通常是现场勘查结束后或离开现场后绘制的,它依据的是现场记录图和勘查记录,是现场记录图的补充。当现场比例图数据出现疑义时,要以现场记录图和现场勘查笔录数据为准。

5.5.3 现场图定位方法

现场图的定位包含两个方面,一是事故现场的定位,二是车辆、物体、痕迹等实体在现场中的定位。

一、事故现场的定位方法

交通事故现场的定位是指交通事故发生并结束后,将交通事故现场定格在一个特定的时间和空间状态,确定一个明确的现场位置和范围,通常称为现场定位。

交通事故现场图必须标明现场的地理位置和现场道路的走向。确定道路走向,原则上是按照交通事故发生地点道路中心线或中心线的切线与指北线的夹角来表示。道路走向是分析事故中自然条件和交通环境(如季节的风向、太阳光照射的角度)对当事人的心理影响的重要资料。现场的地理位置通常以文字表明,一般以路名加里程数来表示。

二、事故现场物体的定位方法

现场图必须记录车辆、物体、痕迹等实体在现场的确切位置。实体在现场上的位置可以直观地反映现场状况,也是事故现场再现的依据。

现场图上用来确定物体位置的基准点和基准线必须选择现场中固定不变物体的点、线。应尽可能利用现场的固定设施或固定物体作基准。交通事故现场的基准通常由以下的物体点、线组成:

(1) 固定物体在地面上正投影的中心点,如灯柱、标志杆、里程碑的投影中心。

(2) 物体结构线及其交点,如路缘线、建筑物的墙线及两路缘或两墙线的交点。

(3) 路面标线及其延长线的交点,如道路中心线、分道线等,以及这些线及其延长线的交点。

现场测量和绘图的定位方法主要采用直角坐标定位法、三角定位法、极坐标定位法和综合定位法。下面简要介绍一下这几种定位方法。

1. 直角坐标定位法

(1) 选取基准点,并沿道路方向为 x 轴、垂直道路方向为 y 轴建立坐标系统;

(2) 依次测量基准点到所有待测点的沿 x 轴和 y 轴方向的距离,作为其 x,y 方向的坐标,见图 5-8。

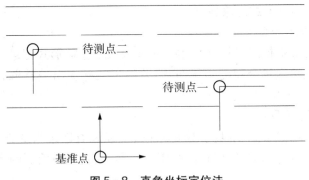

图 5-8 直角坐标定位法

2. 三角定位法

三角定位法可以采用一个基准点或两个基准点。采用一个基准点的三角定位法的步骤如下:

(1) 选取基准点,基准点应为明显易见的固定物位置;

(2) 从基准点作道路中心线或车道线的垂线,取垂足为第二参考点;

(3) 分别从基准点和第二参考点向待测点作直线并测量直线的长度,将待测点定位,见

图 5-9。

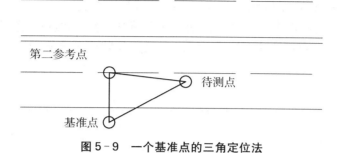

图 5-9　一个基准点的三角定位法

两个基准点的三角定位法操作步骤如下：
(1) 选取两个基准点，基准点为相隔较远的明显的位置固定物；
(2) 分别从两个基准点向待测点作直线并测量其距离，见图 5-10。

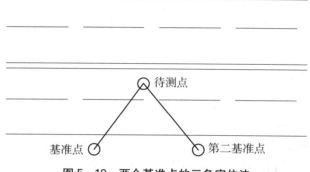

图 5-10　两个基准点的三角定位法

3. 极坐标定位法
(1) 选取某固定物为极点；
(2) 选取另一固定物为基准点并与极点连接，以此连接线作为极轴；
(3) 测量待测点到基准点的距离以及待测点与基准点连接线与极轴的夹角，见图 5-11。

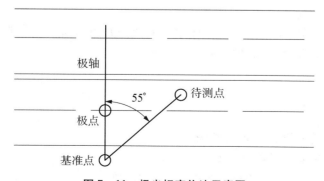

图 5-11　极坐标定位法示意图

4. 综合定位法

操作方法如下：

（1）选取基准点；

（2）选取一条基准线，基准线一般为中心线或道路边缘线；

（3）从基准点向待测点作直线，再从待测点向基准线作垂线，测量所作直线和垂线的长度；

（4）当对某一待测点精确定位之后，可以用该点代替原基准点测量其附近的其他待测点，见图5-12。

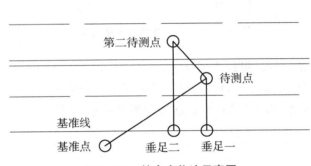

图5-12 综合定位法示意图

5.5.4 现场图绘制步骤

现在总结一下现场图绘制的基本步骤：

（1）选择比例，绘图构思。

（2）中心定位。确定中心，包括绘图纸的中心点和现场的中心点。

（3）确定道路走向并画出道路。在图线右上方画出指北标。

（4）画出现场物体。用图形符号画出交通事故现场物体在现场中的实际位置。

（5）测量并标注尺寸。图上采用的尺寸单位(m或cm)要统一。

（6）测绘现场有参照价值的地物。在图上用文字进行必要的说明。

（7）核对、审定。

此外，现场图也可以利用计算机软件进行制作，使用计算机软件制图应符合GB/T 18229的规定。现场图绘制完后应装订成册归入交通事故案卷正卷，应遵照GA 40《道路交通事故案卷文书》的规定。

本节重点介绍了道路交通事故现场图绘制的理论方法和相关规范要求。最后给出两个现场图实例，分别为横版和竖版的现场平面图，见图5-13、图5-14。

❓ 思考与习题

1. 交通事故现场勘查的内容有哪些？
2. 车辆检验的主要项目都是什么？
3. 结合本章所学，从书中找一个案例，绘制现场图。

第 5 章 交通事故现场勘查与相关检验

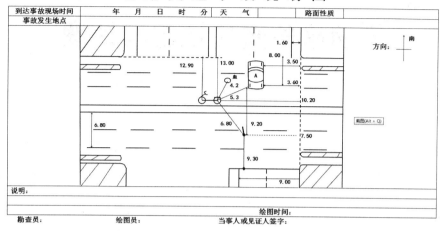

图 5-13 横版的交通事故现场图示例

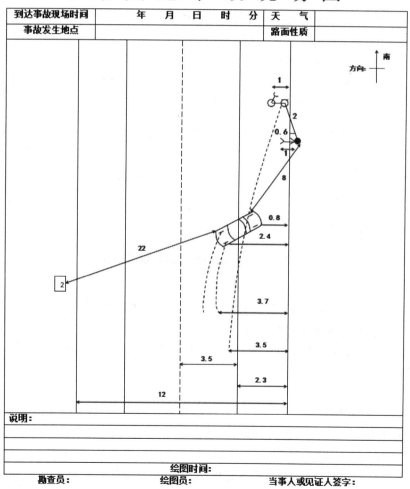

图 5-14 竖版的交通事故现场图示例

第6章 交通事故责任认定与处理

导语 交通事故现场勘查只是交通事故整个处理工作的一部分。完整的事故处理工作包括接案、赶赴现场、救援救治、调查、责任认定、损害赔偿和结案等。本章首先介绍了交通事故处理人员进行事故处理的完整程序和涉及的工作内容。然后重点介绍了事故责任认定的有关原则、思想和相关法律法规的规定。本章还介绍了交通事故涉及的民事损害赔偿与刑事处罚相关的规定和处理办法,最后对肇事逃逸案件的侦查进行一定的介绍。本章的学习要与上一章联系起来,因为它们都是交通事故处理人员处理一起道路交通事故不可分割的工作内容。要深入领会事故认定的思想和相关规定,并结合实际案例研究。

关键词 事故处理程序,责任认定原则和规定,损害赔偿,肇事处罚,肇事逃逸案件侦破

思政要点 懂法守法,遵守规范,公平公正,帮扶弱者

§6.1 交通事故处理程序

道路交通事故的处理应当按照公安部颁发的《交通事故处理程序规定》(以下简称《规定》)进行。交通事故处理程序是指公安交通管理机关在处理交通事故中必须遵守的法定程序和制度,即处理交通事故的操作规程,它包括从立案、事故调查到善后处理的各个主要环节,具体如下。

一、立案

立案主要来源是报案,也有当事人私下和解不成又请求处理的,还有交通管理机关自行发现的。立案是进行交通事故处理的前提。

二、事故调查

接到报案后,应立即赶赴现场,开展事故调查。事故调查是事故处理的重要过程之一,道路交通事故调查按照调查的先后顺序可分为事故现场勘查和事后调查。事故调查的主要

内容如下：

(1) 事故相关人员调查：包括事故当事人的年龄、性别、家庭、工作、驾龄、心理生理状况等。

(2) 事故相关车辆调查：包括车辆的类型、出厂日期、荷载、实载、车辆的技术参数、车身上的碰撞点位置、车身破损变形的位置和尺寸等。

(3) 事故发生道路调查：包括道路的线形、几何尺寸、路面类型、路面质量、道路破坏状况等。

(4) 事故发生环境调查：包括天气情况、交通流状况、现场周围建筑、交通管理和控制方式等。

(5) 事故现场痕迹调查：包括路面痕迹（拖印、凿印、挫印、擦痕、划痕、压痕）、散落物位置、人车损伤痕迹等。

(6) 事故发生过程调查：主要对车辆和行人在整个事故过程中的运动状态进行调查，包括速度大小、速度方向、加速度及在路面上的行驶轨迹、路面碰撞点等。

(7) 事故发生原因调查：包括主观原因和客观原因。主观原因一般是指造成交通事故的人的违法行为或故意行为，客观原因主要是指道路原因、车辆原因、天气等自然原因、环境影响等对事故形成的作用。一般来说，主观原因是事故的直接原因。

(8) 事故后果调查：包括人员伤亡和财产损失调查。道路交通事故必然产生一定的财产损失或者人员伤亡，正是因为交通事故产生了损害后果，才需要进行交通事故的民事调解和损害赔偿。

(9) 其他调查：除了上述调查内容之外，还有事故发生时间、地点、当地民俗以及事故目击者、证人等的调查。

三、事故认定

交通警察应当自勘查现场之日起7日内，交通肇事逃逸案件在破获案件后2日内，需要检验、鉴定的在检验、鉴定结果确定后3日内，向交通事故处理机构负责人提交《交通事故调查报告书》。调查报告应当说明下列内容：

(1) 交通事故当事人、车辆、道路和交通环境的基本情况；

(2) 交通事故的基本事实；

(3) 交通事故证据、检验、鉴定结论；

(4) 事故成因分析；

(5) 当事人的责任。

四、处罚执行

公安交通管理部门应当依据《中华人民共和国行政处罚法》《中华人民共和国道路交通安全法》《中华人民共和国道路交通安全法实施条例》等法律和行政法规，适用《公安机关办理行政案件程序规定》《道路交通安全违法行为处理程序规定》，对当事人的道路交通安全违法行为做出处罚。根据当事人违法行为的性质和轻重，有扣证、吊销机动车驾驶证、拘留乃至移交刑事案件等处罚形式。同时，专业运输单位发生重大交通事故的也会受到相应的处罚。

五、损害赔偿调解

调解作为解决交通事故损害赔偿的形式，不同于法律上的经济赔偿判决。调解申请人应具有交通事故损害赔偿权利人、义务人主体资格；在收到交通事故认定书之日起10日内提出申请书；并且在当事人对检验、鉴定或者交通事故认定不存有异议的前提下进行。由事故处理机关召集当事人和有关人员协商解决。

经调解达成协议的或在调解期满后未达成协议的，由事故处理机关分别制作调解书或调解终结书。至此，交通管理机关处理事故的程序便告终结。

六、简易程序

针对人员伤亡和财产损失很小的交通事故，公安部提出了应用"简易程序"的处理方法，可以提高事故处理效率、减少交通拥堵、减轻公安交警人员的工作量。简易程序适用条件及处理办法在《道路交通安全法》中有明确的规定。未造成人员伤亡和仅造成轻微财产损失两种情况都属于简易程序的适用范围。

§6.2 责任认定法理思想

交通事故当事人的责任认定方法和认定原则的规定，对公安机关交通管理部门认定事故、处理事故，具有重要的意义。责任认定必须依据相关的法律法规。

6.2.1 事故责任认定的法律原则

《中华人民共和国道路交通安全法》（以下简称《道路交通安全法》）第七十三条规定："公安机关交通管理部门应根据交通事故现场勘验、检查、调查情况和有关的检验、鉴定结论，及时制作交通事故认定书，作为处理交通事故的证据。交通事故认定书应当载明交通事故的基本事实、成因和当事人的责任，并送达当事人。"就是说，交通管理部门应在交通事故认定书中，明确交通事故当事人的责任。交通事故认定书的内容包括交通事故的基本事实、形成原因和当事人责任。

《中华人民共和国道路交通安全法实施条例》（以下简称《道路交通安全法实施条例》）第九十一条规定："公安机关交通管理部门应当根据交通事故当事人的行为对发生交通事故所起的作用以及过错的严重程度，确定当事人的责任。"

道路交通事故的性质是民事侵权行为的一种类型。对这种特殊侵权行为的处理重点是，通过调解或者诉讼来赔偿受害人，合理分配事故损失。因此，对于当事人的过错大小以及损害赔偿责任的认定是人民法院的职责范围，公安机关交通管理部门处理交通事故的职责重点在于通过现场技术勘验以及检查调查、鉴定等活动，厘清交通事故的事实、原因以及当事人有无违法行为或者其他主观过错等，公安机关交通管理部门发出的事故认定书，主要起着一个事实认定和事故成因分析的作用。对人民法院而言，事故认定书具有证据的效力，而不是进行损害赔偿的当然依据。

事故当事人的责任，实际上是指当事人的行为是否构成交通违法行为、是否构成过错，以及当事人行为对交通事故形成的影响力大小。

由公安机关交通管理部门处理交通事故纠纷，有利于及时解决纠纷和降低诉讼成本，同时减轻法院办理交通事故损害赔偿案件的压力，也可以促进社会和谐和稳定。所以，一般由公安机关交通管理部门在事故认定书中载明当事人的责任。但是，交通事故认定书中载的当事人责任和交通事故的事实和原因一样,仅具有证据的效力。当事人如果认为公安机关交通管理部门发出的交通事故认定书中载明的责任判断不符合实际,可以要求公安机关交通管理部门重新认定,或者要求人民法院进行司法审查裁定。

6.2.2 事故责任认定标准

根据《道路交通安全法实施条例》第九十一条的规定,认定交通事故当事人的责任,主要有两个标准。

一、事故当事人行为对发生交通事故所起的作用

事故当事人行为对发生交通事故所起的作用,实际上是指民法上关于民事责任成立要件中的因果关系原则。

认定事故当事人的责任,首先要看行为人的行为和事故的发生和损害之间有没有因果关系。如果没有因果关系,那么即使行为人的行为属于严重违法行为,也不承担事故的民事损害赔偿责任。例如,无证驾驶车辆是一种严重的道路交通安全违法行为;但是,当事人在开放道路上无证驾驶时,严格遵守了通行规则,没有任何驾驶错误,在这种情况下,如果被后车追尾发生了交通事故,无证驾驶的前车当事人就没有责任,而应当认定后车承担本起事故的全部责任。

当事人行为对交通事故所起的作用除了包含因果关系原则外,还发挥着衡量当事人行为对事故形成的作用大小。这种作用的大小,在当事人没有过错行为或者难以认定过错行为时,可作为道路交通事故损害责任大小的判断标准。但是这种"作用"大小的准确衡量并不容易,在我国目前交通事故损害赔偿的实践中涉及较少。《道路交通安全法实施条例》的上述规定,提供了根据作用大小认定责任的法律依据。

二、当事人过错的程度

过错在民法上有两种形式。一种是客观上的过错,另一种是主观上的过错。客观过错,就是当事人的行为具有明显的违反法规的事实,而不管行为人的主观意识状态。只要行为人的行为违反了法律、行政法规和地方性法规以及规章的规定,就构成过错。主观过错,主要是指当事人的操作不当、疏忽大意等主观意识行为和状态。

在交通事故的因果关系确定后,对当事人责任比例的确定,主要取决于当事人过错的严重程度。在存在两方或者多方当事人过错的场合,例如机动车超速行驶,而被撞的行人闯红灯,便面临一个对双方当事人的过错进行比较的问题。

2021年1月1日,《中华人民共和国民法典》(以下简称《民法典》)正式颁布实施。《民法典》为解决民事纠纷提供了完善的法律依据,在《民法典》颁布实施的同时,《民法通则》和《民法总则》也相应废止。《民法典》第一百七十七条规定:"二人以上依法承担按份责任,能够确定责任大小的,各自承担相应的责任;难以确定责任大小的,平均承担责任。"这里明确了民事责任分担的原则。《民法典》第一千二百零八条规定,"机动车发生交通事故造成损害的,依照道路交通安全法律和本法的有关规定承担赔偿责任"。所以,对于事故责任的划分,应遵循《民法典》责任分担的基本原则,依据《道路交通安全法》及《道路交通安全法实施条例》等有关法律的相应规定。

《道路交通安全法》第七十六条规定:

机动车发生交通事故造成人身伤亡、财产损失的,由保险公司在机动车第三者责任强制保险责任限额范围内予以赔偿；不足的部分，按照下列规定承担赔偿责任：

（一）机动车之间发生交通事故的，由有过错的一方承担赔偿责任；双方都有过错的，按照各自过错的比例分担责任。

（二）机动车与非机动车驾驶人、行人之间发生交通事故，非机动车驾驶人、行人没有过错的，由机动车一方承担赔偿责任；有证据证明非机动车驾驶人、行人有过错的，根据过错程度适当减轻机动车一方的赔偿责任；机动车一方没有过错的，承担不超过百分之十的赔偿责任。

交通事故的损失是由非机动车驾驶人、行人故意碰撞机动车造成的，机动车一方不承担赔偿责任。

上述条款为交通事故责任认定提供了基本的原则。人民法院在审理交通事故民事纠纷案件时，要根据相关法规规定的原则和标准进行量化判定。日本对汽车损害赔偿当事人的分摊责任比例可以是0%～100%，但是，这种细致的责任分担的量化，在技术上存在一定困难，主要表现为如何认定不同过错对促成事故作用力的大小，也就是当事人违法行为的"过错系数"问题。在日本汽车事故损害赔偿法律实践中，法院已经形成了一套系统的确定当事人行为"过错系数"的判案规则，比如赋予不同违章行为不同的"过错系数"。我国目前尚不具备这样的具体标准。而在公安机关交通管理部门进行交通事故调解时，主要是依据《规定》，将交通事故的责任分为全部责任、主要责任、同等责任、次要责任等几种简单量化形式。

6.2.3 交通事故责任的分类

根据《规定》第六十条的规定，公安机关交通管理部门经过交通事故调查后，根据当事人的行为对发生交通事故所起的作用以及过错的严重程度，将交通事故当事人的责任分为全部责任、主要责任、同等责任、次要责任4类。

因一方当事人的过错导致交通事故的，承担全部责任。

因两方或者两方以上当事人的过错发生交通事故的，根据其行为对事故发生的作用以及过错的严重程度，分别承担主要责任、同等责任和次要责任。

事故当事人各方均无导致交通事故的过错，属于交通意外事故的，各方均无责任。

一方当事人故意造成交通事故的，他方无责任。

《规定》第六十一条规定，"当事人有下列情形之一的，承担全部责任：（一）发生道路交通事故后逃逸的；（二）故意破坏、伪造现场毁灭证据的。为逃避法律责任追究，当事人弃车逃逸以及潜逃藏匿的，如有证据证明其他当事人也有过错，可以适当减轻责任，但同时有证据证明逃逸当事人有该条款第二项情形的，不予减轻。"

交通事故责任大小反映了当事人行为在形成事故中所起的作用以及行为过错的严重程度。在处理道路交通事故案件时，交通管理部门将对负有交通事故责任者，依据其责任情况给予处罚。现行的处罚方式包括：构成刑事犯罪的，依法追究刑事责任；不够刑事处罚的，依照有关交通法规对其违法行为给予拘留或罚款、吊扣和吊销驾驶执照的处罚。在进行民事调解和损害赔偿时，交通事故责任是确定当事人赔偿份额的主要依据。

6.2.4 交通事故责任的认定方法

一、根据因果关系认定交通事故责任

在交通事故责任认定中，因果关系是交通事故造成的损害后果与当事人违法行为之间的直接关系。在责任认定中,引起事故的其他因素如道路、气候等,不应作为加重或减轻当事人责任的原因。

交通事故中的因果关系,是指交通事故中当事人的违法行为和交通事故发生及损害后果之间合乎规律的联系,其主要有独立、竞合和参与因果关系3种形式。

1. 独立因果关系

独立因果关系是指在一起交通事故中,只有一方当事人的违法行为是造成事故的原因,因此,全部责任均由一方当事人承担。这种因果关系有一因一果、多因一果的形式。一因一果是一个违法行为和交通事故的发生有因果关系;多因一果是当事人有两个以上违法行为和交通事故的发生有因果关系。

2. 竞合因果关系

竞合因果关系是指在交通事故中双方或多方当事人都有违法行为,而且这些违法行为和交通事故的发生都存在着因果关系,即事故是由双方当事人的过错共同造成的。这种因果关系又分为重复竞合和相互竞合两种。如果任何一方的违法行为都可以单独地造成该起交通事故,则称为重复的竞合关系;如果其中某方的违法行为单独存在时,交通事故不一定发生,而在双方当事人的违法行为同时存在并相互作用下才能发生交通事故,则为相互竞合的因果关系。一般地,重复竞合关系时,当事人负同等责任;相互竞合关系时,主要责任、同等责任和次要责任都有可能。

3. 参与因果关系

参与因果关系是指在交通事故中一方当事人的交通违法行为情节严重,与交通事故的发生存在着直接、必然的因果关系,而其他方当事人的违法行为和交通事故的发生也存在着一定的联系,不过这种关系是间接的、偶然的,与其他因素发生关系后才起作用。这种因果关系就称为参与因果关系。在责任认定中,承担次要责任的当事人的交通违法行为,基本上也属于参与因果关系。

二、根据路权原则认定交通事故责任

路权是指交通参与者根据交通法规的规定在道路的一定空间范围和时间内使用道路进行交通活动的权利。路权包括通行权与先行权。路权规定充分体现了公民在道路交通活动中的权利、义务关系,是交通法规中的重要原则之一,也是事故责任认定的重要依据。在事故责任认定工作中,必须根据不同的道路条件来确定交通事故当事人的路权。

1. 通行权与先行权的确定

(1) 通行权的确定。通行权是交通参与者根据交通法规的规定,在道路某一空间范围内进行交通活动的权利。交通参与者在自己通行的区域内享有通行权利的同时,不得侵犯其他享有通行权者的权利。

(2) 先行权的确定。先行权是指交通参与者根据交通法规所享有的优先使用道路进行交通活动的权利。先行权建立在通行权的基础之上。有通行权的交通参与者在实现自己的通行权利时可能会遇到时间顺序方面的障碍。这就涉及谁有优先使用道路进行交通活动的权利。有先行权的交通参与者在规定范围内允许优先通行,而其他交通参与者应保证有先行权者的权利得到实现。

2. 根据路权认定责任大小

按照路权认定当事人的交通事故责任的大小,一般有以下几种情形:

(1) 交通事故一方当事人的交通违法行为是违反通行权的过错行为，另一方当事人的过错行为不是违反通行权的行为，由违反通行权一方当事人负事故的主要责任，另一方当事人负相对应的责任。

(2) 双方当事人都有通行权时，由违反先行权的一方当事人负事故的主要责任，另一方当事人负相对应的责任。

(3) 双方当事人都违反了通行权与先行权规定，如没有其他过错行为存在，则双方应负事故的同等责任。

(4) 双方都没有违反路权和通行权规定，应通过分析其他过错行为和安全因素去认定交通事故当事人的责任大小。

三、根据安全因素认定交通事故责任

《道路交通安全法》及相关法规中明确体现了交通活动要确保安全的原则。特别是根据因果关系和路权规定无法认定事故责任时，应根据交通法规中有关"确保安全"的规定，区分事故当事人的过错行为与事故发生的因果关系及其程度，认定事故当事人的责任大小。因此，在当事人都违反路权规定时，若一方当事人违反确保安全规定，另一方未违反，则前者的行为是事故发生的主要原因，后者的行为是次要原因。在当事人都违反路权规定和确保安全的规定时，若一方违法情节严重，另一方情节相对较轻，则前者的行为是交通事故发生的主要原因，后者的行为是次要原因。在无法区分情节轻重时，说明双方的过错行为均是导致交通事故发生的等效原因。

四、特别情况下认定交通事故责任

《道路交通安全法实施条例》第九十二条规定："发生交通事故后当事人逃逸的，逃逸的当事人承担全部责任。但是，有证据证明对方当事人也有过错的，可以减轻责任。当事人故意破坏、伪造现场、毁灭证据的，承担全部责任。"这些规定，是对逃逸和故意破坏现场这两种情况的特别规定，是在特别情况下认定事故责任的原则。

事故逃逸是一种恶劣的行为，必须严格予以禁止和惩治。《中华人民共和国刑法》(以下简称《刑法》)和《道路交通安全法》对于事故逃逸行为规定了严厉的处罚。虽然《规定》对事故逃逸的责任认定进行了规定，但是《道路交通安全法》对于逃逸事故当事人的民事责任的问题并未涉及。《道路交通安全法实施条例》第九十二条的规定是对交通事故逃逸当事人责任认定确立的原则。

根据上述规定，对于逃逸当事人的责任可以有以下几种认定结果：

(1) 事故因当事人逃逸，而无法认定当事人责任的，无论事故各方当事人的实际过错如何，均推定逃逸方负全部责任。

(2) 事故一方当事人逃逸，而对于事故的认定结果是双方均无责任，即意外事故，也要由逃逸方承担全部责任。

(3) 事故一方当事人逃逸，事故的认定结果是逃逸方有违法行为或者驾驶错误，他方没有过错，由逃逸方负全部责任。

(4) 事故方当事人逃逸，事故的认定结果证明事故当事人均有过错，可以减轻逃逸方的逃逸责任。

如果逃逸方对于交通事故的形成没有过错，当事人只是因为担心负有责任而逃逸，而其他未逃逸的当事人按过错和原因应当负全部责任。对于这种情况，一般认为，只要逃逸行为

对于事故的发生或者损害的扩大没有因果关系,当事人逃逸未对事故原因和责任认定造成影响,逃逸方就不应承担民事责任,但逃逸方应承担行政处罚责任。不过,这种逃逸行为非常少见,正常情况下,当事人只有在有较大责任嫌疑的前提下才会逃逸。当然也可能是逃逸方因为有某些急需待办的事情而离开现场,这种情况主要还是判断逃逸行为是否对责任认定有影响。

对于故意破坏和伪造现场的当事人的责任认定的理解,分以下两种情况:

(1) 一方当事人故意破坏、伪造现场、毁灭证据,致使交通事故责任无法认定的,该当事人应当承担全部责任。

(2) 故意破坏、伪造现场、毁灭证据是双方或者多方当事人共同行为的场合,应当由各方当事人均分责任。如果当事人的主观意图是为了图谋骗取保险等,那么还必须因此承担相应的法律后果或者责任。

《道路交通安全法实施条例》第九十二条明确了对于故意破坏、伪造现场的当事人承担全部的责任,并没有减轻责任的规定。这一点和针对逃逸当事人的责任认定有明显的区别。因为逃逸方未破坏现场,一般不会明显影响对事故的原因分析与责任认定,而故意破坏现场的当事人是故意破坏和伪造现场,将根本上改变事故现场原貌,严重影响到事故原因分析和责任认定,甚至会导致无法判断事故本来面目、无法认定责任归属。所以,对于这种恶意行为,承担全部责任是合理的。当然,学术界也有另一种观点认为,如果对方当事人也有过错,那么应当加重破坏现场当事人责任的比例,而不应当让其负全部责任。

根据以上认定交通事故责任的方法,可以归纳成以下几条认定交通事故责任的规则:

(1) 当事人有过错行为,其过错行为与交通事故有因果关系的,应当负交通事故责任;当事人没有过错行为或者虽有过错行为,但过错行为与交通事故无因果关系的,不负交通事故责任。

(2) 一方当事人的过错行为造成交通事故的,有过错行为的一方应负全部责任,另一方不负交通事故责任。

(3) 两方当事人的过错行为共同造成交通事故的,过错行为在交通事故中作用大的一方负主要责任,另一方负次要责任;交通违法行为在交通事故中作用基本相当的,两方负同等责任。

(4) 三方以上当事人的过错行为共同造成交通事故的,根据各自的过错行为在交通事故中的作用大小划分责任。

(5) 当事人逃逸的,应当负全部责任。有证据证明对方当事人也有过错的,可以减轻责任。

(6) 当事人故意破坏、伪造现场、毁灭证据的,应当负全部责任。

要特别强调的是,社会主义法制制度在强调平等和人权的同时,也包含了人性关怀、帮扶弱者、弘扬正义的社会主义核心价值理念。所以,除了以上几条认定交通事故责任的规则之外,前已提及的《道路交通安全法》第七十六条的规定,也是进行责任认定的基本依据,特别是该条规定的第二款对于机动车与非机动车驾驶员、行人之间发生交通事故的责任认定原则,充分体现了以人为本、同情交通弱者的社会主义法制理念。

§6.3 交通事故损害赔偿

交通事故必然造成人员伤亡和财产损失，还会产生一定的社会影响。交通事故责任者给他人及社会造成损失和危害，从民事责任角度讲，必然侵犯了他人的民事权利，需要进行民事赔偿；造成重大伤亡和社会公共危害的，还要受到一定的行政处罚，承担一定的刑事责任。本节主要介绍交通事故损害赔偿的原则、内容和标准。

6.3.1 交通事故损害赔偿的性质

一、民事责任的概念和特征

民事责任是民事法律责任的简称，是指平等民事主体之间因违反民事义务所应承担的法律后果。作为一种法律责任，民事责任具有法律责任的共性，同时也具有自己的特征，民事责任以民事义务存在为前提。无民事义务即无责任。义务人违反民事义务时就要承担民事责任。由于民事责任的存在，才能督促义务人正确履行其应尽的义务，以保证权利人权利的实现。

民事责任主要表现为财产责任。民法的调整对象及其目的决定了民事法律关系主要是财产性质的法律关系。民事责任的功能，一方面是对责任者的惩戒，另一方面是填补受害人所受到的损害或恢复被侵犯的权益。

民事责任的范围与损失的范围相一致。民事责任以恢复被侵害民事权利为目的。民事责任的范围一般不超出损失的范围，而强调使受害人恢复到原来的财产或者精神状态。

民事责任是一种对违法行为的强制措施。作为一种独立的法律责任，民事责任具有强制性。但民事责任并不以当事人一方的告诉或有关机关的追究为条件，而常以责任人的自觉承担为条件。

二、承担民事责任的方式

根据《民法典》第一百七十九条的规定，承担民事责任方式主要有以下几种：

（1）停止侵害。即责令违法行为人立即停止或请求人民法院制止正在实施的侵害行为，以避免损害后果的发生或者扩大。

（2）排除妨碍。即权利人在其行使权利受到他人的不法阻碍或妨害时，要求侵害人排除或者请求人民法院强制排除妨害以保障权利的正常行使。

（3）消除危险。即行为人的行为对他人人身或财产具有危险时，他人请求消除已存在或正在发生的危险。

（4）返还财产。即将非法占有的财产归还给其所有人或者合法占有人，以恢复到权利人合法占有的状态。

（5）恢复原状。即当财产被损坏或性状被改变但有恢复的可能时，受害人可请求恢复到原有的状态。

（6）修理、重作、更换。即权利人要求义务人对标的物进行修补、重新制作或者予以更换。

（7）继续履行。即当事人一方不履行义务或者履行合同义务不符合约定的，应当承担继续履行、采取补救措施或赔偿损失合同等违约责任。

（8）赔偿损失。即在违法行为人对他人造成财产或者精神上的损失时，行为人应当以相应的财产给予受害人补偿。责任人的赔偿范围与受害人的损失范围相当。

（9）支付违约金。即当事人违反合同时，依据法律、法规或者合同约定，由当事人一方给付另一方一定数额金钱。

（10）消除影响、恢复名誉。即自然人或法人的人格权受到侵害时，要求侵害人或者诉请人民法院强制侵害人在影响所及的范围内以一定的方式消除受害人人格权所遭受的不良影响，以恢复其受损的名誉。

（11）赔礼道歉。即自然人或法人的人格权受到不法侵害时，对于情节轻微的，受害人可要求侵害人或请求人民法院强制侵害人当面承认错误或表示歉意。

上述承担民事责任方式，可以单独适用，也可以合并适用。法律规定惩罚性赔偿的，依照其规定。

三、交通事故损害赔偿为一般民事侵权责任

《民法典》第一百二十条规定：民事权益受到侵害的，被侵权人有权请求侵权人承担侵权责任。第一千一百六十五条规定：行为人因过错侵害他人民事权益造成损害的，应当承担侵权责任。第一百八十六条规定：因当事人一方的违约行为，损害对方人身权益、财产权益的，受损害方有权选择请求其承担违约责任或者侵权责任。从《民法典》中民事侵权责任的规定来看，构成一般民事侵权应具备以下4个要素：

（1）造成了他人人身权益或财产损害事实的客观存在；

（2）行为的民事违法性，即存在违法行为或过错行为；

（3）违法行为与损害事实之间存在着因果关系；

（4）行为人主观上有故意或过失的过错。

根据《道路交通安全法》中交通事故的定义以及前述的责任认定相关原则和规定，交通事故存在有人员伤亡或者财产损失，造成了当事方的生命、身体或财产等权益的侵犯，一方或者双方存在违法过错行为，交通参与者进行交通活动的法律地位是平等的，《道路交通安全法》对交通参与者的权利和义务有明确规定，交通事故责任者是以其行为违反交通法规规章为前提的，这种违法和过错行为一般与交通事故发生有一定因果关系。所以，交通事故满足上述民事侵权的4个要素，交通事故责任者需要承担的民事责任属于一般的民事侵权责任。

《民法典》第一千一百七十九条规定："侵害他人造成人身损害的，应当赔偿医疗费、护理费、交通费、营养费、住院伙食补助费等为治疗和康复支出的合理费用，以及因误工减少的收入。造成残疾的，还应当赔偿辅助器具费和残疾赔偿金；造成死亡的，还应当赔偿丧葬费和死亡赔偿金。"显然，该条款对于民事侵权的损害赔偿的规定同样适用于道路交通事故。

需要注意的是，《民法典》第一千一百六十六条规定，"行为人造成他人民事权益损害，不论行为人有无过错，法律规定应当承担侵权责任的，依照其规定"。《道路交通安全法》第七十六条第二款规定中的"机动车一方没有过错的，承担不超过百分之十的赔偿责任"就属于这种情况，这也是保护交通弱者权益的重要举措，是社会主义法制制度优越性的重要体现。

四、交通事故损害赔偿为一种特殊的民事侵权责任

交通事故损害赔偿不仅是一般的民事侵权责任，也是一种特殊的民事侵权责任。《民法

典》"侵权责任"(第七编)中专门针对"机动车交通事故责任"(第五章)制定了相关规定条款。其中,第一千二百零八条规定:"机动车发生交通事故造成损害的,依照道路交通安全法律和本法的有关规定承担赔偿责任。"明确了《道路交通安全法》在交通事故责任认定和损害赔偿处理中的法律地位,也反映了社会对交通事故的广泛关注,体现了交通事故损害赔偿责任的特殊性。

交通事故损害赔偿的特殊性也体现在交通事故损害后果的不可恢复性方面。从《民法典》第一百七十九条承担民事责任的方式来看,交通事故造成被侵权者死亡或者重伤时,任何一种民事赔偿方式都无法完全挽回或消除对于当事人的伤害。

交通事故损害赔偿的特殊性还体现在车辆保险和社会救济制度的建立。《民法典》第一千二百一十三条规定,"机动车发生交通事故造成损害,属于该机动车一方责任的,先由承保机动车强制保险的保险人在强制保险责任限额范围内予以赔偿;不足部分,由承保机动车商业保险的保险人按照保险合同的约定予以赔偿;仍然不足或者没有投保机动车商业保险的,由侵权人赔偿"。《道路交通安全法》第七十六条(见第二节)也有关于第三者责任强制保险赔偿的规定。

《民法典》第一千二百一十六条还规定,"机动车驾驶人发生交通事故后逃逸,该机动车参加强制保险的,由保险人在机动车强制保险责任限额范围内予以赔偿;机动车不明、该机动车未参加强制保险或者抢救费用超过机动车强制保险责任限额,需要支付被侵权人人身伤亡的抢救、丧葬等费用的,由道路交通事故社会救助基金垫付。道路交通事故社会救助基金垫付后,其管理机构有权向交通事故责任人追偿"。

以上这些法律规定,将保险合同救济制度和社会救助基金制度引入交通事故民事侵权赔偿领域,利用保险制度的功能,分担交通事故带来的责任风险,从而强化对公民人身安全的保护。这不仅仅是因为交通事故的风险和代价较高,同时,这些法律规定也充分贯彻了以人为本的基本理念,反映了国家和社会对人民生命财产安全的高度重视和关怀,充分体现了社会主义制度的优越性。

五、交通事故损害赔偿是一种具有一定强制性的措施

交通事故发生后,经过公安机关交通管理部门责任认定和损害赔偿调解后,交通事故损害赔偿是以责任者的自觉履行为条件的。但是,如果事故当事双方未达成调解协议或者达成协议后,责任者不自觉履行,当事人可以向人民法院提起民事诉讼;法院判决后,若责任者仍不履行损害赔偿,当事人可向人民法院申请强制执行。所以,交通事故损害赔偿除具有一般民事责任的自觉履行特征外,也是一种对交通违法行为的强制措施。

6.3.2 交通事故损害赔偿主体

如前所述,根据《道路交通安全法》、《道路交通安全法实施条例》以及《规定》等法律法规,公安机关交通管理部门对交通事故进行责任认定后,一般地,可以根据责任认定结论确定事故当事人的损害赔偿责任。但是,由于交通事故损害赔偿属于民事侵权责任,这就涉及交通事故责任者是否具有民事行为能力的问题。如果没有民事行为能力,那么即使当事人是肇事者,也可能不是事故损害赔偿的主体。

一、民事权利能力和民事行为能力

民事权利能力指法律赋予民事主体(自然人、法人、非法人组织等)享有民事权利,承担民事义务的资格。民事主体只有具有民事权利能力,才享有法律上的人格,进而参加民事法律关系,取得民事权利,承担民事义务。自然人从出生时起到死亡时止,具有民事权利能力,依法享有民事权利,承担民事义务。

民事行为能力,指法律确认民事主体以自己的行为行使民事权利和承担民事义务,并且能够对自己的违法行为承担民事责任的资格。公民的民事行为能力是国家法律规定的,是否享有和在何等范围享有,并不取决于公民的主观意愿,而与公民的年龄和智力状况有关。公民的民事权利能力是公民具有民事行为能力的前提,公民的民事行为能力是承担民事责任的前提。

根据公民的年龄和智力状况,公民的民事行为能力分为3类。

1. 完全民事行为能力

完全民事行为能力,指能够通过自己独立的行为享有民事权利和承担民事义务的能力。法律上以年龄和智力状况作为判断行为能力的基本依据。根据《民法典》规定,18周岁以上的自然人是成年人。《民法典》第十八条规定:"成年人为完全民事行为能力人,可以独立实施民事法律行为。十六周岁以上的未成年人,以自己的劳动收入为主要生活来源的,视为完全民事行为能力人。"

2. 限制民事行为能力

限制民事行为能力,即具有部分的民事行为能力,享有民事权利和承担民事义务的能力受到限制。8周岁以上的未成年人是限制民事行为能力人,实施民事法律行为由其法定代理人代理或者经其法定代理人同意、追认;但是,可以独立实施纯获利益的民事法律行为或者与其年龄、智力相适应的民事法律行为。

3. 无民事行为能力

无民事行为能力,指不具有独立取得民事权利或承担民事义务的能力。不满8周岁的未成年人为无民事行为能力人,由其法定代理人代理实施民事法律行为。不能辨认自己行为的成年人也是无民事行为能力人,8周岁以上的未成年人不能辨认自己行为的,和不满8周岁的未成年人一样以无民事行为能力人对待。

民事主体的民事行为能力是承担民事责任的前提,只有完全民事行为能力者在违反民事义务时自己承担民事责任,限制民事行为能力者违反民事义务时不一定承担民事责任,无民事行为能力者一定不承担民事责任。因此,发生了交通事故,当事人是否承担民事责任,除了与前面所介绍的承担民事责任有关法律规定和认定原则有关外,也与当事人是否具有完全民事行为能力有关,例如精神病患者如果无法辨识自己的行为,则属于无民事行为能力人,不能作为损害赔偿主体,需要由其法定代理人代理实施民事法律行为。所以,明确事故当事人的民事行为能力,可能是确定某些特殊的交通事故的损害赔偿主体的必要一环。

二、交通事故损害赔偿主体

交通事故损害赔偿的主体不仅与当事人是否具有民事行为能力有关,也与当事人肇事时的身份、当事车辆的归属属性等有直接的关系,虽然相对比较复杂,但《民法典》第七编第五章有明文规定,具体如下:

第一千二百零九条　因租赁、借用等情形机动车所有人、管理人与使用人不是同一人时,发生交通事故造成损害,属于该机动车一方责任的,由机动车使用人承担赔偿责任;机动车所有人、管理人对损害的发生有过错的,承担相应的赔偿责任。

第一千二百一十条　当事人之间已经以买卖或者其他方式转让并交付机动车但是未办理登记,发生交通事故造成损害,属于该机动车一方责任的,由受让人承担赔偿责任。

第一千二百一十一条　以挂靠形式从事道路运输经营活动的机动车,发生交通事故造成损害,属于该机动车一方责任的,由挂靠人和被挂靠人承担连带责任。

第一千二百一十二条　未经允许驾驶他人机动车,发生交通事故造成损害,属于该机动车一方责任的,由机动车使用人承担赔偿责任;机动车所有人、管理人对损害的发生有过错的,承担相应的赔偿责任,但是本章另有规定的除外。

第一千二百一十三条　机动车发生交通事故造成损害,属于该机动车一方责任的,先由承保机动车强制保险的保险人在强制保险责任限额范围内予以赔偿;不足部分,由承保机动车商业保险的保险人按照保险合同的约定予以赔偿;仍然不足或者没有投保机动车商业保险的,由侵权人赔偿。

第一千二百一十四条　以买卖或者其他方式转让拼装或者已经达到报废标准的机动车,发生交通事故造成损害的,由转让人和受让人承担连带责任。

第一千二百一十五条　盗窃、抢劫或者抢夺的机动车发生交通事故造成损害的,由盗窃人、抢劫人或者抢夺人承担赔偿责任。盗窃人、抢劫人或者抢夺人与机动车使用人不是同一人,发生交通事故造成损害,属于该机动车一方责任的,由盗窃人、抢劫人或者抢夺人与机动车使用人承担连带责任。

保险人在机动车强制保险责任限额范围内垫付抢救费用的,有权向交通事故责任人追偿。

第一千二百一十六条　机动车驾驶人发生交通事故后逃逸,该机动车参加强制保险的,由保险人在机动车强制保险责任限额范围内予以赔偿;机动车不明、该机动车未参加强制保险或者抢救费用超过机动车强制保险责任限额,需要支付被侵权人人身伤亡的抢救、丧葬等费用的,由道路交通事故社会救助基金垫付。道路交通事故社会救助基金垫付后,其管理机构有权向交通事故责任人追偿。

第一千二百一十七条　非营运机动车发生交通事故造成无偿搭乘人损害,属于该机动车一方责任的,应当减轻其赔偿责任,但是机动车使用人有故意或者重大过失的除外。

根据以上《民法典》交通事故损害赔偿主体的规定以及前述民事行为能力与民事主体的关系,关于交通事故损害赔偿的主体,可以总结出以下几点:

(1) 交通事故责任者对交通事故造成的损失,应当承担赔偿责任。这里的"交通事故责任者",是指《道路交通安全法实施条例》中的"车辆驾驶员、行人、乘车人以及与道路交通相关的单位和个人"因违反交通法规规章,过失造成人身伤亡或者财产损失的行为人。首先,交通事故责任者无论是给国家集体、他人还是自身造成损失,都必须承担损害赔偿责任;其次,交通事故责任者根据所负的事故责任承担相应的赔偿责任;再次,根据交通事故责任者的民事行为能力,赔偿责任由相应的人员承担。需要特别强调的是,没有民事行为能力的人造成交通事故损害的,仍需承担民事赔偿责任,只是由监护人或代理人代为承担,即赔偿义务人。所以,交通事故责任人或者其监护人是交通事故损害赔偿的主体。

(2) 机动车发生交通事故造成损害,属于该机动车的责任,由承保机动车强制保险的保险人在强制保险责任限额范围内予以赔偿;不足部分,由承保机动车商业保险的保险人按照保险合同约定予以赔偿;仍然不足或者没有投保机动车商业保险的,由侵权人赔偿。这就是机动车参加保险的必要性。首先机动车必须购买交强险,其次,应鼓励机动车参加商业保险并尽可能提高保险额度,这是规避交通事故损害赔偿风险的必要措施,否则,超出保险限额的部分就必须由侵权人自己承担。所以,有了车辆保险制度,车辆保险人(承保的保险公司)成为"事实"上的损害赔偿主体。当然,事故责任人仍然是损害赔偿的真正主体,只是由于购买了保险,使用了风险资金进行了赔偿(根据合同约定,保险公司代为赔偿)。

（3）机动车是使用者租赁、借用的,发生交通事故造成损害,属于该机动车的责任,当损害发生与机动车所有人或管理者的过错有关时,损害赔偿的主体除了使用者,也包括所有人和管理者。未经允许驾驶他人车辆的情形与此类似。

（4）虽未办理登记但是已经以买卖或者其他方式转让并交付机动车的情形,发生交通事故造成损害,受让人是损害赔偿主体,由受让人承担该机动车一方的赔偿责任。拼装或者已达到报废标准的机动车发生交通事故,转让人和受让人为损害赔偿共同主体。

（5）盗窃、抢劫或者抢夺的机动车发生交通事故造成损害的,由盗窃人、抢劫人或者抢夺人承担赔偿责任。盗窃人等与机动车使用人不是同一人,使用人与盗窃人等成为损害赔偿的共同主体。被盗车辆所有人作为受害人一般不存在过错问题,不需要承担赔偿责任和其他责任。

要特别注意,对于这种事故的损害,虽然保险人也可能在强制保险责任限额范围内垫付抢救费用,但保险人并不是赔偿主体,因为被保险车辆被盗窃已超出保险合同范围,保险公司有权向事故责任人追偿。

（6）根据《民法典》第一千二百一十六条,发生交通事故后逃逸,该机动车参加强制保险的,由保险人在机动车强制保险责任限额范围内予以赔偿;机动车不明、该机动车未参加强制保险或者抢救费用超过机动车强制保险责任限额的,由道路交通事故社会救助基金垫付抢救、丧葬等费用,但有权向交通事故责任人追偿。

需要强调的是,(5)(6)中的事故责任人不仅是民事损害赔偿的主体,可能还涉及刑事犯罪,可以刑事诉讼附带民事诉讼进行解决。

（7）以挂靠形式从事运输经营活动的机动车发生交通事故,挂靠人和被挂靠人为损害赔偿共同主体。非营运机动车发生交通事故造成无偿搭乘人损害,属于该机动车一方责任的,机动车使用人是损害赔偿主体,一般应减轻其赔偿责任,但是有故意或者重大过失的除外。

（8）根据《道路交通安全法》,机动车与非机动车、行人发生交通事故,造成人员伤亡、财产损失,机动车一方没有过错的(非机动车驾驶人、行人故意碰瓷的除外),承担不超过百分之十的赔偿责任。此时,虽然机动车不是事故责任者,却承担了赔偿主体的角色。在计算10%经济损失时,如果赔偿额超过交通事故发生地10个月的平均生活费,则按10个月的平均生活费支付。

6.3.3 交通事故损害赔偿的原则

一、以责论处原则

《道路交通安全法》第七十六条和《规定》第六十条的规定,均是以责论处原则的具体体现,对交通事故责任者除了按其责任大小裁量其行政责任或刑事责任外,应根据其责任大小确定应承担的损害赔偿责任。责任大者,损害赔偿责任也大,反之亦然。负全部责任的承担损害赔偿的 100%;承担主要责任的承担损害赔偿的大部分;负同等责任的平均分担损害赔偿责任;承担次要责任的承担损害赔偿的少部分。要注意,机动车与非机动车或行人的事故赔偿,《道路交通安全法》第七十六条另有规定。

二、全部赔偿原则

所谓全部赔偿,有多重含义。当一方全责、另一方无责时,是指事故责任方赔偿无责任当事人的全部损失;当双方均有责任时,是指主要责任方按照责任比例经过抵消后的对方全部损失;三是指赔偿符合法律、法规规定的全部直接损失。

交通事故损害赔偿范围与当事人损失的范围要相当,损害赔偿的范围不得超出当事人经济损失范围。

三、等价赔偿原则

《规定》第九十一条第(四)款规定:"计算损害赔偿的数额,确定各方当事人承担的比例,人身损害赔偿的标准按照《中华人民共和国侵权责任法》、《最高人民法院关于审理人身损害赔偿案件适用法律若干问题的解释》、《最高人民法院关于审理道路交通事故损害赔偿案件适用法律若干问题的解释》等有关规定执行,财产损失的修复费用、折价赔偿费用按照实际价值或者评估机构的评估结论计算。"

这种规定是等价赔偿原则的具体体现。等价赔偿包括恢复原状和折价赔偿两种方式。物体能够被修复的,应当修复,但修复必须以能够恢复原状为限。被修复后的物体在形式上、功能上和价值上与受损前相比不应有大的变化。交通事故损坏的车辆大部分都可以这种修复方式进行赔偿。物体不能够被修复的,应折价赔偿,比如车辆损坏严重到无法修复或没有修复到原有功能水平。

需要注意的是,《民法典》颁布实施后,《中华人民共和国侵权责任法》已废止,最高人民法院上述两个解释也已经修订。在按《规定》第九十一条进行损害赔偿调解时,要依据《民法典》民事侵权责任赔偿有关规定及最高法的最新解释等相关法律法规。

四、酌情减免原则

损害赔偿应当考虑当事人的经济状况,损害赔偿虽然要求当事人全部赔偿,但并不能使当事人从无赔偿能力变成有赔偿能力。我国幅员辽阔,各地区之间经济发展差异大。因此,根据实际情况确定赔偿数额并酌情减免,也是在损害赔偿过程中的实事求是和以人为本原则的体现。

6.3.4 损害赔偿调解的程序

根据《规定》的相关规定,发生财产损失事故,当事人可以自行协商或在交通管理部门协助或指导下自行协商处理;适用于简易程序的事故,交通警察现场进行责任认定、制作责任认定书;当事人同意调解的,交通警察应该当场进行损害赔偿调解;当事人对事故认定有异议、拒绝调解的,可以申请公安交通管理部门按照一般案件调解程序进行调解,或者向人民法院申请民事诉讼。对于一般的交通事故,公安机关交通管理部门要进行完整的调查(包括现场调查和可能的检验、鉴定、逃逸案件的侦破等)、认定、复核等。《规定》第八十四条规定,当事人可以采取以下方式解决道路交通事故损害赔偿争议:

(一)申请人民调解委员会调解;

(二)申请公安机关交通管理部门调解;

（三）向人民法院提起民事诉讼。

公安机关交通管理部门应当按照合法、公正、自愿、及时的原则进行道路交通事故损害赔偿调解。《规定》第九十一条规定：

交通警察调解道路交通事故损害赔偿，按照下列程序实施：

（一）告知各方当事人权利、义务；

（二）听取各方当事人的请求及理由；

（三）根据道路交通事故认定书认定的事实以及《中华人民共和国道路交通安全法》第七十六条的规定，确定当事人承担的损害赔偿责任；

（四）计算损害赔偿的数额，确定各方当事人承担的比例，人身损害赔偿的标准按照《中华人民共和国侵权责任法》、《最高人民法院关于审理人身损害赔偿案件适用法律若干问题的解释》、《最高人民法院关于审理道路交通事故损害赔偿案件适用法律若干问题的解释》等有关规定执行，财产损失的修复费用、折价赔偿费用按照实际价值或者评估机构的评估结论计算；

（五）确定赔偿履行方式及期限。

《规定》第八十六条规定，当事人申请公安机关交通管理部门调解，调解未达成协议的，当事人可以依法向人民法院提起民事诉讼，或者申请人民调解委员会进行调解。

6.3.5 交通事故损害赔偿内容

交通事故涉及人员伤亡和财产损失。对于人员伤亡事故，事故责任人侵害他人权益并造成人身损害的后果，这显然符合《民法典》对于人身损害赔偿的规定，因此，对于有人员伤亡交通事故的损害赔偿，首先是人身损害赔偿。《民法典》第一千一百七十九条规定的人身损害赔偿主要有：医疗费、护理费、交通费、营养费、住院伙食补助费等为治疗和康复支出的合理费用，以及因误工减少的收入。造成残疾的，还应当赔偿器具费和残疾赔偿金；造成死亡的，还应当赔偿丧葬费和死亡赔偿金等。

交通事故还会产生财产损失，无论是给个人还是国家造成的财产损失，都需要以一定的形式予以补偿。这种财产损失主要表现为财物毁损、交通延误、停产、停业等经济损失。所以交通事故损害赔偿一般包括人身损害赔偿和财产损失赔偿。

交通事故还可能给被伤害者或家人带来巨大的精神伤害，因此，交通事故损害赔偿的范围除了上述的物质赔偿外还可能包括精神赔偿，一般也以精神抚慰金的经济形式予以补偿。

有些交通事故可能会给个人、集体甚至国家带来巨大的直接经济损失；有些事故的直接经济损失可能不大，但是间接性经济损失却很大；另外，对于生命健康的价值也不能用经济赔偿的价值估量。如果对这些损失的全部都进行赔偿，交通事故责任者承担的赔偿额将是巨大的，有时交通事故责任者负担不起，势必影响交通事故责任者本人及其家庭的正常生活。交通事故损失具有偶然性，有的损失难以估算，精确计算费时费力，损害赔偿难以及时解决。从这个角度讲，一方面要确定合理的损害赔偿范围和标准，另一方面也要完善保险和社会救济制度；同时，广大交通参与者不仅要积极加入车辆保险体系并提高车辆保险意识，也要提高遵守交通法规的素质和交通安全意识。

考虑到我国国情以及地区间经济的差异，也考虑到事故当事人的收入、年龄、家庭等因素，根据《规定》、《民法典》和最高人民法院的有关法律解释，交通事故损害赔偿的项目包括：

(1) 人身伤害赔偿：医疗费、误工费、护理费、交通费、住院伙食补助费、营养费、残疾赔偿金、残疾辅助器具费、丧葬费、死亡赔偿金、被扶养人生活费等。这些损失不是交通事故损失的全部，仅是与当事人生活密切的部分内容。

(2) 财产损失：维修被损坏车辆所支出的费用、车辆所载物品的损失、车辆施救费用；因车辆灭失或者无法修复，为购买交通事故发生时与被损坏车辆价值相当的车辆重置费用；依法从事货物运输、旅客运输等经营性活动的车辆，因无法从事相应经营活动所产生的合理停运损失；非经营性车辆因无法继续使用，所产生的通常替代性交通工具的合理费用。

(3) 存在精神伤害的，可申请精神损害赔偿。

人身损害赔偿仅是对当事人伤亡或残疾引起的直接经济损失的一种补偿，不能认为是事故受害者的生命、健康的价值或价格。等价原则主要用于事故中涉及车辆损坏等财产损失，人的生命和身体是无法复原的，不能用等价去衡量。

财产损失仅赔偿直接财产损失，也就是交通事故中产生的财产损失，可能造成的间接财产损失不在赔偿的范围之内，例如因为交通事故未能及时回家导致晾晒的粮食被猪吃掉的损失不在赔偿之列。

事故受害人具备采取措施避免损害扩大的能力但未采取措施，导致损害扩大的部分不属于交通事故损害赔偿范围。

总之，赔偿的项目仅是因交通事故引起的损失，损害赔偿的内容不能超出法律规定的范围和标准。如果损害与交通事故没有因果关系，则不在赔偿范围之内，例如受害人本来就有一定的身体疾病，在受伤治疗期间治疗原有疾病的费用不能包含在医疗费等赔偿费用中。

6.3.6　交通事故损害赔偿的标准

一、交通事故损害赔偿标准确定的原则

损害赔偿标准的确定，应考虑事故受害人的实际损失，也应考虑事故责任者的偿付能力。事故损害赔偿标准过高或过低，都对当事人不利。标准过低，对事故受害人解决不了实际问题；标准过高，事故责任者承担不了，也会影响车辆保险制度和社会救济制度的健康稳定发展。确定合理适当的事故损害赔偿标准直接关系到能否有效保护当事人的合法权益，以及能否顺利地进行事故损害赔偿。

《道路交通安全法实施条例》第九十五条第二款原则规定了交通事故损害赔偿的项目和标准的依据，即"交通事故损害赔偿项目和标准依照有关法律的规定执行"。交通事故损害赔偿是一种民事侵权损害赔偿，应当遵循民事法律上关于损害赔偿的一般原则。损害赔偿以补偿当事人实际损害为原则，赔偿具体数额应当根据受害人遭受的实际损失来确定。

二、交通事故损害赔偿标准的内容

2021年1月1日，为正确审理人身损害赔偿案件，依法保护当事人的合法权益，根据《中华人民共和国民法典》和《中华人民共和国民事诉讼法》等有关法律规定，结合审判实践，最高人民法院制定(修订)并颁布实施了《最高人民法院关于审理人身损害赔偿案件适用法律若干问题的解释》(以下简称《人身损害赔偿法律解释》)；同时，为正确审理道路交通事故损害赔偿案件，最高人民法院又根据《中华人民共和国民法典》《中华人民共和国道路交通安全法》《中华人民共和国保险法》《中华人民共和国民事诉讼法》等法律的规定，结合审判实践，制定(修订)并颁布实施了《最高人民法院关于审理道路交通事故损害赔偿案件适用法律若干问题的解释》(以下简称《交通事故损害赔偿解释》)。这两个解释与《民法典》、《道路交通安全法》及《规定》是处理道路交通事故损害赔偿问题的主要法律依据。

《人身损害赔偿法律解释》第一条规定:"因生命、身体、健康遭受侵害,赔偿权利人起诉请求赔偿义务人赔偿物质损害和精神损害的,人民法院应予受理。本条所称'赔偿权利人',是指因侵权行为或者其他致害原因直接遭受人身损害的受害人以及死亡受害人的近亲属。本条所称'赔偿义务人',是指因自己或者他人的侵权行为以及其他致害原因依法应当承担民事责任的自然人、法人或者非法人组织。"该条款也明确规定了赔偿权利人有权申请精神损害赔偿,包括直接受害人或死亡受害人的近亲属。这种一般性的人身损害赔偿的法律规定,是有伤亡的道路交通事故损害赔偿的法律基础。

《交通事故损害赔偿解释》对道路交通事故的损害赔偿范围做了明确的规定,具体如下:

第十一条规定,《道路交通安全法》第七十六条规定的"人身伤亡",是指机动车发生交通事故侵害被侵权人的生命权、身体权、健康权等人身权益所造成的损害,包括《民法典》第一千一百七十九条和第一千一百八十三条规定的各项损害。

《道路交通安全法》第七十六条规定的"财产损失",是指因机动车发生交通事故侵害被侵权人的财产权益所造成的损失。

这里明确了道路交通事故的人身伤亡和财产损失的内涵。对于人身权益损害赔偿的范围,《民法典》第一千一百七十九条已在前面介绍,第一千一百八十三条是关于精神损害赔偿的,规定如下:

侵害自然人人身权益造成严重精神损害的,被侵权人有权请求精神损害赔偿。

因故意或者重大过失侵害自然人具有人身意义的特定物造成严重精神损害的,被侵权人有权请求精神损害赔偿。

结合《人身损害赔偿法律解释》第一条的规定,交通事故受伤害者或死亡者近亲属有精神伤害的,可申请精神损害赔偿。

道路交通事故的财产损失,是指因交通事故直接产生的财产损失和经济损失,对此,《交通事故损害赔偿解释》第十二条又做了明确的规定:

因道路交通事故造成下列财产损失,当事人请求侵权人赔偿的,人民法院应予支持:

(一) 维修被损坏车辆所支出的费用、车辆所载物品的损失、车辆施救费用;

(二) 因车辆灭失或者无法修复,为购买交通事故发生时与被损坏车辆价值相当的车辆重置费用;

(三) 依法从事货物运输、旅客运输等经营性活动的车辆,因无法从事相应经营活动所产生的合理停运损失;

(四) 非经营性车辆因无法继续使用,所产生的通常替代性交通工具的合理费用。

该条款明确了道路事故财产损失的一般范围,是进行财产损害赔偿调解的重要依据。

《道路交通安全法》、《道路交通安全法实施条例》、《规定》以及《交通事故损害赔偿解释》都没有对道路交通事故的人身损害赔偿的具体项目和赔偿标准进行明确,如《道路交通安全法实施条例》第九十五条第二款规定:"交通事故损害赔偿项目和标准依照有关法律的规定执行。"这里的有关法律是指《人身损害赔偿法律解释》。

2021年修订版的《人身损害赔偿法律解释》从第六条到第十七条对人身损害赔偿的项目以及各项目的赔偿标准做了具体的规定,第十八条至第二十三条又对相关问题做了必要的解释。道路交通事故人身损害赔偿标准依据这些法律解释。根据《人身损害赔偿法律解释》的相关规定,道路交通事故人身损害赔偿的主要项目包括:

(1) 因就医治疗支出的各项费用的赔偿。包括医疗费、护理费、住院伙食补助费、营养费以及发生的相关交通费、住宿费等。

(2) 因误工减少的收入的赔偿,主要是误工费。

(3) 与受害人因伤致残相关的赔偿,包括残疾赔偿金、残疾辅助器具费、被扶养人生活费等。

(4) 因受害人死亡而赔偿的项目,主要包括丧葬费、被扶养人生活费、死亡赔偿金等。

(5) 受害人或者死者近亲属遭受精神损害的,赔偿精神损害抚慰金。

《人身损害赔偿法律解释》对各种赔偿项目的赔偿标准规定简介如下:

(1) 医疗费:根据医疗机构出具的医药费、住院费等收款凭证,结合病历和诊断证明等相关证据确定。赔偿义务人对治疗的必要性和合理性有异议的,应当承担相应的举证责任。

医疗费的赔偿数额,按照一审法庭辩论终结前实际发生的数额确定。器官功能恢复训练所必要的康复费、适当的整容费以及其他后续治疗费,赔偿权利人可以待实际发生后另行起诉。但根据医疗证明或者鉴定结论确定必然发生的费用,可以与已经发生的医疗费一并予以赔偿。

(2) 护理费根据护理人员的收入状况和护理人数、护理期限确定。

护理人员有收入的,参照误工费的规定计算;护理人员没有收入或者雇佣护工的,参照当地护工从事同等级别护理的劳务报酬标准计算。护理人员原则上为一人,但医疗机构或者鉴定机构有明确意见的,可以参照确定护理人员人数。

护理期限应计算至受害人恢复生活自理能力时止。受害人因残疾不能恢复生活自理能力的,可以根据其年龄、健康状况等因素确定合理的护理期限,但最长不超过二十年。受害人定残后的护理,应当根据其护理依赖程度并结合配制残疾辅助器具的情况确定护理级别。

(3) 交通费:根据受害人及其必要的陪护人员因就医或者转院治疗实际发生的费用计算。交通费应当以正式票据为凭;有关凭据应当与就医地点、时间、人数、次数相符合。

(4) 住院伙食补助费可以参照当地国家机关一般工作人员的出差伙食补助标准予以确定。

受害人确有必要到外地治疗,因客观原因不能住院,受害人本人及其陪护人员实际发生的住宿费和伙食费,其合理部分应予赔偿。

(5) 营养费:根据受害人伤残情况参照医疗机构的意见确定。

(6) 误工费:误工费根据受害人的误工时间和收入状况确定。误工时间根据受害人接受治疗的医疗机构出具的证明确定。受害人因伤致残持续误工的,误工时间可以计算至定残日前一天。

受害人有固定收入的,误工费按照实际减少的收入计算。受害人无固定收入的,按照其最近三年的平均收入计算;受害人不能举证证明其最近三年的平均收入状况的,可以参照受诉法院所在地相同或者相近行业上一年度职工的平均工资计算。

(7) 残疾赔偿金:根据受害人丧失劳动能力程度或者伤残等级,按照受诉法院所在地上一年度城镇居民人均可支配收入或者农村居民人均纯收入标准,自定残之日起按二十年计算。但六十周岁以上的,年龄每增加一岁减少一年;七十五周岁以上的,按五年计算。

受害人因伤致残但实际收入没有减少,或者伤残等级较轻但造成职业妨害严重影响其劳动就业的,可以对残疾赔偿金作相应调整。

(8) 残疾辅助器具费:按照普通适用器具的合理费用标准计算。伤情有特殊需要的,可以参照辅助器具配制机构的意见确定相应的合理费用标准。

辅助器具的更换周期和赔偿期限参照配制机构的意见确定。

(9) 丧葬费:按照受诉法院所在地上一年度职工月平均工资标准,以六个月总额计算。

(10) 死亡赔偿金:按照受诉法院所在地上一年度城镇居民人均可支配收入或者农村居民人均纯收入标准,按二十年计算。但六十周岁以上的,年龄每增加一岁减少一年;七十五周岁以上的,按五年计算。

(11) 被扶养人生活费:计入残疾赔偿金或者死亡赔偿金。

被扶养人生活费根据扶养人丧失劳动能力程度,按照受诉法院所在地上一年度城镇居民人均消费性支出和农村居民人均年生活消费支出标准计算。被扶养人为未成年人的,计算至十八周岁;被扶养人无劳动能力又无其他生活来源的,计算二十年。但六十周岁以上的,年龄每增加一岁减少一年;七十五周岁以上的,按五年计算。

被扶养人是指受害人依法应当承担扶养义务的未成年人或者丧失劳动能力又无其他生活来源的成年近亲属。被扶养人还有其他扶养人的,赔偿义务人只赔偿受害人依法应当负担的部分。被扶养人有数人的,年赔偿总额累计不超过上一年度城镇居民人均消费性支出额或者农村居民人均年生活消费支出额。

《人身损害赔偿法律解释》还对以上赔偿计算标准涉及的几个具体问题做了进一步的解释:

(1) 赔偿权利人举证证明其住所地或者经常居住地城镇居民人均可支配收入或者农村居民人均纯收入高于受诉法院所在地标准的,残疾赔偿金或者死亡赔偿金可以按照其住所地或者经常居住地的相关标准计算。被扶养人生活费的相关计算标准,也依照该款原则确定。

(2) 超过确定的护理期限、辅助器具费给付年限或者残疾赔偿金给付年限,赔偿权利人向人民法院起诉请求继续给付护理费、辅助器具费或者残疾赔偿金的,人民法院应予受理。赔偿权利人确需继续护理、配制辅助器具,或者没有劳动能力和生活来源的,人民法院应当判令赔偿义务人继续给付相关费用五至十年。

(3) 赔偿义务人请求以定期金方式给付残疾赔偿金、辅助器具费的,应当提供相应的担保。人民法院可以根据赔偿义务人的给付能力和提供担保的情况,确定以定期金方式给付相关费用。但是,一审法庭辩论终结前已经发生的费用、死亡赔偿金以及精神损害抚慰金,应当一次性给付。人民法院应当在法律文书中明确定期金的给付时间、方式以及每期给付标准。执行期间有关统计数据发生变化的,给付金额应当适时进行相应调整。定期金按照赔偿权利人的实际生存年限给付。

(4) "城镇居民人均可支配收入"、"农村居民人均纯收入"、"城镇居民人均消费性支出"、"农村居民人均年生活消费支出"、"职工平均工资",按照政府统计部门公布的各省、自治区、直辖市以及经济特区和计划单列市上一年度相关统计数据确定。"上一年度",是指一审法庭辩论终结时的上一统计年度。

对于道路交通事故涉及的精神损害赔偿,《人身损害赔偿法律解释》中未做详细说明,精神损害抚慰金依据《最高人民法院关于确定民事侵权精神损害赔偿责任若干问题的解释》进行确定。

§6.4 交通事故肇事处罚和处理

根据《刑法》第一百三十三条规定，违反交通运输管理法规，造成重大事故，致人重伤、死亡或者使公私财产遭受重大损失的，即构成交通肇事罪，必须追究有关责任者的刑事责任。

6.4.1 交通肇事罪的构成

交通肇事罪的构成要件由犯罪的客体、犯罪的客观方面、犯罪的主体和犯罪的主观方面4个基本要件构成。构成犯罪的4个要件，是认定交通肇事犯罪的法律基础。

一、犯罪的客体

犯罪的客体是指我国《刑法》所保护的被犯罪行为侵害的社会关系。犯罪客体分为一般客体、同类客体和直接客体。一般客体是指一切犯罪所共同侵害的客体，也就是社会关系的整体。同类客体是某一类犯罪所共同侵害的客体，例如公共安全、公民的人身权利与财产等，均属同类客体。直接客体是犯罪直接侵害的客体，例如在交通事故中伤亡的人、损坏的财物和车辆等。交通肇事所侵害的客体是交通运输的正常秩序和交通运输的安全。

二、犯罪的客观方面

犯罪的客观方面是指构成犯罪时所必须具备的危害社会的行为、损害后果，以及行为与后果之间的因果关系。犯罪的客观方面主要包括以下几种。

1. 危害行为

危害行为是指行为人在自己的意识和意志下支配实施的危害社会的行为。危害行为是认定是否犯罪的客观前提。

2. 危害后果

危害后果是指危害行为给《刑法》所保护的社会关系造成的损害。危害后果是犯罪构成的必要条件，没有危害后果，犯罪就不能成立。

3. 危害行为和危害后果之间的因果关系

《刑法》中的因果关系是指行为人所实施的危害社会的行为和危害后果之间内在的、必然的联系。这种因果关系是不以人们的意志为转移的客观的、合乎规律的关系。

4. 犯罪的时间、地点和手段

犯罪的时间、地点和手段，一般是犯罪构成的选择要件。只有在法律有明文规定的情况下，才属于犯罪构成的必要要件。

交通肇事罪的客观要件是：从事交通运输的人员或非交通运输人员，违反道路交通规章制度，发生重大事故，致人重伤死亡或者使公私财产遭受重大损失。

三、犯罪主体

1. 犯罪主体

犯罪主体是指实施犯罪行为，并应依法对自己犯罪行为负责的人。没有犯罪主体就没有犯罪，不符合犯罪主体的人，即使其行为造成了危害后果，也不负刑事责任。

2. 犯罪主体必须具备的条件

（1）犯罪主体必须是自然人。如果法人触犯了刑律，也只能由其直接责任人承担刑事责任。

（2）犯罪主体必须是达到刑事责任年龄的人。我国《刑法》规定的刑事责任年龄是16周岁。已满14岁不满16岁的人，只对杀人、重伤抢劫、放火、惯窃罪或其他严重破坏社会秩序的犯罪负刑事责任。未满14岁的人不负刑事责任。

（3）犯罪主体必须是具有刑事责任能力的人。刑事责任能力，是指能够辨别和控制自己的行为，并具有对自己行为负刑事责任的能力。精神病患者在发病期间是无刑事责任能力的；醉酒的人不属于无责任能力的人；聋哑人和盲人在没有丧失辨别和控制自己行为的能力时，也不属于无责任能力的人，但可以减轻或免于处罚。

（4）犯罪主体必须是实施了犯罪行为的人。

3. 犯罪的特殊主体

犯罪的特殊主体是指除了具备上述犯罪主体的条件以外，还要求具有特定的职务或身份的人构成的犯罪主体。

交通肇事罪的犯罪主体，主要是从事交通运输工作的人员，一般指驾驶员以及那些从事与交通运输安全有直接关系的人员。

四、犯罪的主观方面

犯罪的主观方面是指犯罪主体对他们实施的犯罪行为及其危害，如故意、过失、动机、目的等。犯罪的主观方面是犯罪主体基于什么心理状态实施犯罪行为。

犯罪的主观方面主要有故意犯罪和过失犯罪两种。

故意犯罪是明知自己的行为会发生危害社会的结果，并且希望或者放任这种结果发生的一种心理态度。故意犯罪有直接故意和间接故意两种情况。这两种故意犯罪，都明知自己的行为会发生危害的后果。希望危害后果发生的，即为直接故意；放任危害后果发生的，则为间接故意。间接故意也有两种情况，一是行为人在实施犯罪行为时，放任犯罪后果的发生；二是放任另一种犯罪结果的发生。

过失犯罪是指应当预见自己的行为可能发生危害社会的结果，但因为疏忽大意而没有预见，或者已经预见而轻信能够避免的一种心理状态。自信能够避免的，则称为自信过失；因疏忽大意而没预见的，称为疏忽大意过失。

认定是否应该预见，应以行为人的主观预见能力、客观的环境条件以及行为人的职责要求等为根据。对故意犯罪和过失犯罪二者进行比较，可看出区别就在于犯罪的主观方面。交通肇事罪的主观方面必须是出于疏忽大意过失或过于自信过失的心理态度。

6.4.2 对交通肇事犯罪的追究

公安机关在追究交通事故当事人刑事责任的工作中，必须遵守的行为规则是《中华人民共和国刑事诉讼法》（以下简称《刑事诉讼法》），并依照法律规定的程序进行。

一、公安机关交通管理部门在追究交通肇事罪工作中的职责

公安机关交通管理部门在追究交通肇事罪工作中的职责包括：侦查交通事故中的犯罪案件，追究交通肇事罪，保障良好的交通秩序，保护在交通事故中无罪和不够追究刑事责任的当事人。

二、公安机关交通管理部门追究交通肇事罪的权限

1. 有权开始追究交通肇事罪

公安机关交通管理部门根据事故现场调查、责任认定及其他有关材料认为必须追究交通事故当事人的刑事责任时,有权进行立案、侦查,开始刑事诉讼活动。

2. 有权采取各种合法的强制措施

合法的强制措施包括《刑事诉讼法》中所规定的拘传、监视居住、拘留和逮捕等强制措施,也包括搜查、扣押等保全刑事诉讼证据的措施。

3. 有权依法直接进行或组织指挥进行各种侦查活动

直接进行侦查活动有现场勘查车辆检查、搜集证据、讯问被告、询问证人等。组织进行的侦查活动有委托进行的各种鉴定和现场试验等。

4. 有权对交通肇事案件做出自己管辖范围内的处理

《道路交通安全法》第一百零一条规定:违反道路交通安全法律法规的规定,发生重大交通事故,构成犯罪的,依法追究刑事责任,并由公安机关交通管理部门吊销机动车驾驶证。

造成交通事故后逃逸的,由公安机关交通管理部门吊销机动车驾驶证,且终生不得重新取得机动车驾驶证。

公安机关交通管理部门有权撤销立案或移交检察院,并提出应予起诉或免予起诉的意见。公安机关交通管理部门在追究交通肇事犯罪或其他犯罪活动中也受到监督和制约。主要表现为:公检法机关之间的侦查起诉判决的相互监督制约;公安机关交通管理部门内部的集体讨论、请示报告、领导监督等制度的监督制约;使拘留、逮捕等职权均具有规定的条件的制约;诉讼参与人和一般群众的监督制约。

三、追究交通肇事罪的主要手段

1. 立案

交通肇事罪的立案是追究刑事责任的刑事诉讼活动,是进行侦查、起诉、审判等刑诉活动的前提。

立案必须同时具备犯罪事实和该犯罪事实应追究刑事责任两个条件。凡有情节显著轻微、危害不大、不认为是犯罪的,犯罪已超过起诉时效的,被告人死亡等情形之一的不能立案。开始未发现,立案后发现或者经过侦查否定了原来立案依据的,也应当撤销立案。立案、破案和销案均应按程序进行。

2. 侦查

侦查是指公安机关、检察机关在办理案件过程中,依法进行的专门调查工作和有关的强制措施。交通肇事罪的侦查主要包括现场勘查、讯问被告人、询问证人、车辆检验、道路鉴定、搜查、扣押物证、书证通缉等。通过侦查活动,可以对被告人做出提出起诉或者撤销案件结论时,侦查工作即告结束。侦查终结的案件,应当写出《起诉意见书》或《免予起诉意见书》,连同案卷、证据一并移送同级人民检察院审查决定。

3. 强制措施

强制措施是不同程度限制人身自由的强制手段。采取强制措施的目的是,防止被告人或者嫌疑分子逃跑、自杀、串供、毁灭罪证或继续犯罪,保证侦查和审判工作的顺利进行。

《刑事诉讼法》中规定的强制措施有拘传、取保候审、监视居住、拘留和逮捕 5 种。

拘传与传唤不同。在交通肇事罪的刑事诉讼活动中的拘传,主要是对经传唤而无正当

理由不到案的被告人所采取的。对特大交通事故的被告人也可以直接拘传。拘传需要经县级以上公安机关负责人批准,进行拘传必须出示拘传票。

取保候审是公安机关责令被告人找出担保人,经公安机关同意,由担保人出具保证书,保证被保人不逃避侦查和审判,一经传唤立即到案的一种强制措施。监视居住是限制被告人不离开指定的区域,并对其行动进行监视的一种强制措施。

拘留是对应逮捕的现行犯或重大嫌疑分子在紧急情况下实施的临时性限制人身自由的强制措施。进行拘留,应签发拘留证。被拘留人要在拘留证上签字,如果拒绝签字应加以注明。拘留后除有碍侦查或无法通知外,应在 24 小时内将拘留的原因、羁押的场所通知其家属或所在单位。

刑事拘留与行政拘留不同。前者是强制措施,后者是一种处罚。刑事拘留和逮捕也有原则区别。

逮捕是司法机关依法对被告人采取的短时期内剥夺其人身自由的一种最严厉的强制措施。

公安机关交通管理部门在追究交通肇事罪的刑诉活动中,还要特别注意维护和尊重被告人的合法权益,给被告人以足够的诉讼权利。诉讼权利的核心是辩护权。在诉讼活动中,被告人可以为自己辩护。在侦查阶段,被告人只能自己辩护,在法庭上可以委托律师和其他人辩护。

交通肇事罪的被告人可以依法要求经办此案的有关人员回避。这是保证公正判决的一项重要措施。

6.4.3 追究交通肇事罪的办案程序

追究交通肇事罪的办案工作,一般要经过审查立案、侦查鉴定和复核移送 3 个阶段。

一、审查立案

审查立案包括报案、初审、立案 3 项内容。

交通事故报案登记。不论是否构成犯罪均需填写《受理案件登记表》。

初审。初审主要经现场勘查,查清事故原因、损害后果,并认定责任,分析当事人是否构成交通肇事罪。对情节、后果比较清楚,明显构成交通肇事罪的,可以先立案,后侦查。

立案。对经过调查的交通肇事案,符合交通肇事刑事案件立案标准且归自己管辖的,应当立即转为刑事案件,按照公安机关办理刑事案件程序规定进行,制作《呈请立案报告书》,报经上级公安机关领导批准,予以立案。立案后,应当进行侦查,全面客观地收集调取犯罪嫌疑人有罪或者无罪、罪轻或者罪重的材料,并予以审查核实。

立案是为侦查、审判等刑事诉讼活动提供法律依据。

二、侦查鉴定

侦查鉴定是刑事诉讼活动中的基础,也是追究交通肇事罪的核心。这一阶段的工作,应按《刑事诉讼法》的规定进行。除现场勘查和扣押外,还有以下几项工作:

(1) 讯问被告人。

(2) 询问证人。

(3) 搜查。搜查是办案人员对被告人、犯罪嫌疑人以及可能隐藏罪犯或犯罪证据的人身物品、住宅和其他有关地方进行搜查。搜查必须严格按法定程序进行。

(4) 鉴定。鉴定是指为查明案情,办案机关指派或聘请具备资质的鉴定机构所进行的鉴定工作。在交通肇事罪的刑诉活动中的鉴定主要包括痕迹、接触点和行驶速度等。鉴定人员应与案件无利害关系,并按规定格式做出《鉴定意见书》。

(5) 通缉。通缉是侦查机关通报各地协助缉拿应该逮捕的案犯而采取的一种侦查方法。县级以上公安机关有权在自己管辖的地区内发布通缉令。通缉人犯捕获后,要立即向原发送范围通报撤销通缉令。

(6) 对被告采取某些强制措施。

(7) 制作《结案报告》。侦查工作结束后,应制作《结案报告》。《结案报告》是制作《起诉意见书》和提起公诉及审判的依据。对已经立案的逃逸交通肇事案件侦破后,应制作《破案报告》。

三、复核移送

在复核移送阶段主要有如下工作。

1. 报主管上级审批

交通肇事案件的诉讼活动,实行两级审查制度。在《结案报告》的基础上,填报《道路交通事故处理审批表》报主管领导和上级业务部门审批。审批过程就是对案件进行复核的过程。

2. 制作《起诉意见书》或《免于起诉意见书》

对于应当追究刑事责任的交通事故当事人,制作《起诉意见书》;对于不需要刑罚的,则应制作《免于起诉意见书》,连同案卷材料,一并移送同级人民检察院审查决定。

3. 移送起诉

人民检察院在收到公安机关送达的交通肇事罪诉讼案卷一个月以内,做出起诉或免于起诉的决定。决定免于起诉的交通肇事案件,检察院应将《免于起诉决定书》送公安机关。公安机关可在 5 日内要求复议。如果意见不被接受,可在 7 日内向上一级人民检察院提请复核。

4. 补充侦查

交通事故案件移送人民检察院后退回补充侦查的,应按《补充侦查决定书》的要求,由原办案机关在一个月内补充侦查完毕。

6.4.4 交通肇事罪诉讼活动中的法律文书

在交通肇事案件刑诉活动中的法律文书主要有《立案报告》、《破案报告》、《起诉意见书》和《免于起诉意见书》等。

一、《立案报告》

《立案报告》的内容主要包括:

(1) 自然情况及案情概况。

(2) 通过现场调查了解到的事故原因、情节以及造成的损害后果。

(3) 案情分析部分,包括当事人责任的认定,追究刑事责任的依据,提出立案的理由。

(4) 对交通肇事逃逸案件,还应在案情分析的基础上提出侦查和破案计划。

二、《破案报告》

对已立案侦查的交通肇事逃逸案件,经过侦查,犯罪事实清楚,证据确凿,被告捕获,办案机关应给批准立案的公安机关写出《破案报告》。《破案报告》主要包括立案情况、侦查情况与破案过程、案犯的认定与认定证据、案件的性质与被告人的刑事责任。

三、《起诉意见书》

《起诉意见书》主要包括被告人的自然情况、犯罪事实、起诉理由、附注部分。

在附注部分写明被告人受到的强制措施、附送案卷的数目,以及诉讼证据的名称、数量等。

四、其他文书

其他文书有《免于起诉意见书》《提请逮捕书》《撤销案件书》等,这些法律文书均应根据实际情况,按具体要求制作。这类文书一般包括犯罪事实、法律依据和分析结论三部分。

五、制作法律文书的有关事项

法律文书必须严格遵守一定的格式。这是为了保证法律文书的完整性、准确性和合法性;同时可以避免出现漏洞和差错,便于处理立卷和归档。

法律文书的格式一般包括标题、主送机关、公文字号、正文、发文年月日、机关盖章、附件、抄送单位、机密等级和紧急程度等。

叙述事实必须层次清晰,语言准确,内容具体。

说理部分要有理有据,坚持以事实为依据、以法律为准绳的原则。

结论部分要准确恰当,罪名判定准确,法律运用恰当。

上述法律文书的制作和归档要符合 GA 40《道路交通事故案卷文书》的有关规定。

6.4.5 交通肇事罪的量刑原则

由于交通肇事罪属于过失犯罪,因此在追究肇事者的刑事责任时,处罚通常较轻,一般判 3 年以下有期徒刑或拘役,较重的也只判 7 年,但因逃逸致人死亡的处 7 年以上有期徒刑。

一、一般情况

具有下列情节之一的,处 3 年以下有期徒刑,或者 15 日以上 6 个月以下拘役。

(1) 造成死亡 1 人或重伤 3 人以上,负事故全部或者主要责任的。

(2) 死亡 3 人以上,负事故同等责任的。

(3) 造成公共财产或者他人财产直接损失,负事故全部或者主要责任,无能力赔偿数额在 30 万元以上的。

交通肇事致 1 人以上重伤,负事故全部或者主要责任,并具有下列情形之一的,以交通肇事罪定罪处罚:

(1) 酒后、吸食毒品后驾驶机动车辆的。

(2) 无驾驶资格驾驶机动车辆的。

(3) 明知是安全装置不全或者安全机件失灵的机动车辆而驾驶的。

(4) 明知是无牌证或者已报废的机动车辆而驾驶的。

(5) 严重超载驾驶的。

(6) 为逃避法律追究逃离事故现场的。

二、情节特别恶劣

交通肇事具有下列情节之一的,属于"有其他特别恶劣情节",处 3 年以上 7 年以下有期徒刑。

（1）造成2人以上死亡或者重伤5人以上，负事故全部或者主要责任的。

（2）死亡6人以上，负事故同等责任的。

（3）造成公共财产或者他人财产直接损失，负事故全部或者主要责任，无能力赔偿数额在60万元以上的。

§6.5 交通肇事逃逸案件的侦查处理

交通肇事逃逸案件原则上属于构成交通肇事罪的案件，除非特殊情况，如有证据证明有合法理由离开事故现场，或者造成的损害后果较轻，且对方有严重过错的。要按照前节所介绍的法律依据进行应有的处罚，但交通肇事逃逸案件因为责任人逃逸，给案件的侦破带来困难，本节简单介绍如何侦破肇事逃逸案件。

6.5.1 交通肇事逃逸案侦查的任务

交通肇事逃逸不同于一般的交通事故，是交通事故当事人为了逃避法律责任和民事责任，故意驾车或弃车潜逃的行为。对于故意驾车逃逸的，公安机关交通管理部门的调查具有侦破性质，可适用侦查技术和手段，及时侦破交通肇事逃逸案。

交通肇事逃逸案侦查是公安机关和人民检察院的专门工作，是惩处交通肇事犯罪的重要工具。其基本任务是通过侦查破案，打击和遏制交通肇事犯罪活动，保护社会经济建设的顺利发展，保障公民生命财产的安全。

一、获取交通肇事的证据

获取交通肇事的证据，是侦查交通肇事逃逸案件的一项重要任务，也是全部侦查活动的中心环节。各种策略手段、技术手段的运用，比如勘查现场、现场试验、询问证人、搜查、扣押车辆物证、辨认、鉴定以及询问肇事者等，其主要目的也都是为了获取肇事证据。证据的获取主要内容包括发现证据、固定和提取证据、检验证据。

1. 发现证据

在交通肇事案件的侦查过程中，人们要采取各种有效的策略、方法和技术手段，及时而准确地找到能够证明交通肇事逃逸案件真实情况的一切事实。

2. 固定和提取证据

固定和提取证据的方法，通常有绘制现场图、现场照相、检验照相、制作各种笔录以及声像等。

3. 检验证据

各种证据必须经过查证属实，才能作为定案的根据。侦查过程中所发现和提取的每个证据都必须被严格检验。有些证据应送交技术鉴定机构（部门）进行鉴定。

二、查明案件事实

所谓案件事实，就是指交通肇事者实施肇事逃逸犯罪行为的时间、地点、原因、目的、损害对象和造成的后果，以及交通肇事者有无责任能力等。

只有查清楚交通肇事逃逸案件的事实，才能正确地使用案件所适用的法律，真正做到定性准确、责任分明、量刑适当,使交通肇事逃逸者受到应得的惩处,使无罪者不受刑事追究。为了查明案件事实,证实交通肇事逃逸者及其犯罪行为,在交通肇事逃逸案件的侦查过程中,应广泛地收集各种证据材料。

三、防止反侦查

采取必要措施,防止肇事者逃避侦查。有的交通肇事逃逸者会千方百计地毁灭证据,伪造证据,制造假象,掩盖事实,或者逃逸、躲藏、串供、嫁祸于人。在案件侦查过程中,如果案情发展有变化,对原来采取的强制措施,也应根据新的情况,分别予以撤销或变更,以保证案件侦查活动的顺利进行。

6.5.2 交通肇事逃逸案侦查的原则

交通肇事逃逸案的侦查原则是侦查人员在整个侦查活动中必须遵循的基本准则。侦查作为诉讼活动的一个重要阶段,它的一切活动都必须严格遵守《刑事诉讼法》规定的基本原则,以法律为准绳。在交通肇事逃逸案件侦查活动中,这些基本原则都必须被严格遵守。此外还要注意坚持依靠社会、实事求是、把握时机和依法办案等原则。

为了保证交通肇事逃逸案件侦查活动的正确进行,防止发生偏差和错误,公安机关交通管理部门要做到有法必依,执法必严。严格依法办案,就是要求在侦查破案的各个环节切实遵守《刑法》《刑事诉讼法》《道路交通安全法》和其他有关法律、法规、法令及规定。

6.5.3 交通肇事逃逸案件的侦查

案件查缉是公安机关对已确定立案的交通肇事逃逸案件所进行的一系列侦查活动。侦查人员应从每个交通肇事逃逸案的实际出发,有计划、有步骤地开展侦查工作。对一个具体案件的侦破,一般要经过立案、制定侦查预案、发现肇事嫌疑车和嫌疑人、认定肇事者和破案处理等主要步骤。这些步骤也是侦查破案的主要环节。

一、交通事故逃逸侦查步骤

1. 立案

公安机关交通管理部门接到报案、举报和自首材料后,经过审查而决定作为交通肇事逃逸案件进行侦查,这种活动就称作立案。

立案是进行交通肇事逃逸案处理的前提。《规定》第四十一条规定:"经过调查不属于公安机关交通管理部门管辖的,应将案件移送有关部门并书面通知当事人处理途径,或者告知当事人处理途径。""公安机关交通管理部门在调查过程中,发现当事人有涉嫌交通肇事、危险驾驶犯罪的,应当按照《刑事诉讼法》、《公安机关办理刑事案件程序规定》立案侦查。"

按照这个规定,公安机关交通管理部门应当接受由当事人、目击者或其他人报告的交通事故逃逸案件,然后按照管辖范围迅速审查。如果属于管辖范围的交通事故,应立即立案并展开调查;如不属管辖范围的,应告知当事人,并与有管辖权的交通管理部门联系移交事宜。

2. 制定查缉预案

侦查预案,是指针对发生的交通肇事逃逸案件进行侦破所制定的总体计划,是公安机关交通管理部门部署警力进行侦查交通肇事逃逸案件活动的依据。

侦查预案的内容通常包括:逃逸案情初步判断;开展侦查活动的方向;须查明的主要问题;所采取的措施;侦查力量的细致分工;完成侦查任务的期限和要求等。

公安机关交通管理部门应当根据管辖区域和道路情况,制定交通肇事逃逸案件查缉预案,并组织专门力量办理交通肇事逃逸案件。

3. 查缉组织与过程

发生交通肇事逃逸案件后,公安机关交通管理部门应立即启动查缉预案,布置警力堵截,并通过全国机动车缉查布控系统查缉。

案发地公安机关交通管理部门可通过发布协查通报、向社会公告等方式要求协查、举报交通肇事逃逸车辆或者侦破线索。发出协查通报或者向社会公告时,应提供交通肇事逃逸案件基本事实,交通肇事逃逸车辆情况、特征及逃逸方向等有关情况。

军队和武警车辆涉嫌交通肇事逃逸的,公安机关交通管理部门应当通报军队、武警的有关部门。

接到协查通报的公安机关交通管理部门,应立即布置堵截或者排查。发现交通肇事逃逸车辆或者嫌疑车辆的,应当予以扣留,依法传唤交通肇事逃逸人或者与协查通报相符的嫌疑人,并及时将有关情况通知案发地公安机关交通管理部门。案发地公安机关交通管理部门应立即派员前往办理移交。

4. 撤销案件布控

公安机关交通管理部门查获交通肇事逃逸车辆或者交通肇事逃逸嫌疑人后,应当按原范围撤销协查通报,并通过全国机动车缉查布控系统撤销布控。

5. 后续工作

在公安机关交通管理部门侦办交通肇事逃逸案件期间,交通肇事逃逸案件的受害人及其家属向公安机关交通管理部门询问案件侦办情况的,除依法不应公开的内容,公安机关交通管理部门应当告知并做好记录。

道路交通事故社会救助基金管理机构已经为受害人垫付抢救费用或者丧葬费用的,公安机关交通管理部门应当在交通肇事逃逸案件侦破后及时书面告知道路交通事故社会救助基金管理机构交通肇事逃逸驾驶员的有关情况。

二、侦缉嫌疑车辆

嫌疑车辆,是指发生交通事故后当事人为逃避事故责任驾车逃逸,处理交通事故的办案人员在追缉时,虽未经证实,但与肇事车辆特征相仿,被怀疑可能是肇事逃逸的车辆。

追查逃逸事故的肇事车辆是一项复杂的工作。只有先查出肇事车,才能抓获肇事逃逸者。同一种类、型号、颜色的机动车,可能在同一时间通过同一地点,加之社会上相似的车辆很多,有些车辆经过一定时间的使用,车辆的各部位均可能造成一些损坏,这些损坏可能与逃逸车辆的肇事痕迹相仿。有些肇事逃逸车上的痕迹被肇事者蓄意掩盖或修复,需要事故的办案人员、专业人员对损坏部位进行鉴别,对有关人员进行调查,必要时还需使用物理或化学检验手段对痕迹进行鉴定。

三、确定肇事车和肇事者

在逃逸事故的调查摸底过程中所发现的嫌疑车和嫌疑人有时还不止一个,根据嫌疑程度,嫌疑对象可分为一般嫌疑对象和重点嫌疑对象,侦查人员在发现嫌疑对象后,必须逐个审查嫌疑对象。在获得足够的确凿证据后,对于证实是肇事作案的对象,才能认定其应承担的责任,依法进行追究。对于证实没有作案条件的,应及时做出否定结论,解除嫌疑。

在重点嫌疑对象确定后,侦查目标就已经明确,任务比较具体,此时工作的关键就是收集有关证据,审查原来所取得的证据与重点嫌疑人有无关系。对于各种证据材料,应通过互相印证、互相比较,鉴别哪些是真实的,哪些是不真实的,从而找出事物的内部联系,抓住事物的本质,对嫌疑人是否为肇事者,得出符合客观实际的结论。

6.5.4 破案

破案是在主要事实已经查清,案情明了,取得了确凿证据之后所采取的一项侦查措施,是侦破过程中的一个重要环节。

§6.6 责任认定案例分析

案例1 借道超车时与对向车辆发生碰撞事故

某年某月某日某时许,姜某在某开放道路驾驶轿车行驶途中,遇到前方行驶速度较慢的大货车,姜某从前车左侧进行超车,超车时驶入了对向车道,此时恰好刘某驾驶轿车从对向车道驶来,由于速度较快,躲避不及,两车发生相撞,造成姜某受伤、刘某死亡的事故后果。该道路双向两车道,有道路中心线。经过司法鉴定,姜某、刘某均没有酒驾,姜某没有超速,刘某超速行驶。

《道路交通安全法》第四十三条规定:

同车道行驶的机动车,后车应当与前车保持足以采取紧急制动措施的安全距离。有下列情形之一的,不得超车:

(一) 前车正在左转弯、掉头、超车的;

(二) 与对面来车有会车可能的;

(三) 前车为执行紧急任务的警车、消防车、救护车、工程救险车的;

(四) 行经铁路道口、交叉路口、窄桥、弯道、陡坡、隧道、人行横道、市区交通流量大的路段等没有超车条件的。

显然,这起交通事故发生了,说明姜某的超车是与对面来车有会车可能的,姜某未能预判到这种会车可能,违反了《道路交通安全法》第四十三条第二款的规定。

《道路交通安全法》第四十五条还规定:机动车遇有前方车辆停车排队等候或者缓慢行驶时,不得借道超车或者占用对面车道,不得穿插等候的车辆。

姜某遇到了前方缓慢行驶的大货车,想要超车的行为是正常的,但是不能占用对面车道,否则就违反了《道路交通安全法》第四十五条法律规定,是违法过错行为。

《道路交通安全法实施条例》第四十七条也对超车行为进行了详细规定:机动车超车时,应当提前开启左转向灯,变换使用远、近光灯或者鸣喇叭。在没有道路中心线或者同方向只有1条机动车道的道路上,前车遇后车发出超车信号时,在条件许可的情况下,应当降低速度、靠右让路。后车应当在确认有充足的安全距离后,从前车的左侧超越,在与被超车辆拉开必要的安全距离后,开启右转向灯,驶回原车道。

根据《道路交通安全法实施条例》这条规定,姜某在准备超车时,应当提前给前车超车信号,当前车在安全原则下靠右行驶给姜某腾出超车空间时,姜某才能在确保安全的原则下,进行超车。本案中,因为前车是大货车,机动性较差,所以更加需要确保在自身安全的前提下才能变换行驶方向,并且靠右行驶也需要一个过程。如果姜某没有发出明确完整的超车信号,或者发出了超车信号但未耐心等待前车靠右行驶再开始超车,则均违反了《道路交通安全法实施条例》第四十七条的规定。退一步讲,即使姜某给出了超车信号,同时也进行了耐心等待,但是在安全条件未能保证的前提下,姜某仍然不该强行超车,否则就是违反了"确保安全"的原则。

《道路交通安全法》第四十二条规定:

机动车上道路行驶,不得超过限速标志标明的最高时速。在没有限速标志的路段,应当保持安全车速。

《道路交通安全法实施条例》第四十五条也规定:

机动车在道路上行驶不得超过限速标志、标线标明的速度。在没有限速标志、标线的道路上,机动车不得超过下列最高行驶速度:

(一)没有道路中心线的道路,城市道路为每小时 30 千米,公路为每小时 40 千米;

(二)同方向只有 1 条机动车道的道路,城市道路为每小时 50 千米,公路为每小时 70 千米。

显然,刘某超速行驶,违法了上述法律法规的规定,刘某存在违法过错行为。

综上,在本案中,姜某超车时借道对向车道行驶,违反了《道路交通安全法》第四十三条和四十五条、《道路交通安全法实施条例》第四十七条等法律法规规定,存在严重的违法过错行为,并且其违法过错行为是这起事故发生的直接原因。刘某超速行驶,违反了《道路交通安全法》第四十二条、《道路交通安全法实施条例》第四十五条的规定,也存在违法过错行为,其违法过错行为虽然不是事故发生的直接原因,却是造成事故损害后果的间接原因,是使事故后果更加严重的主要因素。

《道路交通安全法实施条例》第九十一条规定,根据当事人的行为对发生事故的作用和过错的严重程度确定责任。《交通事故处理程序规定》第六十条对此也有更加明确的规定:

公安机关交通管理部门应当根据当事人的行为对发生道路交通事故所起的作用以及过错的严重程度,确定当事人的责任。

(一)因一方当事人的过错导致道路交通事故的,承担全部责任;

(二)因两方或者两方以上当事人的过错发生道路交通事故的,根据其行为对事故发生的作用以及过错的严重程度,分别承担主要责任、同等责任和次要责任;

(三)各方均无导致道路交通事故的过错,属于交通意外事故的,各方均无责任。

一方当事人故意造成道路交通事故的,他方无责任。

所以,根据以上规定和责任认定的因果原则及路权原则,该案件中,双方均有过错,双方的过错对事故发生均有一定的作用。姜某的违法过错行为更加严重,对事故发生的作用更大,应承担主要责任;刘某的违法过错行为对事故发生的作用较小,违法过错较轻,承担次要责任。

应当指出的是,以上的责任认定讨论,主要是依据《道路交通安全法实施条例》等法律和规定,通过当事人的违法过错行为及其对事故发生的作用来进行责任确定的,遵循的主要是本章第 2 节的因果原则和路权原则。实际上本案中双方当事人均未能在行车和超车时做到"确保安全"的原则,根据相关法律法规,判断违法过错行为及其作用,遵循因果关系原则是优先的。对于本案,确保安全的原则也难以区分双方责任的大小。

案例 2　摩托车变道被汽车碰撞连带汽车追尾事故

某年某月某日某时,在某条双向四车道公路上,王某驾驶小客车在快车道行进时,适遇施某骑行摩托车从慢车道驶入快车道,王某紧急制动后仍然撞上了摩托车,造成了摩托车驾驶人施某及后座乘员施某某受伤,王某小客车后面紧随的齐某驾驶的小轿车也因躲避不及,追尾碰撞了王某驾驶的小客车,造成双方车辆一定的损坏。

经过现场勘查、询问调查和当事人检验,不存在酒驾行为,摩托车骑行者及乘员均未佩戴安全头盔,坐在摩托车后座的乘车人未满12周岁。王某和施某驾驶车辆均未超速,二人均采取了制动减速措施。

本案例虽然只是造成摩托车骑乘人员受伤和车辆的部分损伤,但是涉及摩托车和两辆汽车三车碰撞,是一起连环碰撞事故。事故当事人的责任认定还是具有一定复杂性的。与案例1类似,首先还是依据《道路交通安全法实施条例》第九十一条,从当事人的违法和过错行为入手,分析其行为对事故发生的作用和过错行为的严重程度,基于因果关系原因判断当事人的责任。

《道路交通安全法实施条例》第四十四条规定:在道路同方向划有2条以上机动车道的,左侧为快速车道,右侧为慢速车道。在快速车道行驶的机动车应当按照快速车道规定的速度行驶,未达到快速车道规定的行驶速度的,应当在慢速车道行驶。摩托车应当在最右侧车道行驶。有交通标志标明行驶速度的,按照标明的行驶速度行驶。慢速车道内的机动车超越前车时,可以借用快速车道行驶。

根据该条款,王某驾驶小客车和齐某驾驶小轿车在快速车道以符合最高和最低限速内的速度正常行驶,不存在违反该条规定的行为;但是施某驾驶摩托车正常应该在最右侧车道行驶,在快车道行驶违反了第四十四条规定。

《道路交通安全法实施条例》第四十四条还规定:在道路同方向划有2条以上机动车道的,变更车道的机动车不得影响相关车道内行驶的机动车的正常行驶。

所以,即使该案中施某是因为要骑行到道路另一侧而进行的换道,也违反了该条款,故存在明显的过错行为,且这种违规换道行驶的过错行为是事故发生的直接原因。应该强调的是,驾驶车辆在变换车道时一定要通过瞭望,确保安全原则,遵守上述法律规定。

《道路交通安全法》第五十一条还规定:机动车行驶时,驾驶人、乘坐人员应当按规定使用安全带,摩托车驾驶人及乘坐人员应当按规定戴安全头盔。

本案中,施某和施某某均未佩戴安全头盔,致使受伤严重程度增加,存在又一个违法过错行为,且该行为是造成事故后果的间接原因。

《道路交通安全法实施条例》第五十五条规定,机动车载人应当遵守下列规定:

(一)公路载客汽车不得超过核定的载客人数,但按照规定免票的儿童除外,在载客人数已满的情况下,按照规定免票的儿童不得超过核定载客人数的10%。

(二)载货汽车车厢不得载客。在城市道路上,货运机动车在留有安全位置的情况下,车厢内可以附载临时作业人员1人至5人;载物高度超过车厢栏板时,货物上不得载人。

(三)摩托车后座不得乘坐未满12周岁的未成年人,轻便摩托车不得载人。

本案中,摩托车后座乘坐的施某某未满12周岁,施某违反了第五十五条第三款的规定。

《道路交通安全法实施条例》第五十七条规定,机动车应当按照下列规定使用转向灯:

（一）向左转弯、向左变更车道、准备超车、驶离停车地点或者掉头时，应当提前开启左转向灯；

（二）向右转弯、向右变更车道、超车完毕驶回原车道、靠路边停车时，应当提前开启右转向灯。

本案中，摩托车驾驶人施某在换道时并没有按照法律规定开启转向灯，存在又一过错。《道路交通安全法》第四十三条（见案例1）明确规定了"同车道行驶的机动车，后车应当与前车保持足以采取紧急制动措施的安全距离"。齐某驾驶的小轿车显然未能保持"足以采取紧急制动措施的安全距离"，违反了该条法律规定，存在违法过错行为，该过错行为是造成追尾事故的直接原因。

由于王某驾驶的车辆属于正常行驶，施某是临时变换的车道，采取紧急制动减速行为是合理的避险行为，故本案中，王某不存在违法过错行为。

综上，本案中，施某和齐某均存在违法过错行为，王某没有违法过错行为，故施某与施某某受伤以及摩托车损坏的损害由施某一人承担全部责任，王某汽车因为与摩托车碰撞造成的损伤同样由施某承担。王某车辆被追尾的损伤以及齐某车辆的损伤均由齐某承担完全责任。

本案中，王某遇到危险时采取了一定的制动措施，虽然没有避免事故的发生，但是减小了事故损害。如果王某驾驶客车在发现危险时，在能够采取避免事故或降损的条件下未采取任何措施，虽然不存在明显的违法行为，但未能坚持"确保安全"的原则，也是一种过错行为，需要承担一定的责任；如果在发现前方危险时，有故意加速的行为，则将根据《刑法》有关规定承担一定的刑事责任。另外，本案中被小客车碰撞的是摩托车，如果碰撞的是电动二轮车，需要鉴定其是否非机动车。如果是非机动车，依据《道路交通安全法》第七十六条的规定，即使小客车没有过错，也需要承担不超过10％的损害赔偿责任。

案例3　山路狭窄处会车时单车事故

某年某月某日某时，在一个盘山道上狭窄的路段上，刘某驾驶的大货车沿着盘山道靠近山体一侧行驶，张某驾驶一辆小汽车对向驶来，两车在交汇处，小汽车不慎掉入路侧，翻滚进路外深沟里，造成小汽车司机及3名乘员重伤。

经过现场勘查发现，该处道路比较狭窄，虽然道路宽度允许同时通过两辆对向来车，但是比较危险。事故发生时，大货车并没有停靠让小汽车先行通过。大货车已经尽量靠近山体一侧行驶，两辆汽车的通过速度均较慢。

《道路交通安全法实施条例》第四十八条规定，在没有中心隔离设施或者没有中心线的道路上，机动车遇相对方向来车时应当遵守下列规定：

（一）减速靠右行驶，并与其他车辆、行人保持必要的安全距离。

（二）在有障碍的路段，无障碍的一方先行；但有障碍的一方已驶入障碍路段而无障碍的一方未驶入时，有障碍的一方先行。

（三）在狭窄的坡路，上坡的一方先行；但下坡的一方已行至中途而上坡的一方未上坡时，下坡的一方先行。

（四）在狭窄的山路，不靠山体的一方先行。

（五）夜间会车应当在距相对方向来车150米以外改用近光灯，在窄路、窄桥与非机动车会车时应当使用近光灯。

根据该条规定,本案中,刘某和张某在狭窄的山路上对向行驶,刘某应该让不靠山体一侧的张某先行,就可以避免事故的发生。刘某违反了《道路交通安全法实施条例》第四十八条第四款的规定,存在明显的过错行为,且该行为是造成事故发生的根本原因,故刘某需承担事故的主要责任。张某在危险处行车未能坚持"确保安全"的原则,负有一定责任。

如果本案中,张某驾驶小汽车在会车时有违法过错行为,例如速度过快,那么张某就存在违法过错行为。依据是《道路交通安全法实施条例》第四十六之规定:

机动车行驶中遇有下列情形之一的,最高行驶速度不得超过每小时30千米,其中拖拉机、电瓶车、轮式专用机械车不得超过每小时15千米:

(一)进出非机动车道,通过铁路道口、急弯路、窄路、窄桥时;

(二)掉头、转弯、下陡坡时;

(三)遇雾、雨、雪、沙尘、冰雹,能见度在50米以内时;

(四)在冰雪、泥泞的道路上行驶时;

(五)牵引发生故障的机动车时。

根据上述规定,事故发生处是窄路且为坡路,车辆行驶速度应低于30 km/h。如果张某驾驶小汽车的速度超过30 km/h,就存在违法过错行为,需要承担一定的责任,双方承担责任的大小要根据双方过错行为对事故发生的作用以及过错的严重程度来确定。例如,如果小汽车超速严重,小汽车驾驶员承担主要责任;车速过快导致车辆失控是小汽车跌落路侧的直接原因,小汽车承担主要责任。大货车是否减速靠右行驶,也是判断双方责任及责任大小的因素。如果大货车在会车前没有减速靠右行驶,则即使在会车时停车让行,也违反了上述《道路交通安全法实施条例》第四十八条第一款的规定,存在违法过错行为。

本案中,刘某的主要过错导致4人重伤,已构成交通肇事罪,需要接受刑事处罚,量刑具体参见本章第4节。如果大货车在会车前减速靠右行驶,并停车等待小汽车先行,刘某就不存在过错行为,不需要承担任何责任。如果张某驾驶小汽车也没有超速等违法行为,则要依据"确保安全"原则以及考虑道路设施条件等进行责任认定。

案例4 汽车碰撞自行车事故

某年某月某日某时,孙某驾驶小轿车行驶在某一城市道路上,在靠右准备超车时,碰撞了正在非机动车道内骑自行车的赵某,致使赵某连同自行车倒地,赵某受到重伤。

经过现场勘查和询问调查,孙某在超车时进入了非机动车道,碰撞发生在非机动车道内,赵某在非机动车内正常骑行时被汽车碰撞,前车也没有违法违章行为。

《道路交通安全法》第三十六条规定:根据道路条件和通行需要,道路划分为机动车道、非机动车道和人行道的,机动车、非机动车、行人实行分道通行。没有划分机动车道、非机动车道和人行道的,机动车在道路中间通行,非机动车和行人在道路两侧通行。

《道路交通安全法实施条例》第四十三条(见案例1)第四款规定,行经交叉路口、人行横道、市区交通流量大的路段等没有超车条件的地点不得超车。

根据以上规定,孙某驾驶汽车进入了非机动车道以及超车地点的选择均是违法的,赵某骑车不存在过错行为,根据《道路交通安全法实施条例》第九十一条精神,根据双方当事人的行为对事故发生的作用,孙某承担该起事故的全部责任。

实际上,在进行损害赔偿时,要依据《道路交通安全法》和《民法典》的相关规定。《道路交通安全法》第七十六规定:

机动车发生交通事故造成人身伤亡、财产损失的,由保险公司在机动车第三者责任强制保险责任限额范围内予以赔偿;不足的部分,按照下列规定承担赔偿责任:

(一)机动车之间发生交通事故的,由有过错的一方承担赔偿责任;双方都有过错的,按照各自过错的比例分担责任。

(二)机动车与非机动车驾驶人、行人之间发生交通事故,非机动车驾驶人、行人没有过错的,由机动车一方承担赔偿责任;有证据证明非机动车驾驶人、行人有过错的,根据过错程度适当减轻机动车一方的赔偿责任;机动车一方没有过错的,承担不超过百分之十的赔偿责任。

交通事故的损失是由非机动车驾驶人、行人故意碰撞机动车造成的,机动车一方不承担赔偿责任。

因此,根据《道路交通安全法》第七十六规定,该起事故造成的人员伤亡和财产损失,首先由机动车承保的保险公司在机动车第三者责任强制保险责任限额范围内予以赔偿。由于本事故是机动车与非机动车之间的事故,因此根据该条第二款的规定,当非机动车方(赵某)没有过错时,对于不足的部分,由机动车一方(孙某)承担赔偿责任。

这里的前提是孙某的机动车按照规定参加了机动车第三者责任强制保险。如果未参加保险,由于孙某承担了全部责任,因此赵某的损害赔偿由孙某个人完全承担。

由于交通事故一般损害较大,普通民众承受能力有限,因此越来越多的人意识到第三者商业保险的价值。为了保护人民群众生命财产权益,适应新形势下的社会经济发展需要,2021年颁布实施的《民法典》对道路交通事故损害赔偿的保险制度又有了新的扩展。《民法典》第一千二百一十三条规定:

机动车发生交通事故造成损害,属于该机动车一方责任的,先由承保机动车强制保险的保险人在强制保险责任限额范围内予以赔偿;不足部分,由承保机动车商业保险的保险人按照保险合同的约定予以赔偿;仍然不足或者没有投保机动车商业保险的,由侵权人赔偿。

《民法典》强调了机动车商业保险的作用,大大减轻了事故当事人的赔偿负担,但是其前提仍然是孙某购买了机动车商业保险,其个人是否承担赔偿与购买的保险品种和额度有关。

本案是非机动车方没有过错,责任由机动车方承担。如果本案中赵某存在一定的过错行为,例如,有证据证明碰撞发生在机动车道内,赵某在机动车道内骑行,则赵某就违反了《道路交通安全法》第三十六条的规定,对自己的受伤要负一定的责任;机动车一方即孙某的责任应适当减轻,减轻的多少要根据赵某的过错程度来衡量。

如果本案中,碰撞是在机动车道内发生的,孙某驾驶的机动车没有超车,也没有超速行驶,完全是由于赵某突然进入机动车道内骑行导致事故的发生,那么孙某不存在任何过错,在事故责任认定时,孙某就没有责任,但是在进行损害赔偿时,根据《道路交通安全法》第七十六第二款的规定,仍需要承担不超过10%的赔偿责任。

如果本案中,有证据证明赵某是故意进入机动车道,主动与孙某的车辆碰撞,则根据《道路交通安全法》第七十六的规定,机动车方不需要承担任何责任。

案例5 汽车在人行横道处碰撞行人事故

某年某月某日某时,魏某驾驶汽车行驶在某城市道路上,在行经某个人行横道处时,时遇沈某横穿马路,躲避不及,发生了碰撞事故,造成沈某重伤倒地。

经过事故调查,该位置标画了明确的人行横道线,没有行人信号灯。道路限速60 km/h,汽车碰撞前的行驶速度大约为50 m/h,没有超速行驶,现场勘查未见明显的制动痕迹。

根据前面案例分析的经验,在进行责任认定时,需要依据《道路交通安全法实施条例》第九十一条规定,分析双方的行为和过错程度。

《道路交通安全法》第四十七条规定,机动车行经人行横道时,应当减速行驶;遇行人正在通过人行横道时,应当停车让行。

机动车行经没有交通信号的道路时,遇行人横过道路,应当避让。

根据该条法律规定,机动车在遇到行人横过道路时,至少是要避让;如果有人行横道,遇到行人正在通过时要停车让行;即使没有行人通过,在遇到人行横道线时也要减速行驶。显然,在本案中,魏某违反了《道路交通安全法》第四十七条规定,存在过错行为,并且其行为与事故的发生有直接的因果关系,应负一定的责任。

对于行人横过道路的交通行为,《道路交通安全法》第六十二条规定:行人通过路口或者横过道路,应当走人行横道或者过街设施;通过有交通信号灯的人行横道,应当按照交通信号灯指示通行;通过没有交通信号灯、人行横道的路口,或者在没有过街设施的路段横过道路,应当在确认安全后通过。

《道路交通安全法实施条例》第七十五条对行人过街进行了进一步的规定:行人横过机动车道,应当从行人过街设施通过;没有行人过街设施的,应当从人行横道通过;没有人行横道的,应当观察来往车辆的情况,确认安全后直行通过,不得在车辆临近时突然加速横穿或者中途倒退、折返。

根据上述法律法规的规定,在本案中,沈某从人行横道处横过马路通过机动车道,不存在违法违规行为。综合以上对双方当事人的行为分析,魏某应承担该事故的全部责任。

该案例属于汽车碰撞行人事故,行人和非机动车一样,相对于汽车属于交通弱者,因此同样适用《道路交通安全法》第七十六条第二款之规定。在实际损害赔偿处理时,由于汽车一方存在过错行为,行人没有过错行为,因此机动车方承担全部责任,先由机动车承保的保险公司在交强险和商业险(依据《民法典》,参见案例4)限额内赔偿,不足的部分,由魏某承担。

当然,本案中如果有证据证明沈某存在过错行为,例如,沈某在横穿马路时没有事先瞭望,或者过马路时在玩手机,或者该处没有人行横道且沈某违反了确保安全的原则等,那么责任认定和损害赔偿责任要另当别论,应适当减轻机动车的责任。当机动车没有违规行驶时,仍然要承担部分责任,如果有证据证明行人故意碰瓷,那么机动车不需要承担责任。

案例6　汽车在信号交叉口碰撞行人事故

某年某月某日某时,曹某驾驶汽车从东往西直行进入交叉口,在交叉口出口处,与从北往南横过交叉口的行人钱某发生了碰撞事故,钱某重伤。

现场勘查及监控视频表明,在曹某通过交叉口、钱某横穿交叉口时,交通信号灯是东西直行绿灯,南北直行红灯,也就是曹某是在绿灯时间内正常通行,钱某是闯红灯通过。经过司法鉴定,钱某通过交叉口时没有超速,在行人横穿的人行横道处没有减速。

根据《道路交通安全法》第六十二条的规定(见案例5),行人通过有交通信号灯的人行横道,应当按照交通信号灯指示通行。钱某虽然在人行横道上通过,但是未能遵守信号交叉口交通信号灯的指示通行,违反了《道路交通安全法》,存在过错行为,而且其行为是该事故发生的直接原因。

《道路交通安全法》第四十四条规定,机动车通过交叉路口,应当按照交通信号灯、交通标志、交通标线或者交通警察的指挥通过;通过没有交通信号灯、交通标志、交通标线或者交通警察指挥的交叉路口时,应当减速慢行,并让行人和优先通行的车辆先行。

结合《道路交通安全法》第四十四条及第四十七条(见案例5),曹某遵守了信号交叉口交通信号灯和标线通行的指示,未违反第四十四条之规定;在行经人行横道时,没有减速行驶和礼让,违反了第四十七条规定,存在一定的过错行为,但其行为不是事故发生的主要原因,行人钱某的过错程度更严重,所以,钱某承担主要责任,曹某承担次要责任。至于损害赔偿,还要依据《道路交通安全法》第七十六条及《民法典》第一千二百一十三条等法律规定,可参考案例5。

本案中,如果行人未在人行横道上穿过交叉口,则事故发生与汽车是否在人行横道处减速让行无关,机动车方如果不存在其他过错行为,则不需要承担责任。

案例7　无照驾驶未登记机动车事故

某年某月某日某时,王某驾驶一辆小轿车,沿某公路行驶至某村庄附近时,碰撞了行人刘某发生交通事故,造成刘某重伤,车辆有一定损坏。

经过事故调查发现,王某不仅没有取得驾照,其车辆还是从李某处购买的,尚未办理转户登记。

根据《道路交通安全法》第十九条规定的有关内容,"驾驶机动车,应当依法取得机动车驾驶证"(具体请参阅《道路交通安全法》)。王某在未取得驾驶证资格的情况下就上路行驶,违反了《道路交通安全法》,存在明显过错,是造成事故的主要原因,承担事故的全部责任。

该案中,王某的车辆未办理过户登记,从手续上看仍然属于原车主李某,那么李某是否需要承担连带责任呢?

《民法典》第一千二百一十条给出了明确的答案,该条款规定:当事人之间已经以买卖或者其他方式转让并交付机动车但是未办理登记,发生交通事故造成损害,属于该机动车一方责任的,由受让人承担赔偿责任。也就是说,李某不需要承担连带责任。

本案中,王某无证驾驶,造成行人重伤,已构成交通肇事罪,根据《刑法》相关规定,王某还要接受刑事处罚。

案例8　汽车肇事逃逸案件

某年某月某日某时,高某驾驶汽车在公路上高速行驶,在一转弯处撞到了行人杨某,高某见四周无人也没有监控,就驾车逃逸了。杨某事后经抢救无效死亡。

公安交通警察经过艰苦的侦破工作,终于找到了高某肇事逃逸的证据,高某对肇事逃逸事实供认不讳。对于这个案例,高某首先可能是超速行驶,至少是在转弯处没有减速或确保安全行车的原则,对于行人的出现缺乏合理的预判和思想准备,因此高某必然要承担主要责任。事实上,即使高某没有超速行驶,在弯道处也有一定的减速,甚至在见到行人时采取了尽可能的躲避和减损措施,但是,由于其驾车逃逸,未能及时进行伤者的救援,仍然要承担全部或主要责任。

《道路交通安全法》第七十条明确规定:在道路上发生交通事故,车辆驾驶人应当立即停车,保护现场;造成人身伤亡的,车辆驾驶人应当立即抢救受伤人员,并迅速报告执勤的交通警察或者公安机关交通管理部门。因抢救受伤人员变动现场的,应当标明位置。乘车人、过往车辆驾驶人、过往行人应当予以协助。

《道路交通安全法实施条例》第九十二条规定：发生交通事故后当事人逃逸的，逃逸的当事人承担全部责任。但是，有证据证明对方当事人也有过错的，可以减轻责任。当事人故意破坏、伪造现场、毁灭证据的，承担全部责任。

《规定》也有类似上述的规定。在本案中，高某碰撞行人后，未尽抢救、报告等义务，首先是违反了《道路交通安全法》第七十条规定。高某驾车逃逸，违反了《规定》和《道路交通安全法实施条例》相关规定，违法过错行为严重而恶劣，需要承担事故的全部损失，并触犯了交通肇事罪，还需接受刑事处罚。

本案中，如果有证据证明行人也有过错，则可以适当减轻高某的责任。

案例9 破坏和伪造现场案件

某年某月某日某时，杨某驾驶小轿车在城郊人烟较少的一个弯道处碰倒了靠路边骑行的章某，章某受伤昏迷。杨某在打了120电话和报警电话后，为了减少自己的责任，故意将自行车及伤者的一只鞋子挪到了道路中间，并将自己的车辆移动了位置，造成碰撞是发生在机动车道内的假象。章某因为及时就医，没有生命危险。

交警到达现场后，经过仔细勘查，发现了车辆的制动痕迹以及自行车的挫痕与停止位置不吻合，经过质询，杨某承认了伪造和破坏现场的行为。

本案中，实际上是由于杨某开车时接打电话，未能及时发现车辆偏离车道，撞到了在路边骑行的章某。根据《道路交通安全法实施条例》第六十二条第三款的规定，驾驶机动车不得有下列行为：

（一）在车门、车厢没有关好时行车；

（二）机动车驾驶室的前后窗范围内悬挂、放置妨碍驾驶人视线的物品；

（三）拨打接听手持电话、观看电视等妨碍安全驾驶的行为；

（四）下陡坡时熄火或者空挡滑行；

（五）向道路上抛撒物品；

（六）驾驶摩托车手离车把或者在车把上悬挂物品；

（七）连续驾驶机动车超过4小时未停车休息或者停车休息时间少于20分钟；

（八）在禁止鸣喇叭的区域或者路段鸣喇叭。

显然，杨某已经违反其中的第三款，在行车时存在打电话的不安全行为。同时，杨某也违反了《道路交通安全法》第三十六条的规定（见案例4），靠近了路边行驶，侵占了非机动车的路权。根据该条款的规定，骑车人在路边骑行，没有违反该条规定。综合以上分析，正常情况下，按照事故的本来事实，骑车人章某没有过错，杨某存在违法过错行为，其行为是事故发生的直接原因，应承担全部责任。

本案中，由于杨某故意破坏现场，因此即使章某有过错，例如章某在机动车道内骑行导致被撞，杨某仍然承担全部责任。杨某的破坏行为被及时察觉，其承认及时，未对事故真相判断和责任认定带来明显的影响，否则，杨某还需接受额外的行政和刑事处罚。

案例10 改装机动车发生交通事故

某年某月某日夜间，王某驾驶轿车在公路行驶中，突然一道强光直射过来，刺得王某睁不开眼睛，还没等王某反应过来，瞬间便与迎面而来的张某驾驶的汽车相撞。

公安交通管理人员经过事故调查后认定：王某占线行驶，应负事故的主要责任；张某超速行驶，应负事故的次要责任。

但王某不认可交警的处理意见,他认为当时是由于对方车辆强光刺激导致自己无法辨别方向,从而越过中线行驶才与对方相撞的,对方应负主要责任。最后,王某向法院起诉。

法院受理后经调查取证、司法鉴定后认为,被告张某驾驶的汽车经过改装,该车使用的远光灯和近光灯的亮度都远远超过了国家规定的标准,事故发生时张某行车时速为90 km/h,严重超速,王某汽车事发时速度为60 km/h,没有超速。王某汽车与张某汽车相会时,由于被告的车使用的远光灯和近光灯亮度都超过国家规定的标准,严重影响了王某对车辆行驶方向的辨认和控制,导致其车辆越过中心线,并且对方车速较快,来不及躲避,导致碰撞事故发生。因此,法院判定张某应承担主要责任,王某负次要责任。

思考与习题

1. 交通事故处理的一般程序是什么?
2. 交通事故责任认定和划分要遵循哪些原则?
3. 结合本章所学,尝试对某一特定交通事故案例进行原因分析与责任认定。

第 7 章
交通事故模拟再现技术

导语 交通事故发生后,交通事故处理人员,包括公安交通警察部门的事故处理人员、车辆保险公司现场勘查人员等,第一时间赶赴现场,在交通事故现场进行勘查和处置,并分析事故的原因,经过全面的调查和分析后,对责任者进行责任认定与当事方的协调处理。由于社会经济发展和人们维护权益的要求,发生交通事故后,交通事故处理部门不仅需要准确而公正地处理涉及的责任纠纷,也要能够尽快完成现场勘查和一定的事故分析工作,及时解除现场并恢复交通正常运行。与此同时,随着车辆保有量的增长,车辆保险业务大幅增加,现场勘查员的工作量也逐渐增多,急需改变传统的工作模式,提高工作效率。显然,对于交通事故处理人员,不仅使用现场快速勘查系统能提高现场工作效率,使用事故快速分析系统同样能够提高事故现场分析乃至事故分析与处理整个工作的质量和效率。对于交通事故鉴定工作来说,和交通事故处理人员一样,在进行事故分析时,主要还是采用传统的计算分析手段,工作模式同样需要改变以提高效率。因此,使用和开发借助于计算机模拟技术的交通事故再现分析系统和软件,显得十分必要而迫切。应用交通事故模拟再现技术,不仅意味着工作效率和质量的提高,同时也是为了进一步倡导精益求精与公平公正的精神和职业规范要求。另一方面,随着车辆技术如 ABS 技术的发展,在发生交通事故时,路面的痕迹等物证信息表现出不同的特性,数字化的勘查技术和计算机修复技术可以提高这些物证痕迹的利用价值,这不仅解决了传统事故分析模式在缺乏充分痕迹物证时难以克服的问题,也使得事故再现分析多种方法集成到事故模拟分析系统成为必然趋势。

关键词 事故再现,计算机模拟技术,PC_CRASH,模拟软件开发,实例程序

思政要点 精益求精,科学严谨,探索钻研

§7.1 交通事故再现软件 PC_CRASH

随着计算仿真技术和数字技术的发展,运用数字化方法进行道路交通事故现场处理和原

因分析逐步走上了历史舞台。传统的计算分析方法虽然具有可靠性高、不会产生歧义、便于相关人员掌握和运用的特点,但也具有明显的效率低、精度有限、数字化存档不完整等缺陷。所以,交通事故管理部门、车辆保险行业以及交通事故鉴定行业等,不断尝试在事故勘查、分析、鉴定、理赔与处理中采用更先进的技术和手段,提高事故分析与处理工作的数字化、智能化,提高工作质量和效率。所谓交通事故模拟再现技术就是在交通事故再现分析中采用计算机模拟技术,运用专门开发的计算机软件进行事故再现分析,这个过程也叫事故重建。早期的事故再现分析软件如 PC_CRASH、PAM_CRASH 等,虽然开发得较早,但是随着其不断的升级更新,在新的社会和科技应用背景下,仍然可以在事故分析方面发挥作用。本节结合事故再现分析案例,介绍利用 PC_CRASH 软件进行事故模拟分析的基本方式和原理。它是通过对交通事故现场车辆、道路、人、环境等因素的模型构建,依据能量守恒和碰撞力学原理,对交通事故的过程进行模拟分析的模拟软件系统,可以重现多种不同的事故碰撞形态,给出比较直观的分析结果。通过 PC_CRASH 软件的了解,可以为自主开发事故分析程序和软件提供一定的启示。

7.1.1 PC_CRASH 的功能和特点

　　PC_CRASH 软件的主要功能是进行事故再现模拟分析。该软件依据事故分析一般原理和方法,以事故现场车辆的最终停止位置、车辆的损坏情况、现场遗留的散落物及路面痕迹为依据,参考当事人的描述对事故的发生进行推理,通过设定和不断修改输入参数,将计算分析结果与实际事故的结果状态进行比较和判断,确定事故的发生过程,再现事故的原貌。

　　该软件的特点是包含有世界各国主要车型的数据和模型,车型数据和模型种类比较全,拥有较丰富的道路绘图工具,能够比较直观地给出事故模拟再现的结果。该软件还可以设置和添加不同的道路场景,选择不同形式的再现结果,满足不同对象的需求。

　　每一起真实的交通事故都有其特殊性,没有两起事故是完全一样的,而实车碰撞的成本比较高。因此,像 PC_CRASH 这种比较完整而直观的模拟软件不仅具有事故再现分析的功能,也具有计算机模拟碰撞实验的功能;不仅通过大量的实际案例的模拟分析,可以积累丰富的汽车模拟碰撞数据,而且软件在模拟分析每一个实际案例的时候,不断地修正碰撞参数就可以得到不同的事故后果状态,通过这种手段就可以大大增加汽车模拟碰撞的数据。所以 PC_CRASH 软件也具有碰撞模拟实验的功能,可以积累宝贵的数据资料。

7.1.2 PC_CRASH 分析事故所依据的物证

　　事故重现的关键在于对事故现场的勘测,事故现场的勘测数据、路面遗留的车辆痕迹及车辆最终停止位置直接影响到事故重现的准确性。事故重建依靠的物证必须是那些能够解释或证明事故发生原因或过程的物质或痕迹。PC_CRASH 软件模拟分析事故所依据的物证数据主要有以下三方面。

一、事故附着物

　　是指在车辆碰撞过程中或在碰撞后车辆和人运动过程中,在车辆上、道路上或人体表面附着的车辆上的物质、道路设施物质以及人体组织、毛发、血迹和纤维等物质。其中车辆上的物质包括汽车零部件碎末、油漆、油脂等,道路设施物质主要是道路设施的油漆、金属和塑料等材料碎片,隔离带树木组织物质,路面沥青或混凝土材料脱落的粉末等。

　　附着物的特点是本来就有的物质,但是在事故过程中形态和位置发生了改变,一般由某个对象转移到另一个对象并附着在其表面。

二、事故散落物

是指在事故发生过程中,包括事故前、碰撞过程中和事故后,由车辆上或人员身上,包括驾驶员、骑车人、行人和乘员,散落到事故现场的物质。包括车体碎片、车辆零部件及其碎片、车辆上装载的货物、乘员或驾驶员的鞋帽及携带物等。

车辆散落物的特点是从车辆和人员身上撒落下来,一般不包括道路或其设施上掉落的物质,如路旁树木的枝条、隔离带的树木或栏杆及护板等,这是因为,虽然这些物质是由交通事故造成脱落的,但是一般很难用作事故再现分析的物证。散落物的另一个特点和附着物类似,也是本来就存在的物质,但是物质的形状大小一般会发生改变,特别是散落物通常是原物质的一部分。

三、事故痕迹

是指在事故车辆、人体、路面及其他物体表面形成的各种印记。痕迹主要有路面痕迹、车体痕迹、人体表面痕迹、散落物上的痕迹、附着物上的痕迹等。其中路面痕迹种类较多,用途较大,包括制动痕迹,拖滑痕迹,轮胎压痕、挫痕、划痕、擦痕等。

痕迹的基本特征是,本来是不存在的,当发生交通事故时,由于车辆行为和人的行为变化才产生了痕迹。痕迹的另一个特点是,容易因为自然因素变短、变浅、变淡甚至消失。

7.1.3 事故再现的思路

交通事故发生是因为人车系统在道路上与其他因素之间或自身因素发生过失,相互间出现不协同或不平衡导致的。事故发生的起因以及发生过程的变化均与这些因素的某些属性及其变化有直接或者间接的关系,比如,由于汽车行进中发现了对面来车,这种异于原有安全状态的变化导致驾驶人采取了紧急制动或猛打方向盘的动作,这就必然带来车辆-人系统与道路的相互作用的稳定状态发生了突然的改变,于是在路面就产生了明显的痕迹。如果同时伴随着乘员(或驾驶人)和车辆之间的关系被打破,例如较大的惯性使乘员撞击车门而飞出,也会在路上及车辆上或者人身上留下一定的痕迹。所以利用车辆、人员和道路以及各种散落物在事故现场留下的痕迹和物证,是事故再现的基本思路。具体来说,事故再现主要思路表现在以下 5 个方面。

一、基于轮胎印痕进行事故再现

车辆在事故发生前一般会有制动、转向等行为表现,会在路面上留下一定的轮胎印痕,即使驾驶人没有采取一定的避险行为,但是在车辆碰撞过程中由于事后反应性操作、轮胎损坏、其他车辆推撞等原因,也可能会在路面留下印记。基于这些轮胎印痕,可以依据能量守恒原理分析车辆碰撞后分离速度,也可以分析碰撞开始点、制动开始点等关键信息。此外,PC_CRASH 软件提供了不确定分析的功能,可以通过影响车辆碰撞轨迹的相关参数敏感度的分析,利用软件所具有的优化机制,采用控制变量法对再现仿真的参数敏感性进行优化。

二、基于人体抛距进行事故再现

早期学者利用假人进行人体抛距与车速关系的研究,但误差较大。之后学者开始利用软件建立模型,基于人体抛距进行事故再现研究。通过软件分析碰撞后行人的运动轨迹,利用计算机统计计算分析软件分析碰撞接触的持续时间、行人抛距、被抛射角度及抛射高度,这些研究成果已被 PC_CRASH 等事故再现软件吸收利用,且可以进一步积累更多的数据用于改进抛距模型。

三、基于事故现场散落物进行事故再现

给出散落物的抛距、抛高等基本参数，软件利用抛物理论提供了在给定车速下散落物的运动模拟，主要是大灯玻璃碎片、风窗玻璃和装载货物等在事故现场的落点和分布，基于汽车前照灯的事故再现模型可以给事故车速估计提供一个参考方案。

四、基于人体损伤进行事故再现

PC_CRASH软件中的车辆模型车型较丰富，并且有较多的可修改参数，使再现分析的车辆与实际车辆尽量吻合。不仅可以通过修改车辆参数，仿真分析人员伤害的变化，得到一些有用的结论，同时也可以根据给定的行人损伤模型估计车辆运动状态，以验证其他方法得到的结论。

五、基于车辆挡风玻璃破损进行事故再现

车辆挡风玻璃在受到行人头部的撞击后会产生裂纹。不同碰撞速度造成的裂纹有一定差别，可根据裂纹类型和特性估测碰撞车速。

7.1.4 交通事故模型构建与再现步骤

PC_CRASH在进行事故再现时，需要根据事故涉及的对象，即机动车辆、非机动车、驾驶员、骑车人、乘员、障碍物等，对不同的对象分别依据实际事故数据构建特定的模型，然后再对模型的属性及特征参数进行必要的设置或修改，合理确定交通事故发生的道路及场景，并根据实际事故的对象停止或落地位置进行标定，最后通过不断的修改输入参数改变事故车辆及人的运动位置，与实际位置进行不断的匹配，直到达到满意的结果。其中模型构建是其中基础而关键的一环。

这里结合机动车与非机动车接触交通事故，简要介绍一下利用PC_CRASH软件进行车辆模型的建立以及实现事故再现的基本过程。

主要步骤如下。

一、初始设置及数据准备

首先打开PC_CRASH软件，并进行事故再现的环境及运行参数设置。然后整理和准备好事故基本数据资料，包括现场图等现场勘查资料。

二、事故现场图绘制

根据准备好的交通事故现场图、现场照片以及所掌握的道路其他方面的信息，如在事故鉴定分析中，可供参考的还有车辆勘验照片和数据等，在PC_CRASH软件中利用绘图工具绘制车辆事故现场图。

三、车辆车型的导入和设置

根据事故主要对象机动车的车辆行驶证等数据，在PC_CRASH软件车辆数据库找到对应车型的车辆；若没有对应车型，则可以找车辆参数相同或相近的机动车进行导入。导入车辆模型后，再根据事故车辆的具体数据，进行车辆参数的完整设置。

四、非机动车模型导入和设置

类似地，根据实际交通事故中的非机动车对象的车型和参数数据，从PC_CRASH软件的车辆数据库中找到相应或类似模型，并对模型参数进行设置修改。

五、骑车人对象的导入和设置

机动车与非机动车之间的事故，主要是通过非机动车和骑车人被碰撞后的运动变化和位置来逆向推断机动车的速度，骑车人的身高体重等特性对非机动车和骑车人的运动及停

止均有重要的影响,特别是身高和中心位置数据,所以要准确确定骑车人模型。根据实际交通事故中的骑车人的身高和体重等数据,结合机动车的运动状态,在数据库中找到相应类型的骑车人模型,然后对模型的身高、体质等参数进行修改。

六、初始状态参数确定

利用事故现场勘测数据对车辆的速度进行传统方法计算,把计算得出的速度作为上述所建车辆模型的初始车速。例如,将利用视频图像法得到的速度作为初始值。

同时,通过对事故车辆的车损勘验,初步判断机动车与非机动车的碰撞位置及角度,并将其作为碰撞点及碰撞方向的初始值。

七、模拟分析

剩下的工作就是重复进行类似的模拟分析,也就是根据给定的输入参数和设定的车辆、非机动车和骑车人的模型进行碰撞仿真,将仿真结果与已知的车辆停车位置、方向以及轨迹特征进行比较和验证。若验证符合要求,则结束模拟分析;若验证不符合要求,则调整各种输入参数,包括车速初值、碰撞部位和角度、路面参数、制动参数等,继续进行碰撞仿真,直到碰撞仿真的车辆、人员的位置、轨迹与实际事故基本吻合或达到认可的吻合度。

7.1.5 事故模拟实例

一、事故案例简况

××××年××月××日××时左右,某号牌的轻型普通货车在××路由北向南行驶到××单位门前路段处时,遇右前方行驶的××牌电动二轮车,由于发现不及时和电动车相撞,发生道路交通事故。图7-1为该起事故现场示意图,图7-2和图7-3为事故中的两车车损勘验的照片。

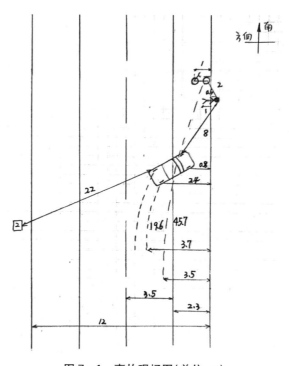

图7-1 事故现场图(单位:m)

图 7-2　货车车损勘验照片

图 7-3　二轮车车损勘验照片

二、模拟分析过程

首先运用传统手段进行事故再现分析,确定事故车辆的车速和碰撞位置以及碰撞方向作为 PC_CRASH 仿真计算的初始车速。

根据事故现场图(图 7-1)、案情记录及事故车辆勘验(图 7-2、图 7-3)可知,辽×××××× 号轻型普通货车(以下简称甲车)与 ×× 牌电动二轮车(以下简称乙车)相撞,甲车前部与乙车右侧后部接触碰撞,碰撞后甲车在事故现场路面遗留制动印迹 $s_1 \approx 19.6\,\mathrm{m}$,乙车倒地滑移距离 $s_2 \approx 45.7\,\mathrm{m}$,$m_1$——甲车整备质量+驾驶员重量约 1675 kg;$m_2$——乙车整备质量+驾驶员重量约 165 kg。

首先根据能量守恒原理,通过车辆的滑移距离可计算两车碰撞后的速度,再根据动量守恒定律,汽车碰撞二轮车,由于质量相差较大,因此这里忽略二轮车碰撞前的动量,具体计算如下:

$$v_1 = \sqrt{2g\varphi_1 s_1} \times 3.6 = \sqrt{2 \times 9.8 \times 0.65 \times 19.6} \times 3.6 \approx 56.9 (\mathrm{km/h})$$

$$v_2 = \sqrt{2g\varphi_2 s_2} \times 3.6 = \sqrt{2 \times 9.8 \times 0.4 \times 45.7} \times 3.6 \approx 68.1 (\mathrm{km/h})$$

$$v_{10} = \frac{m_1 v_1 + m_2 v_2}{m_1} = \frac{1675 \times 56.9 + 165 \times 68.1}{1675} \approx 64 (\mathrm{km/h})$$

式中参数：g——重力加速度，取 9.81 m/s^2；φ_1——甲车沥青路面纵滑附着系数，取 0.65；φ_2——乙车倒地滑移附着系数，取 0.4。

根据 GA/T 1133—2014《基于视频图像的车辆行驶速度技术鉴定》中的有关条款和检验方法，本案中提供了乙车（二轮车）的行车视频，可以计算出乙车的事故前车速 18 km/h（第 10 章将介绍视频车速鉴定方法，此处具体计算分析过程略）。

根据两车勘验可判断，甲车车头破损严重，且发动机舱盖左侧更加鼓起，乙车的车尾有明显撞击痕迹，车座脱落，右后侧减震器断裂。据此可以推断，甲车车头撞击乙车尾部，初步判断甲车的车头左侧与乙车的右后侧接触碰撞，碰撞接近于追尾碰撞。

然后将上述计算得到的甲车事故前车速 64 km/h 和乙车车速 18 km/h 作为仿真分析初值车速，按上述碰撞部位作为初始值，初步判断碰撞近似于追尾碰撞，可以选取一个较小的碰撞角度作为初始碰撞角度。

根据上面的 PC_CRASH 再现步骤，经过现场图绘制、车型及参数设置、非机动车设置等基本步骤后，依据车损情况及视频图像，在设定初始的碰撞方位后，根据碰撞后的车辆停车位置及路面痕迹的差异，不断调整碰撞角度和行驶车速，直到轨迹和位置与事故实况比较吻合。

三、模拟分析总结

最后的仿真结果与按传统方法和视频鉴定得到的车速差别不大，且碰撞方位角较小，与初始的近似追尾碰撞的判断是比较吻合的。说明用 PC_CRASH 建立仿真模型进行的模拟分析得到的结果是比较可靠的，且提高了效率，增加了更多的数据和可能性。

基于 PC_CRASH 软件对事故现场进行再现，可以实现参数的不断修改，能够较快地根据模拟的事故现场以及车辆的轨迹寻找更加精确的答案，并能够给出直观的表达结果，具有较强的说服力，可大大提高事故分析与鉴定工作效率。

§7.2 交通事故分析软件设计开发

除了用 PC_CRASH 等商业化的交通事故再现软件进行事故再现外，我们也可以自己开发具有一定功能的事故分析系统或简单计算分析功能的程序。开发工具可以使用 MATLAB、VC 等工具软件。本节以 MATLAB 作为开发工具，介绍 3 个碰撞事故分析软件的设计开发，以此为例，给出自主设计开发实用的交通事故分析系统的一般过程。

7.2.1 设计开发工具简介

MATLAB 是 MathWorks 公司开发的一种高级科学计算软件，是进行算法开发、数据可视化、数据分析以及数值计算的交互式应用开发环境，被广泛认可为科学计算领域内的标准软件工具之一。MATLAB 软件具有以下特点：

（1）数据结构、编程、用户界面完美结合。

（2）应用领域广泛。已经广泛应用到计算、数据可视化、图像处理、模式识别、系统仿真等领域。

（3）运算功能强大。MATLAB 以矩阵运算为主，运算速度快，可以方便高效地解决许多复杂计算问题。

(4) 集成环境,编程效率高。

(5) 强大而智能化的可视化功能。

(6) 可联合、可扩展。MATLAB 既是集成的应用开发平台,也具有可扩展性和开放性,每年都会增加各类改进或新的工具箱。

MATLAB 软件是一个功能强大且开发环境也十分友好的开发工具,它主要由以下部分组成:

(1) 开发环境:集成的工作环境,包括一体化的脚本编辑和调试器、交互的命令窗口操作界面、可视化的绘图窗口、友好的 GUI 设计向导等。

(2) MATLAB 语言:具有程序流程控制、函数、数据结构、输入输出和面向对象的编程特点,是基于矩阵和数组计算的语言。

(3) 数学函数库:它具有大量的计算算法和基础函数,为应用程序设计开发提供基础保障,大大减少开发量。

(4) 图形处理系统:MATLAB 具有强大的绘图及图形设计功能,可以高效而多样地实现各种数据可视化目标。

(5) 应用程序接口(API):使 MATLAB 语言能与 C 语言等其他编程语言进行交互,实现联合开发。

对于交通事故模拟软件的开发,一般是充分利用 MATLAB 的计算、作图、Simulink 和 GUI 设计等功能和模块。

7.2.2 设计开发基本思路

通过 MATLAB 设计开发事故分析软件的基本思路是根据事故分类,采用模块化设计和开发方式,分别针对不同类型事故,开发特定类型的事故分析程序。根据每类事故的不同,要通过 MATLAB 图形功能和对象设计原理设计开发不同的事故对象,并针对该事故类型的主要分析方法开发计算分析程序等,最后进行模块的包装和优化。具体的设计开发一般步骤包括:

(1) 对事故进行分类,形成典型事故形态。可以将事故分成汽车正面碰撞事故、汽车追尾碰撞事故、汽车与二轮车侧面碰撞事故、二轮车与汽车侧面碰撞事故、汽车追尾二轮车事故、汽车碰撞行人事故等。

(2) 对各类型事故的分析方法进行总结归纳,并设计算法流程。

(3) 对于同一种事故类型但有多种模拟计算方法的,要明确几种方法的前提条件和所需已知参数,最好进行编号处理或交互设计,应用时能区别不同方法的使用场合。每种方法都要进行算法设计,整个事故类型按照方法的数量进行模块化设计,并控制程序的总体结构。

(4) 设计开发事故场景,根据事故现场图绘制规范的基本要求,结合各类事故类型的特点,设计路段、交叉口等主要道路场景。

(5) 设计开发车辆和人体模型。利用 MATLAB 作图功能,以简单实用为原则,设计基本形态的机动车、二轮车和行人的模型。

(6) 开发设计车速计算分析程序。车速模拟分析程序可设计成两种方式:一种是按照逆推原理,在给定输入的事故参数条件下推算车速;另一种是给定车速,通过对痕迹和路面附着等控制参数的调整,验证车速计算分析结果的正确性。

(7) 设计开发车辆运动仿真系统。

(8) GUI 设计,各模块程序的集成。

下面以几个典型事故类型的分析模块开发设计为例,介绍一下开发设计事故模拟分析软件的主要内容、方法和步骤。

7.2.3 汽车正面碰撞事故分析软件的设计开发

一、设计开发目的

(1) 设计并优化汽车正面碰撞事故车速计算分析算法和流程。

(2) 开发汽车正面碰撞事故的车速分析程序和运动仿真软件。

二、系统结构设计和模型设计

1. 事故场景设计和参数设置

(1) 事故场景设计

以典型的路段和交叉口作为事故发生的两类场景。对于路段场景类型,考虑不同车道数目,设计单车道、双向两车道、双向 4 到 8 车道五种典型形式,考虑道路东南和西北两个不同走向,根据行车不同方向以及参照基准点的不同位置,进行各种形式路段场景的设置。图 7-4 是双向 4 车道、道路走向东西方向、行驶方向东进方向、基准点位置在事故碰撞点之前的场景形式。对于交叉口类型,考虑交叉口的交叉数量、交叉口相连道路车道数目等因素进行各种形式的场景设置,图 7-5 为典型的十字交叉口的场景图。

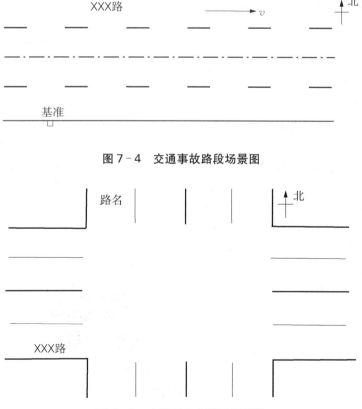

图 7-4 交通事故路段场景图

图 7-5 交通事故交叉口场景图

(2) 事故车辆质量和变形参数设计

这里以车损变形量作为车速分析的主要依据。设发生正面碰撞事故的两辆车均为轿车,只要给定车辆的质量和两车左右变形量,并根据车头车损是否为全宽变形或非全宽变形,就可以计算变形量,从而计算车速。所以要把质量和左右变形量作为输入参数,同时要设计一个变形计算方式的计算示意图模型,作为变形参数输入时用户的提示。

(3) 碰撞前运动方向和碰撞点的确定

对于正面碰撞,一般假设碰撞在车头,且没有碰撞角度。在开发模拟程序时,一方面要根据上述变形的特性确定碰撞是前中、前右还是前左;另一方面也可以设计优化模拟的模式,包括给出初始的碰撞点和一个较小的碰撞角度,通过轨迹和位置的仿真和比较优化碰撞点和碰撞角度。

(4) 道路附着系数

根据道路状况、天气以及车辆轮胎状况确定附着系数。附着系数可以交互方式由用户选择或输入,可用可视化的图表提供必要的参数选择帮助,也可以直接根据用户选择的路面状况等参数进行自动确定。此外还可以在优化模拟模式中作为调整参数。

(5) 滑移距离

滑移距离是车速模拟计算分析的重要参数,作为反推方式的模拟仿真计算的关键参数,可以设计成交互方式的输入参数。当采用优化模拟模式时,可以根据现场图或现场勘查的资料,确定一个合理的允许变化范围,根据最终的车辆位置,通过调整附着系数、碰撞点以及滑移距离的弹性变化值,综合优化确定出最佳结果。

(6) 制动形式的设置

在实际事故中,车辆的制动状况会有所不同,如全轮制动或部分车轮制动,根据现场痕迹可以进行判断,这与汽车驱动方式、发动机布置形式和路面特性也有关系。程序设计开发要允许能够选择或指定是否制动以及制动形式,给出一些提示参考帮助用户选择正确的制动方式,以修改事故模拟分析的对应参数。

2. 交通事故要素模型设计

(1) 车辆模型设计

交通事故模拟系统用来实现车速的数字化计算、车辆运动的模拟以及案例分析的验证。三维的场景和车辆模型能够提供更加形象的表达形式,给人更加直观的印象,使用三维模型也意味着更多的开发成本和开发周期。若交通事故模拟分析用于教学与研究这种一般性要求,使用简单的车辆模型就可以达到车辆速度分析、关键轨迹的重现及事故案例的验证等主要功能,是实用而节约的开发方式。车辆模型可以采用比较简单的平面线框表示,如图 7-6 中的图(a),矩形框附带表示车头方向的标识;也可以采用更形象些的结构化模型,如图 7-6 中的图(b)。车辆模型对象包含了质量、车牌和车型、车辆损伤等属性参数。

(a) 简易模型　　　　(b) 结构化模型

图 7-6　车辆模型示意图

(2) 人体、散落物、痕迹等模型

这些事故现场构件的模型设计要符合中华人民共和国公共安全标准 GA 49—2014,即《道路交通事故现场图绘制》标准。人体模型可以尽量简易。痕迹模型分成几类,通过痕迹模型对象的属性加以区分,如制动痕迹、挫痕等。散落物不用区分大小,用形状及名称进行定义。

(3) 现场图及其他构件模型

在事故场景设计基础上,根据事故中对象不同及数量差别设计出几种典型的现场图模型,如汽车与汽车碰撞事故现场图、汽车与行人碰撞事故现场图等。现场图模型应包括预设定的道路场景、车辆、人员、散落物、血迹、痕迹、道路设施等构件模型。

3. 车损变形分析模块设计

(1) 计算等效变形量

根据两车的给定变形深度数据,分别计算全宽变形和局部变形的等效变形量。

(2) 变形和质量关系的分析

结合两车质量的数据,分析变形和质量的大小关系。根据一般规律,变形和质量成反比关系,研究所给定数据是否符合此规律,并根据分析结果可对给定数据进行一定的修正。

4. 碰撞车速的分析模块设计

(1) 车速估计算法流程

根据第 4 章正面碰撞事故分析的方法进行算法设计。

(2) 车速分析程序设计

根据算法流程编写车速计算分析程序,并进行程序调试。

(3) 交互式车速分析界面设计

运用 MATLAB 软件的 GUI 向导设计 GUI,实现车速计算参数化设计的目标。可参考图 7-7 所示的 GUI 界面进行设计。

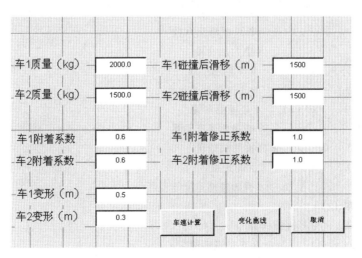

图 7-7 正面碰撞事故分析 GUI 界面

5. 运动仿真分析模块设计

通过 Simulink 平台设计汽车碰撞的运动仿真模型,例如一个正面碰撞后车辆运动动态分析系统,如图 7-8 所示。

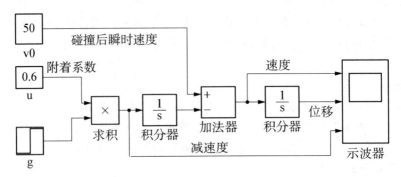

图 7-8 碰撞运动分析模型示例

可参考以上正面碰撞事故分析软件的设计和开发思路,设计和开发其他类型事故的模拟分析软件,例如汽车追尾碰撞事故、汽车碰撞行人事故、汽车碰撞二轮车事故等的事故分析软件。

7.2.4 开发实例参考程序

以下提供了正面碰撞事故、追尾碰撞事故以及行人事故模拟分析软件的部分程序,供大家开发自己的程序时参考。

一、汽车正面碰撞事故车速分析程序

```
m = [2000,1500];           % 质量(kg)
s = [6,14];                % 撞后滑移距离(m)
L = [7,8];                 % 撞前制动距离(m)
x = [0.3,0.5];             % 车辆变形量(m)
u = [0.6,0.6];             % 道路附着系数
k = [1,0.6];               % 附着系数修正系数
g = 9.8;                   % 重力加速度
zm = m(1) + m(2);          % 车辆总质量
m_s_2 = m(2)/zm;           % 车2质量占比
v = sqrt(2*g.*u.*k.*s);    % 碰撞后车速
I = m.*v;                  % 碰撞后两车动量
ZI = I(1) + I(2);          % 碰撞后总动量
vc = ZI/zm;                % 共同速度
ve = 105.3*x;              % 有效碰撞速度与变形
if ~x(1) == 0&x(2) == 0
        % 利用车1的变形进行计算
        v01 = vc + ve(1)          % 车1碰前速度
        v02 = v01 - ve(1)/m_s_2   % 车2碰前速度
% 显示计算结果
str1 = ['车1的碰撞前速度:',num2str(v01)];
        str2 = ['车2的碰撞前速度:',num2str(v02)];
```

```
            disp(str1)
            disp(str2)
    elseif x(1) = = 0&~x(2) = = 0         % 利用车 2 的变形进行计算
            v02 = vc - ve(2)              % 车 2 碰前速度
            v01 = v02_2 + ve(2) /(1 - m_s_2)    % 车 1 碰前速度
        % 显示计算结果
            str1 = ['车 1 的碰撞前速度:',num2str(v01)];
            str2 = ['车 2 的碰撞前速度:',num2str(v02)];
            disp(str1)
            disp(str2)
    elseif ~x(1) = = 0&~x(2) = = 0        % 同时利用两车的变形进行计算
        % 利用车 1 的变形进行计算
            v01_1 = vc + ve(1);
            v02_1 = v01_1 - ve(1) /m_s_2;
        % 利用车 2 的变形进行计算
            v02_2 = vc - ve(2);
            v01_2 = v02_2 + ve(2) /(1 - m_s_2);
            v01 = (v01_1 + v01_2) * 0.5;
            v02 = (v02_1 + v02_2) * 0.5;
    % 显示车 1 计算结果
    str1 = ['车 1 碰前速度为 ',num2str(v01_1),'至 ',num2str(v01_2)]; % 构造显示信息字符串
            str2 = ['车 1 碰前平均速度为 ',num2str(v01)];
            disp(str1);
            disp(str2);
    % 显示车 2 计算结果
    str3 = ['车 2 碰前速度为 ',num2str(v02_1),'至 ',num2str(v02_2)]; % 构造显示信息字符串
            str4 = ['车 2 碰前平均速度为 ',num2str(v02)];
            disp(str3);
            disp(str4);
    else
    disp('缺少变形量数据')
    return
    end
    % 显示撞后车速
    v = 3.6 * v;
    str_q = ['车辆碰撞后的速度分别为:',num2str(v)];
    disp(str_q)
    % 显示制动车速
    vb1 = sqrt(v01^2 + 2 * g * u(1) * k(1) * L(1) * 3.6^2);
    vb2 = sqrt(v02^2 + 2 * g * u(2) * k(2) * L(2) * 3.6^2);
    str5 = ['车 1 制动速度:',num2str(vb1)];
    str6 = ['车 2 制动速度:',num2str(vb2)];
    disp(str5)
```

```
disp(str6)
```

二、汽车追尾碰撞事故车速分析程序

```
n = 2;                    % 前车做功形式,1 表示不做功,2 表示滚动做功,3 表示滑移做功
m = [2000,1500];          % 后前车辆(追尾车和被追尾车)质量(kg)
s = [12,16];              % 后前撞后滑移距离(m)
L = 7;                    % 碰撞之前后车(追尾车)制动距离(m)
x = 0.5;                  % 前车(被追尾车)实际变形量(m)
u = 0.6;                  % 道路附着系数
f = 0.03;                 % 滚阻系数
k = 1;                    % 附着系数修正系数
g = 9.8;                  % 重力加速度
zm = m(1) + m(2);         % 车辆总质量
m_s_1 = m(1)/zm;          % 追尾车质量占比
w1 = m(1)*g*u*k*s(1)      % 后车滑移做功
% 下面计算前车做功
switch  n
    case 1                % 只有后车滑移做功
w2 = 0;
    case 2                % 前车滚动做功
w2 = m(2)*g*f*s(2)
    case 3                % 前车滑移做功(轮胎破坏)
w2 = m(2)*g*u*0.5*s(2)    % 修正系数取 0.5
end
w = w1 + w2;              % 总做功
vc = 3.6*sqrt(2*w/zm)     % 共同速度(km/h)
% 即碰撞后两车速度,假设塑性碰撞,恢复系数为 0
x2 = 2*m_s_1*x;           % 等价变形,m
ve2 = 17.9*x2 + 4.6;      % 有效碰撞速度与变形(km/h)
v02 = vc - ve2            % 被追尾车撞前车速(km/h)
v01 = v02 + ve2/m_s_1     % 追尾车撞前速度(km/h)
v01_b = sqrt(v01^2 + 2*g*u*k*L*3.6^2)     % 碰撞前车制动速度(km/h)
% 显示计算结果
    str1 = ['共同速度:',num2str(vc)];
str2 = ['追尾车碰前速度:',num2str(v01)];
str3 = ['被追尾车碰前速度:',num2str(v02)];
str4 = ['追尾车制动开始速度:',num2str(v01_b)];
    disp(str1)
disp(str2)
disp(str3)
disp(str4)
```

三、汽车-行人事故分析程序

1. 根据制动距离计算碰撞车速

```
m = 3000;                 % 汽车质量(kg)
```

```
s1 = 8; s2 = 10;                    % 分别为汽车碰撞前后制动滑移距离(m)
u = 0.6;                            % 汽车滑移系数(道路附着系数)
k = 1;                              % 附着系数修正系数
g = 9.8;                            % 重力加速度
Vc = sqrt(2 * g * u * k * s2)       % 碰撞车速(m/s)
Vb = sqrt(Vc^2 + 2 * g * u * k * s1)    % 或者 Vb = sqrt(2 * g * u * k * (s1 + s2))
Vc = 3.6 * Vc;
Vb = 3.6 * Vb;
% 显示计算结果
str1 = ['汽车碰撞前速度:',num2str(Vc)];
str2 = ['汽车开始制动的速度:',num2str(Vb)];
disp(str1)
disp(str2)
```

2. 根据单自由度模型计算

```
h_p = 0.9;              % 行人重心高度(m)
s_p = 18                % 分别为汽车碰撞前后制动滑移距离(m)
u = 0.8;                % 人的滑滚系数(0.6～1.4)
g = 10;                 % 重力加速度

v = u * sqrt(2 * g) * (sqrt(h_p + s_p/u) - sqrt(h_p))

str = ['汽车碰撞前速度:',num2str(v)];
disp(str)
```

❓ 思考与习题

1. 交通事故模拟分析的目的和意义是什么？
2. 你了解的交通事故分析软件有哪些？进一步了解这些软件的功能和特点。
3. 尝试开发一种事故类型的分析程序或软件，并通过实际案例去测试它。
4. 总结一下交通事故模拟软件设计的基本要求、主要任务和基本内容。

第 8 章 交通事故司法鉴定概论

导语 交通事故司法鉴定是道路交通事故处理实践工作中采取的一种第三方鉴定制度,不仅是交通事故管理部门进行事故分析与处理时的实践需要,也是车辆保险行业维护权益经常使用的工具,同时也是解决交通事故产生的法律纠纷的重要一环。司法鉴定制度是我国司法体系的重要组成部分,也是社会主义法治社会建设的重要一面。交通事故司法鉴定制度是司法鉴定体系的重要组成部分,交通事故鉴定也是司法鉴定行业里比较重要的业务类别,涉及人民生命财产安全权益的维护和保护。随着我国法治建设的不断推进和完善,目前我国的交通事故司法鉴定制度已经比较完善,在道路交通事故处理、车辆保险以及司法诉讼中发挥了重要的作用,这反映了我国法治社会建设进入了一个较高的水平和阶段。交通事故司法鉴定制度是我国建设公平、法治社会的集中体现,从事交通事故司法鉴定工作的机构和人员,必须深刻领会和贯彻公平、法制的社会主义价值观,需要严格遵守法律和司法程序,严肃、严谨和公平公正地对待自己的工作。从事司法鉴定的工作者还必须遵守有关的国家标准和行业规范,始终坚持社会主义法制观念,不断增强法律意识,提高依法办案、依规办事的素质和能力。2016 年国家司法部公布了《司法鉴定程序通则》全文,自 2016 年 5 月 1 日起实施。《司法鉴定程序通则》对司法鉴定程序做了详细规范。作为交通事故司法鉴定从业者或潜在从业者,首先就要熟悉和掌握《司法鉴定程序通则》。本章的主要内容是介绍《司法鉴定程序通则》并重点解读,同时也介绍司法鉴定条例及司法鉴定行业管理、交通事故司法鉴定的业务种类和范围等。

关键词 交通事故司法鉴定,《司法鉴定程序通则》,行业管理规定,交通事故鉴定种类和范围

思政要点 懂法守法,公平正义,遵守职业规范,依法依规,职业道德

§8.1 《司法鉴定程序通则》及解读

8.1.1 背景介绍

《司法鉴定程序通则》是中华人民共和国司法部颁布的第 132 号令,在 2015 年 12 月 24 日司法部部务会议修订通过后发布,并自 2016 年 5 月 1 日起施行。

《司法鉴定程序通则》全文包括总则、司法鉴定的委托与受理、司法鉴定的实施、司法鉴定意见书的出具、司法鉴定人出庭作证、附则共六章。《司法鉴定程序通则》包含了司法鉴定的界定和适用范围,司法鉴定委托、受理与实施规定,鉴定机构与鉴定人规定等内容,由 50 条法律条文组成。下面按照司法鉴定程序通则的六章分六个部分,具体介绍一下《司法鉴定程序通则》的主要条文,并主要围绕交通事故司法鉴定人的要求对部分条款进行一定的解读。

8.1.2 《司法鉴定程序通则》的内容和解读

一、第一部分的介绍和解读

《司法鉴定程序通则》(以下简称《通则》)的总则共有 10 条,对通则的适用范围、司法鉴定内涵和范围、鉴定人负责制度、回避和监督制度等进行了明确的规定。

下面结合鉴定人和鉴定机构的工作实践,对《通则》第一部分进行介绍和解读。

第一章 总 则

第一条 为了规范司法鉴定机构和司法鉴定人的司法鉴定活动,保障司法鉴定质量,保障诉讼活动的顺利进行,根据《全国人民代表大会常务委员会关于司法鉴定管理问题的决定》和有关法律、法规的规定,制定本通则。

第二条 司法鉴定是指在诉讼活动中鉴定人运用科学技术或者专门知识对诉讼涉及的专门性问题进行鉴别和判断并提供鉴定意见的活动。司法鉴定程序是指司法鉴定机构和司法鉴定人进行司法鉴定活动的方式、步骤以及相关规则的总称。

第三条 本通则适用于司法鉴定机构和司法鉴定人从事各类司法鉴定业务的活动。

第四条 司法鉴定机构和司法鉴定人进行司法鉴定活动,应当遵守法律、法规、规章,遵守职业道德和执业纪律,尊重科学,遵守技术操作规范。

第五条 司法鉴定实行鉴定人负责制度。司法鉴定人应当依法独立、客观、公正地进行鉴定,并对自己作出的鉴定意见负责。司法鉴定人不得违反规定会见诉讼当事人及其委托的人。

第六条 司法鉴定机构和司法鉴定人应当保守在执业活动中知悉的国家秘密、商业秘密,不得泄露个人隐私。

第七条 司法鉴定人在执业活动中应当依照有关诉讼法律和本通则规定实行回避。

第八条 司法鉴定收费执行国家有关规定。

第九条 司法鉴定机构和司法鉴定人进行司法鉴定活动应当依法接受监督。对于有违反有关法律、法规、规章规定行为的,由司法行政机关依法给予相应的行政处罚;对于有违反司法鉴定行业规范行为的,由司法鉴定协会给予相应的行业处分。

第十条　司法鉴定机构应当加强对司法鉴定人执业活动的管理和监督。司法鉴定人违反本通则规定的,司法鉴定机构应当予以纠正。

【解读】

(1) 第一条给出了《通则》的法律依据和制定目的,这里要强调一下,《通则》的目的是规范司法鉴定机构和司法鉴定人的司法鉴定活动,保障司法鉴定质量。

(2)《通则》的第二条从法律角度界定了司法鉴定的内涵,明确了司法鉴定的工作内容和性质。什么是"司法鉴定"？在此强调,司法鉴定是指在诉讼活动中鉴定人运用科学技术或者专门知识对诉讼涉及的专门性问题进行鉴别和判断并提供鉴定意见的活动。

第二条同时还明确了司法鉴定程序的概念,即司法鉴定机构和司法鉴定人进行司法鉴定活动的方式、步骤以及相关规则的总称。要注意的是,司法鉴定程序不仅指鉴定活动的方式和步骤,还包含需要遵守的相关规则。

(3)《通则》第四条规定了司法鉴定机构和司法鉴定人在进行司法鉴定活动时的基本素质要求,即必须遵守法律、法规、规章,遵守职业道德和执业纪律,尊重科学,遵守技术操作规范。

(4) 特别强调一点,司法鉴定实行鉴定人负责制度。这要求每一个司法鉴定从业者不仅要遵守和贯彻第四条的规定,还要本着公平公正、精益求精的精神对待自己开展的司法鉴定活动,要对自己负责,对自己的职业负责,对自己所在的鉴定机构负责,更要对相关当事人和社会负责。司法鉴定人要独立办案,要对自己作出的鉴定意见负责。这里要特别强调一点,司法鉴定人一定不能违反规定会见诉讼当事人及其委托的人。

(5)《通则》第六条规定要保守秘密,第七条规定司法鉴定人必要时要回避。第八条和第十条都是对鉴定机构的规定。第九条规定了鉴定机构和鉴定人接受监督的规定。要强调的是,司法鉴定人在进行司法鉴定活动中存在违反法律、法规行为的,要接受处罚;违反行业规范的,要接受行业处分。下一节将介绍行业规定与管理方面的内容。

二、第二部分的介绍和解读

《通则》的第二章共有7条,主要是对司法鉴定委托方式、委托事项、鉴定材料和受理制度等进行了规定,部分条文如下:

第二章　司法鉴定的委托与受理

第十一条　司法鉴定机构应当统一受理办案机关的司法鉴定委托。

第十二条　委托人委托鉴定的,应当向司法鉴定机构提供真实、完整、充分的鉴定材料,并对鉴定材料的真实性、合法性负责。司法鉴定机构应当核对并记录鉴定材料的名称、种类、数量、性状、保存状况、收到时间等。

诉讼当事人对鉴定材料有异议的,应当向委托人提出。

本通则所称鉴定材料包括生物检材和非生物检材、比对样本材料以及其他与鉴定事项有关的鉴定资料。

第十四条　司法鉴定机构应当对委托鉴定事项、鉴定材料等进行审查。对属于本机构司法鉴定业务范围,鉴定用途合法,提供的鉴定材料能够满足鉴定需要的,应当受理。

对于鉴定材料不完整、不充分,不能满足鉴定需要的,司法鉴定机构可以要求委托人补充;经补充后能够满足鉴定需要的,应当受理。

第十五条　具有下列情形之一的鉴定委托,司法鉴定机构不得受理:
(一)委托鉴定事项超出本机构司法鉴定业务范围的;
(二)发现鉴定材料不真实、不完整、不充分或者取得方式不合法的;
(三)鉴定用途不合法或者违背社会公德的;
(四)鉴定要求不符合司法鉴定执业规则或者相关鉴定技术规范的;
(五)鉴定要求超出本机构技术条件或者鉴定能力的;
(六)委托人就同一鉴定事项同时委托其他司法鉴定机构进行鉴定的;
(七)其他不符合法律、法规、规章规定的情形。

第十六条　司法鉴定机构决定受理鉴定委托的,应当与委托人签订司法鉴定委托书。司法鉴定委托书应当载明委托人名称、司法鉴定机构名称、委托鉴定事项、是否属于重新鉴定、鉴定用途、与鉴定有关的基本案情、鉴定材料的提供和退还、鉴定风险,以及双方商定的鉴定时限、鉴定费用及收取方式、双方权利义务等其他需要载明的事项。

第十七条　司法鉴定机构决定不予受理鉴定委托的,应当向委托人说明理由,退还鉴定材料。

【解读】

(1)《通则》第十一条明确规定,司法鉴定机构应当统一受理办案机关的司法鉴定委托。这里关键是要体会两个意思:一是委托方是办案方,如人民公安部门、人民法院等;二是受理者是司法鉴定机构,不是司法鉴定人或其他个人。

因为本部分的主要规定内容与司法鉴定机构有关,所以司法鉴定机构及管理者要尤为重视,必须贯彻执行。这里主要面向司法鉴定人解读《通则》第二章的部分规定内容。

(2)《通则》的第十二条强调了鉴定材料的真实、完整、充分以及真实性、合法性的负责制度。道路交通事故的委托方一般是法院和公安部门,一般能够保证鉴定材料的真实性和合法性。如果是其他委托方,鉴定机构就要特别注意这一点。

(3)第十四条是需要受理的规定,条件是在本机构业务范围内、鉴定用途合法、提供的鉴定材料充分。要特别注意第十五条中的几点:用途必须合法且符合道德,必须在本机构鉴定业务范围内。本章第3节将具体介绍交通事故鉴定的业务种类和范围。

三、第三部分的介绍和解读

《通则》的第三章主要规定了司法鉴定实施开展的相关规定,全章共有18条规定。部分条文如下:

第三章　司法鉴定的实施

第十八条　司法鉴定机构受理鉴定委托后,应当指定本机构具有该鉴定事项执业资格的司法鉴定人进行鉴定。

委托人有特殊要求的,经双方协商一致,也可以从本机构中选择符合条件的司法鉴定人进行鉴定。

委托人不得要求或者暗示司法鉴定机构、司法鉴定人按其意图或者特定目的提供鉴定意见。

第十九条　司法鉴定机构对同一鉴定事项,应当指定或者选择二名司法鉴定人进行鉴定;对复杂、疑难或者特殊鉴定事项,可以指定或者选择多名司法鉴定人进行鉴定。

第二十条　司法鉴定人本人或者其近亲属与诉讼当事人、鉴定事项涉及的案件有利害关系,可能影响其独立、客观、公正进行鉴定的,应当回避。

司法鉴定人曾经参加过同一鉴定事项鉴定的,或者曾经作为专家提供过咨询意见的,或者曾被聘请为有专门知识的人参与过同一鉴定事项法庭质证的,应当回避。

第二十二条 司法鉴定机构应当建立鉴定材料管理制度,严格监控鉴定材料的接收、保管、使用和退还。

第二十三条 司法鉴定人进行鉴定,应当依下列顺序遵守和采用该专业领域的技术标准、技术规范和技术方法:

(一)国家标准;

(二)行业标准和技术规范;

(三)该专业领域多数专家认可的技术方法。

第二十四条 司法鉴定人有权了解进行鉴定所需要的案件材料,可以查阅、复制相关资料,必要时可以询问诉讼当事人、证人。

经委托人同意,司法鉴定机构可以派员到现场提取鉴定材料。现场提取鉴定材料应当由不少于二名司法鉴定机构的工作人员进行,其中至少一名应为该鉴定事项的司法鉴定人。现场提取鉴定材料时,应当有委托人指派或者委托的人员在场见证并在提取记录上签名。

第二十八条 司法鉴定机构应当自司法鉴定委托书生效之日起三十个工作日内完成鉴定。

鉴定事项涉及复杂、疑难、特殊技术问题或者鉴定过程需要较长时间的,经本机构负责人批准,完成鉴定的时限可以延长,延长时限一般不得超过三十个工作日。鉴定时限延长的,应当及时告知委托人。

司法鉴定机构与委托人对鉴定时限另有约定的,从其约定。

在鉴定过程中补充或者重新提取鉴定材料所需的时间,不计入鉴定时限。

【解读1】

(1)《通则》第十八条强调,委托人不得要求或者暗示司法鉴定机构或司法鉴定人按其意图或者特定目的提供鉴定意见,这其实是对委托人、司法鉴定机构、司法鉴定人的共同约束,但是对于司法鉴定人来说尤其要注意遵守,因为司法鉴定实行鉴定人负责制度。

本部分一些规定内容与司法鉴定机构有关,司法鉴定机构及管理者要尤为重视,必须贯彻执行。这里主要面向司法鉴定人解读《通则》第三章的部分规定内容。

(2)《通则》的第十九条规定司法鉴定至少需要两人共同完成,结合第十八条规定,司法鉴定要由两名或以上具有司法鉴定资质的鉴定人共同进行鉴定。

(3)司法鉴定人进行鉴定,应当遵守和采用该专业领域的技术标准、技术规范和技术方法,但是按照什么顺序执行和采用呢?《通则》第二十三条规定的顺序是:

(一)国家标准;

(二)行业标准和技术规范;

(三)该专业领域多数专家认可的技术方法。

(4)司法鉴定人有权了解进行鉴定所需要的案件材料,可以查阅、复制相关资料,必要时可以询问诉讼当事人、证人,但是程序上必须遵守法律,例如经过委托方批准、有委托方陪同等。

(5)司法鉴定机构以及司法鉴定人一定要特别注意这一点:经委托人同意,司法鉴定机构可以派员到现场提取鉴定材料。现场提取鉴定材料应当由不少于两名司法鉴定机构的工作人员进行,其中至少一名应为该鉴定事项的司法鉴定人。现场提取鉴定材料时,应当有委托人指派或者委托的人员在场见证并在提取记录上签名。交通事故鉴定需要到事故车辆停车场或事故现场进行车辆勘验或现场复查等收集补充鉴定材料,此时必须注意程序的合法性。

第二十九条 司法鉴定机构在鉴定过程中,有下列情形之一的,可以终止鉴定:

(一)发现有本通则第十五条第二项至第七项规定情形的;

(二)鉴定材料发生耗损,委托人不能补充提供的;

(三)委托人拒不履行司法鉴定委托书规定的义务、被鉴定人拒不配合或者鉴定活动受到严重干扰,致使鉴定无法继续进行的;

(四)委托人主动撤销鉴定委托,或者委托人、诉讼当事人拒绝支付鉴定费用的;

(五)因不可抗力致使鉴定无法继续进行的;

(六)其他需要终止鉴定的情形。

终止鉴定的,司法鉴定机构应当书面通知委托人,说明理由并退还鉴定材料。

第三十条 有下列情形之一的,司法鉴定机构可以根据委托人的要求进行补充鉴定:

(一)原委托鉴定事项有遗漏的;

(二)委托人就原委托鉴定事项提供新的鉴定材料的;

(三)其他需要补充鉴定的情形。

补充鉴定是原委托鉴定的组成部分,应当由原司法鉴定人进行。

第三十一条 有下列情形之一的,司法鉴定机构可以接受办案机关委托进行重新鉴定:

(一)原司法鉴定人不具有从事委托鉴定事项执业资格的;

(二)原司法鉴定机构超出登记的业务范围组织鉴定的;

(三)原司法鉴定人应当回避没有回避的;

(四)办案机关认为需要重新鉴定的;

(五)法律规定的其他情形。

第三十二条 重新鉴定应当委托原司法鉴定机构以外的其他司法鉴定机构进行;因特殊原因,委托人也可以委托原司法鉴定机构进行,但原司法鉴定机构应当指定原司法鉴定人以外的其他符合条件的司法鉴定人进行。

接受重新鉴定委托的司法鉴定机构的资质条件应当不低于原司法鉴定机构,进行重新鉴定的司法鉴定人中应当至少有一名具有相关专业高级专业技术职称。

第三十三条 鉴定过程中,涉及复杂、疑难、特殊技术问题的,可以向本机构以外的相关专业领域的专家进行咨询,但最终的鉴定意见应当由本机构的司法鉴定人出具。

专家提供咨询意见应当签名,并存入鉴定档案。

第三十四条 对于涉及重大案件或者特别复杂、疑难、特殊技术问题或者多个鉴定类别的鉴定事项,办案机关可以委托司法鉴定行业协会组织协调多个司法鉴定机构进行鉴定。

第三十五条 司法鉴定人完成鉴定后,司法鉴定机构应当指定具有相应资质的人员对鉴定程序和鉴定意见进行复核;对于涉及复杂、疑难、特殊技术问题或者重新鉴定的鉴定事项,可以组织三名以上的专家进行复核。

复核人员完成复核后,应当提出复核意见并签名,存入鉴定档案。

【解读2】

(6)《通则》第二十九条至第三十二条分别对"终止鉴定""补充鉴定""重新鉴定"进行了详细的规定。这里只强调一下重新鉴定。重新鉴定即一般所称的"二次鉴定"。重新鉴定原则上要换一个鉴定机构进行。但是如果有特殊原因,委托人也可以委托原司法鉴定机构进行重新鉴定。此时要特别注意,司法鉴定机构必须安排新的符合条件的司法鉴定人进行鉴定。

另外,重新鉴定委托的司法鉴定机构的资质条件应不低于原司法鉴定机构;进行重新鉴定的司法鉴定人中至少要有一名具有高级专业技术职称。

(7)司法鉴定机构和鉴定人要牢牢记住需要重新鉴定的几个条件:

(一)原司法鉴定人不具有从事委托鉴定事项执业资格的;

(二)原司法鉴定机构超出登记的业务范围组织鉴定的;

(三)原司法鉴定人应当回避没有回避的。

在交通事故司法鉴定实际工作中,一定要避免这几种情况的发生,特别是第(二)、(三)两种情况。

(8)交通事故司法鉴定本身就是具有相应鉴定事项的司法鉴定资质的专门人员,运用科学技术或者专门知识进行的司法鉴定活动,而且还要求独立客观地进行鉴定。不过这并不意味着司法鉴定人不能咨询相关专家。涉及复杂、疑难、特殊技术问题的,可以向本机构以外的相关专业领域的专家进行咨询。但是要注意,最终的鉴定意见应当由本机构的司法鉴定人出具。

(9)专家提供咨询意见要求签名,并存入鉴定档案。所以,向别人提供咨询建议时要注意《通则》里有规定,不能盲目提供建议,要遵循依法、客观、科学准确的原则。

四、第四部分的介绍和解读

第四部分共有6条规定,主要是围绕鉴定意见书的文本、签名、盖章、发送和归档等方面的详细规定,具体如下:

第四章　司法鉴定意见书的出具

第三十六条　司法鉴定机构和司法鉴定人应当按照统一规定的文本格式制作司法鉴定意见书。

第三十七条　司法鉴定意见书应当由司法鉴定人签名。多人参加的鉴定,对鉴定意见有不同意见的,应当注明。

第三十九条　司法鉴定意见书应当一式四份,三份交委托人收执,一份由司法鉴定机构存档。司法鉴定机构应当按照有关规定或者与委托人约定的方式,向委托人发送司法鉴定意见书。

第四十条　委托人对鉴定过程、鉴定意见提出询问的,司法鉴定机构和司法鉴定人应当给予解释或者说明。

第四十一条　司法鉴定意见书出具后,发现有下列情形之一的,司法鉴定机构可以进行补正:

(一)图像、谱图、表格不清晰的;

(二)签名、盖章或者编号不符合制作要求的;

(三)文字表达有瑕疵或者错别字,但不影响司法鉴定意见的。

补正应当在原司法鉴定意见书上进行,由至少一名司法鉴定人在补正处签名。必要时,可以出具补正书。

对司法鉴定意见书进行补正,不得改变司法鉴定意见的原意。

【解读】

(1)司法鉴定意见书有统一规定的文本格式。司法鉴定意见书必须由司法鉴定人签名,应当加盖司法鉴定机构的司法鉴定专用章。司法鉴定意见书应当一式四份,三份交委托人收执,一份由司法鉴定机构存档。司法鉴定机构应当按照规定将司法鉴定意见书以及有关资料整理立卷、归档保管。

(2)多人参加的鉴定,对鉴定意见有不同意见的鉴定人,应当在司法鉴定意见书中注明自己的不同意见。

(3)司法鉴定机构应当按照有关规定或者与委托人约定的方式,向委托人发送司法鉴定意见书。委托人对鉴定过程、鉴定意见提出询问的,司法鉴定机构和司法鉴定人应当给予解释或者说明。

(4)要特别注意,不要轻易对司法鉴定意见书进行补正,要科学严谨地进行交通事故司法鉴定,并尽力保证不出现补正的情形。如果需要补正,不能改变司法鉴定意见的原意,一定要依法守法地进行司法鉴定活动。注意补正司法鉴定意见书,只有第四十一条规定的几种不会改变鉴定意见的情况。

五、第五部分的介绍和解读

《通则》的第五章共有4条规定,主要是围绕司法鉴定人出庭作证环节中司法鉴定人的义务、责任和权利方面的具体规则。

具体如下:

第五章　司法鉴定人出庭作证

第四十三条　经人民法院依法通知,司法鉴定人应当出庭作证,回答与鉴定事项有关的问题。

第四十四条　司法鉴定机构接到出庭通知后,应当及时与人民法院确认司法鉴定人出庭的时间、地点、人数、费用、要求等。

第四十五条　司法鉴定机构应当支持司法鉴定人出庭作证,为司法鉴定人依法出庭提供必要条件。

第四十六条　司法鉴定人出庭作证,应当举止文明,遵守法庭纪律。

【解读】

(1)司法鉴定人有义务和责任出庭作证,司法鉴定人出庭作证是由人民法院要求和通知的,出庭是当庭回答与鉴定事项有关的问题。司法鉴定人应该依法出庭解释有关鉴定问题。

(2)司法鉴定机构负有与人民法院确认出庭相关事项的责任,并为司法鉴定人依法出庭提供必要条件。

六、第六部分的介绍和解读

第六章　附则

第四十七条　本通则是司法鉴定机构和司法鉴定人进行司法鉴定活动应当遵守和采用

的一般程序规则，不同专业领域对鉴定程序有特殊要求的，可以依据本通则制定鉴定程序细则。

第四十八条　本通则所称办案机关，是指办理诉讼案件的侦查机关、审查起诉机关和审判机关。

第四十九条　在诉讼活动之外，司法鉴定机构和司法鉴定人依法开展相关鉴定业务的，参照本通则规定执行。

第五十条　本通则自2016年5月1日起施行。司法部2007年8月7日发布的《司法鉴定程序通则》（司法部第107号令）同时废止。

【解读】

附则对本通则的适用范围、补充和旧版本的《司法鉴定程序通则》等进行了相关说明。这里只强调一下第四十九条。对于交通事故司法鉴定机构和鉴定人员，除了受办案机关的委托开展司法鉴定业务外，也可能在诉讼活动外开展交通事故鉴定业务，包括由公安交通办案部门委托的非诉讼性交通事故鉴定、保险公司委托的对车辆保险案件进行交通事故鉴定，也要遵守《通则》。要了解完整的《通则》，请参阅该法律文本全文。

§8.2　司法鉴定条例与司法鉴定行业管理

《通则》第九条明确了司法行政机关、司法鉴定协会对司法鉴定机构和司法鉴定人的司法鉴定活动负有领导和监督的责任，对于司法鉴定活动中的违法违规和违反行业规范的行为，分别给予行政处罚和行业处分。第三十四条指出，对于涉及重大案件或者特别复杂、疑难、特殊技术问题或者多个鉴定类别的鉴定事项，办案机关可以委托司法鉴定行业协会组织协调多个司法鉴定机构进行鉴定。可见，司法鉴定协会不仅具有监督和行业处分的责任和权利，还具有行业指导职能。第四十七条指明，本通则是司法鉴定机构和司法鉴定人进行司法鉴定活动应当遵守和采用的一般程序规则，不同专业领域对鉴定程序有特殊要求的，可以依据本通则制定鉴定程序细则。虽然《通则》没有明确指出各省级行政单位须制定鉴定程序细则，但是我国实行了司法行政分级管理制度，结合实际情况，各省级行政区域依据《通则》制定并实施了适用于本行政区域内的司法鉴定条例或鉴定程序细则。为了更好地依法依规从事和开展司法鉴定活动，司法鉴定机构及司法鉴定人必须了解所在区域司法鉴定条例或鉴定程序细则以及司法鉴定协会的管理规定。限于篇幅，本节以某省为例，重点介绍一下该省司法鉴定条例中涉及鉴定人管理的有关规定，并简要介绍司法鉴定行业协会管理规定方面的知识。

8.2.1　司法鉴定条例

根据《全国人民代表大会常务委员会关于司法鉴定管理问题的决定》和有关法律、法规，结合本省实际，依据《通则》制定了本省的司法鉴定条例，条例主要从总则、鉴定机构和鉴定人、司法鉴定活动、监督管理、法律责任等方面进行了规定。司法鉴定从业者除了要遵守《通则》外，在本省域内必须遵守该司法鉴定条例。这里主要围绕鉴定人的管理，介绍一下该条例的部分内容。

第一章 总则

第一条 为了规范司法鉴定活动,保障当事人的合法权益,促进司法公正,根据《全国人民代表大会常务委员会关于司法鉴定管理问题的决定》和有关法律、法规,结合本省实际,制定本条例。

第二条 本省行政区域内从事司法鉴定及其监督管理等相关活动,适用本条例。

第三条 本条例所称司法鉴定,是指在诉讼活动中鉴定人运用科学技术或者专门知识对诉讼涉及的专门性问题进行鉴别和判断并提供鉴定意见的活动,包括法医类、物证类、声像资料、环境损害鉴定以及根据诉讼需要,由国务院司法行政部门商最高人民法院、最高人民检察院确定的其他应当对鉴定机构和鉴定人实行登记管理的鉴定事项。

本条例所称司法鉴定机构(以下简称鉴定机构)和司法鉴定人(以下简称鉴定人),是指经省司法行政部门审核登记、备案登记,从事前款活动的机构和人员。

第四条 省司法行政部门负责本省行政区域内鉴定机构和鉴定人的登记、名册编制和公告以及司法鉴定活动的监督管理工作。

设区的市(以下简称市)司法行政部门依法负责本行政区域内司法鉴定活动的监督管理工作。

省、市人民政府其他有关行政部门在各自职责范围内做好司法鉴定的相关工作。

侦查机关根据侦查工作需要设立的鉴定机构和鉴定人,由其设立机关依法进行资格审核并负责管理,不得面向社会接受委托从事司法鉴定业务。

第五条 开展司法鉴定业务应当遵循依法独立、科学规范、客观公正的原则。

鉴定机构和鉴定人依法从事司法鉴定活动受法律保护,任何单位和个人不得非法干预,不得干扰鉴定机构的正常工作秩序。

第九条 司法鉴定行业协会应当建立健全行业自律监督机制,发挥对会员的行为引导、诚信约束、教育培训、权益维护作用,促进鉴定机构和鉴定人提升执业能力、鉴定质量和规范化服务水平。

第二章 鉴定机构和鉴定人

第十条 鉴定机构、鉴定人应当依法进行登记或者备案登记。

未经省司法行政部门登记或者备案登记,任何组织和个人不得从事本条例规定的司法鉴定业务。

第十三条 有下列情形之一的,不得从事司法鉴定业务:

(一)因故意犯罪或者职务过失犯罪受过刑事处罚的;

(二)受过开除公职处分的;

(三)被司法行政部门撤销鉴定人登记的;

(四)所在的鉴定机构受到停止执业处罚且处罚期未满的;

(五)法律、法规规定的其他情形。

受到停止执业处罚期满未逾三年的鉴定人,不得担任鉴定机构法定代表人或者负责人。

第十五条 《司法鉴定许可证》《司法鉴定人执业证》自发证之日起五年内有效。有效期届满需要延续的,应当在有效期届满三十日前向市司法行政部门提出申请,按照本条例第十四条规定的程序执行。

鉴定机构和鉴定人需要变更登记事项的,由鉴定机构按照本条例第十四条规定申请变更登记。

第十六条　鉴定机构或者鉴定人有下列情形之一的,省司法行政部门应当注销登记并予以公告：

（一）鉴定机构申请终止司法鉴定业务的；

（二）设立鉴定机构的法人或者其他组织依法终止的；

（三）鉴定机构解散的；

（四）《司法鉴定许可证》《司法鉴定人执业证》有效期届满未申请延续的；

（五）鉴定机构登记事项发生变化,不符合设立条件的；

（六）鉴定人申请终止鉴定执业的；

（七）鉴定人死亡或者丧失鉴定能力的；

（八）鉴定人个人专业技术资格被有关主管部门撤销的；

（九）无正当理由连续一年以上未开展司法鉴定业务的；

（十）法律、法规规定的其他情形。

第十八条　鉴定人执业享有下列权利：

（一）了解、查阅与鉴定事项有关的资料,询问与鉴定事项有关的当事人、证人等；

（二）拒绝接受不合法的鉴定指派和鉴定要求,拒绝回答与鉴定无关的问题；

（三）实施鉴定所必需的检验、检查、勘查和模拟实验；

（四）保留不同鉴定意见；

（五）参加鉴定业务教育培训；

（六）获得合法报酬；

（七）法律、法规规定的其他权利。

第十九条　鉴定人执业应当履行下列义务：

（一）遵守职业道德和执业纪律；

（二）接受所在鉴定机构指派,按时独立完成鉴定工作,出具司法鉴定意见并对鉴定意见负责；

（三）妥善保管送鉴的鉴材、样本和资料；

（四）依法回避；

（五）保守在执业活动中知悉的国家秘密、商业秘密和个人隐私；

（六）依法出庭,回答与鉴定有关的询问；

（七）按照规定承办司法鉴定援助案件；

（八）接受司法行政部门和所在鉴定机构的监督和管理；

（九）法律、法规规定的其他义务。

第二十条　鉴定机构应当在依法登记的业务范围内执业,受理委托不受地域限制。鉴定机构不得指派本机构以外的鉴定人或者不具备鉴定资格的人员承办鉴定业务。

鉴定人应当在一个鉴定机构中按照其登记的执业类别从事鉴定业务。

第三章　司法鉴定活动

第二十三条　鉴定机构负责统一受理司法鉴定委托,鉴定人不得以个人名义接受司法鉴定委托。

对委托人提供的鉴定材料,鉴定机构应当核对,并记录其名称、种类、数量、性状、保存状况、接收时间等。未经委托人同意,不得接收除委托人外其他任何单位和个人提供的鉴定材料。

诉讼当事人对鉴定材料有异议的,应当向委托人提出。

第二十五条 鉴定机构受理委托后,对同一鉴定事项,应当指定至少二名具有该鉴定事项执业资格的鉴定人进行鉴定。

第二十七条 鉴定人在执业活动中应当执行有关诉讼法律规定的回避要求。有下列情形之一的,也应当回避:

(一)曾参加过同一鉴定事项鉴定的;

(二)曾作为专家对同一鉴定事项提供过咨询意见的;

(三)曾参与过同一鉴定事项法庭质证的;

(四)法律、法规规定的其他情形。

鉴定人自行提出回避的,由鉴定机构决定。诉讼当事人认为应当回避的,应当向委托人提出。委托人要求鉴定人回避的,应当向鉴定机构提出,由鉴定机构决定。委托人对鉴定机构有关回避的决定有异议的,可以撤销鉴定委托。

第三十条 委托人认为需要重新鉴定的,应当委托原鉴定机构以外的其他鉴定机构进行。但因委托事项无其他鉴定机构可以承担等特殊情况,可以委托原鉴定机构进行。委托原鉴定机构重新鉴定的,鉴定机构应当指定原鉴定人以外的鉴定人承担。

对初次鉴定有争议的重大疑难鉴定事项或者经重新鉴定仍有争议的鉴定事项,司法鉴定行业协会可以接受司法机关的委托组织有关专家进行论证,提供咨询意见。

第三十二条 鉴定机构和鉴定人应当按照国家有关部门和省司法行政部门规定的统一文本格式制作司法鉴定意见书。

司法鉴定意见书应当由鉴定人签名,不得由他人代签。多人参加鉴定且对鉴定有不同意见的,应当注明。

司法鉴定意见书应当加盖鉴定机构的司法鉴定专用章。

第三十三条 司法鉴定意见书出具后,不得擅自更改。

鉴定机构发现司法鉴定意见书有文字表达、笔误等瑕疵的,可以进行补正,但不得改变鉴定意见的原意。补正应当在原司法鉴定意见书上进行,由至少一名该鉴定事项的鉴定人在补正处签名。必要时,由鉴定机构出具补正书予以说明。

鉴定机构发现所出具的司法鉴定意见存在差错的,应当及时向委托人出具书面说明和相关建议。

第三十四条 人民法院通知鉴定人出庭的,应当在开庭三日前将出庭通知书送达鉴定人,并为其提供席位、通道、等候区等必要的出庭条件。

人民法院应当保障鉴定人的人身安全和执业权利。对鉴定人质证事项可能导致不利于其人身安全的,可以采取同步视频作证等措施,并可以采取不暴露其外貌和真实声音等保护措施。

第三十五条 鉴定人在人民法院指定日期出庭发生的交通费、住宿费、生活费和误工补贴费等费用,依法应当由诉讼当事人承担的,由人民法院代为收取,鉴定机构向诉讼当事人出具合法凭证。

鉴定人出庭发生的交通费、住宿费、生活费,参照省级国家机关一般工作人员差旅费标准执行；误工补贴按照最高人民法院有关规定执行，出庭时间不足一天的，按一天计算。

第三十七条　鉴定机构、鉴定人不得编造、传播虚假信息或者误导性信息，损害其他鉴定机构、鉴定人信誉、声誉，不得对自身进行虚假或者引人误解的宣传，以及采用财物或者其他手段进行贿赂等不正当竞争手段招揽业务。

第四章　监督管理

第三十八条　省司法行政部门应当依法按年度编制鉴定机构、鉴定人名册并予以公告，建立名册动态监管与监督抽查相结合的监管制度。

对依法责令限期整改或者给予限期停止执业处罚的鉴定机构、鉴定人，可以暂缓编入名册或者暂时清出名册；对依法撤销登记或者终止司法鉴定业务的鉴定机构、鉴定人，应当及时将其清出名册并向社会予以公告。

第四十三条　公民、法人和其他组织认为鉴定机构、鉴定人在执业活动中有违反本条例规定行为的，可以向市以上司法行政部门投诉。

司法行政部门应当自收到投诉材料之日起七日内，作出是否受理的决定，并书面告知投诉人或者其代理人。情况复杂的，可以适当延长作出受理决定的时间，但延长期限不得超过十五日，并应当将延长的理由告知投诉人。

市司法行政部门经调查后，认为被投诉人有应当给予行政处罚违法行为的，移送省司法行政部门依法作出处理。

司法行政部门应当自作出处理决定之日起七日内，将投诉处理结果书面告知投诉人、被投诉人。

第五章　法律责任

第四十四条　法人、其他组织或者个人未经依法登记从事司法鉴定业务的，由省司法行政部门责令停止违法活动，有违法所得的，没收违法所得，并处三万元罚款。

第四十六条　鉴定人有下列情形之一的，由省司法行政部门给予警告，责令改正，有违法所得的，没收违法所得，可以并处五千元以上一万元以下罚款；情节严重的，给予停止从事司法鉴定业务六个月以上一年以下的处罚：

（一）同时在两个以上鉴定机构执业的；

（二）超出登记的执业类别从事司法鉴定业务的；

（三）涂改、出借、出租、转让《司法鉴定人执业证》的；

（四）违反鉴定程序规定或者标准、技术规范进行鉴定的；

（五）私自接受司法鉴定委托的；

（六）违反保密或者回避规定的；

（七）无正当理由，不按时或者拒绝出具司法鉴定意见的；

（八）拒绝履行司法鉴定援助义务的；

（九）法律、法规规定的其他情形。

第四十七条　鉴定机构或者鉴定人有下列情形之一的，由省司法行政部门给予停止从事司法鉴定业务六个月以上一年以下的处罚；情节严重的，撤销登记：

（一）因严重不负责任给当事人合法权益造成重大损失的；

（二）弄虚作假出具司法鉴定意见的；

（三）经人民法院依法通知，无正当理由拒绝出庭的；

（四）法律、法规规定的其他情形。

提供虚假证明文件或采取其他欺诈手段骗取登记的，撤销登记。

第四十八条　鉴定机构或者鉴定人有下列情形之一的，由省司法行政部门责令改正，有违法所得的，没收违法所得，并处三万元罚款；情节严重的，撤销登记：

（一）受到停止执业处罚期间继续开展司法鉴定业务的；

（二）采取不正当竞争手段招揽业务的；

（三）组织本机构以外的鉴定人或者不具备合法资格的人员承办司法鉴定事项的。

第五十条　违反本条例规定，法律、行政法规已有处理规定的，从其规定；涉嫌犯罪的，依法移送有关机关处理。

【解读】

司法鉴定条例是根据《全国人民代表大会常务委员会关于司法鉴定管理问题的决定》和《通则》等国家有关法律、法规而制定的，结合本地区实际情况适用于本地区的司法鉴定活动，是在《通则》下，对本地区司法鉴定机构和司法鉴定人从事司法鉴定活动的进一步的法律规定，属于地方法规。司法鉴定机构和司法鉴定人开展司法鉴定活动时有违反有关法律、法规、规章规定行为的，司法行政机关将依法给予行政处罚。所以，司法鉴定机构和司法鉴定人从事司法鉴定活动时，必须遵守《通则》等国家法律、法规，同时也必须遵守本地区和相关地区的司法鉴定条例等地方法规和规章。交通事故司法鉴定人或从业者要牢记这一点，认真学习相关法律法规，在实践工作中贯彻执行，始终绷紧遵守法律这根弦。要了解更多地方法规对司法鉴定人和鉴定机构的管理规定，可查阅某省区完整的司法鉴定条例及相关规定。

8.2.2　司法鉴定行业协会管理

除了司法行政机关依法承担对司法鉴定机构和司法鉴定人所进行的司法鉴定活动进行监督管理外，各地区也在司法部门的指导和监督下建立了司法鉴定行业协会，制定了司法鉴定行业协会管理规定。司法鉴定行业协会肩负着监督和指导司法鉴定机构和司法鉴定人依法依规从事司法鉴定活动的责任和义务，同时，定期开展司法鉴定机构和司法鉴定人的培训和学习活动。对于司法鉴定机构和司法鉴定人进行司法鉴定活动中出现的违规行为，情节严重、构成违法违规的，由司法行政机关进行行政处罚；情节较轻、未构成违法违规的，必须由司法鉴定行业协会给予相应的行业处分。

§8.3　交通事故司法鉴定范围和种类

司法鉴定是鉴定人运用科学技术或者专门知识对专门性问题进行鉴别和判断并提供鉴定意见的活动。这种活动涉及不同的专业领域，根据不同的专业领域司法鉴定可以分成不同的类别，每种鉴定类别又包括很多具体的鉴定事项。例如，道路交通事故涉及的鉴定就可以分为法医鉴定、痕迹鉴定、车辆性能鉴定、文书鉴定等。每种鉴定都有特定的资质要求和不同的业务范围。前已述及，司法鉴定机构开展司法鉴定活动不能超出登记的业务范围；司法鉴定人必须具有委托鉴定事项的执业资格才能从事相关的司法鉴定活动。因此，司法鉴定机构必须清楚本机构具有的鉴定类别和业务范围，司法鉴定人必须清楚自己具备的鉴定资质适用的鉴别种类和事项。作为交通事故司法鉴定人或潜在的从业者，需要熟悉司法鉴定范围和种类方面的规定和相关知识。

8.3.1 司法鉴定种类

一般地，司法鉴定种类主要有：法医司法鉴定、物证类司法鉴定、声像资料司法鉴定、产品质量司法鉴定、计算机司法鉴定、环境监测司法鉴定、工程造价司法鉴定、知识产权司法鉴定、税务司法鉴定、农业司法鉴定、资产评估司法鉴定、建筑工程司法鉴定、枪弹痕迹司法鉴定等。

司法鉴定需要依靠司法鉴定人掌握的专业知识。在上述各种司法鉴定中，与交通事故直接有关的鉴定主要是法医司法鉴定、物证类司法鉴定、声像资料司法鉴定。其中法医司法鉴定主要依赖医学、法医学等方面的专业知识，本书不加讨论。与本书所介绍的专业知识和技术标准直接相关的鉴定类别主要涉及物证类司法鉴定和声像资料司法鉴定。下面介绍一下物证类司法鉴定和声像资料司法鉴定，要特别注意两大类鉴定中涉及交通事故鉴定的内容。

8.3.2 物证类司法鉴定的类别和范围

2020年中华人民共和国司法部颁布实施《物证类司法鉴定执业分类规定》（以下简称《物证类规定》），对物证类司法鉴定的执业分类和业务范围进行了明确而详细的规定。

第一章 总则

第一条 为规范物证类司法鉴定机构和鉴定人的执业活动，根据《全国人民代表大会常务委员会关于司法鉴定管理问题的决定》等规定，结合司法鉴定工作实际制定本规定。

第二条 物证类司法鉴定是在诉讼活动中鉴定人运用物理学、化学、文件检验学、痕迹检验学、理化检验技术等原理、方法和专门知识，对文书物证、痕迹物证、微量物证等涉及的专门性问题进行鉴别和判断并提供鉴定意见的活动。

第三条 物证类司法鉴定解决的专门性问题包括：文书物证的书写人、制作工具、制作材料、制作方法，及其内容、性质、状态、形成过程、制作时间等鉴定；痕迹物证的勘验提取，造痕体和承痕体的性质、状况及其形成痕迹的同一性、形成原因、形成过程、相互关系等鉴定；微量物证的物理性质、化学性质和成分组成等鉴定。

【解读】

（1）物证类鉴定中的物证主要有3种形式，即文书物证、痕迹物证、微量物证。物证类鉴定主要任务是对某种物证涉及的专门性问题进行鉴别和判断并提供鉴定意见，依靠和采用的方法主要是物理学、化学、文件检验学、痕迹检验学、理化检验技术等。例如，针对交通事故中的车辆撞击痕迹，利用车辆碰撞理论和痕迹检验知识，判断车辆的碰撞部位和碰撞方向。

（2）与交通事故鉴定分析关系最密切的是痕迹物证的鉴定，痕迹物证鉴定涉及的专门问题一般包括痕迹勘验提取，造痕体和承痕体的性质及状况，痕迹的同一性、形成原因、形成过程、相互关系等。

第二章 文书鉴定

第四条 文书鉴定是指鉴定人运用文件检验学的理论、方法和专门知识,对可疑文件(检材)的书写人、制作工具、制作材料、制作方法、内容、性质、状态、形成过程、制作时间等问题进行检验检测、分析鉴别和判断并提供鉴定意见的活动。

文书鉴定包括笔迹鉴定、印章印文鉴定、印刷文件鉴定、篡改(污损)文件鉴定、文件形成方式鉴定、特种文件鉴定、朱墨时序鉴定、文件材料鉴定、基于痕迹特征的文件形成时间鉴定、基于材料特性的文件形成时间鉴定、文本内容鉴定等。

第五条 笔迹鉴定。包括依据笔迹同一性鉴定标准,必要时结合笔迹形成方式的检验鉴定结果,判断检材之间或检材与样本之间的笔迹是否同一人书写或者是否出自于同一人。

第六条 印章印文鉴定。包括依据印章印文同一性鉴定标准,必要时结合印文形成方式的检验鉴定结果,判断检材之间或检材与样本之间的印文是否同一枚印章盖印或者是否出自于同一枚印章。

第七条 印刷文件鉴定。包括依据印刷方式鉴定标准判断检材是何种印刷方式印制形成,如制版印刷中的凹、凸、平、孔版印刷等,现代办公机具印刷中的复印、打印、传真等;依据印刷机具种类鉴定标准判断检材是何种机具印制形成;依据印刷机具或印版同一性鉴定标准判断检材之间或检材与样本之间是否同一机具或同一印版印制形成等。

第八条 篡改(污损)文件鉴定。包括依据变造文件鉴定标准判断检材是否存在添改、刮擦、拼凑、掩盖、换页、密封、消退、伪老化等变造现象;依据污损文件鉴定标准对破损、烧毁、浸损等污损检材进行清洁整理、整复固定、显现和辨识原始内容;依据模糊记载鉴定标准对检材褪色记载、无色记载等模糊记载内容进行显现和辨识;依据压痕鉴定标准对检材压痕内容进行显现和辨识等。

第九条 文件形成方式鉴定。包括依据笔迹形成方式鉴定标准判断检材笔迹是书写形成还是复制形成;依据印章印文形成方式鉴定标准判断检材印文是盖印形成还是复制形成;依据指印形成方式鉴定标准判断文件上有色检材指印是否复制形成等。

第十条 特种文件鉴定。包括依据特种文件鉴定标准判断检材货币、证照、票据、商标、银行卡及其他安全标记等的真伪。

第十一条 朱墨时序鉴定。包括依据朱墨时序鉴定标准判断检材上文字、印文、指印等之间的形成先后顺序。

第十二条 文件材料鉴定。包括依据文件材料鉴定标准对需检纸张、墨水墨迹、油墨墨迹、墨粉墨迹、粘合剂等文件材料的特性进行检验检测及比较检验等。

第十三条 基于痕迹特征的文件形成时间鉴定。包括依据印章印文盖印时间鉴定标准判断检材印文的盖印时间;依据打印文件印制时间鉴定标准判断检材打印文件的打印时间;依据静电复印文件印制时间鉴定标准判断检材静电复印文件的复印时间;依据检材某要素的发明、生产时间或时间标记信息判断其文件要素的形成时间等。

第十四条 基于材料特性的文件形成时间鉴定。包括综合运用光谱、色谱、质谱等仪器检测分析技术,根据墨水墨迹、油墨墨迹、墨粉墨迹、印文色料、纸张等文件材料的某种(些)理化特性随时间的变化规律,依据相应的判定方法,分析判断检材的形成时间。

第十五条 文本内容鉴定。包括通过书面言语分析,判断检材文本作者的地域、年龄、文化程度、职业等属性;通过文本格式、内容、书面言语特征等的比较检验,分析判断检材之间或检材与样本之间文本的相互关系等。

【解读】

（1）文书物证鉴定主要解决的问题包括：文书物证的书写人、制作工具、制作材料、制作方法，文书的内容、性质、状态、形成过程、制作时间等。

（2）通常交通事故鉴定不涉及文书物证鉴定。但是特殊情况下，在交通事故处理过程中，包括交通管理部门的事故处理和车辆保险行业的理赔处理，可能会出现笔录材料、保险合同等文书材料的签字有异议的情况，在交通事故司法鉴定中偶尔也会出现鉴定意见书或鉴定材料签名和笔迹鉴定等问题。

第三章　痕迹鉴定

第十六条　痕迹鉴定是指鉴定人运用痕迹检验学的理论、方法和专门知识，对痕迹物证进行勘验提取，并对其性质、状况及其形成痕迹的同一性、形成原因、形成过程、相互关系等进行检验检测、分析鉴别和判断并提供鉴定意见的活动。

痕迹鉴定包括手印鉴定、潜在手印显现、足迹鉴定、工具痕迹鉴定、整体分离痕迹鉴定、枪弹痕迹鉴定、爆炸痕迹鉴定、火灾痕迹鉴定、人体特殊痕迹鉴定、日用物品损坏痕迹鉴定、交通事故痕迹物证鉴定等。

第十七条　手印鉴定。包括通过比较检验判断检材之间或检材与样本之间的指印是否同一；通过比较检验判断检材之间或检材与样本之间的掌印是否同一；通过对检材指掌印的检验判断其形成过程。

第十八条　潜在手印显现。包括使用物理学、化学或专用设备等方法显色增强潜在手印。

第十九条　足迹鉴定。包括通过比较检验判断检材之间或检材与样本之间的赤足印是否同一；通过比较检验判断检材之间或检材与样本之间的鞋、袜印是否同一。

第二十条　工具痕迹鉴定。包括通过勘查和检验判断检材线形痕迹、凹陷痕迹、断裂变形痕迹等的形成原因；通过比较检验判断检材线形痕迹、凹陷痕迹、断裂变形痕迹等是否为某一造痕体形成。

第二十一条　整体分离痕迹鉴定。包括通过检验判断分离物体之间是否存在整体分离关系。

第二十二条　枪弹痕迹鉴定。包括枪械射击弹头/弹壳痕迹检验、枪弹识别检验、枪支性能检验、利用射击弹头/弹壳痕迹认定发射枪支检验、利用射击弹头/弹壳痕迹认定发射枪种检验、枪击弹孔检验、枪支号码显现，以及通过对枪击现场的勘查和检验分析，必要时结合所涉射击残留物的理化特性检验检测结果，综合判断枪击事件中痕迹的形成过程及与事件之间的因果关系等。

第二十三条　爆炸痕迹鉴定。包括炸药爆炸力及炸药量检验、雷管及导火（爆）索检验、爆炸装置检验，以及通过对爆炸现场的勘查和检验分析，必要时结合所涉爆炸物的理化特性检验检测结果，综合判断爆炸事件中痕迹的形成过程及与事件之间的因果关系等。

第二十四条　火灾痕迹鉴定。包括通过火灾现场、监控信息等，对现场烟熏痕迹、倒塌痕迹、炭化痕迹、变形变色痕迹、熔化痕迹以及其他燃烧残留物进行勘查和检验分析，必要时结合火灾微量物证鉴定结果，综合判断火灾事故中痕迹形成过程及与事故之间的因果关系等。

第二十五条　人体特殊痕迹鉴定。包括除手印、脚印外的其他人体部位形成的痕迹鉴定,如牙齿痕迹鉴定、唇纹痕迹鉴定、耳廓痕迹鉴定等。

第二十六条 日用物品损坏痕迹鉴定。包括运用痕迹检验学的原理和技术方法,必要时结合所涉日用物品材料的理化特性检验检测结果,对日常生活中使用的玻璃物品、纺织物品、陶瓷物品、塑料物品、金属物品等的损坏痕迹的形态进行勘查和检验分析,综合判断其损坏原因。

第二十七条 交通事故痕迹物证鉴定。包括车辆安全技术状况鉴定;交通设施安全技术状况鉴定;交通事故痕迹鉴定;车辆速度鉴定;交通事故痕迹物证综合鉴定等。非交通事故的相关鉴定可参照本条款。

【解读】

(1) 显然,《物证类规定》里对痕迹物证的规定条款很多,从十六条到二十七条共 12 条。但是与交通事故鉴定直接相关的只有第二十七条,其他如"爆炸物痕迹鉴定""人体痕迹鉴定"等虽然有可能在一些特殊交通事故中涉及,但一般的道路交通事故鉴定中很少出现,故不在此进行更多解读。

(2) 交通事故痕迹物证鉴定是物证鉴定中一种比较特殊的形式,以前没有专门的交通事故痕迹物证鉴定,对于交通事故涉及痕迹分析方面的鉴定归属于一般的痕迹鉴定。目前由于交通事故鉴定工作的专门性和实践需要而划分为专门一类痕迹物证鉴定。

(3) 尽管交通事故痕迹物证鉴定已经被划分为专门一类痕迹物证鉴定,但仍然是一类内容和范围都很广泛的痕迹物证鉴定。具体来说,交通事故痕迹物证鉴定包括的具体项目内容有以下 5 个方面:

① 车辆安全技术状况鉴定。包括判断涉案车辆的类型(如机动车、非机动车);对车辆安全技术状况进行检验;判断车辆相关技术状况或性能的符合性(如制动系、转向系、行驶系、灯光、信号装置等)。

② 交通设施安全技术状况鉴定。包括对交通事故现场或事故发生地点等相关区域进行勘查、测量;对路基、路面、桥涵、隧道、交通工程及沿线交通附属设施的安全技术状况进行检验(如道路线形、护栏、标志、标线等);判断事故相关区域交通设施的技术状况或性能的符合性(如材料、设置位置、几何尺寸、力学性能等)。

③ 交通事故痕迹鉴定。包括通过对涉案车辆唯一性检查,对涉案车辆、交通设施、人员及穿戴物等为承痕体、造痕体的痕迹和整体分离痕迹进行检验分析,必要时结合交通事故微量物证鉴定、法医学鉴定等结果,判断痕迹的形成过程和原因(如是否发生过接触碰撞、接触碰撞部位和形态等)。

④ 车辆速度鉴定。运用动力学、运动学、经验公式、模拟实验等方法,根据道路交通事故现场痕迹和资料、视频图像、车辆行驶记录信息等,判断事故瞬间速度(如碰撞、倾覆或坠落等瞬间的速度),采取避险措施时的速度(如采取制动、转向等避险措施时的速度),在某段距离、时间或过程的平均行驶速度及速度变化状态等。

⑤ 交通事故痕迹物证综合鉴定。基于以上交通事故痕迹物证鉴定项目的检验鉴定结果,必要时结合交通事故微量物证鉴定、声像资料鉴定、法医学鉴定等结果,综合判断涉案人员、车辆、设施等交通要素在事故过程中的状态、痕迹物证形成过程及原因等,包括交通行为方式、交通信号灯指示状态、事故车辆起火原因、轮胎破损原因等。

交通事故司法鉴定机构和司法鉴定人员必须全面而深入地掌握和理解交通事故痕迹物

证鉴定的内容和范围,所从事的司法鉴定活动必须在自己的执业范围之内。

第四章 微量物证鉴定

第二十八条 微量物证鉴定简称微量鉴定,是指鉴定人运用理化检验的原理、方法或专门知识,使用专门的分析仪器,对物质的物理性质、化学性质和成分组成进行检验检测和分析判断并提供鉴定意见的活动。其中,物理性质包括物质的外观、重量、密度、力学性质、热学性质、光学性质和电磁学性质等;化学性质包括物质的可燃性、助燃性、稳定性、不稳定性、热稳定性、酸性、碱性、氧化性和还原性等;成分组成包括物质中所含有机物、无机物的种类和含量等。

微量物证鉴定包括化工产品类鉴定、金属和矿物类鉴定、纺织品类鉴定、日用化学品类鉴定、文化用品类鉴定、食品类鉴定、易燃物质类鉴定、爆炸物类鉴定、射击残留物类鉴定、交通事故微量物证鉴定和火灾微量物证鉴定。

第二十九条 化工产品类鉴定。包括塑料、橡胶、涂料(油漆)、玻璃、陶瓷、胶黏剂、填料、化学试剂以及化工原料、化工中间体、化工成品等的物理性质、化学性质和成分组成的检验检测,以及上述材料的比较检验和种类判别。

第三十条 金属和矿物类鉴定。包括金属、合金、泥土、砂石、灰尘等的物理性质、化学性质和成分组成的检验检测,以及上述材料的比较检验和种类判别。

第三十一条 纺织品类鉴定。包括纤维、织物等的物理性质、化学性质和成分组成的检验检测,以及上述材料的比较检验和种类判别。

第三十二条 日用化学品类鉴定。包括洗涤剂、化妆品、香精香料等的物理性质、化学性质和成分组成的检验检测,以及上述材料的比较检验和种类判别。

第三十三条 文化用品类鉴定。包括墨水、油墨、墨粉、纸张、粘合剂等的物理性质、化学性质和成分组成的检验检测,以及上述材料的比较检验和种类判别。

第三十四条 食品类鉴定。包括食品的营养成分、重金属、添加剂、药物残留、毒素、微生物等的检验检测。

第三十五条 易燃物质类鉴定。包括易燃气体、易燃液体和易燃固体及其残留物的物理性质、化学性质和成分组成的检验检测,以及上述材料的比较检验和种类判别。

第三十六条 爆炸物类鉴定。包括易爆物质及其爆炸残留物的物理性质、化学性质和成分组成的检验检测,以及上述材料的比较检验和种类判别。

第三十七条 射击残留物类鉴定。包括射击残留物的物理性质、化学性质和成分组成的检验检测,以及上述材料的比较检验和种类判别。

第三十八条 交通事故微量物证鉴定。包括交通事故涉及的油漆、橡胶、塑料、玻璃、纤维、金属、易燃物质等的物理性质、化学性质和成分组成的检验检测,以及上述材料的比较检验和种类判别。

第三十九条 火灾微量物证鉴定。包括火灾现场涉及的易燃物质类、化工产品类、金属等的物理性质、化学性质和成分组成的检验检测,以及上述材料的比较检验和种类判别。

【解读】

(1)微量物证鉴定简称微量鉴定,是指鉴定人运用理化检验方法或专门知识,使用专门的分析仪器,对物质进行检验检测和分析判断并提供鉴定意见的活动。微量物证鉴定事项内容较多,包括化工产品类鉴定、金属和矿物类鉴定、纺织品类鉴定、日用化学品类鉴定、文化用品类鉴定、食品类鉴定、易燃物质类鉴定、爆炸物类鉴定、射击残留物类鉴定、交通事故微量物证鉴定和火灾微量物证鉴定。其中的交通事故微量物证鉴定与交通事故鉴定直接相关。

（2）交通事故微量物证鉴定包括油漆、橡胶、塑料、玻璃、纤维、金属、易燃物质等的物理性质、化学性质和成分组成的检验检测，以及上述材料的比较检验和种类判别。

（3）根据（1）、（2）的解读，显然，交通事故微量物证鉴定涉及交通事故中的附着物或散落物的鉴定，这些微量物质的鉴定需要借助理化检验方法和专门的分析仪器，没有相应的检测分析仪器或缺乏专门的理化检验知识，很难开展交通事故微量物证鉴定工作。

（4）交通事故微量物证鉴定与交通事故痕迹物证鉴定虽然都属于物证鉴定，但是各有不同的鉴定事项和范围，二者的鉴定人员分别拥有自己的鉴定资质。两种不同的物证鉴定依据的科学原理、技术方法和手段也有明显区别，鉴定的目标当然也不同。

根据以上介绍和解读可知，物证类鉴定是我国司法鉴定领域开展的司法鉴定种类之一，涉及范围也十分广泛，包括三大类和38分项。表8-1、表8-2、表8-3为我国司法部规定的物证类司法鉴定执业分类表。

表8-1 物证类司法鉴定执业分类（文书类）

序号	领域	分领域及项目
01	文书鉴定	0101 笔迹鉴定
		0102 印章印文鉴定
		0103 印刷文件鉴定
		0104 篡改（污损）文件鉴定
		0105 文件形成方式鉴定
		0106 特种文件鉴定
		0107 朱墨时序鉴定
		0108 文件材料鉴定
		0109 基于痕迹特征的文件形成时间鉴定
		0110 基于材料特性的文件形成时间鉴定
		0111 文本内容鉴定

表8-2 物证类司法鉴定执业分类（痕迹类）

序号	领域	分领域及项目
02	痕迹鉴定	0201 手印鉴定
		0202 潜在手印显现
		0203 足迹鉴定
		0204 工具痕迹鉴定

续表

序号	领域	分领域及项目
02	痕迹鉴定	0205 整体分离痕迹鉴定
		0206 枪弹痕迹鉴定
		0207 爆炸痕迹鉴定
		0208 火灾痕迹鉴定
		0209 人体特殊痕迹鉴定
		0210 日用物品损坏痕迹鉴定
		0211 交通事故痕迹物证鉴定 021101 车辆安全技术状况鉴定 021102 交通设施安全技术状况鉴定 021103 交通事故痕迹鉴定 021104 车辆速度鉴定 021105 交通事故痕迹物证综合鉴定

表 8-3 物证类司法鉴定执业分类（微量物证类）

序号	领域	分领域及项目
03	微量物证鉴定	0301 化工产品类鉴定
		0302 金属和矿物类鉴定
		0303 纺织品类鉴定
		0304 日用化学品类鉴定
		0305 文化用品类鉴定
		0306 食品类鉴定
		0307 易燃物质类鉴定
		0308 爆炸物类鉴定
		0309 射击残留物类鉴定
		0310 交通事故微量物证鉴定
		0311 火灾微量物证鉴定

要注意的是，很多时候鉴定人员都具有自己特定的专业和开展的鉴定领域，鉴定人员一般不需要同时具备各种不同物证鉴定的资质，也不允许在没有资质的条件下，从事本人具有的资质之外的司法鉴定业务。但是，由于痕迹物证、文书物证和微量物证在交通事故中的作用都是解释事故的某方面的本来真相，而交通事故是一个相互联系的整体，任何物证之间都可能存在一定的联系，甚至具有因果关系，因此，某专业的鉴定人员即使不具备多种资质，还是有必要掌握多种物证分析的基本知识和技能，这样能够有助于更加全面地分析事故的全貌。

8.3.3 声像资料司法鉴定的类别和范围

在《物证类司法鉴定执业分类规定》通过实施的同时，司法部还颁布实施了《声像资料司法鉴定执业分类规定》，对声像资料司法鉴定的执业分类和项目进行了明确规定。

第一章 总则

第一条 为规范声像资料司法鉴定机构和鉴定人的执业活动，根据《全国人民代表大会常务委员会关于司法鉴定管理问题的决定》等规定，结合司法鉴定工作实际制定本规定。

第二条 声像资料司法鉴定是指在诉讼活动中鉴定人运用物理学、语言学、信息科学与技术、同一认定理论等原理、方法和专门知识，对录音、图像、电子数据等涉及的专门性问题进行鉴别和判断并提供鉴定意见的活动。

第三条 声像资料司法鉴定包括录音鉴定、图像鉴定、电子数据鉴定。解决的专门性问题包括：录音和图像（录像/视频、照片/图片）的真实性、同一性、相似性、所反映的内容等鉴定；电子数据的存在性、真实性、功能性、相似性等鉴定。

第二章 录音鉴定

第四条 录音鉴定是指鉴定人运用物理学、语言学、信息科学与技术、同一认定理论等原理、方法和专门知识，对检材录音的真实性、同一性、相似性及所反映的内容等问题进行检验、分析、鉴别和判断并提供鉴定意见的活动。

录音鉴定包括录音处理、录音真实性鉴定、录音同一性鉴定、录音内容分析、录音作品相似性鉴定等。

第五条 录音处理。包括依据录音处理方法，对检材录音进行降噪、增强等清晰化处理，以改善听觉或声谱质量。

第六条 录音真实性鉴定。包括依据录音原始性鉴定方法，判断检材录音是否为原始录音；依据录音完整性鉴定方法，判断检材录音是否经过剪辑处理。

第七条 录音同一性鉴定。包括依据语音同一性鉴定方法，判断检材与样本之间或检材之间的语音是否同一；参照语音同一性鉴定方法，判断检材与样本之间或检材之间的其他声音是否同一。

第八条 录音内容分析。包括依据录音内容辨听方法，结合录音处理和录音同一性鉴定结果，综合分析辨识并整理检材录音所反映的相关内容；依据说话人的口头言语特征，分析说话人的地域、性别、年龄、文化程度、职业等属性。

第九条 录音作品相似性鉴定。包括综合运用录音内容分析、录音同一性鉴定等鉴定技术，通过检材与样本之间或检材之间录音作品的比较检验综合判断是否来源于同一个作品或相似程度。

第三章 图像鉴定

第十条 图像鉴定是指鉴定人运用物理学、信息科学与技术、同一认定理论等原理、方法和专门知识，对检材图像（录像/视频、照片/图片）的真实性、同一性、相似性及所反映的内容等专门性问题进行检验、分析、鉴别和判断并提供鉴定意见的活动。

图像鉴定包括图像处理、图像真实性鉴定、图像同一性鉴定、图像内容分析、图像作品相似性鉴定、特种照相检验等。

第十一条 图像处理。包括依据图像处理方法，对检材图像进行降噪、增强、还原等清晰化处理,以改善视觉效果。

第十二条　图像真实性鉴定。包括依据图像原始性鉴定方法,判断检材图像是否为原始图像;依据图像完整性鉴定方法,判断检材图像是否经过剪辑处理。

第十三条　图像同一性鉴定。包括依据人像同一性鉴定方法,判断检材与样本之间或检材之间记载的人像是否同一;依据物像同一性鉴定方法,判断检材与样本之间或检材之间记载的物体是否同一。

第十四条　图像内容分析。包括依据图像内容分析方法,结合图像处理和图像同一性鉴定结果,综合判断检材图像所记载的人、物的状态和变化情况及事件发展过程,如案事件图像中的人物行为和事件过程、交通事故图像中的交通参与者行为及涉案车辆速度、火灾现场图像中的起火部位及火灾过程等。

第十五条　图像作品相似性鉴定。包括综合运用图像内容分析、图像同一性鉴定等鉴定技术,通过检材与样本之间或检材之间图像作品的比较检验综合判断是否来源于同一个作品或相似程度。

第十六条　特种照相检验。运用特种照相技术,包括红外照相、紫外照相、光致发光照相和光谱成像等技术对物证进行照相检验。

第四章　电子数据鉴定

第十七条　电子数据鉴定是指鉴定人运用信息科学与技术和专门知识,对电子数据的存在性、真实性、功能性、相似性等专门性问题进行检验、分析、鉴别和判断并提供鉴定意见的活动。

电子数据鉴定包括电子数据存在性鉴定、电子数据真实性鉴定、电子数据功能性鉴定、电子数据相似性鉴定等。

第十八条　电子数据存在性鉴定。包括电子数据的提取、固定与恢复及电子数据的形成与关联分析。其中电子数据的提取、固定与恢复包括对存储介质(硬盘、光盘、优盘、磁带、存储卡、存储芯片等)和电子设备(手机、平板电脑、可穿戴设备、考勤机、车载系统等)中电子数据的提取、固定与恢复,以及对公开发布的或经所有权人授权的网络数据的提取和固定;电子数据的形成与关联分析包括对计算机信息系统的数据生成、用户操作、内容关联等进行分析。

第十九条　电子数据真实性鉴定。包括对特定形式的电子数据,如电子邮件、即时通信、电子文档、数据库数据等的真实性或修改情况进行鉴定;依据相应验证算法对特定形式的电子签章,如电子签名、电子印章等进行验证。

第二十条　电子数据功能性鉴定。包括对软件、电子设备、计算机信息系统和破坏性程序的功能进行鉴定。

第二十一条　电子数据相似性鉴定。包括对软件(含代码)、数据库、电子文档等的相似程度进行鉴定;对集成电路布图设计的相似程度进行鉴定。

与交通事故有关的声像资料鉴定主要是图像鉴定方面的事项。图像鉴定是鉴定人运用物理学、信息科学与技术、同一认定理论等原理、方法和专门知识,对检材图像(录像/视频、照片/图片)的真实性、同一性、相似性及所反映的内容等专门性问题进行检验、分析、鉴别和判断并提供鉴定意见的活动。

图像鉴定的内容和事项较多,包括图像处理、图像真实性鉴定、图像同一性鉴定、图像内容分析、图像作品相似性鉴定、特种照相检验等。

交通事故鉴定中的图像鉴定除了可能存在的图像真实性、同一性和相似性等鉴定之外，主要鉴定形式和事项还是图像内容分析。根据国家标准和行业标准，采用标准的或科学的图像分析方法，对委托方提供的交通事故检材图像资料进行分析，结合图像处理和图像同一性鉴定结果，综合判断交通事故检材图像中的人、车辆的状态和变化情况，例如交通事故图像中的车辆速度。

声像资料鉴定还包括录音鉴定和电子数据鉴定，有些交通事故可能需要这两种鉴定，特别是电子数据鉴定，例如利用行车记录仪或导航仪等数据进行交通事故鉴定，在实践中的运用逐渐增多。表8-4为我国司法部发布的《声像资料司法鉴定执业分类规定》对声像资料鉴定领域的具体分类。

表8-4 声像资料鉴定执业分类

序号	领域	分领域及项目
01	录音鉴定	0101 录音处理
		0102 录音真实性鉴定
		0103 录音同一性鉴定
		0104 录音内容分析
		0105 录音作品相似性鉴定
02	图像鉴定	0201 图像处理
		0202 图像真实性鉴定
		0203 图像同一性鉴定
		0204 图像内容分析
		0205 图像作品相似性鉴定
		0206 特种照相检验
03	电子数据鉴定	0301 电子数据存在性鉴定
		0302 电子数据真实性鉴定
		0303 电子数据功能性鉴定
		0304 电子数据相似性鉴定

§8.4 司法鉴定意见书样例及格式规范

司法鉴定机构及司法鉴定人接受委托进行司法鉴定，最终要出具明确的司法鉴定意见，通常是以书面形式的司法鉴定意见书（司法鉴定报告书）作为最后的鉴定意见。

司法鉴定意见书要按照一定的内容和格式规范撰写，一般包括封页部分、正文部分和附件及说明三部分。

8.4.1 封页部分

封页(含封背)主要是关于鉴定机构基本信息和鉴定文书类别信息,鉴定机构信息包括地址、电话和机构执业证号等。封页的一般格式要求如下:

××司法鉴定中心司法鉴定意见书(司法鉴定机构的名称＋司法鉴定文书类别的标题:一般2号或者小1号宋体,加黑,居中排列)

司法鉴定许可证号:000000000(司法鉴定机构许可证号:3号仿宋体,居中排列)

声　明(2号宋体,加黑,居中排列)

1. 委托人应当向鉴定机构提供真实、完整、充分的鉴定材料,并对鉴定材料的真实性、合法性负责。

2. 司法鉴定人按照法律、法规和规章规定的方式、方法和步骤,遵守和采用相关技术标准和技术规范进行鉴定。

3. 司法鉴定实行鉴定人负责制度。司法鉴定人依法独立、客观、公正地进行鉴定,不受任何个人和组织的非法干预。

4. 使用本鉴定文书应当保持其完整性和严肃性。

(声明内容:3号仿宋体)

地址:××市××路××号(邮政编码:000000)

联系电话:000-00000000

(司法鉴定机构的地址及联系电话:4号仿宋体)

图8-1为声明页的样式。

8.4.2 正文部分

正文第一页首先要有一个标题部分,标题形式一般如下:

标题(司法鉴定机构名称＋委托鉴定事项,小2号黑体,居中排列)

标题下是编号,编号的形式为:

××司法鉴定中心[20××]×鉴字第×号

(编号:包括司法鉴定机构缩略名、年份、专业缩略语、文书性质缩略语及序号;年份、序号采用阿拉伯数字标识,年份应标全称,用方括号"[ ]"括入,序号不编虚位。5号宋体,居右排列。编号处加盖司法鉴定机构的司法鉴定专用章钢印)

然后就是鉴定意见书的主体部分。鉴定意见书主体部分一般包括基本情况、案情简介(基本案情)、检验过程(检验所见)、分析说明(分析计算)、鉴定意见、落款等内容,不同类型的司法鉴定意见书略有差别,同一类司法鉴定书在个别项目的表述上也可以略有不同。图8-2为司法鉴定意见书正文部分的样例。

各部分的具体内容和格式要求如下:

一、基本情况(3号黑体)

委托人:××××(二级标题:4号黑体,段首空2字)

(文内4号仿宋体,两端对齐,段首空2字,行间距一般为1.5倍。日期、数字等均采用阿拉伯数字标识。序号采用阿拉伯数字"1."等顺序排列。下同)

委托鉴定事项:

声 明

  1. 司法鉴定机构和司法鉴定人根据法律、法规和规章的规定，按照鉴定的科学规律和技术操作规范，依法独立、客观、公正进行鉴定并出具鉴定意见，不受任何个人或者组织的非法干预。

  2. 司法鉴定意见书是否作为定案或者认定事实的根据，取决于办案机关的审查判断，司法鉴定机构和司法鉴定人无权干涉。

  3. 使用司法鉴定意见书，应当保持其完整性和严肃性。

  4. 鉴定意见属于鉴定人的专业意见。当事人对鉴定意见有异议，应当通过庭审质证或者申请重新鉴定、补充鉴定等方式解决。

地　　址：×× 省 ×× 市 ×× 路 ×× 号（邮政编码：000000）
联系电话：000-00000000

共　　页第　　页

图 8-1　声明页的样式

受理日期：
鉴定材料：
鉴定日期：
鉴定地点：
在场人员：
被鉴定人：

二、检案摘要(基本案情)

三、资料摘要(车辆信息)

四、鉴定过程(检验过程)

五、分析说明

六、鉴定意见

××××司法鉴定中心
司法鉴定意见书
××[2020](痕)鉴字第2020×××××号

一、基本情况

委托人（单位）：××省××市公安局××分局交警大队

委托鉴定事项：

1.接触部位；

2.路面接触点；

3.行驶方向及行驶轨迹；

4.行驶速度。

受理日期：20××年×月×日

鉴定用检材及材料：辽LL××××号小型越野客车、辽LJ××××号小型普通客车、辽LS××××号轻型普通货车、电动自行车、道路交通事故现场图、事故现场照片、车辆信息、勘验记录、勘查照片。

二、基本案情

20××年×月×日13时05分许，辽LL××××号小型越野客车在××区××路××镇××××路口处，与辽LJ××××号小型普通客车相撞，相撞后辽LJ××××号小型普通客车又与电动自行车及辽LS××××号轻型普通货车相撞，发生道路交通事故。

三、车辆基本信息

1.辽LL××××号小型越野客车（以下简称"A车"）

车辆牌号：辽LL××××

图8-2 正文部分的样式

七、落款

司法鉴定人签名或者盖章

《司法鉴定人执业证》证号：

司法鉴定人签名或者盖章

《司法鉴定人执业证》证号：

（司法鉴定机构司法鉴定专用章）

二○××年×月×日

（文书制作日期：用简体汉字将年、月、日标全，"零"写为"○"，居右排列。日期处加盖司法鉴定机构的司法鉴定专用章红印）

8.4.3 附件及说明

本部分可加附件及说明，例如：

（1）本司法鉴定意见书各页之间应当加盖司法鉴定机构的司法鉴定专用章红印，作为骑缝章。

（2）司法鉴定意见书中需要添加附件的，须在鉴定意见后列出详细目录。

（3）对司法鉴定意见书中需要解释的内容，可以在正文的落款后另加附注予以说明。（附注为 4 号仿宋体）

思考与习题

1. 练习编写鉴定意见书，熟悉鉴定意见书的内容和格式要求。
2. 熟读《司法鉴定程序通则》，深入领会法律条文的内涵，熟悉鉴定人应承担的责任。
3. 熟悉交通事故痕迹物证鉴定领域的鉴定项目和具体内容。

第 9 章 交通事故车速技术鉴定

导语 在进行交通事故鉴定时,要遵照国家和行业标准。在交通事故各种鉴定事项中,车速鉴定最常见也是难度较大的鉴定事项,它是分析事故发生过程和原因的重要依据。进行交通事故鉴定,需要拥有前面章节所述的专业和法律知识,并熟悉 GB/T 33195—2016《道路交通事故车速鉴定标准》。本章主要结合该标准的介绍,解读标准中的车速鉴定方法,并通过实际鉴定案例进行车速鉴定标准的应用分析。

关键词 车速技术鉴定标准解读,各类型事故鉴定标准方法,案例研究

思政要点 遵守法律法规,遵照标准规范,职业道德

§9.1 车速技术鉴定标准解析

GB/T 33195—2016《道路交通事故车速鉴定标准》由中华人民共和国国家质量监督检验检疫总局和中国国家标准化管理委员会于 2016 年 12 月联合发布,并于 2017 年 7 月正式实施。它是在《典型交通事故形态车辆行驶速度技术鉴定》(GA/T 643)等行业标准基础上,经过相关行业和领域的专家学者多年反复研讨后逐渐完善形成的国家标准。

9.1.1 范围

本标准规定了道路交通事故车辆速度鉴定的要求和方法。

本标准适用于道路交通事故车辆速度的鉴定。其他情况需要鉴定车辆速度的可参照执行。

9.1.2 规范性引用文件

下列文件对于本标准的应用是必不可少的。凡是注日期的引用文件,仅注日期的版本适用于本标准。凡是不注日期的引用文件,其最新版本适用于本标准。

GB/T 19056《汽车行驶记录仪》
GA 41《道路交通事故痕迹物证勘验》
GA/T 1013《道路交通事故车辆状况现场测试仪》
GA/T 1133《基于视频图像的车辆行驶速度技术鉴定》

9.1.3 术语和定义

一、道路交通事故车辆速度鉴定(identification for the speed of vehicle involved in road traffic accident)

根据事故形态、现场痕迹、物证等对道路交通事故车辆行驶速度进行分析和计算的过程。

二、道路交通事故瞬间车辆速度(speed of vehicle involved in road traffic accident at the time of collision)

道路交通事故车辆发生碰撞、倾覆或坠落瞬间的车辆速度。

三、道路交通事故车辆速度(speed of vehicle involved in road traffic accident)

道路交通事故发生前采取避险措施瞬间的车辆速度。未采取避险措施的,道路交通事故车辆速度为道路交通事故瞬间车辆速度。

四、道路交通事故车辆有效碰撞速度(effective collision speed of vehicle involved in road traffic accident)

道路交通事故车辆碰撞前的瞬间速度和碰撞过程中完成动量交换达到同一速度时的速度变化量。

9.1.4 要求

一、一般规定

(1) 开展道路交通事故车辆速度鉴定(以下简称车速鉴定)的鉴定机构应具备相应的鉴定资质、设备和人员,鉴定人应具备相应的鉴定资质。

(2) 开展车速鉴定工作宜配备数码相机、测距设备、附着系数测试仪、车身变形测量组件等设备。开展车速鉴定工作的人员应具备汽车理论、车辆动力学、交通事故分析等专业的基础知识。

(3) 鉴定机构和鉴定人应依法、独立、客观、公正地进行鉴定,严格遵守国家法律、法规及相关规章制度,并对鉴定意见负责。

(4) 车速鉴定应使用适宜的技术手段和方法,鉴定过程中所引用的现场信息、数据及相关参数应能够查证追溯,鉴定分析意见应科学严谨。

二、鉴定要求

(1) 鉴定委托方应向鉴定机构提供相关检材,如道路交通事故现场图、勘查笔录、现场照片、监控视频等。

(2) 车速鉴定过程中引用现场信息、案件信息时,应引用案卷中经查证或列入案卷证据的数据和信息。一旦发现缺少相关信息数据,委托方应补充完善。

(3) 检材采集应符合以下要求:
① 收集途径合法;

② 对送检或送检后再勘验获得的检材,应进行来源、完整性、合法性、合理性的审核。

(4) 在进行车速鉴定前,鉴定人应对事故发生过程进行研究分析,了解事故信息,确定事故车辆、当事人的运动状态及轨迹,采取相适应的分析计算方法。

(5) 在进行车速鉴定时应注意计算原理、经验计算公式、推荐参数的适用条件。

(6) 车速鉴定完成后,应出具车速鉴定报告,报告撰写应遵循以下要求:

① 包括委托方、简要案情、受理时间、车辆相关技术参数、损坏状况、鉴定过程、技术依据、鉴定意见、鉴定人签字、鉴定机构盖章等内容;

② 明确鉴定过程中应用的计算原理、公式、推论过程,或仿真再现软件的名称、版本号、使用参数、取值依据;

③ 车速单位为千米/小时(km/h);

④ 附道路交通事故现场图、补充勘验信息数据。

9.1.5 鉴定方法

一、依据动力学理论进行车速鉴定的方法

1. 能量守恒定律

可用于进行事故过程中的车速变化计算,在进行车速鉴定时,通常忽略空气阻力等带来的能量损失。

2. 动量和动量矩守恒定律

(1) 动量守恒定律

可用于车辆碰撞作用期间的车速变化计算。如果一个系统不受外力或所受外力的矢量和为零,那么这个系统的总动量保持不变。动量守恒定律关系式为

$$m_1\boldsymbol{v}_1 + m_2\boldsymbol{v}_2 = m_1\boldsymbol{v}'_1 + m_2\boldsymbol{v}'_2 \tag{9-1}$$

式中:m_1,m_2——事故车 1、2 的质量,单位为 kg;

v_1,v_2——事故车 1、2 事故前瞬间的行驶速度,单位为 m/s;

v'_1,v'_2——事故车 1、2 事故后瞬间的行驶速度,单位为 m/s。

(2) 动量矩守恒定律

如果一个系统不受外力或所受全部外力对某定点或定轴的力矩始终等于零,那么这个系统的动量矩保持不变。动量矩守恒定律关系式为

$$J_1\boldsymbol{\omega}_1 + J_2\boldsymbol{\omega}_2 = J_1\boldsymbol{\omega}'_1 + J_2\boldsymbol{\omega}'_2 \tag{9-2}$$

式中:J_1,J_2——事故车 1、2 的转动惯量,单位为 kg·m²;

ω_1,ω_2——事故车 1、2 碰撞前瞬间的角速度,单位为 rad/s;

ω'_1,ω'_2——事故车 1、2 碰撞后瞬间的角速度,单位为 rad/s。

3. 车辆动力学

车辆动力学可用于进行车辆碰撞脱离后运动过程的车速变化计算。根据车辆动力学理论建立的计算方法主要包括能够实时进行车辆平移、侧偏/侧滑、侧倾/侧翻、俯仰等运动状态解析的车体动力学计算模型,以及能够实时进行车轮与地面之间作用力解析的轮胎地面力学计算模型。

二、依据运动学理论进行车速鉴定的方法

1. 速度、距离与时间的关系式

在事故中车辆运动姿态和方向没有发生急剧改变的情况下,可根据现场遗留的痕迹或物证的空间位置关系,利用运动学进行车速鉴定。

速度与时间的关系式:

$$v = v_0 + at \qquad (9-3)$$

距离与时间的关系式:

$$s' = v_0 t + \frac{1}{2} a t^2 \qquad (9-4)$$

距离与速度的关系式:

$$v^2 - v_0^2 = 2as' \qquad (9-5)$$

式中:v_0,v——事故车加(减)速前、后的速度,单位为 m/s;

a——事故车加(减)速度,单位为 m/s²;

t——事故车加(减)速时间,单位为 s;

s'——事故车加(减)速期间的行驶距离,单位为 m。

2. 车辆制动状态减速度关系式

车辆制动状态减速度关系式:$a = \varphi g k$

式中:φ——车辆滑动附着系数;

k——车辆附着系数修正值;

g——重力加速度,单位为 m/s²;

a——事故车加(减)速度,单位为 m/s²。

三、依据经验公式进行车速鉴定的方法

可依据碰撞试验数据总结的经验公式进行同类车辆车速鉴定。

四、依据模拟试验进行车速鉴定的方法

可用事故车辆在事故现场或者类似路段开展模拟试验,基于试验数据进行车速鉴定。试验仪器可用符合 GA/T 1013 的交通事故车辆状况现场测试仪。

五、依据仿真再现软件进行车速鉴定的方法

(1) 仿真再现软件的主要技术内核应是动力学理论建立的车辆碰撞及动力学解析计算模型。

(2) 使用仿真再现软件时应明确计算模型中事故痕迹的建立根据,明确模型中主要参数的取值依据。

(3) 仿真再现软件应经过省部级以上相关部门组织的专家验收和认可。

六、基于视频图像进行车速鉴定的方法

可基于事故视频资料依据 GA/T 1133 进行车速鉴定,也可依据摄影测量方法进行车速鉴定。对于有多个视角的监控视频,应优先选择与车辆行驶路线垂直方向成较小角度拍摄的监控视频。

七、基于车载记录设备信息进行车速鉴定的方法

如事故车辆安装有车载事件数据记录仪、符合 GB/T 19056 的汽车行驶记录仪、具有汽

车行驶记录功能的车载卫星定位装置等,可根据读取的仪器数据分析和计算事故车辆速度。

§9.2　标准的车速鉴定计算方法

9.2.1　汽车间碰撞事故

可利用能量守恒方法、动量和动量矩守恒方法及运动学方法鉴定事故车辆速度及道路交通事故瞬间车辆速度。

可根据经验公式法计算道路交通事故车辆有效碰撞速度。

在应用上述方法和公式求解时,应注意所用方法和公式的适用条件。

一、汽车与汽车正面碰撞事故

严格意义上讲,实际发生的汽车之间的正面碰撞事故并不多见。所谓的正面碰撞,其实两车之间都存在一定的碰撞角度。一般地,当碰撞角度较小时,把这些碰撞事故都归为汽车正面碰撞事故。汽车间正面碰撞事故的瞬间车辆速度计算方法如下:

$$v_1 = 105.3x_1 + \frac{m_1\sqrt{2\varphi_1 g s_1 k_1} \pm m_2\sqrt{2\varphi_2 g s_2 k_2}}{m_1 + m_2} \times 3.6 \tag{9-6}$$

$$v_2 = 105.3x_1 m_1/m_2 - \frac{m_1\sqrt{2\varphi_1 g s_1 k_1} \pm m_2\sqrt{2\varphi_2 g s_2 k_2}}{m_1 + m_2} \times 3.6 \tag{9-7}$$

其中:图 9-1 形态的汽车塑性变形量计算公式为

$$x_1 = \frac{y_{10}}{y_{11}} \times \frac{x_{10} + x_{11}}{2} \tag{9-8}$$

图 9-2 形态的汽车塑性变形量计算公式为

$$x_1 = \frac{x_{10} + x_{11}}{2} \tag{9-9}$$

式中:v_1, v_2——交通事故瞬间车辆速度,单位为 km/h;

m_1, m_2——汽车质量,单位为 kg;

φ_1, φ_2——汽车滑动附着系数;

k_1, k_2——汽车附着系数修正值;

s_1, s_2——汽车碰撞后的滑移距离,单位为 m;

x_1——汽车塑性变形量,单位为 m;

g——重力加速度,取 9.8 m/s²;

3.6——单位换算产生的系数;

x_{10}, x_{11}——车辆塑性变形量最小值、最大值,单位为 m;

y_{10}——车辆塑性变形量最小值处距最大值处长度,单位为 m;

y_{11}——车辆被撞变形一侧的宽度,单位为 m。

注1:上式中采用了汽车正面碰撞道路交通事故车辆有效碰撞速度和塑性变形量的经验

公式。

注 2：碰撞后两车沿原有方向运动时,取"－"号；碰撞后两车沿一车方向运动时,取"＋"号。

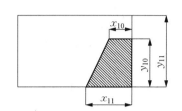

图 9-1　车辆部分车宽变形形式

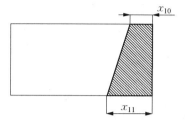

图 9-2　车辆全宽变形形式

二、汽车与汽车追尾碰撞事故

汽车间追尾碰撞事故的瞬间车辆速度计算方法如下：

$$v_1 = \sqrt{2g(\varphi_1 m_1 s_1 k_1 + f_2 m_2 s_2)/(m_1+m_2)} \times 3.6 + \\ m_2[2 \times 17.9 x_2/(m_1+m_2) + 4.6/m_1] \tag{9-10}$$

$$v_2 = \sqrt{2g(\varphi_1 m_1 s_1 k_1 + f_2 m_2 s_2)/(m_1+m_2)} \times 3.6 - \\ 2 \times 17.9 m_1 x_2/(m_1+m_2) - 4.6 \tag{9-11}$$

式中：v_1, v_2——交通事故瞬间碰撞车、被碰撞车速度,单位为 km/h；

m_1, m_2——碰撞车、被碰撞车质量,单位为 kg；

φ_1——碰撞车滑动附着系数；

k_1——碰撞车附着系数修正值；

s_1, s_2——碰撞车、被碰撞车碰撞后的滑移距离,单位为 m；

f_2——被碰撞车的滚动阻力系数；

x_2——被碰撞车塑性变形量,单位为 m。

注：上式中采用了汽车追尾碰撞道路交通事故车辆有效碰撞速度和塑性变形量的经验公式。

三、汽车与汽车直角侧面碰撞事故

汽车间直角碰撞事故的瞬间车辆速度计算方法如下：

$$v_1 = \left(\sqrt{2g\varphi_1 k_1 s_1}\cos\alpha + \frac{m_2}{m_1}\sqrt{2g\varphi_2 k_2 s_2}\sin\beta\right) \times 3.6 \tag{9-12}$$

$$v_2 = \left(\frac{m_1}{m_2}\sqrt{2\varphi_1 g k_1 s_1}\sin\alpha + \sqrt{2\varphi_2 g k_2 s_2}\cos\beta\right) \times 3.6 \tag{9-13}$$

式中：v_1, v_2——交通事故瞬间碰撞车、被碰撞车速度,单位为 km/h；

φ_1, φ_2——碰撞车、被碰撞车滑动附着系数；

k_1, k_2——碰撞车、被碰撞车附着系数修正值；

s_1, s_2——碰撞车、被碰撞车碰撞后的滑移距离,单位为 m；

m_1, m_2——碰撞车、被碰撞车质量,单位为 kg;
α, β——碰撞车、被碰撞车滑移偏向角,单位为度(°);
g——重力加速度,取 9.8 m/s^2。

9.2.2 二轮车与汽车间的碰撞事故

二轮车(二轮摩托车、二轮电动车及自行车)与汽车碰撞事故形态,包括二轮车正面与汽车侧面碰撞、汽车正面与二轮车侧面质心碰撞、汽车正面与二轮车侧面质心前侧碰撞、汽车追尾碰撞二轮车等。

可根据能量守恒方法和动量守恒方法求解,分别计算汽车与二轮车事故车辆速度及道路交通事故瞬间车辆速度。

一、摩托车碰撞汽车侧面且汽车碰撞后侧向运动状态改变

骑车人落在被碰撞车前时的计算方法:

$$v_1 = \sqrt{2g\varphi ks}\cos\theta \times 3.6 \tag{9-14}$$

$$v_2 = \left(1 + \frac{m_1}{m_2 + m_p}\right)\sqrt{2g\varphi ks}\sin\theta \times 3.6 \tag{9-15}$$

骑车人越过被碰撞车顶时的计算方法:

$$v_1 = \sqrt{2g\varphi ks}\cos\theta \times 3.6 \tag{9-16}$$

$$v_2 = \left(1 + \frac{m_1}{m_2}\right)\sqrt{2g\varphi ks}\sin\theta \times 3.6 \tag{9-17}$$

式中:v_1, v_2——交通事故瞬间汽车、摩托车速度,单位为 km/h;
m_1, m_2, m_p——汽车、摩托车、骑车人质量,单位为 kg;
k——附着系数修正值;
s——汽车碰撞后的滑移距离,单位为 m;
φ——汽车的滑动附着系数;
θ——被碰撞车滑移偏向角,单位为度(°);
g——重力加速度,取 9.8 m/s^2。

二、摩托车碰撞汽车侧面且轴距减少

$$v = \frac{1 + m_1/m_2}{1 + m_1/1\,950} \times (150D + 12) \tag{9-18}$$

式中:v——交通事故瞬间摩托车速度,单位为 km/h;
m_1, m_2——摩托车、汽车质量,单位为 kg;
D——摩托车轴距减少量,单位为 m。
注:上式适用于质量在 90~219 kg 的摩托车与汽车的碰撞。

三、汽车与二轮摩托车或自行车质心侧面碰撞

$$v_1 = \frac{m_1\cos\theta_1\sqrt{2g\mu_1 s_1} + m_p\sqrt{2g}\,\mu_p\cos\theta_p(\sqrt{h + s_p/\mu_p} - \sqrt{h})}{m_1 + m_p} \times 3.6 \tag{9-19}$$

$$v_2 = \frac{m_1 \sin\theta_1 \sqrt{2g\mu_1 s_1} + m_p \sqrt{2g} \mu_p \sin\theta_p (\sqrt{h+s_p/\mu_p} - \sqrt{h}) + m_2 \sqrt{2g\varphi_2 k_2 s_2}}{m_2} \times 3.6$$

(9-20)

式中：v_1，v_2——交通事故瞬间二轮摩托车或自行车、汽车速度，单位为 km/h；

m_1，m_2，m_p——二轮摩托车或自行车、汽车、骑车人质量，单位为 kg；

k_2——汽车附着系数修正值；

s_1，s_2，s_p——二轮摩托车或自行车、汽车、骑车人碰撞后的滑移距离，单位为 m；

μ_1，φ_2，μ_p——二轮摩托车或自行车车体与路面摩擦系数、汽车的滑动附着系数、骑车人与地面的摩擦系数；

θ_1，θ_p——二轮摩托车或自行车、骑车人被抛出的角度，单位为度(°)；

g——重力加速度，取 9.8 m/s²；

h——碰撞时骑车人的质心高度，单位为 m。

四、汽车与二轮摩托车或自行车质心的前侧侧面碰撞

$$v_1 = \sqrt{2g\varphi ks} \times \sin\theta \times 3.6 \quad (9-21)$$

$$v_2 = \sqrt{2g\varphi ks} \times \cos\theta \times 3.6 \quad (9-22)$$

式中：v_1，v_2——交通事故瞬间二轮摩托车或自行车、汽车速度，单位为 km/h；

k——汽车附着系数修正值；

s——碰撞后汽车的滑移距离，单位为 m；

φ——汽车的滑动附着系数；

θ——汽车滑移偏向角，单位为度(°)；

g——重力加速度，取 9.8 m/s²。

五、汽车与自行车追尾碰撞

$$v_1 = \frac{m_2 + m_1 + m_p}{m_1} \sqrt{2g\varphi k s_1} \times 3.6 \quad (9-23)$$

式中：v_1——交通事故瞬间汽车速度，单位为 km/h；

m_1，m_2，m_p——汽车、自行车、骑车人质量，单位为 kg；

k——汽车附着系数修正值；

s_1——碰撞后汽车的滑移距离，单位为 m；

φ——汽车滑动附着系数；

g——重力加速度，取 9.8 m/s²。

9.2.3 汽车与行人碰撞事故

可根据运动学方法或者经验公式方法计算汽车碰撞行人时的车速。汽车与行人碰撞，且碰撞后行人被抛出时，道路交通事故瞬间车辆速度可依据式(9-24)进行计算：

$$v = \sqrt{2g} \times \mu_p \times \left(\sqrt{h + \frac{x}{\mu_p}} - \sqrt{h}\right) \times 3.6 \quad (9-24)$$

式中：v ——交通事故瞬间汽车速度，单位为 km/h；
μ_p ——人体与地面的摩擦系数；
x ——碰撞接触点到人体质心最终停留位置的直线距离，单位为 m；
h ——碰撞时行人质心高度，单位为 m；
g ——重力加速度，取 9.8 m/s²。

9.2.4 单方车辆事故

典型单方车辆事故包括车辆侧翻、坠出路外、碰撞固定障碍物等，可根据运动学方法进行车速鉴定：

（1）汽车在水平路面侧翻的临界速度计算可依据式(9-25)的计算方法；
（2）路外坠车且第一落地点为坡底时，车辆坠落瞬间速度计算可依据式(9-26)的计算方法；
（3）轿车碰撞固定物类型，碰撞瞬间车辆速度计算可依据式(9-27)的计算方法；
（4）汽车碰撞障碍物后翻车，可根据翻车车身在地面上的滑移距离计算翻车前的瞬间车速，可依据式(9-28)的计算方法；
（5）汽车翻滚或跳跃前的瞬间车速计算可依据式(9-29)的计算方法。

一、汽车在水平路面侧翻的临界速度

$$v = \sqrt{\frac{grd}{2h}} \times 3.6 \tag{9-25}$$

其中：

$$r = \frac{C^2}{8L} + \frac{L}{2}$$

式中：v ——汽车在水平路面侧翻的临界速度，单位为 km/h；
r ——转弯半径（或地面弧形痕迹半径），单位为 m；
d ——轮距，单位为 m；
h ——车辆质心高度，单位为 m；
g ——重力加速度，取 9.8 m/s²。
L ——弦高，单位为 m；
C ——弦长，单位为 m。

二、路外坠车且汽车第一落地点为坡底

$$v = \sqrt{2gf}(\sqrt{h + x/f} - \sqrt{h}) \times 3.6 \tag{9-26}$$

式中：v ——汽车坠车前的瞬间速度，单位为 km/h；
x ——汽车坠落地点至停止地点的水平距离，单位为 m；
h ——落下高度，单位为 m；
f ——汽车坠落后与地面的滚动阻力系数；
g ——重力加速度，取 9.8 m/s²。

三、轿车撞固定物

$$v = 67l \quad (9-27)$$

式中：v——汽车撞固定物前的瞬间速度，单位为 km/h；

l——汽车塑性变形量，单位为 m。

注：该式为国外在轿车与直径 25 cm 的混凝土柱发生正面碰撞实验中得到的经验公式。

四、汽车翻车后车体在路面滑行

$$v = \sqrt{2g(\mu \pm i) \times s} \times 3.6 \quad (9-28)$$

式中：v——汽车翻车前的瞬间速度，单位为 km/h；

i——坡度，上坡取"+"号，下坡取"−"号；

μ——车体与路面的摩擦系数；

s——车体在路面上的滑移距离，单位为 m。

五、汽车撞障碍物后翻滚或跳跃

$$v = 11.27s / \sqrt{s \pm h} \quad (9-29)$$

式中：v——汽车翻滚或跳跃前的瞬间速度，单位为 km/h；

s——发生碰撞时车辆的质心位置与翻滚或跳跃后首次接触地面的质心位置之间的水平距离，单位为 m；

h——汽车跌落或上升的垂直距离，跌落时取"+"号，上升时取"−"号，单位为 m。

注：该式为实验得到的经验公式，实际工作中可对其进行修正。

§9.3 典型案例鉴定分析

本节按照汽车之间碰撞事故、行人事故和二轮车事故三大类，从大量实际事故案例中分别选出一些典型案例，结合鉴定实务，对事故案例进行鉴定分析。

9.3.1 汽车间碰撞事故案例解析

汽车间碰撞事故典型类型主要分为汽车与汽车正面碰撞、汽车与汽车追尾碰撞及汽车与汽车直角侧面碰撞三大类。

案例 1-1　汽车与汽车正面碰撞

下面以一个实际事故案例为例，介绍正面碰撞事故鉴定的一般内容和方法。

一、基本情况

委托人（单位）：××市公安局××交通警察大队

委托鉴定事项：

(1) 两车接触部位；

(2) 两车地面接触点；

(3) 两车行驶方向；

(4) 两车灯光；

(5) 两车制动性能；

(6) 两车行驶速度；

(7) 电动三轮车机非属性；

(8) 事故再现。

受理日期：20××年××月××日

鉴定用检材及材料：××号牌小型普通客车、电动三轮车、事故现场图、事故现场照片、车辆信息、勘验记录、勘查照片。

二、基本案情

20××年某月某日某时许，在某村庄道路某处，××号牌小型普通客车（以下简称A车）与电动三轮车（以下简称B车）相撞，发生道路交通事故。其车辆的基本信息如表9-1所示，其现场图如图9-3所示。

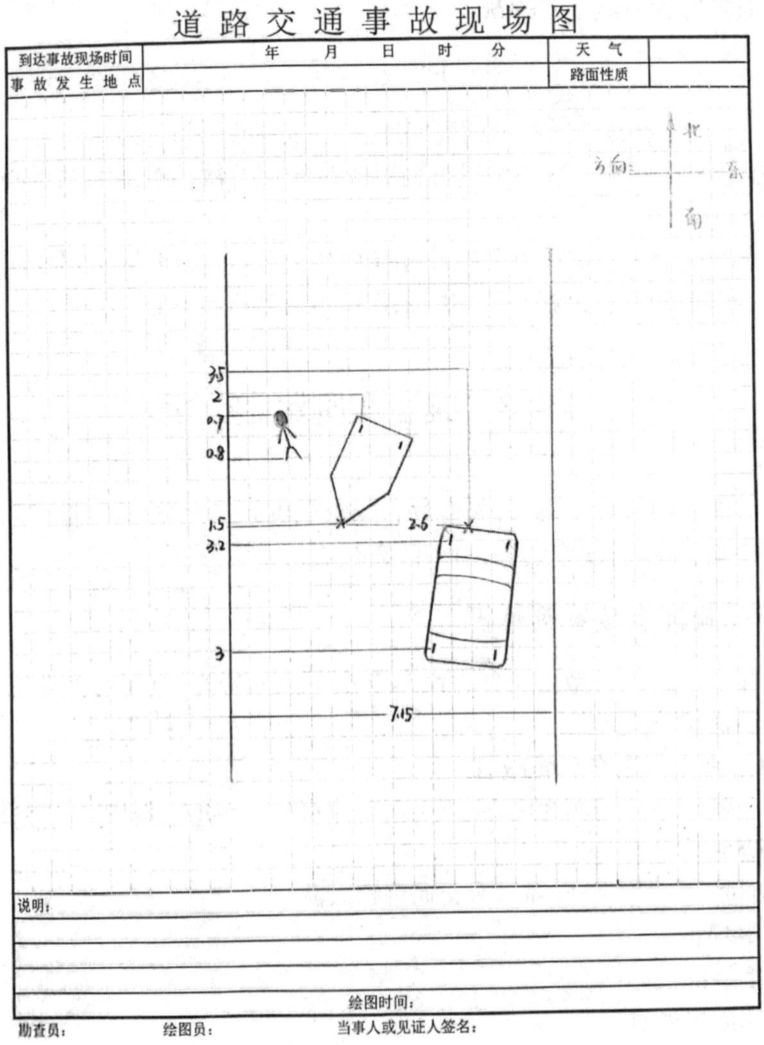

图9-3 汽车正面碰撞三轮车现场图

表 9-1 车辆基本信息

车辆	某号牌普通客车(A 车)	电动三轮车(B 车)
车辆牌号	×××××××	无
车辆品牌	××牌	××牌
车辆识别代号	L×GB×2A×01×26×1×4×	
车身颜色	灰白	蓝色
车辆类型	小型普通客车	三轮摩托车

三、鉴定过程

1. 检测时间、地点

检测时间:20××年××月××日

检测地点:××市公安局××交通警察大队事故车停车场

2. 鉴定依据的技术标准、技术规范及技术方法

中华人民共和国司法部令第 132 号《司法鉴定程序通则》;

《中华人民共和国道路交通安全法》;

GA/T 1087—2013《道路交通事故痕迹鉴定》;

GA/T 41—2019《道路交通事故现场痕迹物证勘查》;

GB/T 33195—2016《道路交通事故车辆速度鉴定》;

GB 17761—2018《电动自行车安全技术规范》;

GB 7258—2017《机动车运行安全技术条件》。

3. 鉴定使用的仪器、工具及设备

佳能牌 EOS1500D 型照相机;10 m 钢卷尺;台式计算机。

4. 检验(测)所见

A 车检验所见如图 9-4 所示。

A 车检验照片 1

A 车检验照片 2

A车检验照片3

A车检验照片4

图9-4 A车检验照片

A车发动机盖左侧弯折变形,附着蓝色漆状物质;前保险杠破碎,脱落;前部左侧灯组破碎,脱落;左前翼子板弯折变形。

B车检验所见如图9-5所示。

B车检验照片1

B车检验照片2

B车检验照片3

B车检验照片4

图9-5 B车检验照片

B车前轴后移并向右偏转;驾驶室左前角弯折变形,部分漆片脱落。

四、分析说明

1. 两车接触部位

根据车辆检验,A车前部左侧与B车左前角在损坏形态、距地高度、物质交换等方面相吻合,分析认为,A车前部左侧与B车左前角接触碰撞。

2. 两车地面接触点

根据道路交通事故现场情况,两车接触碰撞瞬间造成B车遗留挫划痕迹,故B车挫划痕迹起点处即为两车地面接触点,结合道路交通事故现场图所标注的尺寸链关系,分析认为,两车地面接触点距西侧路边缘以东约3.5 m。

3. 两车行驶方向

根据道路交通事故现场情况,A车最终头北尾南停止,因两车质量相差较大,A车对B车的影响大于B车对A车的影响,故分析认为,A车行驶方向为由南向北。

根据A车由南向北的行驶方向,结合A车前部左侧与B车左前角接触碰撞及两车碰撞角度,分析认为,B车行驶方向为由北向南。

4. 两车灯光

根据车辆检验,A车除前部左侧灯组因事故造成损坏不能点亮外,其余各灯组均能正常点亮。

根据车辆检验,事故造成B车线路受损,无法正常启动车辆,故B车灯光无法检测。

5. 两车制动性能

根据车辆检验,A车为液压制动系统,制动装置齐全,连接完好,静态检测,A车制动正常有效。

根据车辆检验,B车为机械制动系统,制动装置齐全,连接完好,静态检测,B车制动正常有效。

6. 两车行驶速度

根据道路交通事故现场情况,结合车辆检验,A车前部左侧塑性变形量约0.35 m,B车碰撞后位移约2.6 m,B车轴距缩进量约2 cm,运用公式,计算得

$$v_{e1} = 67l \approx 23.5 (\text{km/h}), \quad v_c = \sqrt{2g\mu_2 s_2} \times 3.6 \approx 19.9 (\text{km/h})$$

$$v_{e2} = 1.5D + 12 \approx 15 (\text{km/h}), \quad v_{10} = v_{e1} + v_c \approx 43 (\text{km/h})$$

$$v_{20} = v_{e2} + v_c \approx 35 (\text{km/h})$$

式中参数:v_{e1}——A车等效碰撞速度;l——A车前部左侧塑性变形量约0.35 m;v_c——两车碰撞后共同速度;μ_2——B车摩擦附着系数0.6;s_2——B车碰撞后位移距离2.6 m;g——重力加速度;v_{e2}——B车等效碰撞速度;D——B车轴距缩进量约2 cm;v_{10}——A车行驶速度;v_2——B车行驶速度。

7. 电动三轮车机非属性

根据中华人民共和国国家标准GB 12995—2006《机动轮椅车》的有关规定:机动轮椅车是内燃机提供动力的轮椅车,为下肢残障者设计,一般为正三轮,全部由上肢操作,并贴有残

疾人专用车标志,是道路行驶的交通工具,又称残疾人三轮摩托车。由于B车非内燃机驱动,非全部由上肢操作,因此排除B车为机动轮椅车。

根据中华人民共和国国家标准GB 17761—2018《电动自行车安全技术规范》的有关规定,电动自行车定义为:以车载蓄电池作为辅助能源,具有脚踏骑行能力,能实现电助动或/和电驱动功能的二轮自行车。由于B车无人力骑行装置,且具有三个车轮,因此排除B车为电动自行车。

根据《中华人民共和国道路交通安全法》第一百一十九条对于"非机动车"的相关定义:非机动车,是指以人力或者畜力为驱动,上道路行驶的交通工具,以及虽有动力装置驱动但设计最高时速、空车质量、外形尺寸符合有关国家标准的残疾人机动轮椅车、电动自行车等交通工具。由于B车非人力或者畜力驱动,同时又排除其为机动轮椅车和电动自行车,因此认定B车不是"非机动车"。

经分析,B车符合《中华人民共和国道路交通安全法》第一百一十九条对于"机动车"的相关定义:机动车,是指以动力装置驱动或者牵引,上道路行驶的供人员乘用或者用于运送物品以及进行工程专项作业的轮式车辆。

根据GB 7258—2017《机动车运行安全技术条件》第3.6条对于"摩托车"的相关定义:摩托车,由动力装置驱动的,具有两个或三个车轮的道路车辆,但不包括:a)整车整备质量超过400 kg、不带驾驶室、用于载运货物的电动车辆;b)整车整备质量超过600 kg、不带驾驶室、不具有载运货物结构或功能且设计和制造上最多乘坐2人(包括驾驶人)的电动车辆;c)整车整备质量超过600 kg的带驾驶室的电动车辆;d)最大设计车速、整车整备质量、外廓尺寸等指标符合相关国家标准和规定的,专供残疾人驾驶的机动轮椅车;e)符合电动自行车国家标准规定的车辆。

由于B车具有三个车轮,整备质量不大于400 kg,因此可排除以上a,b,c三属性;另外之前已排除其为机动轮椅车和电动自行车,即已排除以上d,e两属性。

综上分析认定:B车为三轮摩托车,属于机动车。

8. 事故再现

根据委托方提供的检材,认定本次事故过程如下:20××年××月××日××时许,在××村处,A车沿事故现场道路由南向北行驶,行驶至事故地点处,适遇B车沿事故现场道路由北向南行驶至此,A车前部左侧与B车左前角接触碰撞,碰撞后A车最终头北尾南停止,B车最终头西南尾东北停止。

五、鉴定意见

(1)××号牌小型普通客车前部左侧与电动三轮车左前角接触碰撞。

(2)两车地面接触点距西侧路边缘以东约3.5 m。

(3)××号牌小型普通客车行驶方向为由南向北;电动三轮车行驶方向为由北向南。

(4)××号牌小型普通客车除前部左侧灯组因事故造成损坏不能点亮外,其余各灯组均能正常点亮;电动三轮车灯光无法检测。

(5)两车制动均正常有效。

(6)××号牌小型普通客车行驶速度约43 km/h;电动三轮车行驶速度约35 km/h。

(7)电动三轮车为三轮摩托车,属于机动车。

(8)20××年××月××日××时许,在××市××镇××村处,××号牌小型普通客车沿事故现场道路由南向北行驶,行驶至事故地点处,适遇电动三轮车沿事故现场道路由北向南行驶至此,××号牌小型普通客车前部左侧与电动三轮车左前角接触碰撞,碰撞后××号牌小型普通客车最终头北尾南停止,电动三轮车最终头西南尾东北停止。

案例 1-2　汽车与汽车追尾碰撞

这里以一个实际鉴定案例为例,介绍汽车追尾碰撞事故鉴定的一般内容和方法。

一、基本情况

委托人(单位):××市公安局交通警察支队××交警大队

委托鉴定事项:

(1) 两车接触部位;

(2) 两车行驶方向;

(3) 两车制动性能检测;

(4) 两车车速;

(5) 事故再现。

受理日期:20××年××月××日

鉴定用检材及材料:××/××挂号重型半挂车,××号轻型普通货车;事故现场图、现场照片、车辆信息、勘查记录、勘查照片、视频资料。

二、基本案情

20××年××月××日××时××分许,在××路与××街 T 形交叉口,××/××挂号重型半挂车与××号轻型货车相撞,发生道路交通事故。其车辆基本信息如表 9-2 所示,其现场图如图 9-6 所示。

表 9-2　车辆基本信息

车辆	××/××挂号重型半挂车(以下简称A车)	××号轻型普通货车(以下简称B车)
车辆牌号	××××××	××××××
车辆品牌	×××牌	×××牌
车辆识别代号	LZZ1C××××××161487/LRJ9××××	LEFAD×××××P515××
整备质量	8 800 kg/7 300 kg	1 570 kg
外廓尺寸	6 985 mm×2 496 mm×3 850 mm/12 440 mm×2 500 mm×3 990 mm	5 005 mm×1 690 mm×1 645 mm
车辆类型	重型半挂牵引车/重型罐式半挂车	轻型普通货车

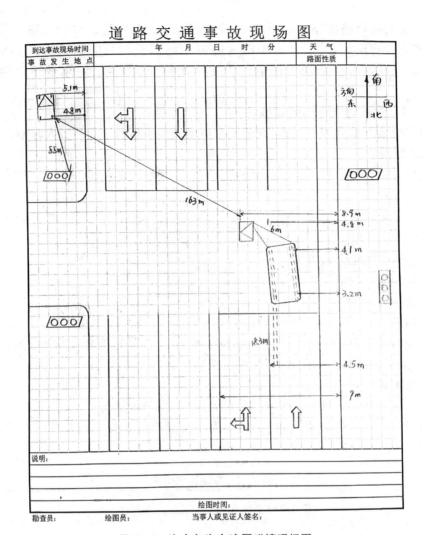

图 9-6 汽车与汽车追尾碰撞现场图

三、鉴定过程

1. 检测时间、地点

检测时间：20××年××月××日

检测地点：××市公安局交通警察支队××交警大队事故车停车场

2. 鉴定依据的技术标准、技术规范及技术方法

《中华人民共和国道路交通安全法》；

中华人民共和国司法部令第 132 号《司法鉴定程序通则》；

GA/T 1087—2013《道路交通事故痕迹鉴定》；

GB/T 33195—2016《道路交通事故车辆速度鉴定》；

GB 7258—2017《机动车运行安全技术条件》；

GB/T 41—2019《道路交通事故现场痕迹物证勘查》。

3. 鉴定使用的仪器、工具及设备

佳能牌 EOS1500D 型照相机；10 m 钢卷尺。

4. 检验(测)所见

A 车检验所见如图 9-7 所示。

A 车检验照片 1

A 车检验照片 2

A 车检验照片 3

A 车检验照片 4

图 9-7　A 车检验照片

A 车前保险杠破碎并有刮擦痕迹，右前灯组灯罩破碎，右前副驾驶脚踏板破碎变形，右侧车门下部变形，水箱损坏。

B 车检验所见如图 9-8 所示。

B 车检验照片 1

B 车检验照片 2

B车检验照片3　　　　　　　　　　B车检验照片4

图9-8　B车检验照片

B车前保险杠右侧破碎,右前大灯破碎,右前翼子板变形,发动机罩变形,后厢板凹陷变形,后货箱左侧箱板向前弯折变形,左后车门弯曲变形。

四、分析说明

1. 两车接触部位

根据对委托方提供的事故车辆检验可知:A车前保险杠破碎,右前灯组灯罩破碎,右前副驾驶脚踏板破碎变形,右侧车门下部变形的碰撞痕迹与B车后厢板凹陷变形,后货箱左侧箱板向前弯折变形的车损痕迹,在接触高度、碰撞形态及作用力方向等方面相对应,分析认为,A车前部右侧与B车后部左侧为两车接触部位。

2. 两车行驶方向

根据委托方提供的鉴材及车辆检验可知:A车在事故现场留有由北向南的制动印迹,结合两车碰撞部位及视频资料,分析认为,A车事故时行驶方向为由北向南,B车事故时行驶方向为由北向南。

3. 两车制动性能检测

检测结果:A车为气压制动系统,制动装置完整,各机件连接正常。空载动态检测,充分发出的平均减速度(MFDD)为$5.09\,\mathrm{m/s^2}$,其检测结果不符合GB 7258—2017《机动车运行安全技术条件》中规定的"其他汽车,空载动态检验,制动初速度30 km/h,充分发出平均减速度(MFDD)$\geqslant 5.4\,\mathrm{m/s^2}$"的标准,该车制动性能不合格。

4. 两车车速

根据委托方提供的鉴材和对事故车辆检验可知:A车事故前减速行驶距离$s_{11}=18.3\,\mathrm{m}$,A车碰撞后减速行驶距离$s_{12}=6\,\mathrm{m}$,B车碰撞后减速行驶距离$s_2=163\,\mathrm{m}$,B车后部综合车损$x_2\approx1.04\,\mathrm{m}$,运用公式,计算两车车速:

$$v_{11}=\sqrt{2g(\varphi_1 m_1 s_{12}+f_2 m_2 s_2)/(m_1+m_2)}\times 3.6$$
$$+m_2[2\times17.9x_2/(m_1+m_2)+4.6/m_1]\approx 42(\mathrm{km/h})$$

$$v_2=\sqrt{2g(\varphi_1 m_1 s_{12}+f_2 m_2 s_2)/(m_1+m_2)}\times 3.6$$
$$-2\times17.9m_1 x_2/(m_1+m_2)-4.6\approx 0(\mathrm{km/h})$$

$$v_{12}=\sqrt{254\varphi_2 s_{11}}\approx 49(\mathrm{km/h})$$

$$v_{10} = \sqrt{v_{11}^2 + v_{12}^2} \approx 65 (\text{km/h})$$

式中：φ_1——A 车沥青路面侧滑附着系数约 0.52；φ_2——A 车沥青路面纵滑附着系数约 0.52；f_2——B 车沥青路面纵滑附着系数约 0.2；m_1——A 车整备质量加驾驶员重量约 16 170 kg；m_2——B 车整备质量加驾驶员重量约 1 640 kg。

5. 事故再现

根据委托方提供的鉴材和对事故车辆检验可知，20××年××月××日××时××分许，B 车由北向南行驶至××路与××街 T 形交叉口停止在路口时，适遇 A 车由北向南行驶至此，A 车前部右侧与 B 车后部左侧相撞。碰撞后 A 车头东尾北停止在事故现场，B 车停止在道路东侧沟内。

五、鉴定意见

（1）××/××挂号重型半挂车前部右侧与××号轻型普通货车后部左侧为两车接触部位。

（2）××/××挂号重型半挂车事故时行驶方向为由北向南，××号轻型普通货车事故时行驶方向为由北向南。

（3）××/××挂号重型半挂车制动性能不合格；××号轻型普通货车静态检测，各车轮制动有效。

（4）××/××挂号重型半挂车事故时车速约 65 km/h；××号轻型普通货车事故时静止。

（5）根据委托方提供的鉴材和对事故车辆检验可知，20××年××月××日××时××分许，××号轻型普通货车由北向南行驶至××路与××街 T 形交叉口停止在路口时，适遇××/××挂号重型半挂车由北向南行驶至此，重型半挂车前部右侧与轻型普通货车后部左侧相撞。碰撞后重型半挂车头东尾北停止在事故现场，轻型普通货车停止在道路东侧沟内。

案例 1-3　汽车与汽车直角侧面碰撞

一、基本情况

委托人（单位）：××市公安局××交通警察大队

委托鉴定事项：

(1) 两车制动性能检测；

(2) 地面接触点；

(3) 两车车速。

受理日期：20××年××月××日

鉴定用检材及材料：××号大货车及××号小型轿车、事故现场图、视频资料、现场照片、车辆信息、勘验记录、勘查照片。

二、基本案情

20××年××月××日××时××分左右，在××市××镇石棚峪村路段处，××/××挂号牌大挂车与××号小型轿车相撞，发生道路交通事故。其车辆基本信息如表 9-3 所示，其现场图如图 9-9 所示。

表9-3 车辆基本信息

车辆	××号大货车(以下简称A车)	××号小型轿车(以下简称B车)
车辆牌号	×××××××	×××××××
车辆品牌	××牌	×××牌
车辆识别代号	×FWSRU××××××153××	×GXC×××02112××
整备质量	8 805 kg	1 210 kg
外廓尺寸	7 325 mm×2 490 mm×3 290 mm	4 533 mm×1 705 mm×1 490 mm
车辆类型	重型货车	小型轿车

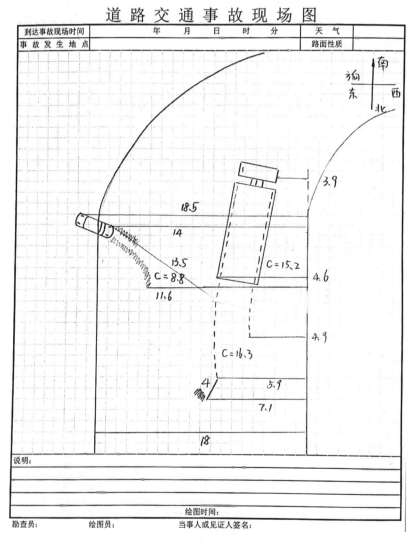

图9-9 汽车与汽车直角侧面碰撞现场图

三、鉴定过程

1. 检测时间、地点

检测时间：20××年××月××日

检测地点：××市公安局××交警大队事故车停车场

2. 鉴定依据的技术标准、技术规范及技术方法

《中华人民共和国道路交通安全法》；

中华人民共和国司法部令第132号《司法鉴定程序通则》；

GB 7258—2017《机动车运行安全技术条件》；

GA/T 41—2019《道路交通事故现场痕迹物证勘查》；

GA/T 1087—2013《道路交通事故痕迹鉴定》；

GB/T 33195—2016《道路交通事故车辆速度鉴定》。

3. 鉴定使用的仪器、工具及设备

佳能牌EOS1500D型照相机；10 m钢卷尺；台式计算机。

4. 检验所见

A车检验所见如图9-10所示。

A车检验照片1

A车检验照片2

A车检验照片3

A车检验照片4

图9-10 A车检验照片

A车左侧中部防护栏折断脱落，左侧中部工具箱挤压变形，四轴偏斜，半挂车左侧车轮减震弓片前部支柱断裂弯折变形。

B车检验所见如图 9-11 所示。

B车检验照片1　　　　　　　　　　　B车检验照片2

图 9-11　B 车检验照片

B车前保险杠缺失,前防撞梁弯折变形,散热器及发动机后移,发动机罩脱落,左右前灯组破碎,左右翼子板弯折变形,前挡风玻璃左侧碎裂。

四、分析说明

1. 两车制动性能检测

A车检验所见:此次事故造成A车四轴偏斜及半挂车左侧车轮减震弓片前部支柱断裂弯折变形,无法进行动态性能检测;静态检测,各车轮制动有效。

B车检验所见:此次事故造成B车车体前部损毁,其制动性能无法检测。

2. 地面接触点

根据委托方提供的鉴材及车辆检验可知:A车左侧中部与B车前部相撞,碰撞致地面遗留挫划痕迹,其挫划痕迹起点处应为两车碰撞地面接触点,位于道路西侧路段内,西距道路西侧边缘线 7.1 m,南距A车左侧车轮制动印迹起点 4 m。

3. 两车车速

根据委托方提供的鉴材及车辆检验可知:A车左侧中部与B车前部相撞,A车制动距离 $s_1 \approx 16.3$ m;B车滑移距离 $s_2 \approx 11.6$ m,质心偏移角度 $\theta \approx 60°$,运用公式,计算车速:

$$v_1 = \sqrt{2g\varphi_1 s_1} \times 3.6 \approx 45.5 (\text{km/h})$$

$$v_2 = \sqrt{2g\varphi_2 s_2} \times 3.6 \approx 47 (\text{km/h})$$

$$v_{10} = \frac{m_1 v_1 + m_2 v_2 \cos\theta}{m_1} \approx 47 (\text{km/h})$$

$$v_{20} = v_2 \sin\theta \approx 41 (\text{km/h})$$

式中参数:g——重力加速度,取 9.8 m/s²;φ_1——A车沥青路面纵滑附着系数约 0.5;φ_2——B车沥青路面滑移附着系数约 0.75;m_1——A车整车质量约 14 805 kg;m_2——B车整车质量约 1 120 kg。

五、鉴定意见

(1) 此次事故造成××号大货车左侧车轮减震弓片前部支柱断裂弯折变形,无法进行动态性能检测;静态检测,各车轮制动有效。此次事故造成××号小型轿车车体前部损毁,其制动性能无法检测。

(2) 地面遗留挫划痕迹起点处应为两车碰撞地面接触点,位于道路西侧路段内,西距道路西侧边缘线 7.1 m,南距××号大货车左侧车轮制动印迹起点 4 m。

(3) ××号大货车事故时车速约 47 km/h;××号小型轿车事故时车速约 41 km/h。

9.3.2 二轮车与汽车间碰撞事故

二轮车与汽车间的碰撞事故主要分为二轮摩托车、二轮电动车及普通自行车与汽车碰撞事故形态,包括二轮车正面与汽车侧面碰撞、汽车正面与二轮车侧面质心碰撞、汽车正面与二轮车侧面质心前侧碰撞、汽车追尾碰撞二轮车等。

案例 2-1 摩托车碰撞汽车侧面且汽车有侧向运动

一、基本情况

委托人(单位):××市公安局交通警察支队××交警大队

委托鉴定事项:

(1) 两车接触部位;

(2) 两车行驶方向;

(3) 两车碰撞地面接触点;

(4) 两车车速;

(5) 事故再现。

受理日期:20××年××月××日

鉴定用检材及材料:L××号小型轿车,L××号二轮摩托车;事故现场图、现场照片、车辆信息、勘查记录、勘查照片。

二、基本案情

20××年××月××日××时××分许,L××号小型轿车(以下简称 A 车)在××路口与 L××号二轮摩托车(以下简称 B 车)相撞,发生道路交通事故。其车辆基本信息如表 9-4 所示,其现场图如图 9-12 所示。

表 9-4 车辆基本信息

车辆	L××号小型轿车	L××号二轮摩托车
车辆牌号	L××	L××
车辆品牌	××牌	××牌
车辆识别代号	×F×MA×10×5×94×2×7	×C×6X×C0×0×5×41×5
整备质量	1 405 kg	104 kg
外廓尺寸	4 630 mm×1 775 mm×1 485 mm	1 915 mm×655 mm×1 060 mm
车辆类型	小型轿车	二轮摩托车

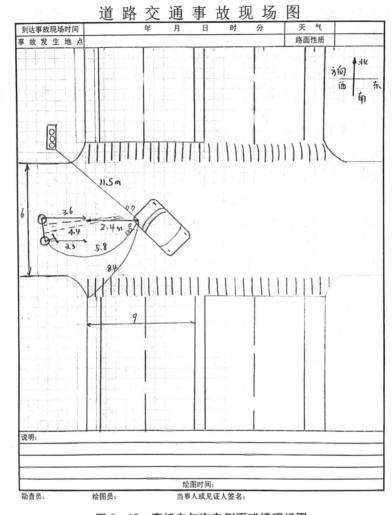

图 9-12 摩托车与汽车侧面碰撞现场图

三、鉴定过程

1. 检测时间、地点

检测时间：20××年××月××日

检测地点：××市公安局交通警察支队××交警大队事故车停车场

2. 鉴定依据的技术标准、技术规范及技术方法

《中华人民共和国道路交通安全法》；

中华人民共和国司法部令第 132 号《司法鉴定程序通则》；

GA/T 1087—2013《道路交通事故痕迹鉴定》；

GB/T 33195—2016《道路交通事故车辆速度鉴定》；

GB 7258—2017《机动车运行安全技术条件》；

GB/T 41—2019《道路交通事故现场痕迹物证勘查》。

3. 鉴定使用的仪器、工具及设备

佳能牌 EOS1500D 型照相机；10 m 钢卷尺。

4. 检验所见

A 车车损痕迹检验如图 9-13 所示。

A 车检验照片 1　　　　　　　　　　A 车检验照片 2

A 车检验照片 3　　　　　　　　　　A 车检验照片 4

图 9-13　A 车检验照片

A 车发动机舱盖移位并且右前部凹陷,右前灯组碎裂,进气格栅碎裂、脱落,前横梁左侧弯曲并附着黑色物质,前保险杠偏右侧碎裂,散热器轻度后移,发动机底护板前部破损。(见 A 车检验照片 1~4)

B 车车损痕迹检验如图 9-14 所示。

B 车检验照片 1　　　　　　　　　　B 车检验照片 2

| B 车检验照片 3 | B 车检验照片 4 |

图 9-14　B 车检验照片

四、分析说明

1. 两车接触部位

根据对委托方提供的事故车辆检验可知，A 车发动机舱盖移位并且右前部凹陷，进气格栅碎裂，前横梁左侧弯曲并附着黑色物质，散热器后移，发动机底护板前部破损的碰撞痕迹与 B 车前导流罩碎裂，前轮挡泥板碎裂，前轮向右偏斜，左前防护板碎裂、缺失，中部左侧装饰板碎裂，左脚踏杆向上弯折的车损痕迹，在接触高度、碰撞形态及作用力方向等方面相对应。

分析认为，A 车前部偏右的碰撞痕迹处与 B 车左侧前部的车损痕迹处，为两车接触部位。

2. 两车行驶方向

根据委托方提供的鉴材，结合事故时 A，B 两车相撞，A 车头西北尾东南停止在事故现场，B 车遗留了由西向东的倒地划痕，分析认为，A 车事故时行驶方向为由南向西左转弯，B 车行驶方向为由北向南。

3. 两车碰撞地面接触点

根据委托方提供的事故现场图、事故现场照片和对事故车辆检验可知，A 车前部与 B 车左侧前部碰撞后，在新外环南行路遗留了 B 车倒地划痕，结合地面散落物，可确定 A 车前保险杠后移约 2.5 m 处为两车碰撞地面接触点，在南行二车道内。（见图 9-15 事故现场照片 1、2）

| 事故现场照片 1 | 事故现场照片 2 |

图 9-15　事故现场照片

分析认为,A 车停止位前保险杠后移约 2.5 m 处的南行二车道,为两车碰撞地面接触点,西距道路西侧路延线约 3.8 m。

4. 两车车速

根据委托方提供的鉴材和对事故车辆检验可知,A 车与 B 车碰撞后滑移距离 $s_1 \approx$ 2.5 m;抛滑 B 车距离 $s_2 \approx 6.9$ m,抛滑角度 $\theta \approx 58°$,两车碰撞致 B 车轴距改变量 $d \approx$ 0.04 m;运用公式,计算两车车速:

$$v_1 = \sqrt{2g\varphi_1 s_1} \times 3.6 \approx 21 (\text{km/h})$$

$$v_2 = \sqrt{2g\varphi_2 s_2} \times 3.6 \approx 27 (\text{km/h})$$

$$v_{10} = \frac{m_1 v_1 + m_2 v_2 \sin\theta}{m_1} \approx 24 (\text{km/h})$$

$$v_{20} = v_2 \cos\theta + (150d + 12) \approx 32 (\text{km/h})$$

式中参数:φ_1——A 车沥青路面纵滑附着系数约 0.7;φ_2——B 车沥青路面翻倒附着系数约 0.4;g——重力加速度,取 9.8 m/s²;m_1——A 车整备质量+驾驶员重量合计为 1477 kg;m_2——B 车整备质量+驾驶员重量合计为 176 kg。

(5) 事故再现

根据委托方提供的鉴材和对事故车辆检验可知,20××年××月××日××时××分许,A 车由南向北行驶至××路口向西左转弯时,遇 B 车由北向南行驶至此,A 车前部与 B 车左侧前部碰撞。碰撞后 A 车向西北方向滑移约 2.5 m,头西北尾东南停止在路口的最终位置;B 车被 A 车抛滑约 6.9 m,头东南尾西北翻倒在后山村路口的最终位置。

五、鉴定意见

(1) L××号小型轿车前部偏右的碰撞痕迹处与 L××号二轮摩托车左侧前部的车损痕迹处,为两车接触部位。

(2) L××号小型轿车事故时行驶方向为由南向西左转弯,L××号二轮摩托车事故时行驶方向为由北向南。

(3) L××号小型轿车停止位前保险杠后移约 2.5 m 处的南行二车道内,为两车碰撞地面接触点,西距道路西侧路延线约 3.8 m。

(4) L××号小型轿车事故时车速约 24 km/h,L××号二轮摩托车事故时车速约 32 km/h。

案例 2-2　二轮车碰撞汽车侧面且轴距减少

一、基本情况

委托人(单位):××市公安局××交警大队

委托鉴定事项:

(1) 二轮车制动是否有效;

(2) 两车行驶速度;

(3) 事故再现。

受理日期:20××年××月××日

鉴定用检材及材料:L××××××号小型普通客车,××牌两轮摩托车,道路交通事故现场图、事故现场照片、勘查记录、勘查照片、车辆信息。

二、基本案情

20××年××月××日××时××分许,在××单位门口,××牌二轮摩托车(以下简称 A 车)与 L××××××号小型普通客车(以下简称 B 车)相撞,发生道路交通事故。其车辆基本信息如表 9-5 所示,现场图如图 9-16 所示。

表 9-5 车辆基本信息

车辆	××牌二轮摩托车(A车)	小型普通客车(B车)
车辆牌号	无	L××××××
车辆品牌	××牌	××
车辆识别代号	—	LV××M××××××04×××6
外形尺寸		4 550 mm×1 820 mm×1 685 mm
整备质量		1 506 kg
车辆类型	摩托车	小型客车

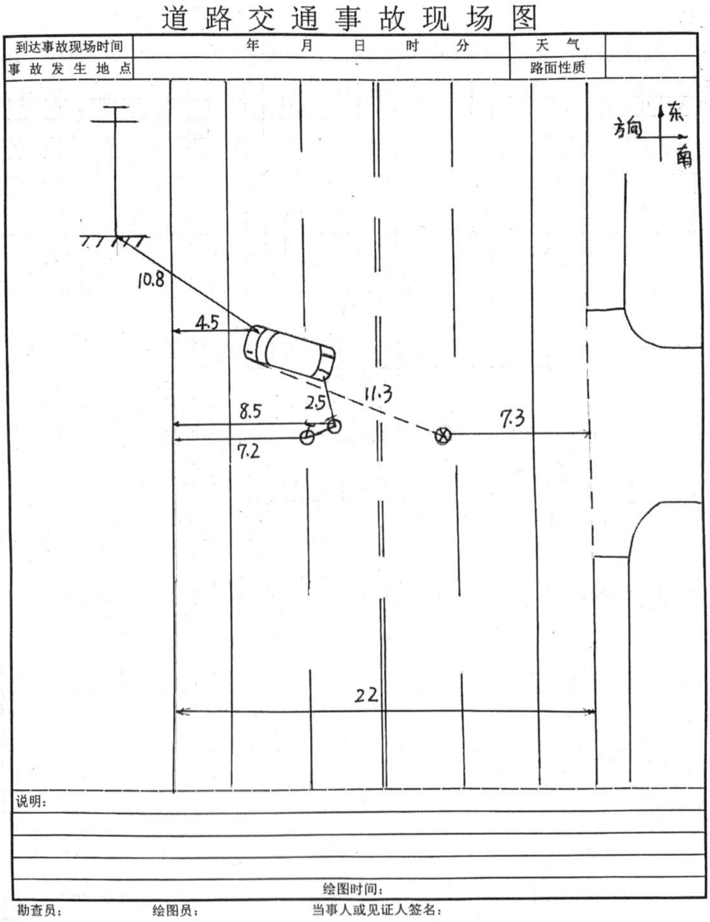

图 9-16 现场图

三、鉴定过程

1. 检测时间、地点

检测时间：20××年××月××日

检测地点：×××市公安局××交警大队事故车停车场

2. 鉴定依据的技术标准、技术规范及技术方法

中华人民共和国司法部令第132号《司法鉴定程序通则》；

《中华人民共和国道路交通安全法》；

GA/T 1087—2013《道路交通事故痕迹鉴定》；

GA/T 41—2019《道路交通事故现场痕迹物证勘查》；

GB/T 33195—2016《道路交通事故车辆速度鉴定》；

GB 17761—2018《电动自行车安全技术规范》。

3. 鉴定使用的仪器、工具及设备

佳能牌照相机；10 m钢卷尺；台式计算机。

4. 检验所见

A车检验所见如图9-17所示。

A车检验照片1

A车检验照片2

A车检验照片3

A车检验照片4

图9-17　A车检验照片

A车前轮挡泥板碎裂，前轮后移，前轮右侧减震器外壳碎裂，前轮轮辋碎裂，右前护栏向后弯曲、变形，前大灯碎裂，仪表盘破碎。

B车检验所见如图9-18所示。

B车左前翼子板凹陷、变形，左前轮偏斜，左前轮轮辋有碰撞痕迹，左前车门凹陷、变形，前挡风玻璃碎裂，左侧A柱凹陷。

B车检验照片1

B车检验照片2

B车检验照片3

B车检验照片4

图9-18　B车检验照片

四、分析说明

1. 二轮车制动

根据车辆检验可知，A车为机械制动装置，事故造成A车前轮后移卡滞，前轮制动无法检测，后轮制动有效。

2. 两车行驶速度

根据委托方提供的鉴材及车辆检验可知，A车前部与B车左侧前部接触碰撞，A车轴距改变量 $D \approx 0.22\,\text{m}$，运用公式，计算A车碰撞速度：

$$v_A = 150D + 12 \approx 45\,(\text{km/h})$$

事故现场路面留下B车制动痕迹约11.3m，根据制动痕迹求解B车制动速度为

$$v_1 = \sqrt{2g\varphi_1 s_1 k} \times 3.6 \approx 41\,(\text{km/h})$$

式中参数：φ_1——汽车纵滑系数0.6；s_1——B车的制动距离；k取1；D——A车轴距缩短量(m)。

根据现场勘查和车辆检验的数据信息，在碰撞前区域未见明显的汽车制动轮胎痕迹和摩托车路面摩擦痕迹，故分析认定，A车的碰撞速度和B车的制动速度近似为两车的行驶速度。

3. 事故再现

根据所提供的鉴材及车辆检验，事故的过程为：20××年××月××日，A车沿××路

由西向东行驶至××单位门前路段时,恰巧B车由单位门口进入道路向北行驶,A车前部与B车左侧前部在西行车道内相撞,碰撞后,A车头北尾南翻倒在事故现场的最终位置,B车头东北尾西南停止在事故现场的最终位置。

五、鉴定意见

(1) ××牌二轮摩托车前轮制动无法检测,后轮制动有效。

(2) ××牌二轮摩托车行驶速度约45 km/h,L××××××号小型普通客车行驶速度约41 km/h。

(3) 20××年××月××日,,××牌二轮摩托车沿××路由西向东行驶至××单位门前路段时,恰遇L××××××号小型普通客车由单位门口进入道路向北行驶,在西行车道内,摩托车前部与小客车左侧前部相撞,碰撞后,A车头北尾南翻倒在事故现场的最终位置,B车头东北尾西南停止在事故现场的最终位置。

案例2-3　汽车与二轮摩托车或自行车质心侧面碰撞

一、基本情况

委托人(单位):××市公安局交通警察支队××交警大队

委托鉴定事项:

(1) 两车接触部位;

(2) 二轮电动车"机非"属性;

(3) L××号小型普通客车动态制动性能;

(4) 二轮电动车制动性能;

(5) 两车行驶速度。

受理日期:20××年××月××日

鉴定用材料:L××号小型普通客车、二轮车;现场图、现场照片、车辆信息、勘查记录、勘验照片。

二、基本案情

20××年××月××日××时许,在××大街与××路交叉处,L××号小型普通客车(以下简称A车)与二轮电动车(以下简称B车)相撞,发生交通事故。车辆基本信息见表9-6,其现场图如图9-19所示。

表9-6　车辆基本信息

车辆	L××号小型普通客车	二轮电动车
车辆牌号	L××××××	无
车辆品牌	××牌	
车辆识别代号	L×G×A×6×F×3×9×4×5	
整备质量	1435 kg	
外廓尺寸	4710 mm×1785 mm×1745 mm	
车辆类型	小型普通客车	电动二轮车

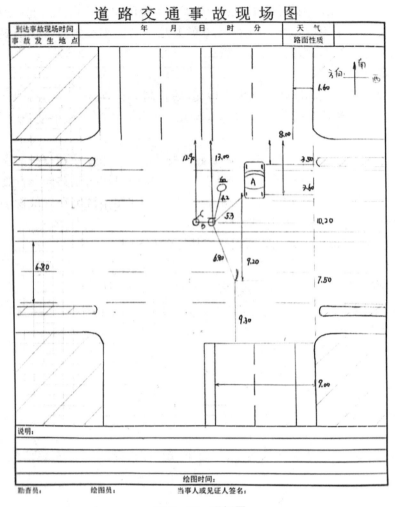

图 9-19 现场图

三、鉴定过程

1. 检测时间、地点

检测时间：20××年××月××日

检测地点：××市公安局××交警大队事故车停车场

2. 鉴定依据的技术标准、技术规范及技术方法

《中华人民共和国道路交通安全法》；

中华人民共和国司法部令第132号《司法鉴定程序通则》；

GA/T 1087—2013《道路交通事故痕迹鉴定》；

GB/T 33195—2016《道路交通事故车辆速度鉴定》；

GB 7258—2017《机动车运行安全技术条件》；

GA 41—2019《道路交通事故现场痕迹物证勘查》。

3. 鉴定使用的仪器、工具及设备

QZD-2B便携式制动性能测试仪；佳能牌EOS1500D型照相机；10 m钢卷尺；台式计算机。

4. 检验所见

A 车检验所见如图 9-20 所示。

A 车检验照片 1

A 车检验照片 2

A 车检验照片 3

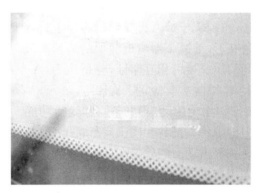
A 车检验照片 4

图 9-20 A 车检验照片

A 车前保险杠左前角碎裂脱落,左前灯组见刮擦痕迹,左前翼子板弯折变形,A 车前部有少量车漆物质附着。

B 车检验所见:参见图 9-21 所示的 4 张检验照片,具体损伤情况主要发生在二轮车的左前部,车体向左偏斜,前轮偏斜,前装饰板碎裂,鞍座脱落变形,前减震器弯折变形。

B 车检验照片 1

B 车检验照片 2

B车检验照片3　　　　　　　　　　　　　　　B车检验照片4

图9-21　B车检验照片

四、分析说明

1. 两车接触部位

根据委托方提供的鉴材及车辆检验可知：A车前保险杠左前角碎裂脱落，左前灯组见刮擦痕迹，左前翼子板弯折变形的碰撞痕迹与B车车体向左偏斜，前轮偏斜，前装饰板碎裂，鞍座脱落变形，前减震器弯折变形的碰撞痕迹，在碰撞高度、形态及作用力方向等方面相对应，痕迹间物质交换可相互印证，分析认为，A车前部与B车右侧前部为两车接触部位。

2. 二轮电动车"机非"属性

B车以电力驱动，不具备脚踏骑行功能。

根据中华人民共和国国家标准GB 12995—2006《机动轮椅车》的有关规定：机动轮椅车是内燃机提供动力的轮椅车，为下肢残障者设计，一般为正三轮，全部由上肢操作，并贴有残疾人专用车标志，是道路行驶的交通工具，又称残疾人三轮摩托车。由于B车有两个车轮，非内燃机驱动，非全部由上肢操作，因此排除B车为机动轮椅车。

根据GB 17761—2018《电动自行车安全技术规范》中对电动自行车的定义及规定可知：电动自行车指以车载蓄电池作为辅助能源，具有脚踏骑行功能，能实现电助动或/和电驱动功能的二轮自行车。由于B车不具备脚踏骑行功能，因此排除B车为电动自行车。

根据《中华人民共和国道路交通安全法》第一百一十九条对于"非机动车"的相关定义：非机动车，是指以人力或者畜力为驱动，上道路行驶的交通工具，以及虽有动力装置驱动但设计最高时速、空车质量、外形尺寸符合有关国家标准的残疾人机动轮椅车、电动自行车等交通工具。由于B车非人力或者畜力驱动，同时又排除其为机动轮椅车和电动自行车，因此认定B车不是"非机动车"。

经分析，电动车符合《中华人民共和国道路交通安全法》第一百一十九条对于"机动车"的相关定义：机动车，是指以动力装置驱动或者牵引，上道路行驶的供人员乘用或者用于运送物品以及进行工程专项作业的轮式车辆。

根据GB 7258—2017《机动车运行安全技术条件》第3.6条对于"摩托车"的相关定义：摩托车，由动力装置驱动的，具有两个或三个车轮的道路车辆，但不包括：a)整车整备质量超过400 kg、不带驾驶室、用于载运货物的三轮车辆；b)整车整备质量超过600 kg、不带驾驶室、不具有载运货物结构或功能且设计和制造上最多乘坐2人（包括驾驶人）的三轮车辆；c)整车整备质量超过600 kg的带驾驶室的三轮车辆；d)最大设计车速、整车整备质量、外廓尺寸等指标符合相关国家标准和规定的,专供残疾人驾驶的机动轮椅车;e)符合电动自行车国家标准规定的车辆。由于B车有两个车轮,因此可排除以上a,b,c三属性;另外之前已排除其为机动轮椅车和电动自行车,即已排除以上d,e两属性。

综上分析认定:B车为二轮摩托车,属于机动车。

3. L××号小型普通客车动态制动性能

外观检查:检查轿车制动装置的完整性和制动机件连接状况。

检测过程:轿车以一定的初速度,在整洁、干燥、平坦的沥青路面,使用制动性能测试仪测试其制动性能。

检测结果:该车为液压制动系统,制动装置完整。空载动态检测,充分发出的平均减速度(MFDD)为 $7.38\,\mathrm{m/s^2}$。符合 GB 7258—2017《机动车运行安全技术条件》中规定的"乘用车,空载检验,制动初速度 $50\,\mathrm{km/h}$,充分发出平均减速度(MFDD)$\geqslant 6.2\,\mathrm{m/s^2}$"的标准,该车制动性能合格。

4. 二轮电动车制动性能

根据车辆检验可知,B车为机械制动系统,制动装置完整,各机件连接正常,静态检测,本次事故造成B车前轮偏斜无法检测,后轮制动正常有效。

5. 两车行驶速度

根据委托方提供的检材和对事故车辆检验可知:A车前部与B车右侧前部接触碰撞,碰撞后A车减速行驶距离 $s_1 \approx 9.2\,\mathrm{m}$,B车倒地滑移距离 $s_2 \approx 6.8\,\mathrm{m}$,运用公式计算A车行驶速度:

$$v_1 = \sqrt{2g\varphi_1 s_1} \times 3.6 \approx 40(\mathrm{km/h})$$

$$v_2 = \sqrt{2g\varphi_2 s_2} \times 3.6 \approx 31(\mathrm{km/h})$$

$$v_{10} = \frac{m_1 v_1 + m_2 v_2 \sin\theta}{m_1} \approx 42(\mathrm{km/h})$$

$$v_{20} = v_2 \cos\theta \approx 22(\mathrm{km/h})$$

式中参数:φ_1——A车沥青路面摩擦附着系数 0.65;g——重力加速度,取 $9.8\,\mathrm{m/s^2}$;φ_2——B车倒地滑移摩擦附着系数 0.55;θ——B车滑移偏转角度;m_1——A车整备质量加驾驶员重量约 $1510\,\mathrm{kg}$;m_2——B车整备质量加驾驶员重量约 $150\,\mathrm{kg}$。

五、鉴定意见

(1) L××号小型普通客车前部与二轮电动车右侧前部为两车接触部位。

(2) 二轮电动车为二轮摩托车,属于机动车。

(3) L××号小型普通客车动态制动性能合格。

(4) 本次事故造成二轮电动车前轮偏斜无法检测,后轮制动正常有效。

(5) L××号小型普通客车行驶速度约为 $42\,\mathrm{km/h}$、二轮电动车行驶速度约为 $22\,\mathrm{km/h}$。

案例 2-4 汽车与二轮摩托车或自行车质心的前侧侧面碰撞

一、基本情况

委托人(单位):××市公安局公安交通管理局××大队

委托鉴定事项:

(1) 两车接触部位;

(2) 碰撞地面接点;

(3) 电动车"机非"属性;

(4) 两车碰撞前瞬时速度、行驶速度;

(5) 事故再现。

受理日期:20××年××月××日

鉴定用检材及材料:

(1) 鉴定用检材:T××号小型普通客车,二轮电动车。

(2) 鉴定用材料:道路交通事故现场图,事故现场照片,车辆信息,勘查记录,勘查照片。

二、基本案情

20××年××月××日××时××分左右,T××号小型普通客车,沿××路由东向西行驶至××路口东侧时,与行驶至此的电动二轮车相刮撞。其车辆基本信息如表9-7所示,其现场图如图9-22所示。

表9-7 车辆基本信息

车辆	T××号小型普通客车(以下简称A车)	二轮电动车(以下简称B车)
车辆牌号	T××××××	无
车辆品牌	×××牌	××牌
车辆识别代号	L×Z×K×F×3×4×6×75	87×2×10×8×0×4×8
整备质量	1665 kg	
外廓尺寸	4 680 mm×1 810 mm×1 680 mm	
车辆类型	小型普通客车	二轮电动车

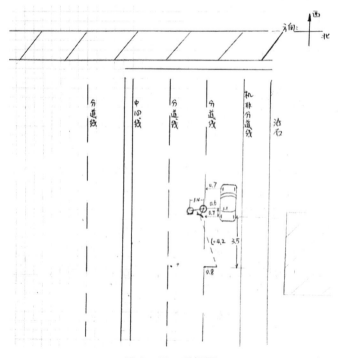

图9-22 现场图

三、鉴定过程

1. 检测时间、地点

检测时间：20××年××月××日

检测地点：××市公安局公安交通管理局××大队

2. 鉴定依据的技术标准、技术规范及技术方法

《中华人民共和国道路交通安全法》；

中华人民共和国司法部令第 132 号《司法鉴定程序通则》；

GB 7258—2017《机动车运行安全技术条件》；

GA/T 1087—2013《道路交通事故痕迹鉴定》；

GA 41—2019《道路交通事故现场痕迹物证勘查》；

GB 17761—2018《电动自行车安全技术规范》；

GB 12995—2006《机动轮椅车》；

GB/T 33195—2016《道路交通事故车辆速度鉴定》。

3. 鉴定使用的仪器、工具及设备

佳能牌 EOS1500D 型照相机；10 m 钢卷尺；台式计算机。

4. 检验所见

A 车、B 车检验所见如图 9-23、图 9-24 所示。

A 车检验照片 1

A 车检验照片 2

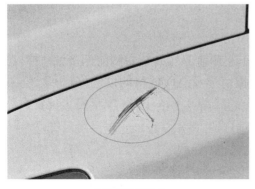

A 车检验照片 3

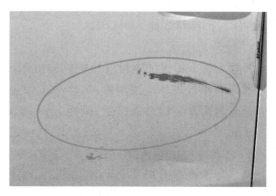

A 车检验照片 4

图 9-23 A 车检验照片

图 9-24 B 车检验照片

A 车前保险杠左侧有刮擦痕迹,左前翼子板有刮擦痕迹并附着黑色物质,左前车门有刮擦痕迹。

B 车右侧把套有刮擦痕迹,右前装饰板碎裂。

四、分析说明

1. 两车接触部位

根据委托方提供的鉴材及车辆检验可知,A 车前保险杠左侧的刮擦痕迹,左前翼子板的刮擦痕迹及附着的黑色物质痕迹,左前车门的刮擦痕迹与 B 车右侧把套的刮擦痕迹,右前装饰板碎裂的碰撞痕迹,在碰撞形态和作用力方向等方面相对应,分析认为,A 车左侧前部与 B 车右侧前部接触碰撞。

2. 碰撞地面接点

根据委托方提供的鉴材及车辆检验可知,A 车左侧前部与 B 车右侧前部接触碰撞,碰撞致使 B 车在事故现场遗留划痕,结合两车接触碰撞情况及路面遗留的痕迹,分析认为,划痕起点处应为两车碰撞地面接点,南距二、三车道分道线约 0.8 m,西距 A 车停止位置右后轮约 3.5 m。

3. 电动车"机非"属性

根据车辆检验可知,B 车以电力驱动,有两个车轮,不具备脚踏骑行功能。

根据中华人民共和国国家标准 GB 7258—2017《机动车运行安全技术条件》标准 3.1 条可知:"机动车是指由动力装置驱动或牵引,上道路行驶的供人员乘用或用于运送物品以及进行工程专项作业的轮式车辆,包括汽车及汽车列车、摩托车、拖拉机运输机组、轮式专用机械车、挂车。"根据标准 3.6 条可知:"摩托车是指由动力装置驱动的,具有两个或三个车轮的道路车辆,但不包括:a)整车整备质量超过 400 kg、不带驾驶室、用于载运货物的三轮车辆;b)整车整备质量超过 600 kg、不带驾驶室、不具有载运货物结构或功能且设计和制造上最多乘坐 2 人(包括驾驶人)的三轮车辆;c)整车整备质量超过 600 kg 的带驾驶室的三轮车辆;d)最大设计车速、整车整备质量、外廓尺寸等指标符合相关国家标准和规定的,专供残疾人驾驶的机动轮椅车;e)符合电动自行车国家标准规定的车辆。"

根据中华人民共和国国家标准 GB 12995—2006《机动轮椅车》的有关规定:机动轮椅车是内燃机提供动力的轮椅车,为下肢残障者设计,一般为正三轮,全部由上肢操作,并贴有残疾人专用车标志,是道路行驶的交通工具,又称残疾人三轮摩托车。由于 B 车非内燃机驱动,非全部由上肢操作,因此排除 B 车为机动轮椅车。

根据中华人民共和国国家标准 GB 17761—2018《电动自行车安全技术规范》的有关规定,电动自行车定义为:以车载蓄电池作为辅助能源,具有脚踏骑行能力,能实现电助动或/和电驱动功能的二轮自行车。由于 B 车不具备脚踏骑行装置,因此排除 B 车为电动自行车。

根据《中华人民共和国道路交通安全法》第一百一十九条对于"非机动车"的相关定义:非机动车,是指以人力或者畜力为驱动,上道路行驶的交通工具,以及虽有动力装置驱动但设计最高时速、空车质量、外形尺寸符合有关国家标准的残疾人机动轮椅车、电动自行车等交通工具。由于 B 车非人力或者畜力驱动,同时又排除其为机动轮椅车和电动自行车,因此认定 B 车不是"非机动车"。

由于 B 车整备质量未超过 400 kg 且具有两个车轮,因此可排除以上 a,b,c 三属性;另外之前已排除其为机动轮椅车和电动自行车,即已排除以上 d,e 两属性。

根据以上国家标准及规定分析认为:B 车符合二轮摩托车标准,属于机动车定义的范畴,为机动车。

4. 两车碰撞前瞬时速度、行驶速度

根据委托方提供的鉴材及车辆检验可知,A 车左侧前部与 B 车右侧前部接触碰撞,A 车减速行驶距离 $s_1 \approx 6.29$ m,B 车滑动距离 $s_2 \approx 4.2$ m,运用公式,计算两车碰撞前瞬时速度、行驶速度。因为事故现场未遗留制动痕迹,所以两车碰撞前瞬时速度、行驶速度应为同一速度。

$$v_1 = \sqrt{2g\varphi_1 s_1} \times 3.6 \approx 32 (\text{km/h})$$

$$v_2 = \sqrt{2g\varphi_2 s_2} \times 3.6 \approx 24 (\text{km/h})$$

式中参数:g——重力加速度,取 9.8 m/s^2;φ_1——A 车沥青路面附着系数约 0.65;φ_2——B 车沥青路面滑动摩擦系数约 0.55。

5. 事故再现

根据委托方提供的鉴材及车辆检验,认定本起事故碰撞过程如下:20××年××月××日××时××分左右,A 车沿××市××路由东向西行驶至××路口东侧路段时,适遇 B 车行驶至此,A 车左侧前部与 B 车右侧前部接触碰撞,碰撞后 A 车头西尾东停止在事故现场的最终位置,B 车翻倒滑行约 4.2 m,头北尾南停止在事故现场的最终位置。

五、鉴定意见

（1）T××号小型普通客车左侧前部与二轮电动车右侧前部接触碰撞。

（2）南距二、三车道分道线约0.8 m，西距A车停止位置右后轮约3.5 m处为两车碰撞地面接点。

（3）二轮电动车符合二轮摩托车标准，属于机动车定义的范畴，为机动车。

（4）T××号小型普通客车碰撞前瞬时速度、行驶速度为同一速度，约32 km/h；二轮电动车碰撞前瞬时速度、行驶速度为同一速度，约24 km/h。

（5）20××年××月××日××时××分左右，T××号小型普通客车沿××市××路由东向西行驶至××路口东侧时，适遇二轮电动车行驶至此，T××号小型普通客车左侧前部与二轮电动车右侧前部接触碰撞，碰撞后T××号小型普通客车头西尾东停止在事故现场的最终位置，二轮电动车翻倒滑行约4.2 m，头北尾南停止在事故现场的最终位置。

案例2-5　汽车与自行车追尾碰撞

一、基本情况

委托人（单位）：××市公安局××交通警察大队

委托鉴定事项：

（1）两车灯光；

（2）两车制动（静态）；

（3）两车事故前车速；

（4）电动二轮车"机非"属性。

受理日期：20××年××月××日

鉴定用检材及材料：辽××号轻型普通货车、××牌电动二轮车、事故现场图、事故现场照片、车辆信息、勘验记录、勘查照片。

二、基本案情

20××年××月××日16时左右，在××路××单位门前路段，辽××号轻型普通货车与××牌电动二轮车相撞，发生道路交通事故。其车辆基本信息如表9-8所示，其现场图如图9-25所示。

表9-8　车辆基本信息

车辆	辽××号轻型普通客车（以下简称A车）	××牌电动二轮车（以下简称B车）
车辆牌号	辽××	
车辆品牌	××牌	××牌
车辆识别代号	LWLT××××××L0163Z××	
整备质量	1530 kg	
外廓尺寸	4 975 mm×1 690 mm×1 640 mm	
车辆类型	轻型普通货车	自行车

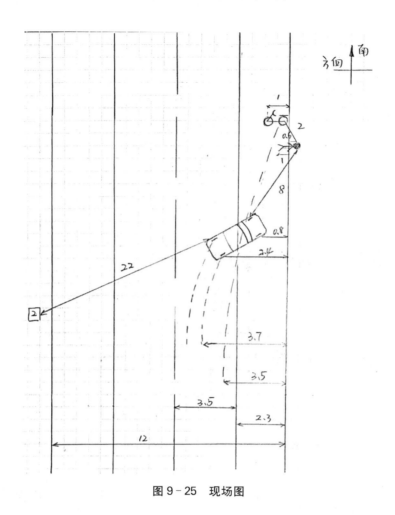

图 9-25　现场图

三、鉴定过程

1. 检测时间、地点

检测时间：20××年××月××日

检测地点：××市事故车停车场

2. 鉴定依据的技术标准、技术规范及技术方法

中华人民共和国司法部令第 132 号《司法鉴定程序通则》；

GB 7258—2017《机动车运行安全技术条件》；

GA/T 1087—2013《道路交通事故痕迹鉴定》；

GA 41—2019《道路交通事故现场痕迹物证勘查》；

GB/T 33195—2016《道路交通事故车辆速度鉴定》。

3. 鉴定使用的仪器、工具及设备

佳能牌 EOS1500D 型照相机；WZD-A 型便携式制动性能测试仪；10 m 钢卷尺；台式计算机。

4. 检验所见

A 车检验所见如图 9-26 所示。

A车检验照片1

A车检验照片2

A车检验照片3

A车检验照片4

图9-26　A车检验照片

A车发动机罩前端弯折变形；前保险杠缺失；前防撞梁弯折变形；前部水箱框架凹陷变形，有刮擦痕迹并附着红色漆痕；前牌照脱落并有红色刮擦痕迹；右前大灯松脱；左前大灯缺失。

B车检验所见如图9-27所示。

B车检验照片1

B车检验照片2

B车检验照片3

B车检验照片4

图9-27　B车检验照片

B车车体左侧中后部装饰板破碎、缺失；车体右侧装饰板破碎；鞍座松脱；后部灯组破碎、松脱；后轮右侧减震器断裂。

5. 视频检验情况

名称为"20××"的视频情况。

格式："DAV"

大小：1.76 GB

应用视频软件打开视频，视频画面连续，播放总时长为59分59秒。检查该监控录像，监控画面清晰、连贯，无剪接迹象，无画面跳动情况，具备鉴定条件。

四、分析说明

1. 两车灯光

辽××号轻型普通货车灯光

检测结果：本次事故造成A车受损严重，无法对其灯光进行检测。

××牌电动二轮车灯光

检测结果：本次事故造成B车后部灯组破碎，其余灯具完整，灯光线路连接正常。接通电源，后部灯组无法点亮，其余灯具正常点亮有效。

2. 两车制动（静态）

辽××号轻型普通货车制动

检测结果：A车为液压制动系统，制动装置完整，各机件连接正常。静态检测，各车轮制动正常有效。

××牌电动二轮车制动

检测结果：B车为机械制动系统，本次事故造成B车后轮右侧减震器断裂。静态检测，前轮制动正常有效，后轮制动无法检测。

3. 两车事故前车速

根据委托方提供的鉴材及车辆检验可知：A车前部与B车右侧后部接触碰撞，碰撞后A车在事故现场路面遗留制动印迹 $s_1 = 19.6 \text{m}$，B车倒地滑移距离 $s_2 = 45.7 \text{m}$，运用公式，计算车速：

$$v_1 = \sqrt{2g\varphi_1 s_1} \times 3.6 \approx 57 (\text{km/h})$$

$$v_2 = \sqrt{2g\varphi_2 s_2} \times 3.6 \approx 68 (\text{km/h})$$

$$v_{10} = \frac{m_1 v_1 + m_2 v_2}{m_1} \approx 64 (\text{km/h})$$

式中参数：g——重力加速度，取 9.81 m/s^2；φ_1——A车沥青路面纵滑附着系数约0.64；φ_2——B车倒地滑移附着系数约0.4；m_1——A车整备质量+驾驶员重量约1675 kg；m_2——B车整备质量+驾驶员重量约165 kg。

根据委托方提供的视频资料（20××）可知：在视频资料显示时间为"20××-××-×× 17：02：23"第2帧时，B车运行至视频画面所示位置，此时通过B车前边缘垂直地面位置作一条直线记为参照线 M，顺时播放视频，在视频资料显示时间为"20××-××-×× 17：02：23"第11帧时，B车运行至视频画面所示位置，此时B车后边缘与上述参照线 M 重合（见图9-28 视频资料截图）。

视频资料截图 1　　　　　　　　　　　　　　视频资料截图 2

图 9-28　视频资料截图

确定 B 车在上述时间内行驶距离 $l_2 \approx 1.8\,\mathrm{m}$，视频共播放 $n_2 = 9$ 帧，"20××-××-×× 17:02:23"帧率 $f = 25$ 帧，运用公式，计算车速：

$$t_2 = \frac{n_2}{f} \approx 0.36(\mathrm{s})$$

$$v_2 = \frac{l_2}{f} \times 3.6 \approx 18(\mathrm{km/h})$$

五、鉴定意见

(1) 辽××号轻型普通货车灯光无法检测；××牌电动二轮车后部灯组无法点亮，其余灯具正常点亮有效。

(2) 辽××号轻型普通货车各车轮制动正常有效；××牌电动二轮车前轮制动正常有效，后轮制动无法检测。

(3) 辽××号轻型普通货车事故前车速约 66 km/h；××牌电动二轮车事故前车速约 18 km/h。

9.3.3　汽车与行人碰撞事故

案例 3-1　汽车与行人碰撞且行人碰撞后被抛出

一、基本情况

委托人(单位)：××市公安局××交通警察大队

委托鉴定事项：

(1) 货车灯光；

(2) 货车制动(静态)；

(3) 货车事故前车速；

(4) 事故再现。

受理日期：20××年××月××日

鉴定用检材及材料：M××号轻型栏板货车、事故现场图、事故现场照片、车辆信息、勘验记录、勘查照片、视频资料。

二、基本案情

20××年××月××日 6 时 36 分左右，在××路××学校门前路段处，M××号轻型货车与行人相撞,发生道路交通事故。其车辆基本信息如表9-9所示,其现场图如图9-29所示。

表9-9 车辆基本信息

M××号轻型货车(以下简称货车)	
车辆牌号	M××
车辆品牌	××牌
车辆识别代号	L×Y×F×K×0×6×60××
整备质量	2 390 kg
外廓尺寸	5 995 mm×2 000 mm×2 220 mm
车辆类型	轻型栏板货车

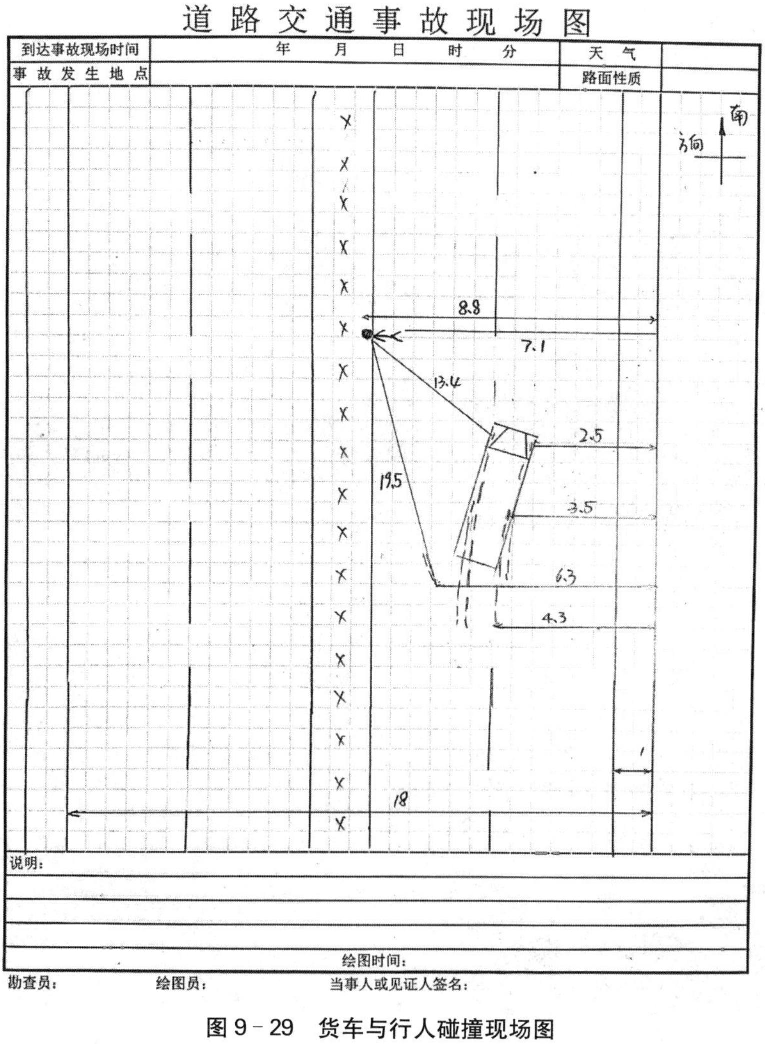

图9-29 货车与行人碰撞现场图

三、鉴定过程

1. 检测时间、地点

检测时间：20××年××月××日

检测地点：××市公安局××交通警察大队事故车停车场

2. 鉴定依据的技术标准、技术规范及技术方法

《中华人民共和国道路安全法》；

中华人民共和国司法部令第 132 号《司法鉴定程序通则》；

GA/T 1087—2013《道路交通事故痕迹鉴定》；

GB/T 33195—2016《道路交通事故车辆速度鉴定》；

GB 7258—2017《机动车运行安全技术条件》；

GA/T 41—2019《道路交通事故现场痕迹物证勘查》。

3. 鉴定使用的仪器、工具及设备

佳能牌 EOS1500D 型照相机；10 m 钢卷尺；台式计算机。

4. 检验（测）所见

货车车损痕迹检验如图 9-30 所示。

货车检验照片 1

货车检验照片 2

货车检验照片 3

货车检验照片 4

货车检验照片5

货车检验照片6

图9-30 货车检验照片

货车前挡风玻璃破碎；左前大灯破碎；左后视镜破碎、脱落；前面板左侧破碎。

四、分析说明

1. 货车灯光

检测结果：货车灯具完整，灯光线路连接正常。接通电源，除右前大灯及左前雾灯无法点亮外，其余灯光正常点亮有效。（见图9-30货车检验照片5,6）

2. 货车制动

检测结果：货车为液压制动，制动装置完整，各机件连接正常，静态检测，各车轮制动正常有效。

3. 货车事故前车速

根据委托方提供的鉴材及车辆检验可知：货车前部左侧与行人接触碰撞，在事故现场路面遗留制动印迹 $s \approx 14\,\mathrm{m}$，运用公式，计算车速：

$$v = \sqrt{2g\varphi s} \times 3.6 \approx 46\,(\mathrm{km/h})$$

式中参数：g ——重力加速度，取 $9.81\,\mathrm{m/s^2}$；φ ——货车沥青路面纵滑附着系数约0.6。

4. 事故再现

根据委托方提供的鉴材及车辆检验，认定本起事故过程如下：20××年××月××日6时36分左右，货车由北向南行驶至××路××学校门前路段处时，适遇行人步行至此，货车前部左侧与行人相撞，碰撞后货车头西南尾东北停止在事故现场的最终位置。

五、鉴定意见

（1）M××号轻型栏板货车除右前大灯及左前雾灯无法点亮外，其余灯光正常点亮有效。

（2）M××号轻型栏板货车各车轮制动正常有效。

（3）M××号轻型栏板货车事故前车速约46 km/h。

（4）20××年××月××日6时36分左右，M××号轻型货车由北向南行驶至某路某学校门前路段时，适遇行人步行至此，M××号轻型货车前部左侧与行人相撞，碰撞后货车头西南尾东北停止在事故现场的最终位置。汽车碰撞行人,可根据行人抛出参数进行计算,此处由于缺少行人抛距信息,故采用制动痕迹法。

9.3.4 单方车辆事故

典型的单方车辆事故包括车辆侧翻、坠出路外、碰撞固定障碍物等,下面以一个汽车撞固定物的事故为例,介绍一下单车事故的鉴定分析。

案例 4-1 轿车撞固定物
一、基本情况
委托人(单位):××市公安局公安交通管理局事故处理大队
委托鉴定事项:
(1) H××号轿车的接触部位;
(2) H××号轿车碰撞路面接点位置;
(3) H××号轿车碰撞前瞬间速度、行驶速度;
(4) H××号轿车方向和制动性能检测;
(5) H××号轿车是否与其他车辆接触;
(6) 事故再现。
受理日期:20××年××月××日
鉴定用检材及材料:
(1) 鉴定用检材:H××号小型轿车。
(2) 鉴定用材料:事故现场图、事故现场照片、车辆信息、视听资料、勘验记录、勘查照片。

二、基本案情
20××年××月××日 0 时左右,××驾驶 H××号小型轿车,沿××市××路由东向西行驶至××线 21 号电塔处时,与电塔相撞,发生道路交通事故。其车辆基本信息如表9-10 所示,其现场图如图 9-31 所示。

表 9-10 车辆基本信息

H××号××牌小型轿车(以下简称轿车)	
车辆牌号	H××××××
车辆品牌	××牌
车身颜色	黑色
车辆识别代号	L×G×F5×B×AH×9××××
整备质量	1 850 kg
外廓尺寸	5 000 mm×1 858 mm×1 497 mm
车辆类型	小型轿车

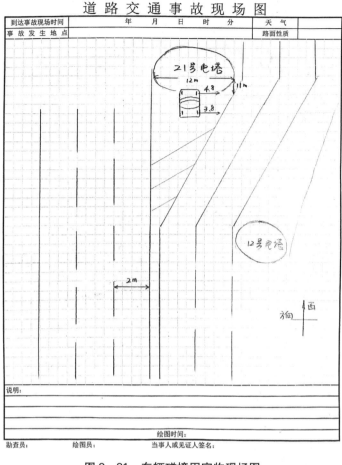

图 9-31　车辆碰撞固定物现场图

三、鉴定过程

1. 检测时间、地点

检测时间：20××年××月××日

检测地点：××市事故车停车场

2. 鉴定依据的技术标准、技术规范及技术方法

中华人民共和国司法部令第 132 号《司法鉴定程序通则》；

GA/T 1087—2013《道路交通事故痕迹鉴定》；

GA/T 1133—2014《基于视频图像的车辆行驶速度技术鉴定》；

GA 41—2014《道路交通事故痕迹物证勘验》；

GB/T 33195—2016《道路交通事故车辆速度鉴定》；

GB 7258—2017《机动车运行安全技术条件》。

3. 鉴定使用的仪器、工具及设备

佳能牌 EOS1500D 型照相机；10 m 钢卷尺；台式计算机。

4. 检验（测）所见

轿车车损痕迹检验如图 9-32 所示。

轿车检验照片1　　　　　　　　　　　　轿车检验照片2

轿车检验照片3　　　　　　　　　　　　轿车检验照片4

图9-32　轿车检验照片

轿车前挡风玻璃破碎、撕裂，发动机罩弯折、堆积变形并附着黄色漆状物质，左右前翼子板弯折变形，前保险杠破碎、缺失，前防撞钢梁弯折、后移，左右纵梁前部弯折变形；左、右前轮失压、后移，前轴后移，左前门脱落。

四、分析说明

1. H××号轿车的接触部位

根据对委托方提供的事故车辆损坏检验并结合现场照片，轿车前部损坏形态符合与事故现场电塔底座接触碰撞形成的车损痕迹特征，痕迹间物质交换相互吻合（见图9-33事故现场照片）。

事故现场照片1　　　　　　　　　　　　事故现场照片2

图9-33　事故现场照片

2. H××号轿车碰撞路面接点位置

根据委托方提供的事故现场照片，结合轿车与电塔碰撞瞬间造成的车辆碎片散落至电塔底座东侧附近表明,事故现场电塔底座东侧即为碰撞接触点位置。

分析认定:事故现场电塔底座东侧即为轿车碰撞接触点位置。

3. H××号轿车碰撞前瞬间速度、行驶速度

根据对委托方提供的事故车辆车损检验,轿车前部塑性变形量 $x \approx 0.9\,\mathrm{m}$;运用轿车碰撞固定物公式,计算轿车瞬间碰撞速度:

$$v_1 = 105.3x \approx 95(\mathrm{km/h})$$

4. H××号轿车方向和制动性能检测

根据对委托方提供的事故车辆检验,本次事故造成轿车前轮后移卡滞,方向盘后移卡滞;事故致轿车转向和制动性能无法检测。

5. H××号轿车是否与其他车辆接触

根据委托方提供的鉴材和对事故车辆检验,轿车车体痕迹均为与电塔底座碰撞形成;事故现场遗留的散落物均为轿车撞击部位碎片,未发现轿车车体有与其他车辆接触的痕迹,事故现场也未检见到其他车辆遗留的散落物(见事故现场照片1,2)。

分析认定,轿车未与其他车辆接触。

6. 事故再现

根据委托方提供的鉴材及车辆检验,认定本案碰撞过程如下:20××年××月××日0时,××驾驶 H××号小型轿车沿××市××路由东向西行驶至××线21号电塔处时,由于夜间视线不良、车速较快,导致轿车前部直接与电塔底座接触碰撞。碰撞后,该车头西尾东停止在21号电塔底座处的最终位置。

五、鉴定意见

(1) H××号小型轿车前部与电塔底座东侧接触碰撞。

(2) 事故现场电塔底座东侧即为 H××号小型轿车碰撞接触点位置。

(3) H××号小型轿车碰撞瞬间速度、行驶速度均为同一速度,约 95 km/h。

(4) 本次事故造成 H××号小型轿车损坏比较严重,转向和制动性能无法检测。

(5) H××号小型轿车未与其他车辆接触。

思考与习题

请利用所学汽车事故鉴定的知识对以下两个案例进行事故分析,并撰写鉴定意见书。

练习案例1 汽车在水平路面侧翻的临界速度

事故概况

某山区县二级公路路段,南北走向,自南往北该路段为下坡并向左急转弯,坡度为 8.0%,对于二级公路属陡坡,弯道半径为 62.5 m,对于二级公路也属急转弯。路面为双向两车道,中间以黄实线相分隔。这里为事故多发路段,地势险峻,路面东侧为陡峭石山,西侧为悬崖深谷,从南向北行驶的车辆,在进入这个路段前先经过数千米下长坡,一些重载大货车因长时间制动导致制动器发热,制动失灵,进入这个路段下陡坡还要急转弯,不少大货车因为过弯道车速过高而发生侧滑或侧翻,造成重大交通事故。该路段限速 30 km/h。事故发生

在下午3时许,一辆满载煤粉的重型自卸大货车自南往北驶入这一路段,在路中线附近发生向弯道外侧的侧翻,车厢右侧刮地滑行41 m距离后与石山相撞而停止。事故造成一人死亡,一人受伤,车辆严重损毁。路面为干燥沥青路面,事故现场图参看图9-34。请利用所学鉴定事故的知识对该案例写一份鉴定意见书。车辆检验部分不必具体分析。

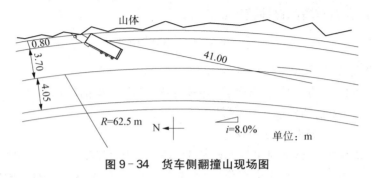

图9-34 货车侧翻撞山现场图

练习案例2　路外坠车且汽车第一落地点为坡底

事故概况

某县省道一转弯路段,大体呈东西走向,由东向西为左转弯下坡,坡度为3.0%,弯道左侧为石山,右侧为深达数十米的悬崖山谷。因为地形险峻,为事故多发路段。为防止车辆冲出路外坠下山谷,弯道右侧用碎石和泥土加宽了路肩,最宽处路肩为6 m。路肩外用碎石和泥土堆成斜坡,一直堆到山谷下。事故路段为双向两车道,路宽7.45 m,中间以白色虚线相分隔。事故发生在上午10时许,正下着小雨,一辆载有17名乘员的中型客车由东向西驶入该下坡弯道。在过弯道时,车辆突然失控冲出右侧路外坠落山谷。坠落前,大型客车在潮湿泥土碎石的路肩上留下了长为13.20 m的轮胎碾压印迹。事故造成车上2名乘员死亡,其余15名乘员受伤。事故现场图参看图9-35。事故路段为潮湿混凝土。忽略车辆检验部分。

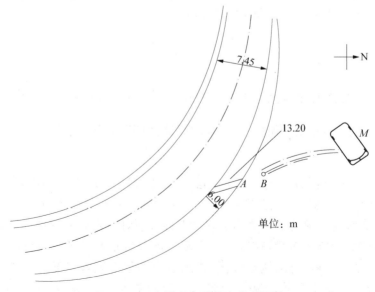

图9-35 大型客车跌落山谷现场图

第 10 章 交通事故视频鉴定方法及应用

导语 随着城市化推进及科技强警力度加大,各种视频监控设备得到了广泛应用。视频图像能够反映事故发生的整个过程或部分片断,对碰撞点的位置、事故发生时车辆行驶路线的判定比较直观。利用视频图像还能够推算出事故车辆行驶速度的大小和变化,已成为当前交通事故中车辆行驶速度鉴定的重要技术手段。本章介绍利用视频图像分析车辆行驶速度的标准规范和基本方法。

关键词 车速视频鉴定规范,视频鉴定方法,鉴定案例研究

思政要点 遵守法律法规,遵照标准规范,职业道德,敬业精神

§10.1 基于视频的车速技术鉴定标准

交通事故可按照 GA/T 1133 标准即《基于视频图像的车辆行驶速度技术鉴定》进行车辆行驶车速鉴定。该标准规定了车速技术鉴定的要求和方法,适用于对视频图像中车辆行驶速度的技术鉴定。

10.1.1 GA/T 1133 标准的术语和定义

《基于视频图像的车辆行驶速度技术鉴定》规定了以下术语的定义。

一、视频图像(video)

利用视频摄录设备获取的动态图像信息。

二、固定式视频图像(video recorded by fixed video recorder)

固定式视频摄录设备记录的视频图像。

三、车载式视频图像(video recorded by mobile video recorder)

车载式视频摄录设备记录的视频图像。

四、视频图像质量(video quality)

视频图像的清晰程度和畸变程度。

五、视频图像的连续性(video continuity)

符合人眼视觉暂留特性的视频图像中活动内容的连贯性和流畅性。参见 GB 20815—2006 的 3.9 定义。

六、目标车辆(target vehicle)

视频图像中需鉴定其行驶速度的车辆。

七、视频图像关注区域(video region of interest)

视频图像中能够显示目标车辆运动轨迹的区域。

八、道路环境参照物(road environmental reference)

为计算目标车辆行驶速度而选取的视频图像中具有明显特征的道路环境标识固定物。包括车行道分界线、路口导向线、人行横道线、灯杆、路树、建筑物等。

九、目标车辆参照物(target vehicle reference)

为计算目标车辆行驶速度而选取的视频图像中目标车辆具有明显特征的固定位置。包括目标车辆前后端点、前后轮轮心、前后灯具端点、车窗玻璃前后端点等。

十、虚拟参照物(virtual reference)

为确定目标车辆通过某一空间位置所用时间而在视频图像中设定的点或线。

十一、参照距离(distance between two references)

两个参照物特征点或其投影之间的距离。

十二、目标车辆行驶距离(driving distance of target vehicle)

目标车辆通过参照物特征点或其投影时目标车辆质心的位移量。

十三、目标车辆行驶速度(speed of target vehicle)

视频图像中目标车辆通过行驶距离时目标车辆质心的平均线速度。

10.1.2 鉴定要求

一、鉴定委托

委托单位应向鉴定机构提供车辆行驶速度鉴定委托书、视频图像、道路交通事故现场图、道路交通事故现场勘查笔录、目标车辆技术信息等材料。视频图像应为原始资料,或虽经处理但帧率、显示时间、图像元素位置均未发生变动的视频图像。了解鉴定委托书的格式,可参阅 GA/T 1133 标准文本的附录 A。

二、视频图像要求

遵照 GA/T 1133 标准进行车辆行驶速度技术鉴定所用的视频必须满足以下相关要求:

(1) 视频图像播放流畅,帧率稳定。

(2) 视频图像画面清晰,肉眼可以分辨目标车辆外观特征、运动轨迹,能够在图像范围内有效选取或设定参照物。

(3) 使用通过播放器或摄录设备附带的专用播放器,能够实现视频图像的逐帧播放和截图功能。

(4) 在视频图像关注区域内,应检验视频摄录设备的位置、内外参数是否发生过变动。视频摄录设备的位置、内外参数发生变动的,应保证能够在视频图像范围内有效选取或设定参照物。

三、模拟实验要求

当视频图像中无法直接确定参照物或参照距离时,可采用在事发地点进行模拟实验的方法确定参照物或参照距离。在模拟实验时,应保证视频摄录设备的位置、内外参数与原始位置、内外参数一致。

四、鉴定步骤和方法的一般要求

在基于视频图像进行车辆行驶速度技术鉴定时,无论路况和视频类型如何,鉴定的基本步骤和方法都有以下一般性的要求。

(1) 视频图像的显示时间应校准,以校准后的时间作为计算用时间。

(2) 确定目标车辆的视频图像中出现的时间和位置。

(3) 逐帧观察并确定目标车辆在视频图像中的运动轨迹,分析和判定目标车辆在视频图像关注区域内的速度变化规律。

(4) 在视频图像关注区域内按以下原则选取和设定参照物:

① 道路环境参照物应尽量选取车行道分界线、人行横道线、路口导向线、路侧电线杆、灯杆、树木等具有明显特征的固定物;

② 目标车辆参照物应选取目标车辆前后端点、前后轮轮心、前后灯具端点、车窗玻璃前后端点、轮胎与地面接触点等特征位置;

③ 虚拟参照物的设定应便于确定目标车辆通过该空间位置所用的时间,宜将虚拟参照物设定在与目标车辆某一特征点、道路环境参照物某一边缘线或端点重合的位置;

④ 当计算结果的区间值较大、不能满足鉴定要求时,可以采用在图像关注区域范围内选取不同道路环境参照物或目标车辆参照物的方法进行比对计算,选取区间值较小的作为最终计算结果;

⑤ 无法有效选取参照物或对参照物有疑问的,应对事发地点或车辆进行勘验。

(5) 逐帧播放确定视频图像的帧率和目标车辆通过参照物的帧数,计算目标车辆通过参照物所用时间。当采用整帧计数方法不能满足鉴定要求时,对目标车辆在图像关注区域呈匀速直线运动状态的,可以采用帧间差分法精确计算。

(6) 根据委托方提供的现场勘查、车辆技术参数等数据,或鉴定机构采用人工测量、摄影测量等方法获得的补充勘测数据,确定参照距离和目标车辆的行驶距离。

(7) 当目标车辆的行驶距离能够精确测量时,应按照目标车辆行驶距离计算目标车辆行驶速度;当目标车辆的行驶距离无法精确测量时,应按照参照距离计算目标车辆行驶速度的范围。

10.1.3 固定式视频图像的车辆行驶速度计算方法

一、直线行驶的速度

1. 利用道路环境参照距离计算车辆行驶速度

利用道路环境参照距离计算车辆行驶速度的方法如下:

(1) 逐帧检测视频图像,观测视频图像的帧率 f,计算相邻两帧图像之间的时间间隔 $t=\dfrac{1}{f}$;

(2) 选取两个道路环境参照物和一个目标车辆特征点;

(3) 记录目标车辆特征点或其路面投影位置通过两个道路环境参照物所用图像帧数 $n=(n_1,n_2)$，其中 $n_1<n_2$；

(4) 测量视频图像中两个道路环境参照物之间的距离 s'；

(5) 确定目标车辆特征点通过两个道路环境参照物时的行驶速度 v，见式(10-1)：

$$\begin{cases} v < \dfrac{s'}{t \times n_1} = \dfrac{s'f}{n_1} \\ v > \dfrac{s'}{t \times n_2} = \dfrac{s'f}{n_2} \end{cases} \tag{10-1}$$

(6) 当采用摄影测量等技术能够精确测量目标车辆在 N 帧内的行驶距离 s 时，行驶速度见式(10-2)：

$$v = \frac{s}{t \times N} = \frac{sf}{N} \tag{10-2}$$

2. 利用目标车辆参照距离计算车辆行驶速度

利用目标车辆参照距离计算车辆行驶速度的方法如下：

(1) 逐帧检测视频图像，观测视频图像的帧率 f，计算相邻两帧图像之间的间隔时间 $t=\dfrac{1}{f}$；

(2) 在目标车辆同侧车身表面距地等高位置上选取两个至车辆纵向对称面等距离的特征点；

(3) 选取一个道路环境参照物或设定一个虚拟参照物；

(4) 记录目标车辆两个特征点通过该参照物所用图像帧数 $n=(n_1,n_2)$，其中 $n_1<n_2$；

(5) 测量目标车辆两个特征点之间的距离 s'；

(6) 用式(10-1)或式(10-2)计算目标车辆两个特征点通过该参照物时的行驶速度。

二、转弯或沿曲线路行驶的速度

多刚体车辆，以牵引车或第一节车体的行驶速度作为目标车速。所以，这里只介绍单刚体车辆的计算。

1. 两轴汽车的行驶速度

两轴汽车在视频图像中转弯或沿曲线路行驶时的速度计算公式和极限值见表10-1(其原理和推导请参阅 GA/T 1133 中的附录 B)。

表 10-1　两轴汽车转弯行驶时目标车辆行驶速度计算公式

目标车辆行驶状态	视频摄录设备位置	目标车辆的行驶速度	极限速度	极限值
左转弯	视频摄录设备拍摄到目标车辆左侧	$v = \dfrac{\sqrt{s_1^2 - s_2^2}}{L \times n} \times f \times \sqrt{\left(\dfrac{s_2 \times L}{\sqrt{s_1^2 - s_2^2}} + Q\right)^2 + P^2}$	左后轮的行驶速度为下限值	$v_{\min} = \dfrac{s_2}{n_2} \times f$
	视频摄录设备拍摄到目标车辆右侧	$v = \dfrac{\sqrt{s_3^2 - s_4^2}}{L \times n} \times f \times \sqrt{\left(\dfrac{s_4 \times L}{\sqrt{s_3^2 - s_4^2}} - B + Q\right)^2 + P^2}$	右前轮的行驶速度为上限值	$v_{\max} = \dfrac{s_3}{n_1} \times f$

续表

目标车辆行驶状态	视频摄录设备位置	目标车辆的行驶速度	极限速度	极限值
右转弯	视频摄录设备拍摄到目标车辆左侧	$v = \dfrac{\sqrt{s_1^2 - s_2^2}}{L \times n} \times f \times \sqrt{\left(\dfrac{s_2 \times L}{\sqrt{s_1^2 - s_2^2}} - Q\right)^2 + P^2}$	左前轮的行驶速度为上限值	$v_{\max} = \dfrac{s_1}{n_1} \times f$
	视频摄录设备拍摄到目标车辆右侧	$v = \dfrac{\sqrt{s_3^2 - s_4^2}}{L \times n} \times f \times \sqrt{\left(\dfrac{s_4 \times L}{\sqrt{s_3^2 - s_4^2}} + B - Q\right)^2 + P^2}$	右后轮的行驶速度为下限值	$v_{\min} = \dfrac{s_4}{n_2} \times f$

v——目标车辆的行驶速度;
$v_{\min}$——目标车辆行驶速度的下限值;
$v_{\max}$——目标车辆行驶速度的上限值;
f——视频图像的帧率;
$n = (n_1, n_2)$——目标车辆同侧前轮至同侧后轮通过某一参照物时所用图像帧数,其中 $n_1 < n_2$;
L——目标车辆的轴距;
B——目标车辆的轮距;
P——目标车辆的质心沿车身纵轴方向距左后轮轮心的距离;
Q——目标车辆的质心垂直于车身纵轴方向距左后轮轮心的距离;
s_1——目标车辆左前轮胎与地面接触点移动的距离;
s_2——目标车辆左后轮胎与地面接触点移动的距离;
s_3——目标车辆右前轮胎与地面接触点移动的距离;
s_4——目标车辆右后轮胎与地面接触点移动的距离。

2. 多轴汽车的行驶速度

对于多轴汽车的行驶速度,应按照两轴汽车等效。等效方法应符合以下原则:

(1) 对于只用前桥转向的三轴汽车,用一根与中、后轮轴线等距离的平行线作为与原三轴汽车相当的双轴汽车的后轮轴线,根据目标车辆车轮间的相互位置关系求出目标车辆质心的角速度和转弯半径。具体计算方法可参阅 GA/T 1133 中的附录 B。

(2) 对于利用第一、第二两车桥转向的四轴汽车,用一根与第三、第四两轴轴线等距离的平行线作为与原四轴汽车相当的双轴汽车的后轮轴线,并以第三、第四两桥轴线之间的中间平行线为基线,根据目标车辆车轮间的相互位置关系求出目标车辆质心的角速度和转弯半径。具体方法请参阅 GA/T 1133 的附录 B。

10.1.4　车载式视频图像的车辆行驶速度计算方法

车载式视频图像的车辆行驶速度计算方法与固定式视频的目标车辆行驶速度计算方法总体是近似的,区别主要是在观测视频图像时要注意角度的保持,限于篇幅不再介绍,具体可参见 GA/T 1133 的附录 C。

10.1.5　鉴定意见表述及附图要求

一、鉴定意见表述形式

(1) 目标车辆某特征点通过参照物 1 和参照物 2 之间的行驶速度为_____km/h;

(2) 目标车辆第一特征点至第二特征点通过某参照物时的行驶速度为_____km/h;
(3) 目标车辆在视频图像时刻 1 至时刻 2 之间的行驶速度为_____km/h。

二、附图要求

(1) 鉴定意见书中应包含附图,附图示例参见 GA/T 1133 的附录 D。
(2) 所附图片应为视频图像上截取的原始画面,能够反映视频监控的显示时间、拍摄地点、目标车辆、参照物等信息。
(3) 所附图片应标注参照物的文字和图形信息。
(4) 每幅画面应标注视频图像的帧数信息。
(5) 附图应能完整、清晰反映出目标车辆通过参照物时的过程。

§10.2 视频鉴定方法的原理解析

基于视频图像的车辆行驶速度鉴定技术按原理可分为帧间差分法、背景差分法、光流法。背景差分法主要适用于车载式视频摄录设备记录的视频图像的分析;光流法相对复杂。帧间差分法既适用于固定式视频摄录设备记录的视频图像,也适用于车载式视频摄录设备记录的视频图像,在车辆行驶速度鉴定中应用广泛。

10.2.1 车速测算基本原理

帧间差分法主要原理是在视频图像中,通过计算相邻若干帧间目标车辆空间行驶的距离(s)和所经历的时间(T),根据运动速度、时间和距离三者之间的关系测算目标车辆行驶速度:

$$v = \frac{s}{T} \tag{10-3}$$

一、目标车辆行驶时间

视频图像中目标车辆行驶时间确定方法如下:
(1) 逐帧检测视频图像,观测视频图像的帧率 f,计算相邻两帧图像之间的间隔时间 $t = 1/f$;
(2) 记录目标车辆空间行驶距离 s 所用的图像帧数 n;
(3) 目标车辆行驶时间 $T = nt = n/f$,确定了行驶时间和行驶距离,则行驶速度为

$$v = \frac{s}{T} = \frac{s}{nt} = \frac{fs}{n} \tag{10-4}$$

以上被测车辆的速度单位为 m/s。不同视频摄录设备记录的视频图像帧率 f 往往不相同,一般要对视频图像帧率进行检测。对视频帧率分析主要有两种方式,一是通过人工逐帧播放,数出 1 s 之内视频图像所包含的帧数,视频时间可以看画面自带时间,也可以通过其他方式计时;二是通过播放软件的自带视频分析功能,也可以直接得到视频的帧率。在确定频率时往往遇到以下两个问题:
(1) 视频图像存在掉帧现象,造成播放过程图像不连续。可以通过观察视频图像中

的移动物体位置变化,分析掉帧处前后实际帧差,或者使用视频监控自带的专用播放器。

(2) 视频图像帧率不稳定。一般也可通过分析实际帧差变化,补充必要的缺失帧,解决帧率不稳的问题,也可尝试通过视频图像显示时间的校正加以解决。

二、目标车辆行驶距离

确定视频图像目标车辆行驶距离,需要选择相应的参照物。参照物选取方法主要有道路环境参照物法、目标车辆参照物法、虚拟参照物法、模拟实验法、像素比例法和直接线性变换法(DLT)6种。这里主要介绍一下前4种方法。

1. 道路环境参照物法

观测目标车辆车身上某一特征点,通过监控录像中某两个参照物,测量出两个参照物间隔距离,两个参照物之间的距离就为目标车辆的行驶距离。通常选取路边的树木、灯柱、交通标志牌或路面上的特征点、交通标线等作为道路环境参照物。如图10-1所示,选取路边相邻两根灯柱为参照物,在 $T=t_1$ 时刻,目标车辆特征点(车辆前缘)与路边第一根灯柱重合;在 $T=t_2$ 时刻,目标车辆特征点与路边第二根灯柱重合,目标车辆行驶距离为两根灯柱之间的距离。此时,是用两环境参照物观测车辆一个特征点的位移。

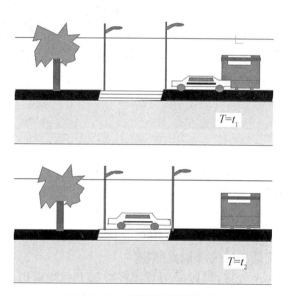

图10-1 道路环境参照物法

2. 目标车辆参照物法

当画面中没有可供选取的连续多个参照物,或未能观测到目标车辆特征点与参照物重合的画面时,可以视情况选用以下方法:观测被鉴定车辆车身上某两个特征点通过空间某个参照物,测量车身上两个特征点之间的距离。此方法本质上仍然是以环境为固定参照物,与前一种情况不同的是,固定参照物只有一个,是通过车辆两个特征点先后通过参照物的间距,确定行驶距离,相当于车辆固定参照物移动的相对距离。通常可选取的车身特征点包括目标车辆前后端点、前后轮轮心、前后灯具端点、车窗玻璃前后端点等。如图10-2所示,选择路旁灯柱为参照物,选取目标车辆左前轮胎轮心和左后轮胎轮心为两个特征点。在 $T=$

t_1 时刻,左前轮胎轮心与灯柱重合;在 $T=t_2$ 时刻,左后轮胎轮心与灯柱重合。目标车辆行驶的距离为前后轮心之间的距离,即轴距。

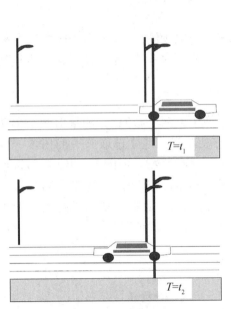

图 10-2　目标车辆参照物法

图 10-3　虚拟参照图例

3. 虚拟参照物法

道路环境参照物法和目标车辆参照物法均要求在视频图像关注区域内有合适的道路环境固定物作为参照物。但在有些视频画面中,会因道路环境中没有合适的参照物而造成目标车辆行驶距离无法确定。为了解决这一问题,可以通过专门的视频处理技术或者图片处理技术在画面中增加虚拟的点或线作为参照物,这种参照物选取方法称为虚拟参照物法。虚拟参照物要求做到同视频图像背景保持相对静止,即不会随着目标车辆的移动而改变位置。图 10-3 中的竖线就是添加的虚拟参照物。

设置虚拟参照物方法比较多,可以采用直接在电脑上标绘虚拟参照物,也可将视频帧截取下来用专业图片处理软件绘制虚拟参照物,还可以直接在电脑屏幕上设置实体的参照物。但不管使用哪种方法设置虚拟参照物,必须确保每一帧画面的图像大小、背景内容不能有变动,并且能够使车辆特征点在某两帧时与参照物重合。

4. 模拟实验法

有些交通事故因为发生在夜间,目标车辆除了车灯能观察到外,其他车身特征点或道路环境上的参照物无法清晰观察到,造成视频图像中没有合适的参照物选取,目标车辆的行驶距离不能确定。这种情形下,在确保视频摄像头拍摄方向角度、焦距等没有改变,视频摄录设备的位置、内外参数与原始位置一致的前提下,可采用在事故发生地的目标车辆行经区域摆放参照物。将模拟实验时摆放参照物的截图和事故发生时的原始截图进行对比,在原始截图中描出对应的参考点。

§10.3 车速视频鉴定案例分析

案例 1

20××年 11 月 19 日 12 时 40 分许,小轿车(A 车)沿××市××区××路由北向南行驶至××大桥时,适遇面包车(B 车)沿××路由南向北行驶至此发生侧滑,A 车前部与 B 车右侧前部在东距道路中央黄线约 1.7 m、南距 B 车停止位置左后轮约 2.9 m 处接触碰撞,碰撞后 A 车头西南尾东北停止在事故现场的最终位置,B 车头南偏东尾北偏西停止在事故现场的最终位置。

该案例鉴材有 A 车车载视频和交叉口监控视频两个视频资料,图 10-4 左边两张图片为车载视频截图,右边两张图片为监控视频截图。

观看和分析 A 车车载视频显示,时间 20××-11-19 12:38:30 第 5 帧时,A 车运行至视频画面中所示位置(图 10-4 截图 1),在此时 A 车右侧护栏立柱重合位置建立参照线 M;继续播放至 20××-11-19 12:38:30 第 11 帧,此时上述参照线 M 与下一根护栏立柱重合(图 10-4 截图 2)。经测量,确定 A 车在上述时间段内的行驶距离 $l_1 \approx 6$ m,视频共播放 $n_1 = 6$ 帧,20××-11-19 12:38:30 帧率 $f_1 = 18$ 帧。

视频资料截图 1

视频资料截图 3

视频资料截图 2

视频资料截图 4

图 10-4 案例 1 的车辆行驶视频截图

监控视频显示,在视频显示时间 20××-11-19 12:38:24 第 1 帧时,B 车运行至视频画面中所示位置(图 10-4 截图 3),在此时 B 车左前轮中心垂直地面位置建立参照线 N;继续播放至 20××-11-19 12:38:24 第 8 帧,此时上述参照线 N 与 B 车左后边缘重合(图 10-4 截图 4)。经测量,确定 B 车在上述时间段内的行驶距离 $l_2 \approx 3.49\,\text{m}$,视频共播放 $n_2 = 7$ 帧,帧率 $f_2 = 25$ 帧。根据鉴材分析认为,A 车碰撞瞬时速度、行驶速度应为同一速度,B 车碰撞瞬时速度无法计算。运用公式,计算两车行驶速度:

$$t_1 = n_1 \times \frac{1}{f_1} \approx 0.333(\text{s})$$

$$v_1 = \frac{l_1}{t_1} = \frac{6}{0.333} \approx 18.02(\text{m/s}) \approx 65(\text{km/h})$$

$$t_2 = n_2 \times \frac{1}{f_2} = 0.28(\text{s})$$

$$v_2 = \frac{l_2}{t_2} = \frac{3.49}{0.28} \approx 12.464(\text{m/s}) \approx 45(\text{km/h})$$

案例 2

2020 年 11 月 17 日 21 时 20 许,轿车沿事故现场道路西侧由北向南行驶,行驶至××市×××镇××大桥南路口处,适遇行人由西向东运动,轿车右侧前部与行人接触碰撞,碰撞后轿车最终头南尾北停止在事故现场道路西侧。

图 10-5 案例 2 的车辆行驶视频截图

在视频资料显示时间为"2020-11-17 星期二 21:00:53"第 19 帧图像上,此时通过轿车左后轮轴心作一条直线,记为参照线1(见图10-5视频资料截图上图);顺时播放视频画面,在视频资料显示时间为"2020-11-17 星期二 21:00:53"第20帧图像上,此时轿车左后边缘近似与参照线1重合(见图10-5视频资料截图下图),确定委托方提供的视频资料在上述1s内包含20帧图像,轿车后悬距离约1m,运用公式,求轿车行驶速度。

计算得

$$t = \frac{1}{20}\text{s}$$

$$v = \frac{s}{t} \times 3.6 \approx 72(\text{km/h})$$

案例3

20××年1月7日7时左右,在××市××路段处,辽××××××号小型轿车(A车)与自行车(B车)相撞,自行车驾驶员倒地又被辽××××××号轻型厢式货车(C车)碾压,发生道路交通事故。

如图10-6所示,A车前保险杠左角见一处破损痕迹(痕迹走向为由前向后,距地面高度约45cm),左前轮轮辋见刮擦痕迹。

A车检验照片1

A车检验照片2

图10-6 案例3中A车的检验照片

如图10-7所示,B车前车筐挤压变形,车把折断,后轮挡泥板向左弯折变形,后货架向左变形倾斜,右后脚踏板变形并附着黑色物质。

B车检验照片1

B车检验照片2

图10-7 案例3中B车的检验照片

如图 10-8 所示，C 车前保险杠左侧下方处破碎，左侧表面见多处刮擦痕迹。

C 车检验照片 1

C 车检验照片 2

图 10-8　案例 3 中 C 车的检验照片

根据委托方提供的事故现场图、视频资料及车辆检验可知：视频资料显示在 20××-01-07 07:04:56 第 2 帧时，A 车运行至视频画面中所示位置，将此时 A 车车体前部左侧边缘垂直地面位置记为参照线①；继续播放至视频画面时间 20××-01-07 07:04:56 第 6 帧，此时 A 车车体后部左侧边缘垂直地面位置恰好与上述参照线重合。经测量，确定 A 车在上述时间段内的行驶距离 $l_A \approx 4.77\,\mathrm{m}$，视频共播放 $n_A = 4$ 帧，该秒帧率为 $f_1 = 10$ 帧（见图 10-9 视频资料截图 1，2）。

视频资料截图 1

视频资料截图 3

视频资料截图 2

视频资料截图 4

图 10-9　案例 3 中 C 车的检验照片

视频资料显示在 20××-01-07 07:04:59 第 5 帧时,C 车运行至视频画面中所示位置,将此时 C 车车体前部左侧边缘垂直地面位置记为参照线②;继续播放至视频画面时间 20××-01-07 07:04:59 第 10 帧,此时 C 车车体后部左侧边缘垂直地面位置恰好与上述参照线重合。经测量,确定 C 车在上述时间段内的行驶距离 $l_B \approx 4.38 \mathrm{m}$,视频共播放 $n_B = 5$ 帧,该秒帧率为 $f_2 = 14$ 帧(见图 10-9 视频资料截图 3,4),运用公式,计算两车车速:

$$t_A = n_A \times \frac{1}{f_1} = 0.4(\mathrm{s})$$

$$v_A = \frac{l_A}{t_A} = \frac{4.77}{0.4} \approx 11.93(\mathrm{m/s}) \approx 43(\mathrm{km/h})$$

$$t_C = n_C \times \frac{1}{f_2} = 0.36(\mathrm{s})$$

$$v_C = \frac{l_C}{t_C} = \frac{4.38}{0.36} \approx 12.17(\mathrm{m/s}) \approx 44(\mathrm{km/h})$$

思考与习题

20×× 年 12 月 31 日 16 时 20 分许,在 ×× 街 ×× 小区入口,辽×××××× 号小型轿车(简称 A 车)与辽×××××× 号小型轿车(简称 B 车)相撞,发生道路交通事故。

根据委托方提供的资料可知:视频资料显示在 20××-12-31 16:11:25 第 20 帧时,A 车运行至视频画面中所示位置,将此时 A 车右前轮轴心垂直地面位置记为参照线①;继续播放至视频画面时间 20××-12-31 16:11:25 第 25 帧,此时 A 车右后轮轴心垂直地面位置恰好与上述参照线重合。经测量,确定 A 车在上述时间段内的行驶距离 $l_A \approx 2.6 \mathrm{m}$,视频共播放 $n_A = 5$ 帧,视频软件为每秒 $f = 25$ 帧(参见图 10-10 视频资料截图 1,2)。

视频资料截图 1　　　　　　　　　　　视频资料截图 2

图 10-10　A 车行驶视频截图

视频资料显示在 20××-12-31 16:11:23 第 2 帧时,B 车运行至视频画面中所示位置,将此时 B 车左前轮轴心垂直地面位置记为参照线②;继续播放至视频画面时间 20××-12-31 16:11:25 第 5 帧,此时 B 车左后轮轴心垂直地面位置恰好与上述参照线重合。经测量,确定 B 车在上述时间段内的行驶距离 $l_B \approx 2.6 \mathrm{m}$,视频共播放 $n_B = 54$ 帧,视频软件为每秒

$f = 25$ 帧(参见图 10-11 视频资料截图 3,4)。运用视频鉴定方法,计算两车车速。

视频资料截图 3　　　　　　　　　　　视频资料截图 4

图 10-11　B 车行驶视频截图

第 11 章
非典型汽车事故鉴定方法与案例分析

导语 对于大部分实际发生的交通事故,可以运用 GB/T 33195—2016 中的典型形态事故鉴定标准及第 4 章介绍的事故再现方法,进行科学的鉴定分析。此外,必要时可以运用各种经验公式、使用符合 GA/T 1013 的交通事故现场测试仪进行现场试验等方法;对于装有车载行车记录设备(如符合 GB/T 19056 的汽车行驶记录仪、车载卫星定位装置等)的事故车辆,可以读取设备数据进行车速估计;如果有可靠的事故视频数据资料,则可以依据 GA/T 1133 标准进行视频鉴定。但是有些汽车事故,各种典型鉴定分析方法均不适合,或者仅靠一种典型鉴定算法无法实现鉴定的目标,同时又不具备运用经验公式、车载设备、试验及视频鉴定方法。本章重点讨论二维碰撞和复杂单车事故两类非典型汽车事故的鉴定分析方法。

关键词 非典型事故,二维碰撞,坠车事故,翻滚事故,多形态事故,案例研究

思政要点 探索钻研,精益求精

§11.1 汽车二维碰撞事故鉴定分析方法

11.1.1 汽车的二维碰撞

正面碰撞和追尾碰撞一般按照一维碰撞进行定性和分析,有一些科学而实用的事故分析方法,相关鉴定规范中也给出了简洁明了的鉴定标准。在实践中,对于碰撞角度较小的事故均可以按照上述类型进行处理。汽车直角侧面碰撞一般按照对心直角侧碰处理,有一定的理论模型和鉴定标准用于实际鉴定中,还有不少基于实验数据的经验公式可供鉴定参考。前面介绍过的汽车与二轮车和行人的事故,也在鉴定标准里给出了明确的鉴定方法,这些都属于比较典型的汽车事故。在汽车事故鉴定实践中,经常还会遇到一些比较复杂的非典型事故形态,比如,正面和追尾碰撞的角度较大,属于斜碰撞,并不能按照一维碰撞或直角侧面碰撞处理,这种斜碰撞事实上是汽车碰撞的普遍形式,由于碰撞力一般不经过车辆质

心,因此会伴随着汽车的旋转运动;另外,直角侧面碰撞如果碰撞作用方向远离汽车质心,或者碰撞前汽车有转向行为,也会产生平面旋转运动。这种斜碰撞或者偏心碰撞,由于产生了平面旋转的二维运动,因此一般称为二维碰撞。二维碰撞的形成主要有下列几种情况:

(1) 在正面碰撞中,由于双方驾驶员在碰撞之前或碰撞过程中采取了躲避操作,使汽车碰撞在动态变化过程中转化为斜碰撞或二维碰撞。

(2) 在追尾碰撞过程中,后车驾驶员采取了转向避险行为,在碰撞接触前或者碰撞动态变化过程中形成了斜碰撞或二维碰撞。

(3) 在直角侧面碰撞中,驾驶员采取转向避险行为时,会形成二维碰撞。

(4) 当正面、追尾和直角侧碰撞的碰撞部位偏离车辆头部、尾部和侧面中心区域比较明显时,碰撞往往会成为二维碰撞。从理论上讲,只要碰撞作用方向与两车质心连线不吻合,即偏心碰撞,那么汽车都会发生一定的旋转运动。

(5) 在一维碰撞中,由于碰撞部位的变形原因,导致汽车发生了接触面上的相对滑动,同时也会使碰撞方向和碰撞中心发生转移,从而导致二维碰撞的产生。

(6) 汽车碰撞事故发生时的道路路面坡度、障碍物的阻碍或影响、其他车辆参与进来的多车碰撞、连环碰撞等多数情况会出现二维碰撞。

二维碰撞时,汽车的运动是平面运动。在碰撞接触面上,产生冲力和摩擦力。两种力均产生力矩,碰撞车和被碰撞车除有平移运动外,还有回转运动,且碰撞点也不是固定不变的。斜碰撞是二维碰撞的主要形式。这里以斜碰撞为例,从受力、运动和痕迹等方面介绍二维碰撞的特点。

11.1.2 汽车斜碰撞的特征

一、受力特点

当发生斜碰的两车初速度方向夹角不垂直时,一般会在两车接触面上产生切向的摩擦力(存在相互滑动或者滑动趋势)。如图 11-1 所示,两辆汽车①,②在碰撞时受到的实际碰撞力是法向碰撞力(F_{N1},F_{N2})和切向摩擦力(F_{f1},F_{f2})的合力。两个方向的分力均产生使汽车旋转的力矩,当两个力矩不平衡(忽略其他外力),即汽车所受碰撞力的合力不经过质心时,汽车将发生回转运动。由图 11-1 也可以看到,车①所受的摩擦力和法向碰撞力假设是不同方向的力矩,而车②的两个分力产生的力矩的方向是相同的,这将导致车②发生更剧烈地旋转。滑动摩擦力的方向是不确定的,它与相互间的滑动(或相对滑动趋势)方向有关,滑动方向与汽车的动量大小有关。当车①的切向速度较高时,会出现图中的情况;反之,当车②的切向速度较高时,滑动摩擦力的方向将与图中的相反。

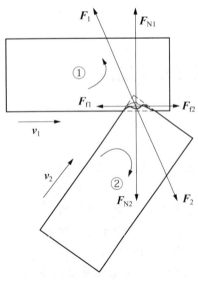

图 11-1 斜碰撞两车受力分析图

二、运动状态

由于汽车在碰撞中碰撞方向和部位会发生变化,且会发生旋转运动,因此在碰撞结束分离后,汽车在剩余动能的作用下,将继续进行旋转和位移,最终停车时保持一定的平动位置和旋转角度。如图 11-2 所示。

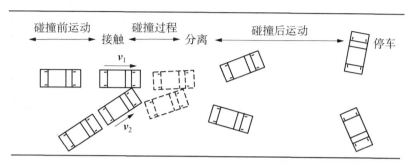

图 11-2 斜碰撞运动变化示意图

三、痕迹特点

由于汽车斜碰撞时受力方向与行驶方向存在角度,并且由于相互之间的滑动导致碰撞部位变化,因此汽车的变形部位呈现出多中心、不规则的特点,变形的演变方向与汽车行驶方向(或纵轴方向)存在明显的角度。虽然中心不够明确,但一般可以区别出最大变形部位或区域。在二维碰撞事故鉴定分析中,碰撞中心和碰撞方向的确定非常关键,而最大变形部位与变形的演变方向是推断碰撞中心和碰撞方向的重要依据。由于碰撞中汽车有变形和相对滑动,因此碰撞力方向和碰撞力作用点其实是变化的。所谓的碰撞方向指的是碰撞范围内所有碰撞分力的合力,即合碰撞力的方向;碰撞中心一般是指碰撞最激烈或碰撞结束时的碰撞合力的作用点,由于时间间隔很短,因此一般不加以区别。变形最严重的部位的中心即为碰撞中心,而变形的方向即为碰撞合力的方向。

11.1.3 汽车二维碰撞事故鉴定分析方法

一、模型假定

前面在 4.1 节介绍了汽车碰撞的理想化模型和假定条件,对于汽车二维碰撞仍然适用。由于二维碰撞的特殊复杂性,为了更好地解决此类事故实践中的鉴定分析问题,针对二维碰撞提出如下的假定:

(1) 假设汽车碰撞只有路面内的平动和回转运动,即在路面的 xOy 直角坐标系内,只有 x,y 方向的移动和绕着 z 轴的转动,并且碰撞瞬间完成,忽略碰撞过程中汽车位移和方向的变化。

(2) 汽车相互之间的摩擦力(合力)和碰撞法力(合力)构成的碰撞作用力平面平行于路面。接触面上的摩擦力与碰撞法力瞬间达最大值,碰撞作用力方向在碰撞过程中不变。除摩擦力和碰撞法力外,碰撞过程中忽略其他所有外力。

(3) 两辆车的碰撞部位存在一个重合的碰撞接触面且垂直于路面,碰撞接触面的中心为碰撞中心。碰撞法力方向与碰撞接触面垂直,两车之间的滑动摩擦力位于碰撞接触面与碰撞作用力平面的交线上。以碰撞中心为坐标原点在碰撞作用力平面上建立法切坐标系,

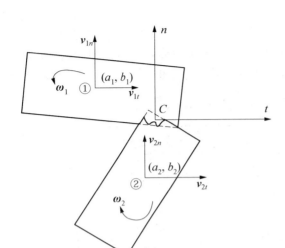

图 11-3 斜碰撞运动变化示意图

即沿碰撞接触面方向的 t 轴（切向摩擦力方向）和与接触面垂直的 n 轴（法向力方向），如图 11-3 所示，C 为碰撞中心。

（4）忽略变形的不规则性，假设存在一个最大变形深度点（一定范围），最大变形点的中心与碰撞中心的连线方向（两点处于同一地面高度）为碰撞合力（摩擦力与碰撞法力的合力）的方向。

（5）存在碰撞平面上的汽车间的法向和切向恢复系数，且二者存在一定的关系，即满足下式：

$$e_n = \frac{v'_{2n} - v'_{1n}}{v_{1n} - v_{2n}} \tag{11-1}$$

$$e_t = \frac{v'_{2t} - v'_{1t}}{v_{1t} - v_{2t}} \tag{11-2}$$

$$u = \frac{e_n}{e_t} \tag{11-3}$$

式中：v'_{1n}，v'_{1t} ——车①碰撞接触位置（碰撞中心 C）在分离瞬间速度的 n，t 分量；

v_{1n}，v_{1t} ——车①碰撞接触位置在接触瞬间速度的 n，t 分量；

v'_{2n}，v'_{2t} ——车②碰撞接触位置（碰撞中心 C）在分离瞬间速度的 n，t 分量；

v_{2n}，v_{2t} ——车②碰撞接触位置在接触瞬间速度的 n，t 分量；

u ——法向恢复系数与切向恢复系数的黏着系数。

根据刚体的运动，可以把汽车碰撞点的速度转化为汽车质心的平动和绕质心的转动，上述恢复系数可以用这些状态变量表达。对于图 11-3 的情形，式（11-1）和（11-2）可以写成

$$e_n = -\frac{(v'_{2n} + a_2\omega'_2) - (v'_{1n} - a_1\omega'_1)}{(v_{2n} + a_2\omega_2) - (v_{1n} - a_1\omega_1)} \tag{11-4}$$

$$e_t = -\frac{(v'_{2t} - b_2\omega'_2) - (v'_{1t} + b_1\omega'_1)}{(v_{2t} - b_2\omega_2) - (v_{1t} + b_1\omega_1)} \tag{11-5}$$

式中：v'_{1n}，v'_{1t} ——车①质心的碰撞分离瞬间速度在 n，t 方向的分量；

v_{1n}，v_{1t} ——车①质心的碰撞接触瞬间速度在 n，t 方向的分量；

v'_{2n}，v'_{2t} ——车②质心的碰撞分离瞬间速度在 n，t 方向的分量；

v_{2n}，v_{2t} ——车②质心的碰撞接触瞬间速度在 n，t 方向的分量；

a_1，b_1 ——车①质心在 nCt 坐标系的坐标；

a_2，b_2 ——车②质心在 nCt 坐标系的坐标；

ω'_1，ω'_2 ——两车分离瞬间的转动角速度；

ω_1，ω_2 ——两车接触瞬间的转动角速度。

要特别注意上式中的质心坐标是带有正负号的，式（11-4）和（11-5）在不同碰撞方位

时可能有一定变化,要注意转动矢量的方向。公式的各项符号的变化与碰撞方位、旋转方向、碰撞点和质心的位置都有关系。

二、基本理论和模型

汽车之间的任意碰撞形式,在一定的前提条件下都可以假定遵循动量守恒原理。对于二维碰撞,在忽略了相互之间的法向碰撞力和接触面之间的滑动摩擦力之外的所有外力时,相互之间的冲量变化量服从平衡原理。如图 11-4 所示,每辆车碰撞前后的动量变化量和所受到的冲量满足动量定理,碰撞前后的动量及冲量构成矢量三角形;两车的冲量大小相等,方向相反,碰撞前后两车的总动量不变。

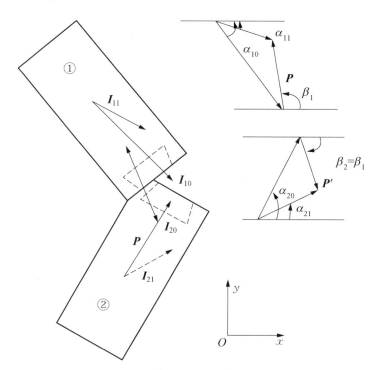

图 11-4 汽车二维碰撞动量交换示意图

忽略汽车碰撞质量的损失,用数学模型描述图 11-4 中矢量三角形关系即动量定理为

$$\boldsymbol{I}_{11} - \boldsymbol{I}_{10} = m_1(\boldsymbol{v}_{11} - \boldsymbol{v}_{10}) = \boldsymbol{P}_1 \quad (11-6)$$

$$\boldsymbol{I}_{21} - \boldsymbol{I}_{20} = m_2(\boldsymbol{v}_{22} - \boldsymbol{v}_{20}) = \boldsymbol{P}_2 \quad (11-7)$$

$$\boldsymbol{P}_1 = -\boldsymbol{P}_2 \quad (11-8)$$

式中:$\boldsymbol{I}_{10}$,$\boldsymbol{I}_{11}$——车①碰撞前、后的动量矢量;

$\boldsymbol{I}_{20}$,$\boldsymbol{I}_{21}$——车②碰撞前、后的动量矢量;

m_1,m_2——车①,②的质量;

$\boldsymbol{v}_{10}$,$\boldsymbol{v}_{11}$——车①碰撞前、后的速度矢量;

$\boldsymbol{v}_{20}$,$\boldsymbol{v}_{21}$——车②碰撞前、后的速度矢量;

$\boldsymbol{P}_1$,$\boldsymbol{P}_2$——在碰撞过程中车①和车②获得的冲量。

注意，上式是一个矢量方程，要按照矢量运算规则进行计算分析。根据冲量平衡原理可得

$$I_{10} + I_{20} = I_{11} + I_{21} \tag{11-9}$$

或直接根据式(4-19)可得

$$m_1 v_{10} + m_2 v_{20} = m_1 v_{11} + m_2 v_{21} \tag{11-10}$$

式(11-9)，(11-10)是汽车碰撞的动量守恒原理分别用动量和速度表示的矢量式，要按照矢量运算规则。如果在碰撞作用力平面中任意建立一个 xOy 坐标系，则式(11-9)或(11-10)就可以分解到 x，y 轴上，分别建立两个平衡方程，即

$$\begin{aligned} I_{10x} + I_{20x} &= I_{11x} + I_{21x} \\ I_{10y} + I_{20y} &= I_{11y} + I_{21y} \end{aligned} \tag{11-11}$$

或

$$\begin{aligned} m_1 v_{10x} + m_2 v_{20x} &= m_1 v_{11x} + m_2 v_{21x} \\ m_1 v_{10y} + m_2 v_{20y} &= m_1 v_{11y} + m_2 v_{21y} \end{aligned} \tag{11-12}$$

上式中的各量分别表示各动量、各速度矢量在 x，y 轴方向的分量，分解后就可以按照标量的代数运算进行计算。进一步地，可以用图 11-4 所示的各矢量的方向角来表示式(11-11)，即

$$\begin{aligned} I_{10}\cos\alpha_{10} + I_{20}\cos\alpha_{20} &= I_{11}\cos\alpha_{11} + I_{21}\cos\alpha_{21} \\ I_{10}\sin\alpha_{10} + I_{20}\sin\alpha_{20} &= I_{11}\sin\alpha_{11} + I_{21}\sin\alpha_{21} \end{aligned} \tag{11-13}$$

上式中，I_{10}，I_{11}，I_{20}，I_{21} 分别代表车①，②碰撞前后的动量的标量值，即矢量的模(矢量长度)；α_{10}，α_{11}，α_{20}，α_{21} 分别代表车①，②碰撞前后的运动(速度)方向与 x 轴的夹角(见图11-4)。

需要说明的是，坐标系的建立可以是任意的，但一般是以道路方向或者汽车的运动方向作为某一个坐标轴的方向，也可以碰撞接触平面和碰撞中心建立法切坐标系进行动量分解。

有时，可以通过事故勘查或者结合事故视频数据资料，确定和推断碰撞车辆在碰撞前的行驶方向(作为碰撞前速度和动量的方向)以及碰撞后的速度的大小和方向，这相当于在式(11-13)中的 α_{10}，α_{11}，α_{20}，α_{21} 四个方向参数和 I_{11}，I_{21} 两个量值参数均为已知，通过解(11-13)两个分量方程就可以求出碰撞前的动量大小，进而求出碰撞前的车速。动量大小与车速大小存在如下的关系：

$$I_{10} = m_1 v_1, \quad I_{20} = m_1 v_2$$

其中的 v_1，v_2 表示两车碰撞前速度大小。用矩阵表达上述求解模型为

$$\begin{bmatrix} v_{10} \\ v_{20} \end{bmatrix} = \begin{bmatrix} m_1\cos\alpha_{10} & m_2\cos\alpha_{20} \\ m_1\sin\alpha_{10} & m_2\sin\alpha_{20} \end{bmatrix}^{-1} \begin{bmatrix} m_1 v_{11}\cos\alpha_{11} & m_2 v_{21}\cos\alpha_{21} \\ m_1 v_{11}\sin\alpha_{11} & m_2 v_{21}\sin\alpha_{21} \end{bmatrix} \tag{11-14}$$

在上述已知条件下的汽车二维碰撞事故，还可以通过图解法求解碰撞前两车的速度。

矢量四边形法就是其中的一种。下面简要介绍一下这种方法。

从图 11-4 可以发现，碰撞的两辆车碰撞前后的动量和所受冲量分别构成一个矢量三角形，并且两个三角形存在一条大小相等、方向相反的边（冲量矢量），所以可以将两个三角形的公共边重合构造一个四边形，如图 11-5 所示。矢量四边形作图的步骤为：

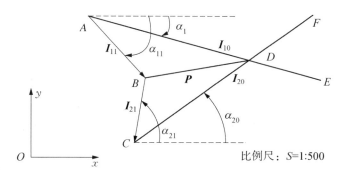

图 11-5　二维碰撞矢量四边形图解

(1) 以道路方向为 x 轴、其垂直方向为 y 轴建立 x-y 坐标系，选择合适的比例尺 S，例如 1mm 代表 500 kg·m/s，即 1:500。任选一点 A，从 A 出发作线段 $AB = m_1 v_{11} S$，并使 AB 与 x 轴成 α_{11} 角。

(2) 从 B 作线段 $BC = m_2 v_{21} S$，并使 BC 与 x 轴成 α_{21} 角。

(3) 过 A 作射线 AE，与 x 轴成 α_{10} 角。

(4) 过 C 作射线 CF，与 x 轴成 α_{20} 角，设 CF 与 AE 相交于点 D。

(5) 测量 AD，CD 的长度分别为 $a(\text{mm})$，$b(\text{mm})$，则有：

$$v_{10} = \frac{a}{m_1 S}(\text{m/s}),\quad v_{20} = \frac{b}{m_2 S}(\text{m/s})$$

由于汽车的回转运动，汽车的停车方位与碰撞分离时发生了较大的改变，而且也缺乏比较充分的证据能直接确定碰撞结束瞬间的速度方向，因此上述解析和图解法在实践中存在局限性，多数情况下必须运用其他方法进行鉴定分析。下面介绍一种更普遍适用的二维碰撞事故的求解模型。这种方法的基本思想是综合运用前面介绍过的动量守恒、能量守恒、动量矩守恒等原理以及碰撞恢复系数特性等，推测碰撞前速度等状态参数。所建立的模型还可以通过计算模拟技术，在参数优化基础上求解最优解或较优解。

假设两车碰撞接触面上的碰撞中心在地面的投影即为汽车碰撞的地面接触点，为了使模型更具一般性，以该点为坐标原点，建立 xOy 坐标系。为了便于说明，这里以建立如图 11-4 所示的法切坐标系为例，以碰撞法力方向为 y 轴，即以图 11-3 中的 n 轴为 y 轴，t 轴为 x 轴，并假设碰撞合力的方向如图 11-1 所示。设车①的质量为 m_1、转动惯量为 J_1、碰撞后发生回转的角速度为 ω_1，车①的质心坐标点为 (x_1, y_1)（相当于图 11-3 中的 a_1，b_1）；车②的质量为 m_2、转动惯量为 J_2、碰撞后旋转的角速度为 ω_2，车②的质心坐标点为 (x_2, y_2)。根据前面介绍的理论和假设，汽车二维碰撞过程遵循的原理包括以下几个方面：

(1) 动量守恒定律。两车碰撞过程中遵守动量守恒定律，即

$$m_1 v_{1x} + m_2 v_{2x} = m_1 v'_{1x} + m_2 v'_{2x}$$
$$m_1 v_{1y} + m_2 v_{2y} = m_1 v'_{1y} + m_2 v'_{2y} \tag{11-15}$$

(2) 角动量定理。碰撞的两车分别遵守动量矩定理,即

$$J_1(\omega'_1 - \omega_1) + m_1 x_1(v'_{1y} - v_{1y}) + m_1 y_1(v'_{1x} - v_{1x}) = 0$$
$$J_2(\omega'_2 - \omega_2) - m_2 x_2(v'_{2y} - v_{2y}) - m_2 y_2(v'_{2x} - v_{2x}) = 0 \tag{11-16}$$

(3) 碰撞恢复系数。根据式(11-1),两车在碰撞法向即 y 轴方向的恢复系数为

$$e_y = -\frac{(v'_{2y} + x_2 \omega'_2) - (v'_{1y} - x_1 \omega'_1)}{(v_{2y} + x_2 \omega_2) - (v_{1y} - x_1 \omega_1)} \tag{11-17}$$

如果两车碰撞时在接触面上有相对滑动,则存在切向即 x 轴方向的恢复系数,为

$$e_x = -\frac{(v'_{2x} - y_2 \omega'_2) - (v'_{1x} + y_1 \omega'_1)}{(v_{2x} - y_2 \omega_2) - (v_{1x} + y_1 \omega_1)} \tag{11-18}$$

且二者存在一定的关系,满足滑动黏着定理,即满足

$$e_x = u e_y \tag{11-19}$$

(4) 能量守恒定律。汽车与汽车的碰撞都伴随有能量的损失,碰撞过程中损失的动能绝大部分转化为塑性变形能。根据能量守恒可以得到

$$\frac{1}{2}(m_1 v_{1x}^2 + m_1 v_{1y}^2 + J_1 \omega_1^2 + m_2 v_{2x}^2 + m_2 v_{2y}^2 + J_2 \omega_2^2)$$
$$= \frac{1}{2}(m_1 v'^2_{1x} + m_1 v'^2_{1y} + J_1 \omega'^2_1 + m_2 v'^2_{2x} + m_2 v'^2_{2y} + J_2 \omega'^2_2) + \Delta E \tag{11-20}$$

式中:v_{1x}, v_{1y} ——车①碰撞接触瞬间速度沿各坐标轴的分量;

v'_{1x}, v'_{1y} ——车①碰撞分离瞬间速度沿各坐标轴的分量;

v_{2x}, v_{2y} ——车②碰撞接触瞬间速度沿各坐标轴的分量;

v'_{2x}, v'_{2y} ——车②碰撞分离瞬间速度沿各坐标轴的分量;

ω_1, ω_2 ——两车碰撞接触瞬间的角速度;

ω'_1, ω'_2 ——两车分离接触瞬间的角速度;

x_1, y_1 ——车①质心坐标;

x_2, y_2 ——车②质心坐标;

J_1, J_2 ——两车绕纵轴的转动惯量;

ΔE ——塑性变形吸收能。

公式(11-15)至(11-18)给出了关于两车碰撞前后车速和角速度的 6 个方程。通常,车辆碰撞后的速度可以通过汽车质心的移动距离,根据功能原理进行计算[参见式(4-26)]。而汽车碰撞后的角速度,可以通过下式估算:

$$\omega'_{1,2} = \sqrt{\frac{m_{1,2} g \mu_{1,2} l_{1,2} \theta_{1,2}}{J_{1,2}}} \tag{11-21}$$

式中:l, μ, θ ——两车的轴距、路面滑转系数、滑转的角度。

这种估算汽车碰撞后的速度和角速度的方法是基于以下两个假设：

(1) 汽车碰撞后的平移运动是以质心为质点的运动；

(2) 汽车碰撞后的平面运动分解为相互独立的质心平动和绕着质心的转动。

事实上，汽车在有滑转运动时，由于汽车质量分布相对于车轴中心一般是不对称的，因此质心的平动并不能完全代表车辆整体的平移运动；汽车的最终位置和状态不仅是平移运动和滑转运动共同作用的结果，而且滑转与平移运动存在相互影响、相互转化的现象。

运用式(11-21)，需要确定滑转角度，这通常需要仔细勘查交通事故现场留下的滑转痕迹，通过滑转开始时的车辆轨迹推断汽车滑转开始时的方位，结合最后的停车方位，确定滑转角度。这种方法很可能由于无法判断滑转周数而出现错误的推断。

如果不能收集到充分的现场证据来确定滑转角度，则可以通过运动时间加以估计，为此做如下假设：

(1) 汽车碰撞后的平移运动和滑转运动同时开始、同时结束；

(2) 汽车滑转运动的路面状况及附着性能是不变的，汽车滑转运动是匀减速转动。

根据平移运动，可以确定碰撞后的运动时间为

$$t_{1,2} = \frac{v'_{1,2}}{g\varphi_{1,2}k_{1,2}} = \sqrt{\frac{2L_{1,2}}{g\varphi_{1,2}k_{1,2}}} \qquad (11-22)$$

式中，$t_{1,2}$，$L_{1,2}$，$k_{1,2}$ 分别表示①，②两车碰撞后运动时间、滑移距离、路面附着系数修正值。$\varphi_{1,2}$ 为两车的滑移系数，一般滑转系数比滑移系数稍大些。确定了滑移滑转时间后，汽车碰撞后的角速度为

$$\omega' = \frac{mg\mu l}{J}t = \frac{m\mu l}{J}\sqrt{\frac{2gL}{\varphi k}} \qquad (11-23)$$

还可以进一步根据式(11-23)和式(11-21)求出碰撞后汽车的滑转角度。滑转角度不仅可以结合勘查数据用来检验以上碰撞后运动参数估计的可靠性，而且可以结合最后汽车的停车方向，帮助确定汽车碰撞后的速度方向，从而根据前面所介绍的冲量平衡方法或者矢量四边形方法求解碰撞车速，简化计算分析。

以上讨论的是如何确定碰撞后的运动参数，一旦确定了碰撞后的运动参数，由公式(11-15)至(11-18)组成的模型就可以求解两辆汽车碰撞前的 x，y 速度分量和角速度，再通过速度合成即可得到碰撞车速。

这是常规的解析思路。尽管有一些研究资料给出了恢复系数的经验参考值，如对于侧面碰撞，一般在 0.1 到 0.5 之间，式(11-19)又给出了法向和切向恢复系数之间存在的关系，这对恢复系数的确定有一定的帮助，但是二者的关系这方面的研究较少，所以恢复系数求解仍然是一个技术难题，故这种方法的运用受到一定的限制。解决的方法之一是寻求其他替代模型，如式(11-20)的能量方程可以作为模型的必要补充，当然，正如第4章所讨论的，汽车损伤变形能量的估计同样有一定的难度。解决局限的另一种方式是采用计算机模拟技术，利用模拟软件或程序，不断修正恢复系数、初始运动状态等参数，直到模拟的汽车停车位置以及某些可提供的中间关键轨迹吻合度达到要求时，确定模型的最优解或较优解，或

者从诸多可行备选解中找到相对最优解。

无论是常规解析方法还是计算机模拟方法,通过现场勘查收集到更多的痕迹点位信息都很有帮助。另一方面,很多时候,汽车二维碰撞前并没有采取转向操作,在汽车接触前没有旋转趋势,此时,为了简化分析,可以假设碰撞前两车或者其中之一的角速度为零,平面运动完全是由于汽车之间的碰撞导致的,例如直角偏心碰撞。这将使求解变得容易,也符合很多实际事故发生时的状况,特别是在一方或者双方都未能及早发现危险的情况下,这种情况是确定的。或者,当车辆驾驶员对于方向盘的转向操作比较轻微时,也可以按照这种近似处理。

然而,驾驶员在碰撞前采取转向避险措施也是确定存在的现象,无法根据现场痕迹确定碰撞后汽车滑转角度也是客观存在的,而对滑转和滑移同时发生和结束的假定有时并不符合实际。所以,对于汽车二维碰撞事故的再现分析和鉴定尚需进一步研究新的方法,而设计开发比较实用的交通事故鉴定分析软件也非常重要。

§11.2　单车事故鉴定分析方法

所谓汽车单车事故(或叫单方事故),是指汽车在未与其他车辆或行人碰撞的情况下,由于驾驶员操作不当或因一些不可抗拒的自然因素,如结冰路滑、雾天视线不良等,所引发的交通事故。这种单方事故,责任一般在造成事故的车辆驾驶员一方,也有少数涉及设施或设备的安装、使用和维护方,个别的案件涉及车辆所有者、车辆维修者。总体来说,不像一般双方事故那样,需要进行责任划分和索赔处理。但交管部门仍需要查明事故真相和发生的原因,以便对案件进行定性和相应的处理。从保险公司角度来说,投保车辆发生了单方事故,需要查明真相,确定责任,排除骗保现象,进行相应的理赔处理。当单车案件比较复杂时,交通事故处理部门和保险公司都可能寻求司法鉴定机构进行交通事故鉴定。

实际上,在 GB/T 33195—2016 标准规范中,也包含了对单车事故进行鉴定的标准方法(参见 9.2 节)。之所以把其列入本章非典型事故大类中,主要是考虑汽车单方事故的形态是多种多样的,很多时候还会发生多种形态并存的情况。常见的形态有车辆侧翻、坠出路外、碰撞固定障碍物、陷落大坑、起火、爆炸等。由于引发事故的原因、事故现场形态各异,因此对于汽车单方事故,不能像对其他种类事故那样,归纳出一套普遍适用的公式和方法。例如,普遍适用第 4 章的典型事故的动量守恒定律,在单车事故中基本不能采用。缺少了动量守恒这个理论工具,并不意味着失去了解决这类事故的分析方法。可以针对不同的案情,灵活地运用汽车制动、侧滑、侧翻特性,利用物体抛物运动理论,以及汽车碰撞实验得到的变形经验公式等方法进行车速计算。实践证明,只要合理地运用汽车路面系统动力学理论和实验研究,绝大多数这类事故都能获得有效的分析和解决途径。

11.2.1　汽车在水平路面发生侧翻

在汽车行驶中,侧翻是其中一种威胁成员安全最为严重的事故。侧翻可以定义为能够使车辆绕其纵轴旋转 90°或更多以至于车身同地面接触的任何一种现象。侧翻可以由一个或一系列综合因素产生,一般发生在弯道,或者驾驶员在较高车速时采取了转向操作。

既可能发生在平直的水平路面上,也可能发生在有纵向或横向坡度的弯道处。当有外侧超高时,会有效抑制汽车发生侧翻,弯道有外侧超高时汽车侧翻的临界速度会提高(参见2.2节)。

根据第 2 章的内容,弯道行驶或者转向行驶时发生的侧翻,一般是在一定的车辆几何参数(轮距和中心高度等)和道路环境条件(附着系数、弯道半径等)下,汽车车速提高到某一临界值时才会发生。所以当汽车发生侧翻事故时,理论上证明其车速已经达到了这一阈值。根据第 2 章求汽车侧翻临界速度的知识,结合第 9 章介绍的 GB/T 33195—2016 标准的知识,侧翻的临界速度即汽车发生侧翻事故时的行驶车速(或制动后的车速)为

$$v = \sqrt{\frac{grd}{2h_g}} \tag{11-24}$$

式中:r——转弯半径(或地面弧形痕迹半径),单位为 m;
d——轮距,单位为 m;
h_g——车辆质心高度,单位为 m;
g——重力加速度,取 9.8 m/s²。

转弯半径或者地面弧形痕迹的半径可以通过测量弦长和弦高的方法进行估算,如图 11-6 所示,具体计算方法可参见 9.2 节的公式(9-25)。

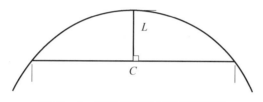

图 11-6 转弯半径测量估算示意图

在利用上述方法分析汽车侧翻事故时还要注意以下几点:

(1) 这里以及鉴定标准中都只给了平路上发生侧翻事故时车速的推算方法,也就是未考虑横坡等因素。实际上,道路增加外侧超高虽然可有效抑制侧翻这种危险,但是很多时候正是在有外侧超高的弯道处行车,由于车速来不及下降才导致发生侧翻。所以,当实际事故发生在有明显横坡时,需要考虑坡度对计算结果的影响,此时可参考式(2-34)进行计算分析。

(2) 式(11-24)或(9-25)计算的只是汽车发生侧翻时的速度,而汽车发生事故前有可能采取了制动措施,这需要通过现场勘查予以判断,特别是侧翻点的确定也很关键。所以由公式计算得到的车速不一定是行驶车速,它一般是最小的行驶速度。即使汽车侧翻前没有制动,由于汽车可能是突然进入弯道处发生侧翻,因此汽车的速度往往会高于由公式计算的速度。有时候,这个速度被作为汽车行驶速度的下限值,用以约束或检验由其他方法(如制动轨迹法)计算的结果。

(3) 这里的侧翻是指在弯道或者转向行驶时反向于转弯中心的侧翻,即向外侧翻。汽车在坡道上向内倾翻发生的事故,不能用该式求解。

11.2.2 路外坠车且第一落地点为坡底时

汽车从公路悬崖上或陡坡上坠落时,以一定的初速度冲出路外,并沿抛物线轨迹在空中飞行一段距离后落地,落地后又向前滑滚一段距离后停车,如图 11-7 所示。根据汽车坠落后的移动距离和悬崖或陡坡高度,依据能量守恒定律,可以计算出汽车坠落前的瞬时速度。

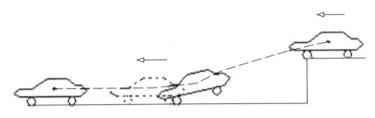

图 11-7 汽车路外坠车示意图

若汽车第一落地点为坡底,且汽车落地后向前滚动或滑行一段距离停止,则车辆坠落瞬间速度为

$$v = f\sqrt{2g}\left(\sqrt{h+\frac{x}{f}} - \sqrt{h}\right) \tag{11-25}$$

式中:x ——汽车坠落地点至停止地点的水平距离,单位为 m;
h ——落下高度,单位为 m;
f ——汽车坠落后与地面的滚动阻力系数,或滑动摩擦系数。

如果能确定汽车坠落的第一落地点或汽车坠落地面后不动,则车辆坠落瞬间的速度按下式计算:

$$v = x_1\sqrt{\frac{g}{2h}} \tag{11-26}$$

其中,x_1 ——汽车坠落地点至落地着地点之间的水平距离,单位为 m。

若汽车碰撞前无制动,则碰撞前的瞬时速度视为车辆行驶速度,否则根据碰撞前滑移距离计算行驶速度。

11.2.3 汽车碰撞固定物

一、汽车单纯碰撞固定物

根据 GB/T 33195—2016,当汽车碰撞水泥柱子、树木等固定物时可利用以下模型计算碰撞车速:

$$v = 18.61l\,(\text{m/s}) = 67l\,(\text{km/h}) \tag{11-27}$$

式中:l ——汽车塑性变形量,单位为 m。

二、汽车碰撞障碍物后翻车

如果汽车碰撞障碍物后随即翻车并在路面上滑移,则可根据翻车车身在路面上的滑移

距离计算翻车开始滑移的速度;在无法确定翻车前速度时,可基于翻车过程瞬间完成这一假定,用滑移时的速度作为翻车速度,即

$$v=\sqrt{2g(\mu\pm i)s} \tag{11-28}$$

式中：i ——坡度,上坡取"＋"号,下坡取"－"号；

μ ——车体与路面的摩擦系数；

s ——车体在路面上的滑移距离,单位为 m。

11.2.4 汽车翻滚或跳跃

汽车碰撞障碍物后发生翻车或者在弯道行驶中由于车速过高发生了侧翻,而翻车位置又处在道路边缘,汽车就可能会翻滚到路边沟里或河道上；汽车在行驶时如果冲出道路,也会发生类似的翻滚事故。翻滚也可能是向山坡上翻滚(跳跃)。这与坠车不同,坠车是在空中飞行后,比较"平稳地"着地,一般会有向前的滚动滑行,适用于高度不是很高的情形。而汽车翻滚不仅仅是汽车从道路上"落下",还包括在空中或者山坡上发生的"急剧"翻转,坠落前一般有"向上"抛出的阶段。汽车翻滚前车速的计算方法为

$$v=\frac{3.13s}{\sqrt{s\pm h}}(\text{m/s})=\frac{11.27s}{\sqrt{s\pm h}}(\text{km/h}) \tag{11-29}$$

式中：s ——发生碰撞时车辆的质心位置与翻滚或跳跃后首次接触地面的质心位置之间的水平距离,单位为 m；

h ——汽车跌落或上升的垂直距离,跌落时取"＋"号,上升时取"－"号,单位为 m。

§11.3 案例分析

11.3.1 案例简介

一、基本案情

××年××月××日午夜,××线××段,L××号小型轿车与树木相撞后翻入沟内,发生道路交通事故。轿车发生了一定的翻滚,有较严重的车身弯折变形和车损。交通事故现场图如图 11-8 所示。

二、鉴定事项及要求

本案委托的鉴定事项为：

(1) 轿车与其他车辆有无接触；

(2) 轿车行驶速度。

提供的鉴定用检材及材料包括：

(1) 鉴定用材料:道路交通事故现场图,事故现场照片,勘查记录,勘查照片,车辆信息(见表 11-1)。

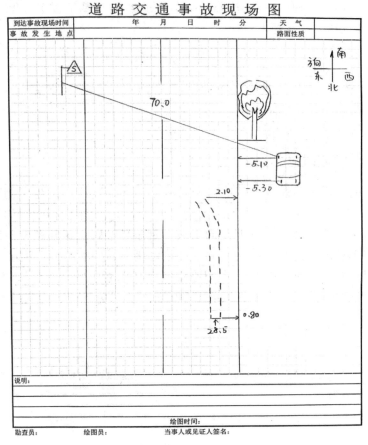

图 11-8 交通事故现场示意图

表 11-1 车辆基本信息

L××号小型轿车(以下简称轿车)	
车辆牌号	L××××××
车辆品牌	××牌
车辆识别代号	×0×4×1×
整备质量	1 105 kg
外廓尺寸	4 416 mm×1 668 mm×1 438 mm
车辆类型	小型轿车

(2) 鉴定用检材:L××号小型轿车。

11.3.2 车辆检验与鉴材分析

一、鉴定依据

GB/T 33195—2016《道路交通事故车辆速度鉴定》等。

二、事故现场照片

图 11-9 为该事故的现场照片（局部），事故发生在开放的双向双车道公路上，道路两旁有高大的树木。事故发生在夜间，道路未安装照明设施。

图 11-9　交通事故现场

三、车辆勘验

图 11-10 为该事故的检验人员拍摄的勘验照片。从照片可以发现，轿车前后左右均有不同程度的擦痕和破损以及物件脱落现象，符合翻滚事故的特点。整体来看，轿车的车头和左侧损坏比较严重，车尾和右侧损坏较轻，车身中间左侧有较大弯折，车门缺失，初步判断撞树的部位先后为汽车左侧头部和中部。

图 11-10　事故车辆整车检验情况

图 11-11 为轿车的车头部位的勘验照片。可以发现，发动机舱盖翘起，右侧翼子板凹陷，保险杠脱落严重，水箱结合部移位变形，左侧翼子板部分碎裂，有一定弯折，左侧大灯罩碎裂，左前轮侧歪并倾斜。说明汽车车头部分特别是左侧与其他物体发生了比较剧烈的碰撞。

图 11-12 为轿车的车尾部位的勘验照片。可以发现，尾部右侧离地高度 40~60 cm 的

部位有明显的擦痕和破损,其中偏下位有一个破损的洞。因为轿车撞树后跌落翻滚进沟里,边坡和沟里有不少树木,所以分析有可能是由树枝等尖锐物体造成的。

图 11-11　事故车辆前部检验情况

  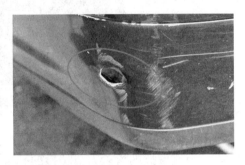

图 11-12　事故车辆后部检验情况

图 11-13 为轿车的侧面和车身中部的勘验照片。从几张图片的比较可以发现,轿车车身左侧的变形是比较严重的,特别是驾驶员侧 A 柱和 B 柱之间尤其严重。从图(a)可以看到,汽车的方向盘折断脱落,汽车底板向内严重弯折。图(b)表明最大内向弯曲大约 50 cm,这个侧向内弯变形是很大的,反映了汽车撞树时的剧烈程度,即便事故是发生在开放的较窄公路的夜晚,仍然有理由判断车速不会太低。

图(c)显示了轿车左侧前部 A 柱附近部位有明显的划痕和一定的破损,并且覆盖范围很大,几乎从 A 柱部位延伸到翼子板前端。分析可能是汽车在撞树时接触部位由前到后有一个滑动变化的过程。从图(d)可以发现,轿车 B 柱往后也有一定的撞击凹坑和变形,但比前

(a)　　　　　　　　　　　　　　　(b)

(c) (d)

图 11-13　事故车辆侧面检验情况

端轻微得多,应该是碰撞过程缓冲之后才接触到左侧后部,也有可能是在翻滚和跌落过程中碰到其他物体所致,总之此时车速已经显著下降。

图 11-14 为轿车的车顶和挡风玻璃的车损情况。车顶局部特写中明显出现鼓包和凹陷,从变形的部位位于 B 柱附近且位于车顶左侧,分析认为这应该是车辆撞树时向内及向上顶压所致(也有可能是翻车后在路面或沟底跌落时与路面、沟底地面或其他物体踫撞导致),车顶未见其他明显擦痕或破损。挡风玻璃的破损左侧明显比右侧更严重,这也再次证明轿车主要是左前部与树相撞。

图 11-14　事故车辆顶部和挡风玻璃检验情况

11.3.3　计算分析与鉴定结论

这起夜间发生在开放的单向单车道公路上的事故,属于单车事故,并且十分复杂,同时伴随发生了撞固定物(树)、翻车、翻滚、跌落和滑转等形态。为了更好地分析和说明这起事故,根据现场勘查和车辆勘验资料,绘制了图 11-15 的事故分析图,以解释和推断事故发生的过程。

图 11-15 中,B,D,M,E 4 点分别代表轿车开始制动点、开始侧滑点、撞树点和静止点的车辆质心位置。X 代表轿车停止时距路边的距离,用点画线表示意指点 E 的不确定性。Y 代表 DM 距离。

所掌握的数据和资料显示,轿车的塑性变形量 $l \approx 0.5 \text{ m}$。轿车轴距约 2.47 m,前轮距约 1.43 m,后轮距约 1.42 m,沟深大约为 4.5 m。根据 4 416 mm×1 668 mm×1 438 mm,碰

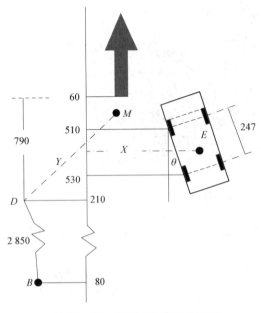

图 11-15 撞树翻滚事故分析图

撞后轿车质心翻滚距离 $s \approx 6.13\,\mathrm{m}$,轿车跌落距离 $h \approx 4.5\,\mathrm{m}$。轿车沥青路面附着系数取 0.7。旋转角度 $\theta = 90°$。

根据图 11-8,轿车在撞树之前的路面轮胎痕迹有明显的偏转,偏转方向为东南偏东方向,这将导致汽车发生侧滑或者侧翻。根据车辆勘验,轿车撞树的部位判断为车辆的左前部到中部。根据这两方面的信息,可以判断汽车是在道路上发生了侧翻或者侧滑旋转后左侧与树木发生了碰撞,为此,首先要进行车辆侧翻或者侧滑的判断。由于轿车车顶除了一处凹凸变形外,未见有明显的擦痕,不足以证明汽车在路面发生了翻车,现场勘查资料和现场图也缺乏路面侧翻或侧滑的痕迹证据,因此下面采用第 2 章的知识进行分析。

一、侧翻或侧滑的判断

在沥青路面上车辆的侧滑系数一般低于纵向滑动摩擦系数,在紧急制动状态下,侧滑系数很小,一般会低于 0.3,普通轿车的质心高度一般在 51 cm 以上,该事故的轿车轮距为 1.42 m(取较小的后轮距值),根据第 2 章的知识,依据式(2-24)计算和分析如下:

$$\frac{bh_g}{2} > \frac{1.42 \times 0.51}{2} \approx 0.36$$

当 $\varphi < 0.36$ 时,$v_h > v_\varphi$,所以,车辆发生了侧滑。

二、轿车整个运动过程的推断

轿车在夜间公路上以较快车速行进中发现危险,进行了制动减速,由于轿车在制动减速中发生了偏转,因此导致轿车侧滑并滑转到路边树木前,轿车左侧前部碰撞接触树木,碰撞接触部位有一定滑动变化。撞树后,翻滚到路边沟里,头南偏东停在沟底。轿车的运动过程经历了制动减速(含有一定偏转)—侧滑和滑转—碰撞树木—翻车—滚落。

三、轿车车速推算

根据以上分析,轿车的运动大致可分成 5 个阶段,事故过程相当复杂,由于缺乏某些充分的数据和资料(例如偏转方向、滑转角度),因此基于不影响鉴定分析精度的考虑,对事故过程适当简化后进行鉴定分析是必要的。本着这一思想,将该起汽车单车事故过程简化为:制动减速—侧滑—侧面撞树—翻滚落沟 4 个阶段。

1. 翻滚阶段

首先计算翻滚距离,根据图 11-15 进行计算:

由于 $\sin\theta = \dfrac{530-510}{247} \approx 0.08$,$\theta \approx 4.6°$,角度较小,为了计算简便,本例中在计算点 E 距离时,按照车辆平行道路边缘线处理,即按 $\theta \approx 0°$,并假设轿车质心在前后轴中心位置,同时忽略撞树后汽车车身变形导致的尺寸变化影响。在实际事故分析中,要按照 $\theta \approx 4.6°$,根据图 11-15 的几何关系,并按照事故车辆乘员和载货状况进行质心确定后计算点 E 的距离,对于车辆变形导致的几何尺寸变化一般不予考虑。简化后,点 E 距道路的距离为

$$X \approx \frac{5.1+5.3}{2} + \frac{1}{2} \times 0.5 \times (1.42+1.43) \approx 5.91 (\text{m})$$

因此,轿车翻滚距离 $s = X - 0.6 = 5.31(\text{m})$,根据沟深为 $h \approx 4.5\,\text{m}$ 的已知数据,利用式(11-29)计算汽车翻滚的速度为

$$v_f \approx 11.27 s/\sqrt{s+h} = 11.27 \times 5.61/\sqrt{5.61+4.5} \approx 19.9(\text{km/h})$$

2. 撞树阶段

根据汽车碰撞固定物的经验公式(11-27)估计轿车撞树时的速度为

$$v_c \approx 67l = 67 \times 0.5 \approx 34(\text{km/h})$$

经验模型(11-27)是碰撞混凝土柱子的实验结果,在这里被用来进行撞树车速的估计。从上面翻滚车速和撞树车速的结果来看,根据轿车变形采用(11-27)的经验模型估算撞树的车速是可行的。

3. 侧滑旋转阶段

忽略汽车由旋转导致撞树时的变形增加的影响,估计汽车在侧滑前的速度,首先确定侧滑距离:

$$Y \approx \sqrt{(7.90-0.5 \times 1.43)^2 + (0.6+2.1)^2} \approx 7.68(\text{m})$$

分析认为,此时因汽车失去制动(路面制动痕迹中断),汽车侧向附着性能增加,综合考虑,确定侧滑附着系数计算值为 0.45,则汽车侧滑前的速度为

$$v_D = \sqrt{2g\varphi_y Y + v_c^2} \approx \sqrt{2 \times 9.8 \times 0.5 \times 7.68 \times 3.6^2 + 34^2} \approx 46.2(\text{km/h})$$

4. 制动阶段

汽车侧滑前,路面留有大约 28.8 m 的制动印记,沥青良好路面的附着系数取值 0.65,考虑到制动印记有较浅之处,增加附着系数调整系数,取为 0.6,计算点 B 的速度为

$$v_B = \sqrt{2g\varphi_x Lk + v_D^2} = \sqrt{2 \times 9.8 \times 0.75 \times 28.5 \times 0.7 \times 3.6^2 + 46.5^2} \approx 77(\text{km/h})$$

所以,轿车的行驶车速约为 77 km/h。

四、轿车与其他车辆有无接触

上面重点讨论了委托鉴定的第二个事项,即行驶车速的鉴定。针对轿车与其他车辆有无接触这一鉴定事项,简单分析如下:

根据车辆检验,轿车前保险杠脱落,左前车门缺失,车顶盖左前部有凹陷和鼓起,左前车门底板有圆柱形凹陷,有残留木屑,左前轮偏斜,左前翼子板变形,左后车门变形,这些痕迹均与车辆与树木接触碰撞形成车辆损伤相符合,判断为与树相撞导致的变形和破坏。后保险杠右侧刮擦痕迹的走向呈现多向性特点,不符合车辆接触碰撞所形成的痕迹走向,车体其他部位均未见与其他车辆的碰撞痕迹。

分析认为,轿车在事故发生时与其他车辆无接触。

五、鉴定结论及讨论

根据以上鉴定分析,形成鉴定意见如下:

(1) L××小轿车在事故发生地点未与其他车辆接触。

(2) L××小轿车行驶车速约为 77 km/h。

对于本案例,如果车辆车顶有多处擦痕且与路面痕迹形态相互吻合,或有物质交换和附着,或者路面未见车辆旋转痕迹,则可以判断汽车先翻车后撞树的发生过程;如果路面有明确的轮胎痕迹,表明汽车发生了旋转滑移,则可以明确汽车发生了侧滑和旋转后与树碰撞。这样就不需要第一步利用式(2-24)进行侧翻或侧滑的判断。事实上,式(2-24)的判断方法存在局限性。若路面附着性能不好,尤其是制动状态下导致侧向附着性能下降,同时汽车的质心较高、轴距较小,此时,一旦汽车在较高的车速行驶中(速度显著高于侧翻和侧滑临界速度)突然紧急转向,汽车发生侧翻和侧滑都有可能。本例中,也不排除现场勘查中有部分较浅的路面痕迹信息消失了,因为这起事故发生在夜间零点左右,距离居住区较远,车辆又翻滚到路旁深沟里,人员救治转移、车辆被拖出深沟和拖走、保障现场秩序和交通安全、恢复交通秩序等工作也牵扯了事故处理人员大量的精力。第5章曾经介绍过,有些路面痕迹容易消失,也容易被过往车辆压乱。

思考与习题

1. 在汽车二维碰撞鉴定分析时有重要作用的参数都有哪些?
2. 总结汽车有哪些单车事故形态及其鉴定方法。
3. 一辆汽车在转弯处驶离公路,空中没有翻滚和接触他物,坠落地面后滑移一段后停车,坠落前行驶的公路和坠落地面均为平坦表面,脱离道路点距地面垂直高度为 2.5 m(提示:汽车纵向滑移系数取 0.8)。

(1) 已知第一次落地点距脱离公路边缘点的水平距离为 9 m,计算汽车的坠落速度;

(2) 若不知道第一次落地点位置,已知汽车停车点距脱离点的水平距离为 18 m,计算汽车的坠落速度。

第 12 章
AI 技术在事故分析鉴定中的应用

§12.1 AI 技术发展

12.1.1 AI 技术

人工智能(artificial intelligence,简称 AI)也称机器智能,指由人制造出来的机器具有人一样甚至超过人类的智能。通常 AI 是指通过计算机程序来呈现人类智能的技术。研究 AI 应用技术,实际上就是对智能主体的研究与设计,智能主体指一个可以观察周遭环境并做出行动以达致目标的系统,也就是"智能机器人"。安德里亚斯·卡普兰将 AI 定义为"系统正确解释外部数据,从这些数据中学习,并利用这些知识通过灵活适应实现特定目标和任务的能力"。

AI 的核心问题包括建构能够跟人类相似甚至超越人类的推理、知识、规划、学习、交流、感知、移物、使用工具和操控机械的能力。当前有大量的工具应用了 AI,其中包括搜索引擎、逻辑推演、数据优化等。从理论和实践角度都有理由相信,AI 有可能超越人类甚至替代人类的某些领域。

但是人类能否"人工"制造出"智能体"还是存在不确定性的,因为人类对自己的智能了解还不充分。比如人为什么会做梦?为什么有的人不做梦?人类连产生思维、意识或者智能的大脑都还有很多未解之谜,何况对"智能"这个涉及不少复杂的问题的东西呢!因此,AI 的研究往往涉及对人的智能本身的研究,研究动物或人造系统的智能也被认为是 AI 相关的研究。

尽管如此,AI 研究在近年来确实得到了蓬勃发展,在广泛的领域里,都有人热衷于这种研究和技术开发。AI 在计算机、通信、控制、机器人、仿真系统等领域应用最为广泛。

12.1.2 发展趋势

过去 20 年,由于互联网产生的海量数据的可用性,AI 在全球范围内获得了关注。最近,使用高级算法处理这些数据给政府和企业带来了巨大的好处。物联网、机器人、过程自动化、计算机视觉等各种技术支持的机器学习算法的井喷式增长,使 AI 研究和应用领域的力量逐渐强大。

目前，美国、中国等国主导着 AI 世界。普华永道的一份报告估计，到 2030 年，AI 将为世界经济贡献 15.7 万亿美元。在美国，学术体系已经产生并孵化了与 AI 相关的研究；中国非常重视 AI 技术研发和应用的投资和政策支持，力争在 AI 时代始终走在世界的前列，计划到 2030 年至少投资 70 亿美元用于 AI 研究。俄罗斯每年在 AI 上的花费估计为 1250 万美元。一些欧美国家如英国、法国也都在 AI 研发方面加大投入。

在交通运输领域，智能运输系统绑上 AI 的翅膀，不仅使原来很多难以实现的设想轻易变成现实，而且很快会突破原来思维的局限达到难以想象的境界。云计算、雾平台、物联网和车联网，这些已很先进的技术融入智能算法，就会腾云驾雾起来。近 10 年来，交通运输系统的智能化已经成为众多大企业和研究机构热衷的研究领域，杭州的智慧城市取得了令人瞩目的成就，极大地改变城市居民出行的概念和方式。现在和未来，交通运输仍然会是 AI 研究和应用的重要领域之一。

AI 技术必将获得更大的发展，在交通运输领域尤其如此。AI 技术的研究与应用将成为解决交通运输拥堵、安全、环境污染等诸多问题的有力武器。

§12.2　AI 技术在事故鉴定中的应用

12.2.1　视频车速鉴定存在的问题

目前交通事故基于视频图像的鉴定方法，还是以人工方式为主，虽然计算可靠，但是效率较低，存在一定的观测误差。

如果能够采用神经网络等 AI 技术，通过图像处理智能地识别出视频中事故车辆的特征点，并自动测出其距离，再根据智能测得的视频帧差，即可通过计算机软件实现智能识别车辆或环境的特征点以及特征点通过的距离，根据智能识别和采集的数据自动计算车速，这样会大大提高通过视频资料进行事故鉴定的效率，减少工作量，并提高精度。本节结合基于 YOLOv5 开发的车辆特征智能识别的车速鉴定系统，介绍一下 AI 技术在交通事故鉴定分析方面的应用尝试。

12.2.2　视频鉴定融入 AI 技术的思路

利用改进的 YOLOv5 和 OpenCV 作为视频处理及特征提取的实现基础，在计算视频内车速时考虑了加速度的变化，采用了时间插值法。通过 OpenCV 处理和分析交通事故视频，并将 YOLOv5 网络进行改进设计，导入交通事故视频鉴定系统中，利用改进的 YOLOv5 进行目标车辆检测，系统通过检测是否有碎片来判断车辆是否发生碰撞。如果检测出没有发生碰撞，本系统将自动忽略。如果检测出车辆发生了碰撞，本系统会利用 OpenCV 角点检测方法对事故车辆进行角点提取。根据识别到的两个特征点通过参考线所用的时间，最终获得相应的车速。

12.2.3　智能化车速视频鉴定的功能

一、具有的系统功能

选用目前较先进的 YOLOv5 网络作为目标检测工具，通过 OpenCV 开发工具，开发车辆目标识别及特征提取检测系统,自动定位参考线的位置和特征距离内的帧差,并纳入时间差值算法进行帧差的修正。

系统的主要功能包括以下几个方面:
(1) 可逐帧播放视频,也可快进、后退播放,还可连续播放;
(2) 可对视频质量进行增强;
(3) 可进行逐帧操作,也可快进或后退 30 帧操作,根据视频需求选择不同的功能进行操作;
(4) 可对目标车辆进行高精度的检测;
(5) 可自动提取目标车辆的角点;
(6) 可自动划线、画参考线;
(7) 可自动提取关键帧,即对交通事故车辆发生事故前与发生事故后的图像进行自动提取;
(8) 可获取参考线及角点的图像坐标;
(9) 可通过选定的参考线、角点以及播放帧的速度自动计算车速。

二、关键技术

(1) 使用基于深度学习的目标检测方法,针对车辆识别特点,对 YOLOv5 目标检测方法进行算法改进设计,提高目标车辆检测的准确度与实时性。
(2) 借助 OpenCV 角点提取方法对目标车辆进行角点提取,然后选取唯一的角点作为观测点,提高车辆目标定位速度。
(3) 利用考虑了帧间加速度的时间插值法来确定目标车辆通过两条参照线的时间,可以提高车速鉴定的精度。
(4) 可以建立人工输入和 AI 识别两种模式,为了更简洁方便地对交通事故车辆进行车速鉴定,系统所带的建议模式可以大大提高鉴定工作者的参与度和工作效率,就像一个高级的计算器的功能。

12.2.4 设计原理和流程

一、设计思路

将改进的时间插值算法、OpenCV、交通事故视频及改进的 YOLOv5 网络导入所开发的交通事故视频鉴定系统中,然后利用改进的 YOLOv5 进行目标车辆检测,系统通过检测是否有碎片来判断车辆是否发生碰撞。如果检测出没有发生碰撞,本系统将自动忽略。如果检测出车辆发生了碰撞,本系统会利用 OpenCV 角点检测方法对事故车辆进行角点提取。通过识别两个特定距离的角点通过参考线所用的时间(该时间用之前导入系统的改进的时间插值算法来确定),最终获得相应的车速。图 12-1 为智能化事故车速视频鉴定系统的设计流程。

二、YOLOv5 网络目标检测模型

YOLOv5 网络是在 YOLOv4 的基础上做了一些改进,其使用了非极大值抑制(non-maximum suppression,简称 NMS)算法,用来移除一些网络模型预测时生成的多余检测框,该算法的核心思想是只搜索局部得分最大值预测并移除与局部最大值预测框重叠度超过一定阈值的检测框。需要注意的是,NMS 算法对所有待检测目标类别分别执行。NMS 计算公式如式(12-1)所示:

$$S_i = \begin{cases} S_i, & i_{\text{ou}}(M, b_i) < N_t \\ 0, & i_{\text{ou}}(M, b_i) \geqslant N_t \end{cases} \qquad (12-1)$$

其中，M 为当前得分最高框，b_i 为待处理框，S_i 为待处理框对应类别得分值，N_t 为 I_{ou} 阈值。

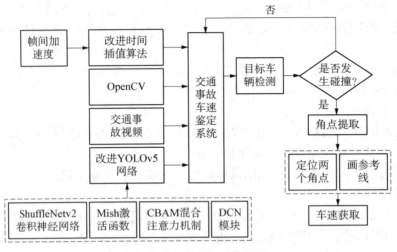

图 12-1　系统设计流程图

YOLOv5 网络目标检测算法速度与精度均有优势，其网络结构图如图 12-2 所示。

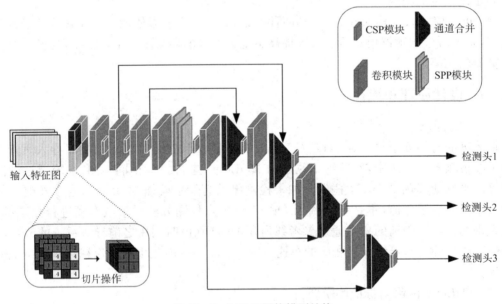

图 12-2　YOLO 网络模型结构

通过引入深度和宽度因子控制模型的大小，得到 v5s，v5m，v5l，v5x 四种由小到大的模型，YOLOv5s 是实际应用中网络复杂度最低的模型。模型参数量计算公式如式(12-2)所示：

$$J = d \times C_{in} \times k \times k \times C_{out} \qquad (12-2)$$

式中：C_{in}，C_{out} 分别表示输入、输出通道数；k 表示卷积核大小；d 表示卷积模块的数量。

当模型的输入和输出通道由 C 变为 nC 时，模型参数量将扩大 n^2 倍；当卷积核大小由 k 变为 nk 时，同理模型参数量也将扩大 n^2 倍；当模型的深度由 d 变为 nd 时，参数量将扩大 n 倍。YOLOv5 特征提取网络通道数 C 被设置得较大，通过公式(12-1)可知，其模型复杂度过高。

三、YOLOv5 网络模型的改进

为了使 YOLOv5 可适用于移动端设备，使用更轻量的 ShuffleNetv2 网络模型替换 YOLOv5 的主干特征提取网络，以降低其计算量与参数量，从而提高检测速度。在 YOLOv5 的主干网络中加入 CBAM 混合注意力机制，以提高目标车辆的检测精度。使用 DCN 模块替换原始网络中的基本卷积模块，以提高网络的检测性能。图 12-3 为改进的 YOLOv5 网络结构图。用 Mish 激活函数(见图 12-4)更换模型原有的激活函数，以进一步提高网络精度和模型推理速度。

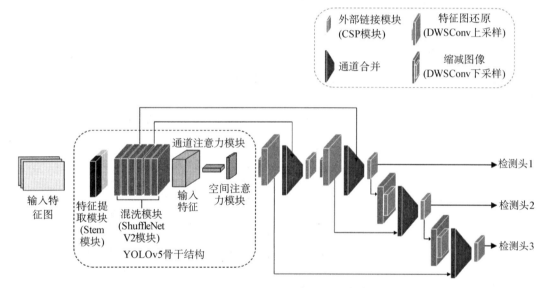

图 12-3 改进的 YOLOv5 网络结构图

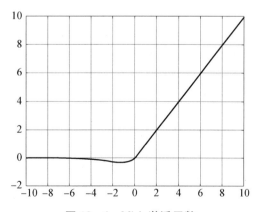

图 12-4 Mish 激活函数

四、时间插值法及改进

传统的时间插值法是在假定目标车辆做匀速运动的基础上进行的。为了提高车速的计算精度,在传统的时间插值法中考虑了加速度,对其进行改进。

1. 传统的时间插值法

如图 12-5 所示,$x_{(0)q}$,$x_{(0)h}$ 分别为前、后轮中心在第一帧时的横坐标,$x_{(n)q}$,$x_{(n)h}$ 分别为前、后轮中心在第 n 帧时的横坐标,$x_{(n+1)q}$,$x_{(n+1)h}$ 分别为前、后轮中心在第 $n+1$ 帧时的横坐标,L 为前、后车轮中心之间的距离,为一个特征长度,单位为 m。由于当车辆行驶到第 n 帧时,后轮中心位置在 $x_{(0)q}$ 之后,第 $n+1$ 帧时在 $x_{(0)q}$ 之前,很难与 $x_{(0)q}$ 重合,因此,需要在第 n 和第 $n+1$ 帧图像之间进行插值计算,求出两个特征点重合的时间。

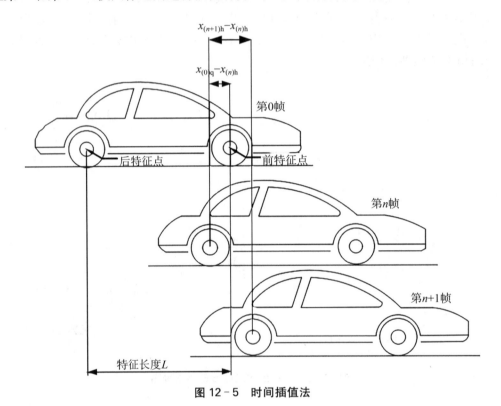

图 12-5 时间插值法

首先使用传统的时间插值法计算出多个连续车速。设视频的帧速率为 f,α 为 $x_{(0)q}$ 与 $x_{(n)h}$ 或 $x_{(n+1)h}$ 重合前的整帧数的数量,则目标车辆行驶过一个特征长度的时间如式(12-3)所示:

$$\Delta t = \frac{1}{f}\left(\alpha + \frac{x_{(0)q} - x_{(n)h}}{x_{(n+1)h} - x_{(n)h}}\right) \quad (12-3)$$

目标车辆行驶过一个特征长度的平均速度如式(12-4)所示:

$$v = \frac{3.6fL}{a + \dfrac{x_{(0)q} - x_{(n)h}}{x_{(n+1)h} - x_{(n)h}}} \quad (12-4)$$

随着目标车辆一直向前行驶,以视频的第二帧为起点,一直重复上述过程,可以计算出多个连续帧间的车速 v_m,设总共计算出 j 个车速。

2. 改进的时间插值法

利用融合了相邻两帧之间加速度的时间插值法,对上述运用传统时间插值法所求得的 j 个车速进行修正计算,其计算方法如以下步骤:

第一步,求第 k 个加速度,其求解公式如式(12-5)所示:

$$a_k = \frac{v_{k+1} - v_k}{t_{k+1} + t_k} \quad (12-5)$$

第二步,求平均加速度,其求解公式如式(12-6)所示:

$$\bar{a} = \frac{\sum_{k=1}^{j-1} a_k}{j-1} \quad (12-6)$$

第三步,对车辆行驶一个特征长度的时间进行矫正,其求解公式如式(12-7)所示:

$$\Delta t' = \frac{\alpha}{f} + \frac{\sqrt{v_{fq}^2 + 2\bar{a}L \frac{x_{q1} - x_{hn}}{x_{q1} - x_{h1}}} - v_{fq}}{\bar{a}} \quad (12-7)$$

式中:v_{fq} 为前轮中心行驶完一个特征长度后,其前一个整帧时刻的车速(如车辆在第 1 帧到第 6 帧之间走完了一个特征长度,则 v_{fq} 为第 5 帧时的车速);α 为车辆行驶一个特征长度内整数帧的个数;x_{q1},x_{h1} 分别为车辆行驶一个特征长度的首帧的前、后车轮中心的横坐标;x_{hn} 为车辆行驶一个特征长度的第 n 帧的后车轮中心的横坐标。

第四步,求车辆在整帧时刻的车速,其求解公式如式(12-8)所示:

$$v_n = v_k + \frac{\sum_{k=1}^{j-1} a_k (n - ft_k)}{f(j-1)} \quad (12-8)$$

式中:v_n 为车辆在第 n 帧时的速度;v_k 为 v_m 中时间上离 v_n 最近的车速;t_k 为 v_k 所对应的时间。

第五步,对车辆行驶一个特征长度的车速进行矫正,其求解公式如式(12-9)所示:

$$v'_m = \frac{3.6Lf \sum_{k=1}^{j-1} a_k}{\alpha \sum_{k=1}^{j-1} a_k + (j-1)f \left(\sqrt{v_{fq}^2 + 2\bar{a}L \frac{x_{q1} - x_{hn}}{x_{q1} - x_{h1}}} - v_{fq} \right)} \quad (12-9)$$

系统通过加入智能目标检测算法,能够自动识别目标车辆及其特征点,从而在计算机上实现智能化车速鉴定,不仅提高了车速的鉴定速度,还能够提高鉴定车速的精度。

§12.3 AI 技术在侦破交通肇事逃逸案中的运用

上一节介绍了 AI 技术在事故鉴定中的应用,这节来探讨一下 AI 技术在交通事故处理方面的应用场合和应用前景。

5.4节和6.5节介绍了肇事逃逸案件的现场勘查和案件的侦破处理。大家已经知道,交通事故肇事逃逸案件由于责任者逃离现场,使现场遭到破坏,降低了事故现场勘查的价值;同时由于肇事逃逸者故意隐藏和消灭证据,致使侦破工作变得复杂。而通过对路面、其他车辆、伤亡者身上留下的各种痕迹的分析可能是发现嫌疑车辆和找到嫌疑人的有效途径之一。这里结合AI技术的运用,进一步分析侦破肇事逃逸案件时对痕迹的利用。

12.3.1 痕迹物证处理的基本规则

对于案件中发现的物品、物质、文书、痕迹,应当仔细辨别,判明是否和案件有关;一时难以识别的,先按物证处理。

对于有物证意义的物品、物质、文书、痕迹,应当先进行静态勘验,后进行动态勘验。

对于可能有物证意义的物品、物质、文书、痕迹,必须边观察、边记录;对它们的原始状态和自身特征,应当按既定规则进行拍照。

提取可能有物证意义的物品、物质、文书、痕迹,应尽量保持其原始状态。

遇到连同泥土提取某种检材或其他类似场合时,应当同时提取相应的空白对照样品。

对于决定提取的物品、物质、文书、痕迹,应当选用合适的材料或容器,妥善加以整理,分类保存。

12.3.2 有价值的痕迹物证及运用方法

交通肇事逃逸案同一般交通事故案件比较,发现痕迹物证的困难很多。因此,要充分利用从现场勘查及事故检验收集到的痕迹物证等潜在证据。

一、车辆轮胎痕迹的运用

利用现场肇事逃逸车辆遗留的轮胎痕迹,可以从多方面判断车辆的逃逸方向,同时通过轮胎印记识别出轮胎的宽窄、花纹、新旧程度等,为缩小车型范围及比对嫌疑车辆提供一定的帮助。

(1)从前后轮印迹关系可以推定车辆的行驶方向。如果车辆直行,则其前后轮迹基本重叠;车辆转弯行驶时因受转向盘或车把的控制影响,前轮的左右向摆动要大于后轮。车辆转弯高速行驶时,前后轮轨迹呈两条弧状,其中外侧弧为后轮形成的痕迹。

(2)利用被车轮压断的小树枝、麦秸、草棍、衣服判断车辆行驶方向。

(3)利用潮湿车辆在干燥路面上形成的痕迹判断车辆行驶方向。同时还可以轮胎印记识别轮胎花纹等特性,为甄别车型提供一定依据。

(4)利用制动痕迹判断车辆行驶方向。痕迹浓重的一端为车辆行驶方向,并从制动痕迹宽度筛选出可能车型库。

(5)要注意车辆在石板、坑洼、砂石地等容易留下痕迹的地方的痕迹采集,并研究痕迹的特点。

(6)根据刮擦痕迹侦查肇事逃逸车辆。

此外,还有汽车在人体上留下的痕迹,在油漆上的印记,汽车遗落的散落物、附着物等。所有这些痕迹物证,均可能对肇事逃逸车辆的发现和确认提供一定的支持。可以从所能收集到的痕迹中选择有类似特性的痕迹,通过卷积神经网络建立模型进行识别,与疑似车辆的造痕体部分进行特性对比,如形状对比、颜色对比等。卷积神经网络模型一般结构如图12-6所示。

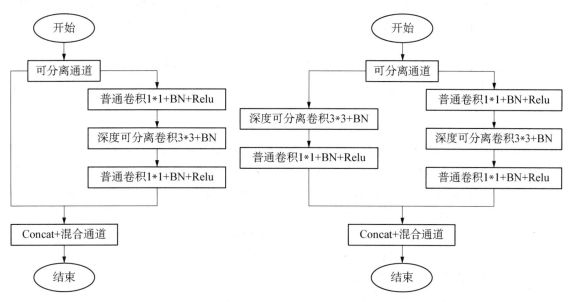

图12-6 卷积神经网络模型基本结构示意图

二、现场遗留的油漆物质的运用

交通肇事逃逸案的现场所遗留的肇事车辆油漆片是判断肇事车辆种类、品牌、车型的重要依据,同时也是证实肇事者犯罪事实的重要证据,所以应检查和收集现场的漆片,并准确提取,妥善保管。

在现场勘验时,可以用显微镜检查现场遗留的油漆片,用于判明下述问题:油漆是汽车厂家喷涂的还是后来喷涂的,是修补的部分还是喷印标记的部分。如果是起初喷涂的油漆,则可以与汽车鉴定用的油漆资料进行对比,找出颜色相同的油漆,或者通过对汽车厂家的调查,查出脱落有漆片的车辆品牌、车型。

三、利用现场遗留的车辆玻璃物

交通肇事逃逸车辆的前照灯、转向灯、车窗等玻璃或塑料碎片是侦查逃逸嫌疑车辆的物证之一,也是查明肇事汽车品牌、车型的重要线索。

对交通肇事逃逸现场遗留的玻璃或塑料碎片进行研究,即使没有发现带有商标或符号部分的玻璃或塑料碎片,也能判断出车灯或车窗的类型、形状、大小、制造厂家等信息。只要知道了生产厂家,就可以通过对厂家及销售商进行调查,了解配用该种汽车配件的种类、品牌及其型号等信息,从而为逃逸嫌疑车的侦查工作提供一定的帮助。

四、利用现场遗留的车辆零部件

交通肇事逃逸现场有时遗留或脱落螺栓、散热器碎片、倒车镜、门把手、装饰条等汽车零部件。这些零部件的种类、形状、颜色、大小等虽不尽一致,但是某些物体所配用的车辆范围是有限的。所以,这些零部件都是确定侦查车辆品牌、车种、车型等的物证。

如果交通肇事逃逸的车辆已经过修理,则可以通过对修理时间、修理地点、修理厂家、损坏状况等来查明事实真相,还可以确认或排除嫌疑车辆。

五、利用现场遗留的装载物

在交通肇事逃逸现场往往会留下肇事车辆装载的货物或包装材料的一部分,也可能遗留有车内装饰品。对遗留物品的种类、名称、形状、颜色、成分等进行研究判断,可以从中获得肇事车辆的线索。

发现嫌疑车辆时,对肇事逃逸车辆的装载物或装载物品的包装材料与现场遗留物做对比,进行同一性认定,从而确定或排除嫌疑车辆。所以,某些车辆物品、货物包装材料都是查找肇事车辆的物证。

六、利用泥土检材和比对样品

在交通肇事逃逸现场,肇事逃逸车辆的挡泥板、车底部及其他部分附着的泥垢或车内装载的砂石泥土在发生碰撞时往往会脱落并散落到现场。通过遗留在肇事现场的这些砂石泥土可以判断出碰撞部位、逃逸方向、砂石泥土的来源地等,可以侦查出嫌疑车辆。此外,还可以利用这些物证来确定或排除肇事嫌疑车辆。

因此,通过对现场遗留砂石泥土的检查,可以获得某些线索,从中推断出汽车的出发地点、经过地区、使用油类、车辆种类等。

七、根据受害者着装的衣物及附着痕迹

在交通肇事逃逸车辆上有时会遗留受害者着装上的布纹和纤维等。如果肇事逃逸嫌疑车上发现的纤维和布纹与受害者着装的颜色、粗细、材料相同,则可认为该嫌疑车辆为肇事逃逸车辆。这种判断比较准确。

当肇事车辆碾压受害人时,在汽车的接触部位处还会留下布纹或纤维残留,甚至形成擦痕。若发现这些纤维片和接触摩擦放热融化的合成树脂残留物,也可以证实肇事逃逸的事实。

八、根据交通监控视频侦查肇事逃逸车辆

交通肇事逃逸现场及附近有时装备有交通监控视频设施,有可能记录了肇事车辆及肇事过程。通过调取案发地周边的交通监控卡点及加油站、修理厂、门市等的监控录像,初步确定肇事车辆的车型、形状颜色、附件等特征,缩小肇事逃逸车辆的侦缉范围;通过布防、走访、调查,发现肇事逃逸嫌疑车辆;通过车辆痕迹物证比对,认定肇事逃逸车辆。

九、通过移动通信记录侦查肇事逃逸车辆

交通肇事逃逸车辆驾驶员可能在使用手机中发生交通事故,也可能在交通肇事后使用手机通话。办案人员可通过通信公司调取事发道路地点附近在事发时刻的通话手机号码,缩小肇事逃逸车辆的侦缉范围,为交通肇事逃逸车辆的侦缉提供可能线索。

在利用以上各种痕迹物证和侦查手段进行交通肇事逃逸案件侦破时,大多可利用 AI 技术对痕迹和物证进行智能化区别和对比,不仅能够大大提高侦查效率,同时也能提高侦查准确度。

参考文献

[1] 许洪国,刘宏飞.道路交通事故分析与处理(第3版)[M].北京:人民交通出版社股份有限公司,2019.
[2] 许洪国.交通事故分析与处理[M].北京:人民交通出版社,2003.
[3] 许洪国.汽车事故工程(第3版)[M].北京:人民交通出版社股份有限公司,2014.
[4] 何烈云.道路交通事故车速鉴定与仿真再现技术[M].北京:中国人民公安大学出版社,2018.
[5] 许洪国.汽车事故工程(第2版)[M].北京:人民交通出版社,2009.
[6] 鲁光泉,王云鹏,林庆峰.道路交通安全[M].北京:人民交通出版社股份有限公司,2018.
[7] 杨润凯.道路交通事故处理程序规定释义与案卷制作规范[M].北京:中国人民公安大学出版社,2018.
[8] 刘凤波.汽车驾驶与交通安全[M].北京:化学工业出版社,2009.
[9] 谷志杰,苗泽青.道路交通安全法规及管理(第2版)[M].北京:人民交通出版社,2004.
[10] 林宁,康波.道路交通事故现场勘查与司法鉴定[M].北京:群众出版社,2017.
[11] 许洪国,何彪.道路交通事故分析与再现[M].北京:警官教育出版社,1996.
[12] 刘振兴.交通肇事逃逸侦破追查典型案例分析与责任认定手册第3卷[M].银川:宁夏大学出版社,2003.
[13] 鲁植雄,迟英姿,岳永恒,等.汽车事故鉴定学[M].北京:机械工业出版社,2019.
[14] 邵毅明.道路交通运输安全学[M].北京:人民交通出版社,2018.
[15] 晏克非.汽车行驶基本原理与性能[M].北京:人民交通出版社,1997.
[16] 姜文龙,牛学军,高万云.道路交通事故处理工作实务指南[M].北京:中国人民公安大学出版社,2013.
[17] 裴玉龙,马艳丽,张琨.道路交通安全管理法规概念及案例分析[M].北京:人民交通出版社,2006.
[18] 公安部政治部.道路交通事故处理[M].北京:警官教育出版社,1998.
[19] 鲁植雄,杨瑞,朱奎林,等.汽车事故鉴定学[M].北京:机械工业出版社,2013.
[20] 李圣哲,庄凯衡,周欣.道路交通安全法实例解说[M].北京:农村读物出版社,2004.
[21] 李建.中华人民共和国道路交通安全法实施条例释解[M].北京:中国物价出版

社,2004.
[22] 李建.中华人民共和国道路交通安全法及其实施条例知识读本[M].北京:中国长安出版社,2004.
[23] 裴玉龙.道路交通安全[M].北京:人民交通出版社,2007.
[24] 国务院法制办政法司.中华人民共和国道路交通安全法实施条例释义[M].北京:人民交通出版社,2004.
[25] 于长吉,陶沙.道路交通事故技术鉴定方法[M].大连:大连理工大学出版社,2011.
[26] 本书编写组.图解最新道路交通安全法律适用指南[M].北京:中国法制出版社,2004.
[27] 李丽莉.道路交通事故车体痕迹鉴定[M].北京:科学出版社,2017.
[28] 房建昌.道路交通事故现场勘查与分析再现及责任定全书[M].长春:吉林摄影出版社,2002.
[29] 李建.中华人民共和国通路交通安全法实施条例适用指南[M].北京:中国市场出版社,2004.
[30] 顾惠烽.汽车碰撞查勘定损与修复[M].北京:化学工业出版社,2020.
[31] 赵海宾.汽车查勘与定损[M].北京:北京理工大学出版社,2017.
[32] 中国法制出版社.中华人民共和国司法行政法律法规全书[M].北京:中国法制出版社,2018.
[33] 中国法制出版社.中华人民共和国刑事诉讼法及司法解释全书[M].北京:中国法制出版社,2019.
[34] 骆孟波.汽车保险与理赔[M].北京:中国铁道出版社,2015.
[35] 谷志杰.道路交通事故责任认定探讨[J].河北交通科技,2005(2):43-46.
[36] 中华人民共和国司法部.司法鉴定程序通则.2016.5.
[37] 史薇钰,刘占峰.基于PC-Crash软件对事故现场进行重现[J].内蒙古科技与经济,2021(4):96-97+103.
[38] 李丽莉,黎波.道路交通事故技术鉴定依据研究[J].中国司法鉴定,2016(5):94-98.
[39] 吴浩.浅谈车险现场查勘中的痕迹分析[J].科技风,2015(12):67.
[40] 冯浩,沈敏,陈建国,等.道路交通事故鉴定标准体系构建的探索[J].中国司法鉴定,2018(6):32-38.
[41] 石秀丽,李金库.关于汽车正面碰撞的研究[J].交通科技与经济,2006(5):106-108.
[42] 中华人民共和国公安部.道路交通事故处理程序规定.2017.7.
[43] 李晓定.交通事故认定书法律地位之再检讨[J].学理论(半月刊),2009(23-24):157-160.
[44] 薛惠娟,纪峻岭,鲍宇.机动车碰撞事故中不确定性分析参数的处理方法[J].黑龙江工程学院学报(自然科学版),2007(1):28-30.
[45] 龚标,张爱红,高岩,等.《道路交通事故车辆速度鉴定》(GB/T 33195—2016)标准解读[J].道路交通科学技术,2017(4):50-53.
[46] 曾顺民.浅谈道路交通事故信息采集及再现分析[J].上海汽车,2006(10):41-43.
[47] 何烈云.基于直接线性变换法的视频图像车速测算技术[J].科学技术与工程,2017(19):172-176.

[48] 何烈云. 帧间差分法车速测算技术误差分析与处理[J]. 中国人民公安大学学报(自然科学版),2014(1):56-59.
[49] 何烈云. 基于视频处理技术车辆定位法的研究[J]. 武汉理工大学学报(交通科学与工程版),2014(2):469-471.
[50] 李龙. 道路交通事故中的"指纹"轮胎花纹痕迹[J]. 法制博览,2021(17):122-123.
[51] 薛大维. 汽车事故分析与鉴定[M]. 北京:机械工业出版社,2020.
[52] 冯浩,潘少猷. 道路交通事故痕迹物证鉴定概论[M]. 北京:科学出版社,2020.
[53] 最高人民法院. 最高人民法院关于审理人身损害赔偿案件适用法律若干问题的解释. 2021.1.
[54] 最高人民法院. 最高人民法院关于审理道路交通事故损害赔偿案件适用法律若干问题的解释. 2021.1.

图书在版编目(CIP)数据

汽车事故分析处理与鉴定/唐阳山,郑利民,张丽萍主编. —上海:复旦大学出版社,2023.2
(复旦卓越. 汽车系列)
ISBN 978-7-309-16623-1

Ⅰ.①汽… Ⅱ.①唐…②郑…③张… Ⅲ.①汽车-交通运输事故-鉴定 Ⅳ.①U491.31

中国版本图书馆 CIP 数据核字(2022)第 215211 号

汽车事故分析处理与鉴定
唐阳山 郑利民 张丽萍 主编
责任编辑/陆俊杰

复旦大学出版社有限公司出版发行
上海市国权路 579 号 邮编:200433
网址:fupnet@fudanpress.com http://www.fudanpress.com
门市零售:86-21-65102580 团体订购:86-21-65104505
出版部电话:86-21-65642845
常熟市华顺印刷有限公司

开本 787×1092 1/16 印张 21.75 字数 529 千
2023 年 2 月第 1 版
2023 年 2 月第 1 版第 1 次印刷

ISBN 978-7-309-16623-1/U·30
定价:59.00 元

如有印装质量问题,请向复旦大学出版社有限公司出版部调换。
版权所有 侵权必究